귀로 보고 눈으로 듣는 영화 이야기

딴지영진공

귀로 보고 눈으로 듣는 영화 이야기 딴지영진공

2015. 2. 24. 초판 1쇄 인쇄
2015. 3. 5. 초판 1쇄 발행

검
인

지은이 | 차양현, 조일동, 권영준, 장근영, 이규훈,
        김숙현, 백재욱, 한동진, 염승희, 서용남
펴낸이 | 이종춘
펴낸곳 | BM 성안당
주소 | 121-838 서울시 마포구 양화로 127 첨단빌딩 5층(출판기획 R&D 센터)
       413-120 경기도 파주시 문발로 112(제작 및 물류)
전화 | 02) 3142-0036
       031) 950-6300
팩스 | 031) 955-0510
등록 | 1973.2.1 제13-12호
출판사 홈페이지 | www.cyber.co.kr
ISBN | 978-89-315-7840-9 (03680)
정가 | 16,800원

이 책을 만든 사람들
책임 | 최옥현
편집 · 진행 | 조혜란
교정 · 교열 | 안종군
본문 디자인 | 想 company
표지 디자인 | 윤대한
일러스트 | 서용남
홍보 | 전지혜
마케팅 | 구본철, 차정욱, 나진호, 이동후, 강호묵
제작 | 김유석

귀로 보고
눈으로 듣는
영화 이야기

혼철살인한
영화·시사코드와
전문 OST 분석

딴지영진공

| 팟캐스트 100만 청취자가 인정한 국내 최고 인기 영화 팟캐스트! |

차양현·조일동·권영준·장근영·이규훈·김숙현·백재욱·한동진·염승희 지음 | 서용남 일러스트

BM 성안북스

영화를 통해 바라보는 현실

'또라이'들이라고 표현하기에는 너무 멀쩡하게들 생겼다.

2000년, 을지로의 한 고깃집에 한무리의 사람들이 모였다. 딴지 일보에 글을 쓰는 상근 기자와 기고자들이었다. 영화판 현업 종사자부터 기자, PD, 직장인, 학생, 백수에 이르기까지 다양한 직군의 사람들이었다. 이들은 모두 성별, 나이, 가치관, 습관, 심지어 정치색까지 다른 사람들이지만 영화를 보는 '남다른 시선'이 있다는 점 하나만은 공통적으로 갖고 있었다.

이들 중에는 정치적 수사를 영화를 통해 풀어내는 사람도 있었고, 패러디 영화의 작명을 문학적으로 해석하는 사람도 있었다. 또 기존의 매체에서 다루지 못했던 영화판의 부조리를 읽어내는 사람도 있었고, 아무도 관심을 갖지 않는 영화를 발견해내는 사람도 있었으며, 자신이 갖고 있는 전문 분야의 시선으로 영화를 읽어내는 사람도 있었다. '팟캐스트 딴지영진공'은 그렇게 모인 사람들이 15년간 매달 만나면서 졸여낸 담화의 총체다.

다양한 층위의 개성 강한 구성원들은 매달 목청 높여 싸웠다. 맞고 틀리고를 놓고 싸우는 것이 아니라 견해의 다름을 설득하거나 인정받기 위해 싸웠다. 타르콥스키에서 류승완까지 들먹였고, 들뢰즈가 말한 일의성은 봉만대의 페르소나 이규영으로 설명될 수 있는 것 아니냐고 우기기도 했다. 하지만 언제나 이야기의 끝은 현실이었다. 영화보다 더 영화같고 허구보다 더 허구 같은 21세기의 대한민국은 어떤 영화를 대입해보더라도 아귀가 들어맞았다. 음모와 배신, 비선과 실세, 중상과 모략, 감동과 환희가 시끌벅적하게 교차하는 이 현실은 그 자체로 영화의 한 장면이었다. 그리고 영화는 꿈과 이상과 판타지의 자리에서 현실로 치환되었다.

어느 정치인의 우여곡절과 공통점이 있다는 엘사의 본질은 은둔형 외톨이고, 우리나라에서 공포영화가 잘 안먹히는 이유는 현실이 훨씬 공포스럽기 때문이었다. 영화 [괴물]의 플롯은 세월호와 닮아 있고, 건담의 서사 속에는 우리 정치의 과거와 미래가 투영되어 있었고, 왜곡되어 있는 역사의 이면은 영화 [관상]에서 날카롭게 파헤쳐졌다. [왕좌의 게임]에서 벌어지는 수많은 죽음은 권력을 좇는 우리의 군상과 다르지 않고, 말귀를 못 알아 듣는 [에이리언]은 불통의 시대를 예견한 예언서였다. 슈퍼히어로도 아픔이 있는 존재였고, 수많은 영화를 말아먹은 이 시대의 거장들이 어떻게 혹세무

민했는지를 살펴보면 이 나라 정치판을 나랏님들이 어떻게 말아먹었는지 알 수 있었다.

우리는 영화를 통해 현실을 이야기하고자 했다. 이것이 바로 여타의 콘텐츠와 차별화된 지점이었다. 수많은 영화의 주례사들과는 다른 지점이기에 활자화하는 것도 의미가 있다고 판단했다. 이 책에 참여한 영진공 '우원(초창기 딴지일보 내에서 상근이나 비상근 기자들을 칭하는 고유명사)'들은 물론이거니와 참여하지 않은 많은 딴지영진공 '우원'들도 이 책이 나오기까지 많은 수고를 아끼지 않았다. 매주 수많은 영화를 골라내어 사전 리뷰를 진행하는 권영준(함장)은 시의성 있는 원고를 만들어 내기 위해 처음부터 다시 작업을 해야 했다. 가장 분량이 많은 조일동(헤비조)의 대인배스러운 원고료 엔빵이라는 통큰 결정이 없었다면, 이 책은 기획도 되지 못했을 것이다.

무엇보다 딴지의 콘텐츠를 지지하고 사랑해주시는 수십만 명의 팟캐스트 청취자분들이 없었다면, 이 책은 세상에 나오지 못했을 것이다. 딴지영진공 '우원'들보다 훨씬 더 이상하고 괴팍하고 심오하고 열정적이고 전문적인 청취자들의 조언과 지지 속에서 딴지영진공은 늘 긴장하며 방송하고 있다.

영화를 통해 세상을 이해하고자 하는 분들에게 이 책을 권한다.

2015년 3월

딴지영진공 차양현(그럴껄) 拜上

깨어 있는 세상 보기를 도와주는 딴지영진공

우리는 사회 속에 산다. 하지만 그 사회가 어떻게 작동되는지 잘 모른다. 정치와 경제, 그 속의 권력관계, 이해관계를 헤아리기 어렵다. 그저 먹고 사는 것만도 팍팍한 시대다. 그래서 우리는 그 복잡함을 쉽게 외면해 버린다. 정치, 경제뿐만 아니라 사회, 문화에서도 더 이상 복잡하고 어려운 것을 찾지 않는다. 단순하고 편하게만 살고자 하는 순간, 나와 당장 관계가 없어 보이는 것들을 외면하는 순간을 기다려 권력은 자신의 욕망을 탐한다. 권력이 자기 욕망대로 움직일 때 시민의 삶은 힘들어진다. 그렇기에 시민은 깨어 있어야 하고 학습해야 한다. 세상을 돌아보기란 쉬운 일이 아니다. 그런 의미에서 이 책 '딴지영진공'은 나름 유의미한 책이다.

다양한 계층과 직업의 전문가들이 영화라는 도구를 통해 세상을 해체하고 재조립하는 일은 무척이나 신선하다. '평론가', '기자' 등 소위 영화를 통해 밥벌이를 하는 사람들의 글에서 보이는 미려함이나 화려한 수사는 없다. 문장은 거칠고 직설적이다. 하지만 시각은 새롭다. '이 영화를 이렇게도 볼 수 있구나' 하고 무릎을 치게 한다.

아동심리학 권위자가 본 영화 속 캐릭터, 인류학자의 눈에 비친 영화음악, 현직 다큐멘터리 연출자가 영화를 통해 읽은 세상 이야기. 흥미진진하다.

영화는 예술이면서 산업이다. 그래서 가장 민감하게 세상만사 시대상을 반영한다. 사회를 이해하는 도구로써 영화만큼 훌륭한 것도 없다. 이 책은 도구로서의 영화를 사용하는 좋은 예를 보여주고 있다.

재미있게 읽힌다. 하지만 비판적으로 읽기를 권한다. 저자들의 시선이 워낙 독특하다. 머릿속으로 저자들과 논쟁하면서 이 책을 읽다보면 세상사 한 귀퉁이가 눈에 들어올 것이다.

— 정관용(시사평론가, 한림국제대학원대학교 교수)

영화에서 보물 찾기

어떤 자리든 이런 대사 꼭 나온다. '그 영화 봤어?' 다큐멘터리 영화도 관객 5백만 명을 넘보고, 소문난 영화라면 천만 명 이상이 몰려간다. 독서가 아니라 영화 관람이 교양인 시대를 살고 있다. 그런데 몰려가서 뭘 봤냐고 물으면 머뭇거리거나 그저 재미있었다는 대답이 있을 뿐이다.

영화는 놀이다. 숨겨진 보물찾기다. 하지만 영화를 본다고 해서 누구나 그 보물을 찾아낼 수는 없다. 딴지영진공의 '영화이야기'는 영화를 보고 읽고 느끼는 방법을 가르쳐준다. 더 나아가 세상에 숨

겨진 보물과 그 보물을 찾는 방법을 가르쳐준다. 영화 한 편에서
얼마나 많은 보물을 찾아내며, 얼마나 재미있게 놀 수 있는지…. 함
읽어보시라.

– 박경덕(방송작가)

딴지영진공은 '사람'에 대한 책

이 책은 영화에 대한 책이 아니다. 좀 더 정확히 표현하자면 '영
화에 대해서만' 다루는 책이 아니다. 영화라는 소재로 '세상'에 대해
얘기하는 책이다. 그러니까 각종 영화의 각종 상황을 얘기하면서
이 시대의 욕망과 결핍, 사랑과 전쟁, 좌와 우, 선과 악, 허와 실에
대해 함께 얘기한다. 농담과 진담을 섞어가며….

결국 이 책은 이 세상의 '사람'에 대한 책, 다시 말해 인문서인 것
이다.

가볍게 봤던 영화들을 즐거운 문체로 되새기는 이 책을 읽다보
면 어느새 취미·오락과 인문·교양의 경계를 마치 줄타기하듯 넘나
들고 있는 자신을 발견하게 될 것이다.

– 김용석(너부리 딴지일보 편집장)

차양현(그럴껄) | 딴지영진공 메인 진행자

현업 방송 제작 PD. 2000년부터 딴지일보에 기고자로 활동하였으며, 현재 딴지라디오 팟캐스트 딴지영진공의 메인 진행자로 활동하고 있다. 에로, 코미디, B무비가 전공이지만 정작 자신은 철학, 인문학, 사회학 전문이라고 우기는 중이다.

조일동(헤비조) | 딴지영진공 〈영화 딴따라〉 코너 진행자

문화인류학 박사. 우리 시대 대중음악과 영상 문화의 변화에 대해 문화 변동의 관점에서 해석하고 있다. 일설에 의하면 록밴드 '블랙홀' 멤버들과 술을 마시다 정신을 차려보니 박사가 되었다는 소문도 들린다. 딴지영진공에서 〈영화 딴따라〉 코너를 맡고 있으며, 다양한 층위의 해석으로 출연자들의 혼을 빼놓는다.

권영준(함장) | 딴지영진공 〈무비 찌라시〉 코너 진행자

현업 IT 관련 종사자. 딴지영진공에서 유일하게 매주 영화를 관람할 수 있는 조건을 가진 자다. 자의적 해석과 가끔 보이는 날카로운 직관력을 동원해 다음 주에 상영될 영화의 기대치와 평점을 매긴다. 나이 먹은 중년 여배우나 할아버지 감독이 나오면 지나치게 평점이 높게 나오는 경우가 많아 중년성애자로 오인받기도 한다.

장근영(짱가) | 영화 속 심리학 전문가

발달심리학 박사. 다양한 층위의 영화 속 캐릭터들을 인수분해하여 그들이 갖고 있는 내면의 심리 상태를 고찰하고 영화의 플롯이 당위성을 갖고 있는지를 파헤친다. 고양이와 총기류에 대한 집착이 있으며, 책으로도 출간한 바 있다.

이규훈(헐랭이) | 미국 사회 문제, 팝 전문가

텍사스주 오스틴에서 수학한 걸 계기로 미국의 사회 문제 및 영화음악에 깊은 통찰을 갖게 된 '우원'. 텍사스에서 공부했기 때문에 대개 공화당원이 아닐까 추측하지만 실제로는 오바마와 피부색이 비슷하다. 딴지영진공에서 본토 발음을 담당하고 있다.

김숙현(노바리) | 서울아트시네마 프로그래머

딴지영진공에서 '켄로치'와 아트무비를 담당하고 있는 '우원'. 날카로운 비평과 따뜻한 비주류의 감성을 함께 갖고 있다. 딴지영진공에서 '지적 이미지'를 담당하고 있다.

백재욱(거의없다) | 거장·걸작 시리즈 및 공포영화 전문가

팟캐스트 딴지영진공에서 가장 많은 팬을 확보하고 있는 문제적 인간. 인기만큼 얼굴도 크다. 매번 나올 때마다 괴작, 졸작, 망작 등의 영화를 리뷰해야 하는 관계로 가장 스트레스를 많이 받기도 한다.

한동진(DJ한) | 추리소설가

추리영화의 맥이 끊긴 현재, 추리영화 대신 판타지 및 슈퍼히어로 영화의 뒷이야기와 팬픽, 흑역사 등의 서브컬처를 담당하고 있다. 대한민국에서는 해방 이후 거의 사라진 '변사체'를 구사하고 있으며, 3권째 추리소설집을 출간할 출판사를 알아보고 있는 중이다.

염승희 | 정치학 시리즈 전문가

딴지영진공 논란의 중심. 슈퍼히어로, 건담, 스타워즈 등의 SF 장르를 통해 세계관에 대한 정치적 해석을 던진다. 새로운 시각으로 콘텐츠를 해석하기 때문에 늘 수많은 논쟁을 불러일으킨다. 숙면을 취하고 싶을 때 특히 추천한다.

서용남 | 일러스트 작가

(전) 스포츠조선 일간지 만평가, 현 아동만화 생계유지자. 나름 베스트 셀러라고 자부하는 CSI 어린이 만화 작가이나 영혼없는 밥벌이 수단일 뿐이다. 영혼은 19금이나 생계에 구금당해있는 슬픈 만화가.

C/O/N/T/E/N/T/S

Theme 1 슈퍼히어로(superhero)

※ 이 책에 등장하는 작품은 **영화·애니메이션 [ ]**, **도서(책) 「 」**, **음반 " "**, **곡 ' '**, **만화 · 드라마·
잡지· 게임· 뮤직비디오, TV프로그램이나 각종 코너는 〈 〉**로 정리되었습니다.

Theme 1

슈퍼히어로
superhero

현대는 '영웅(hero)이 없는 시대'라고 한다. 독일의 극작가 브레히트(Bertolt Brecht)는 "영웅이 없는 시대는 불행하지만 영웅을 요구하는 시대는 더 불행하다"라고 했다. 현대인들은 현실의 어려움을 구원해줄 초현실적인 영웅의 모습을 어떻게 영화에서 그려내고, 어떤 영웅들에 환호했는지, 딴지영진공은 이 슈퍼히어로들을 어떻게 해석했는지를 들어본다.

무비 찌라시

슈퍼히어로들의
심리 상태를 까발려주마

지구의 평화에는 수많은 이의 피와 땀이 숨어 있다. 상처와 트라우
마는 평화의 대가로 받는 훈장이다. 눈에서 레이저가 나가도, 몸이
강철 같아도, 원래 신의 아들이어도 결코 벗어날 수 없다.
슈퍼히어로들도 상처를 받는다.

짱가 선정 영화 _ [스파이더맨], [아이언맨], [슈퍼맨], [헐크], [캡틴 아메리카], [토르], [배트맨]

슈퍼히어로는 그저 만화 속에만 있는 가상의 존재가 아니다. 히어로들은 만화 창작자들과 그들에게 영감을 준 시대상이 만들어 낸 결과물이다. 각각의 히어로에게는 우리 모두가 갖고 있는 소망과 믿음, 불안과 공포가 담겨 있다. 그렇기 때문에 우리는 하늘을 날고, 손에서 초강력 거미줄을 뿜고, 녹색 괴물로 변신하는 슈퍼히어로들을 보면서 황당함을 느끼는 게 아니라 공감을 할 수 있는 거다. 대중의 공감을 얻지 못한 히어로들은 이미 다 사라졌다. 지금까지 인기를 유지하고 있는 히어로들은 그만큼 우리에게 더 많은 공감을 이끌어내는 존재들이다. 따라서 히어로들의 심리 상태를 알면 우리 자신의 모습을 이해할 수 있다. 그게 뭔지 하나씩 살펴보자.

■ **[스파이더맨]: 청소년의 자화상**

피터 파커는 청소년이다. 청소년들은 마음 한구석에 '이 세상에 정의는 살아 있으며 모두가 조금씩 노력하면 세상은 그 정의에 한 걸음씩 가까워질 것'이라고 믿는다. 2002년 작에서 그 세계에서 가장 잘 나가는 기술 기업인 오스코프 사의 취업을 마다하고 혼자 힘으로 해보겠다는 객기를 부린 것도 그런 믿음 때문이다. 물론 그런 희망 때문에 그만큼 쉽게 좌절하고 환멸을 느끼기도 한다.

원작의 스파이더맨이 느닷없이 삐치거나 엉뚱한 짓을 해대는 것도 청소년기의 심리적인 불안정성과 이어진다. 감정의 변화도 커서 어느 날은 우울하다가 갑자기 활기찬 모습을 보이고 화를 내다가 온순해지기도 하는 등 여러 가지 면에서 불안정한 것이 청소년기다. 심지어 2004년 작품에서는 피터가 그나마 가지고 있던 초능력마저 잃는다. 청소년기 그렇다. 청소년기에는 팔다리의 길이나 체중이 갑자기 늘어나기 때문에 예전에는 잘하던 운동이 어려워지는 경우가 종종 있다. 예를 들어, 갑자기 키가 커지면 오르내리던 계단에서 걸려 넘어지거나 굴러 떨어지기도 한다. 몸이 다리 길이에 적응하지 못하는 거다. 이런 면에서 스파이더맨은 진정 청소년의 자화상이다. 피터의 심리를 불안하게 흔드는 건 스트레스다. 그런데 그 스트레스는 막대한 힘에 따르는 책임감이 아니다. 그에게는 자기에게 생긴 비밀이 주는 부담감이 먼저 다가온다. 그는 부모처럼 지내던 삼촌 가족이나 친구에게도 자신의 비밀을 밝힐 수 없다. 그런데 이런 경험은 누구나 한 번쯤 하게 된다. 사춘기에 일어나는 호르몬 균형의 변화와 신체적인 변화(2차 성징)의 결과, 우리는 몸도 변하고 생각도 변한다. 난생 처음 겪어보는 변화들이라 불안하고 수치스럽기도 하다. 하지만 이것들을 부모님이나 친구에게 말할 수는 없다. 말해봤자 그들이 이해해줄 것 같지도 않고 되려 나를 이상한 사람으로 볼 것만 같다. 그래서 결국 누구와도 공유하지 못한 채 혼자 간직하는 비밀들이 쌓이게 된다. 이 비밀들로 인해 서서히 남과 구별되는 '나'라는 존재를 자각하고 부모나 친구에게 의지하지 않고 혼자 생각하고 판단하는 개인으로 태어나기 위한 기반이 마련된다. 루소가 말한 '제2의 탄생'이나 청년심리학자 홀링워스가 말하는 '심리적 이유기'가 그렇게 시작된다.

이런 청소년이 그만 '유전자 변이 거미'라는 로또 복권에 당첨된다. 문제는 그 행운이 마치 거액의 복권 당첨처럼 너무 거대하다는 점이다. 거지로 살다가 거액 로또에 당첨된 이들은 대개 다시 거지로 돌아간다. 돈을 어떻게 써야 하는지를 전혀 모르기 때문이다. 피터도 그렇다. 피터 파커는 원래 인기도 없고 집도 가난하고, 좋아하는 여자에게 말도 제대로 붙여본 적 없는 왕따였다. 그러다가 얼떨결에 초능력을 소유했지만 처음엔 그 능력을 어떻게 사용해야 할지 모른다. 로또 당첨과 마찬가지로 자신이 당첨된 사실을 알리자니 그것도 불안하고(여기저기서 도와달라 손을 벌리는 사람들도 있을 것이고 범죄의 표적이 되기도 할테니), 그렇다고 숨기고 있자니 지금 처한 꿀꿀한 상황을 계속 참아내야 하는데 그것도 싫다. 그 결과, [스파이더맨]은 지지리 궁상 히어로의 대표자가 된다. 거미인간으로서의 능력을 활용한 아르바이트가 고작 쾌속 피자 배달 일이거나 데일리뷰글이라는 애매한 신문사의 스파이더맨 전문 프리랜서 사진사 일이라니. 운이 없어서인지 늘 인색한 사장들만 만나는 탓에 그는 열심히 일하지만 이모가 전셋집에서 쫓겨나는 걸 막지 못한 적도 있고, 본인도 방세 밀려 구박받는 허름한 하숙집을 벗어나지 못한다. 물론 그가 그렇게 사는 이유가 뉴욕시민들의 안전한 삶을 지키기 위한 이중생활 탓이라고 좋게 말해줄 수도 있겠지만, 결국은 그가 단 한 번도 잘나 본 적이 없는 애이기 때문이라는 게 정답이다.

■ [아이언맨]: 철갑이라는 동굴

『화성에서 온 남자, 금성에서 온 여자』와 같은 남녀 심리학 책에서 단골로 읊어대는 남자의 특성은 남자의 경우 마음에 상처를 입으면 동굴로 기어들어간다는 거다. 동굴에서 혼자 불을 피워놓고 상처가 낫기를 기다린다는 거지. 원래 야생동물들도 아픈 티를 내지 않는다. 동물원의 사육사들이 자기가 담당하고 있는 동물을 아주 세심하게 살펴보지 않으면 발가락이 곪거나 심장이 약해지거나 하는 병증이 아주 심해지기 전에는 발견하지 못하는 경우가 종종 있다. 동물들이 아픈 티를 내지 않는 이유는 야생동물들의 세계에서 포식자들의 사냥감이 되어 죽기 때문이다. 남자들도 그렇다. 자기가 상처를 입었다는 걸 드러내지 않으려는 본능이 있다. 남에게 티를 내지 않으면 결국 도움을 못 받고 혼자 해결해야 한다. 그러니 체온을 높여 면역력을 증가시킬 수 있는 따뜻하고 안전한 데에 기어들어가 상처가 낫기를 기다릴 수밖에…. 마음의 상처도 마찬가지다. 남자들은 대개 감정보다 목표 달성을 중심으로 생각하는데, 마음의 상처는 감정의 문제다. 이런 상처에 관한 한 남자는 초보자이므로 이게 뭔지도 모르고 어떻게 대응해야 하는지도 모른다. 결국 혼자 삭이는 수밖에 없다.

요즘에도 캠핑장에 가서 불멍을 때리는 건 주로 남자들이다. 하지만 그조차 누릴 여유가 없는 남자들은 마루나 자기 방에 있는 반짝반짝 빛나는 스크린 앞으로 기어간다. 거기서 멍하니 앉아 리모컨을 10초에 한 번씩 눌러가며 채널 서핑을 하는 게 요즘 남자들의 스트레스 해소법이다. 그런 면에서 토니 스타크의 수트는 최첨단 동굴이라 하겠다. 그가 왜 상처를 입었느냐고? 토니 스타크의 상징이 뻥 뚫린 가슴 아니던가. 토니의 본질은 텅 빈 가슴을 기계 심장으로 채워 넣은 남자다. 특히 [아이언맨 3]에서 토니는 뉴욕시에서 벌인 대난장판의 후유증으로 PTSD(외상 후 스트레스 장애)를 겪는 중이다. 걸핏하면 공황발작을 일으키는데, 그때마다 그는 자신의 수트 속으로 도망친다.

어쨌든 다른 슈퍼히어로들은 나름의 트라우마가 있다거나, 태생이 다르다거나, 사고를 당했다는 이유로 슈퍼히어로가 되는데, 토니 스타크는 다른 길을 선택할 수 있었음에도 아이언맨을 고집한다는 점에서 좀 더 마음의 병이 깊다 하겠다.

■ [슈퍼맨]: 제3세계에 봉사활동을 하러 온 미국 젊은이

[슈퍼맨]은 현대판 천사라고 할 수 있다. 그는 하늘 저편에서 내려왔고, 애초부터 고귀하고 순수한 성품을 타고났으며 게다가 지구상의 그 어떤 존재보다도 강력한 힘을 갖고 있다는 점에서 인간이라기보다는 신에 가깝다. 그는 모든 면에서 인간의 능력을 초월(super)한다. 그러니까 슈퍼맨이지. 그런 그가 정체를 숨기고 마치 평범한 인간인 것처럼 우리 주변에 있다. 신이 평범한 사람의 모습으로 우리를 지켜보고 있다는 옛날 이야기들을 연상하게 하는 설정이라 하겠다. 하지만 이건 작가의 설정이고. 정작 슈퍼맨 본인은 어떨까?

슈퍼맨을 이해하는 심리는 크게 두 가지다.

첫 번째 심리는 영재들의 고민이다. 이건 '미운 오리새끼' 이야기와 비슷하다. 슈퍼맨은 어릴 적에는 자신의 정체를 몰랐다. 그래서 평범한 세상 사람들처럼 살아가는 데 어려움을 겪는다. 마치 오리들 사이에서 자라난 백조처럼 그의 고민은 남들보다 뒤처져서가 아니라 남들보다 너무 앞서 있기 때문에 생긴다. 영재들도 그렇다. 남들보다 머리가 좋은 아이들은 학교에서 잘 지낼 것 같지만 사실은 정반대다. 대부분의 영재아이들은 선생님에게 딴죽을 걸거나(예를 들어, "선생님 말씀이 틀렸는데요." 이런 식으로 말이다), 정상적인 수업은 너무 지루하기 때문에 딴짓을 하다가 사고를 치고, 친구들과의 취미도 다르다 보니 왕따를 당하기 쉽다. 비정상이 따로 있나. 평균에서 벗어나면 누구든 비정상이지. 지나치게 낮은 지능과 마찬가지로 지나치게 높은 지능도 문제가 되는 거다.

두 번째 심리는 외국인이라는 이유만으로 스타가 되는 사람들의 고민이다. 슈퍼맨은 그의 고향별 크립톤 행성에서는 정말 평범한 사람이다. 하지만 지구에 오면 그는 슈퍼맨이 된다. 그의 유일한 약점이 크립톤 별의 물질인 크립토나이트라는 것도 이와 직결된다. 크립토나이트 앞에서는 그도 평범한 인간이 되는 거다. 우리 주변에도 그런 사람들이 있다. 우리나라에 온 백인 어학강사들이나 단지 외국인이라는 이유로 먹고 살 일이 생긴 몇몇 외국인 연예인 같은 사람들 말이다. 그네들은 자기 동네에서는 지극히 평범하거나 찌질이 취급을 받았던 사람이다. 하지만 한국에서는 인기인이다. 예전에는 대개 미국인들이 어디서나 그런 대우를 받았다. 지금도 미국과 척을 지지 않은 제3세계에서는 여전히 그렇다. 나도 베트남이나 인도네시아에 가서 대우를 받은 적이 있는데, 미국 애들이 이런 기분이었겠구나 싶었다. 나는 미국 애들이 평화봉사단 같은 것으로 제3세계에 갈 때 자신이 [슈퍼맨]과 같은 존재가 되는 뿌듯함을 느낄 거라 추정한다. 순수한 이상을 가진 젊은이가 자기를 꽝장한 존재로 떠받들어주는 낯선 곳에 가서 온갖 의무와 책임을 감내해내는 이야기. 그게 슈퍼맨 이야기의 본질이다.

■ [헐크]: 억압과 폭발

영화 [헐크]와 부르스 배너는 인간의 양면성을 상징한다. 헐크는 프로이트의 '무의식'과 '억압'이라는 방어기제 개념을 적극적으로 활용한 캐릭터라고 할 수 있다. 프로이트가 말하길, 우리는 사회적으로 인정받지 못하는 욕구나 본능을 억누르고 부정하면서(이게 억압) 무의식 속에 숨겨둔다고 했거든. 그게 어른이 되어가는 과정이라는 거다. 반면 헐크의 다른 모습인 부르스 배너 박사는 착하고 점잖고 폭력을 싫어하는 공부벌레 순둥이다. 그렇다고 그가 정말 완벽하게 착하고 점잖기만 할까?

천만에! 모든 인간에게는 공격성이라는 본능이 있다. 이거 없는 개체들은 이미 멸종했다. 그런데 부르스 배너 박사는 바로 그 공격성을 무의식 속에 꼭꼭 가두어둔 거다. 그러다가 과학실험이 이상한 영향을 미쳐서 그의 무의식 속에 감금되어 있던 공격성이 밖으로 드러나게 된다.

여기서 깨달을 수 있는 심리학의 원리는, 지나친 억압은 건강에 좋지 않다는 거다. 우리 주변에도 헐크처럼 되는 사람들이 있지 않던가? 평소에는 순둥이처럼 굴다가 갑자기 분노를 폭발시켜 버리는 사람들 말이다. 이러면 여러 가지 문제들이 생긴다. 불만이나 분노를 그때그때 해결했더라면 오히려 사람들로부터 인정도 받고 대우도 더 좋아졌을 텐데, 갑자기 예측하지 못한 방식으로 버럭 화를 내니까 사람들이 무서워하고 가까이 하지 않으려고 한다. 그러다 보면 직장을 잃을 수도 있고, 사람을 다치게 하거나 물건을 부수었다면 손해배상을 해야 하거나 심하면 감옥에 가야 하는 등의 큰 손해를 보게 된다.

보통 건강한 사람들은 자기의 본능이나 욕구를 지나치게 억압하지 않는다. 그보다는 생산적인 방식으로 사용하려고 노력한다. 이런 방식을 '승화'라고 한다. 예를 들어, 공격성이 높은 사람들이 자기 공격성을 승화시키면 경찰관이나 소방관, 혹은 격투기 선수 같은 사람이 될 수 있다. 이는 사회에서 필요로 하는 공격성이다. 그런데 그걸 숨기려고만 들면 헐크가 되는 거다. 영화 속 헐크와 달리 우리 내면의 헐크는 문제만을 일으킨다. 고로 순둥이로 살면서 내면에 헐크를 키우지 말고, 따질건 그때그때 따지고 챙길 것은 챙기는 야무진 사람이 되자. 이게 헐크 이야기의 교훈이라 하겠다.

■ [캡틴 아메리카]와 [토르]: 청순한 두뇌들

[캡틴 아메리카]는 인간 버전의 슈퍼맨이다. 그의 모든 능력은 평범한 인간에게도 존재하는 능력을 몇 배쯤 뻥튀기한 것들이다. 슈퍼맨에 비하면 훨씬 인간적인 수준이다. 그를 특별하게 만드는 건 신체 능력보다 정신이다. 그의 마음은 순수한 이상으로 가득 차 있다. 스파이더맨이라면 이해할 수 있다. 청소년들은 이상을 추구하는 게 정상이니까. 하지만 이 양반 나이가 되어서도 여전히 이상주의자라면 뭔가 이상한 거다. 물론 바로 그의 이상주의 때문에 대중적으로는 가장 타의 모범이 되는 히어로 대접을 받지만, 인간 발달의 측면에서 보면 그는 특정한 상태에서 성장이 정체되어 있는 발달 지체라고 할 수 있다. 청정한 두뇌와 끝내주는 몸의 결합이라는 점에서 청순글래머라고도 할 수 있다.

똑같은 청순글래머 히어로로는 [토르]를 들 수 있다. 토르의 두뇌 역시 청순하기 그지없다. 그는 늘 순진하게 악당들, 특히 로키의 속임수에 놀아난다. 그래서 미국 대중문화계에서 토르는 마치 우리나라의 '의리형님' 김보성과 비슷한 대우를 받는다. '토마토' 대신 '토마토르(Toma-thor)', 닥터 대신 '닥토르(Doc-thor)'라는 이름을 붙이고 이미지 합성을 해놓은 걸 보면 김보성의 '마무-으리'와 똑같다. [캡틴 아메리카]와 [토르]는 둘 다 금발에 청순글래머라는 공통점이 있지만, 그 기제는 좀 다르다. 토르의 청순함은 필연적이다. 인지심리학자 장 삐아제(J.Piaget)는 '지능이란, 환경에 적응하는 능력'이라고 했다. 그러니까 지능은 '내 맘대로 움직이지 않는 세상에서 내 맘대로 할 수 있는 구석을 찾고 조작하는 능력'이란 얘기다. 몸의 능력이 부족하니까 머리까지 쓰는 거지. 그런데 토르는 그럴 필요가 없다. 그는 아스가르드의 왕자다. 배경 빵빵하고, 잘 생겼고, 힘도 세고, 심지어 묠니르라는 막강 무기까지 있다. 근데 뭐하러 머리를 쓰겠는가. 로키처럼 힘이 약하거나 배경이 부족한 애들이나 지략을 필요로 하는 거다. 그러니까 토르는 맘 좋고 몸도 좋은(그런데 머리는 좀 떨어지는) 부잣집 도련님이라고나 할까.

반면, 캡틴 아메리카는 머리가 나쁘지 않다. 그는 뇌가 청순한 게 아니라 마음이 청순하다. 왜냐하면 냉동인간이기 때문이다. 그는 1940년대 미국의 이상주의를 고스란히 간직한 채로 냉동되었다가 21세기에 떨궈진 인물이다. 그래서 여전히 맘은 1940년대인 거다. 즉, 미국 대장의 이상주의는 제2차 세계대전까지 미국이 갖고 있던 나름 순수했던 과거에 대한 향수라 하겠다.

■ [배트맨]: 강박과 불안

배트맨의 기본 심리는 불안감이다. 배트맨은 법이나 경찰을 믿지 않는다. 어릴 적에 부모님이 도시 한복판에서 처참하게 살해당하는 모습을 보았던 그는 국가권력이 개인을 지켜주지 못한다고 생각하고, 자력구제의 원칙을 따른다. 그런데 이런 그의 생활은 필연적으로 불안감을 수반할 수밖에 없다. 사실 우리는 누구나 사회와 법의 보호를 받는다. 그렇다고 믿기 때문에 마음 놓고 살아갈 수 있다. 하지만 더 이상 사법 시스템을 믿지 않기로 결정한다면, 그래서 나에게 어떤 일이 일어나더라도 결국 그걸 해결해야 하는 주체는 나 혼자라고 생각한다면, 도시는 끝없는 두려움의 원천이 된다. 모두를 의심해야 하고 늘 자기를 방어할 준비를 해야 한다. 그래서 배트맨의 삶이 시작된다.

배트맨은 자신의 정체를 숨긴다. 왜냐하면 아무도 믿을 수 없으니까.

배트맨이 방탄 망또와 배트카를 비롯한 온갖 장비를 몸에 두르고 다니는 이유는 범죄로부터 자기를 방어하기 위해서다. 이렇게 보면 배트맨의 심리 상태는 편집성 성격장애와 강박성 성격장애가 혼합된 모습이다. 편집성 성격장애자들은 주변 사람들을 끊임없이 의심한다. 모두가 나를 질투하고 시기하며, 언제든지 해를 끼칠 수 있는 사람들이라고 여기는 거다. 그래서 자기에게 나쁜 일이 일어나면 누군가의 음모라고 여기고 복수를 준비한다. 의처증, 의부증 같은 것도 편집성 성격장애의 일종인데, 이게 심해지면 정말 남을 해치기도 한다. 그러니까 이건 매우 위험한 성격장애다. 강박성 성격장애자는 자기 자신이나 자기가 하는 일이 잘못될까봐 늘 불안해한다. 세균에 감염될까봐 맨손으로 문 손잡이를 만지거나 악수도 못하고, 옷에 뭐가 묻을까봐 공원 벤치에 앉지 못하거나 음식점에 못 들어가고, 일을 할 때도 뭐가 잘못될까봐 끝없이 재검토를 하는 바람에 정작 중요한 일을 제대로 하지 못하는 사람들이 바로 이런 유형이다. 왜냐하면 불안하기 때문이다. 배트맨이 온갖 장비로 완전 무장을 하는 것과 비슷하다.

물론 우리 모두에게는 어느 정도의 강박증도 있고, 편집증도 있다. 이는 세상을 살아가는 데 유용한 성격이다. 예를 들어, 화장실에서 용변을 본 뒤에나 외출하고 돌아와서 손을 씻는 것은 좋은 습관이다. 세상을 살다 보면 사기를 당하거나 잘못될 가능성도 있다. 따라서 이런 가능성을 염두에 두고 유비무환의 정신을 갖는 것도 좋은 일이다. 하지만 그게 지나치면 문제가 된다. 이렇게 말은 하지만, 요즘 한국 사회에서 벌어지는 일들을 보면 도대체 누굴 믿어야 할지 잘 모르겠다. 요즘 한국 사람들이 정부의 교육제도를 못 믿어 사교육에 기대고, 정부의 복지제도를 못 믿어 사(私)보험에 기대고, 노후 준비를 하려면 10억을 벌어야 한다는 강박에 시달리며, 인터넷에서 자경단처럼 도덕적 처단을 할 대상을 찾아다니는 것도 배트맨의 심리와 비슷하다. 슬픈 사실은 우리에겐 브루스 웨인과 같은 수조 달러의 재산도 능력도 없다는 점이다. 그러니 좀 사람 같은 애들이 정부를 구성하게 했어야지….

글·짱가(장근영)

현대적인 슈퍼히어로의 등장, 배트맨 그리고 음악을 맡은 문제적 인간, 프린스

헤비조 선정 영화 _ [배트맨] **｜ 아티스트 _** 대니 앨프먼, 프린스

팀 버튼 감독의 [배트맨]은 진정한 현대적 슈퍼히어로 영화의 시작이라고 볼 수 있다. 물론 현대적 슈퍼히어로 영화의 시작은 리차드 도너 감독의 1979년작, [슈퍼맨: 더 무비]를 꼽을 수 있을 것이다. 이 영화에서 슈퍼맨은 이전의 코믹스나 TV 시리즈에서 해본 적이 없는 인간적인 고민, 혹은 크립톤 행성인과 지구인 사이에서 자신의 정체성에 대해 고민하는 모습을 보여준다. 하지만 1979년의 슈퍼맨은 이 모든 고뇌를 매우 슈퍼맨스럽게 당위적인 정의를 위해 미뤄 버린다. 혹은 잠시 고심하다 어느새 초월해 버린다. 이에 반해 팀 버튼 감독의 [배트맨]은 처음부터 끝까지 전혀 초월적이지 못하다. 그는 분노와 복수와 불안감이 마구 뒤섞인 찜찜한 상태를 유지한다. 그리고 바로 이것이 내가 1989년의 [배트맨]을 우리 시대의 사람들과 함께 고민을 나눌 수 있는 현대적 의미의 슈퍼히어로라고 칭하는 까닭이다.

■ 스코어의 마법사, 대니 앨프먼

팀 버튼 감독의 [배트맨]은 '슈퍼히어로가 이렇게 속이 좁고, 고민을 안고 지내야 할까?' 싶을 정도로 우울하고 찝찝하다. 이러한 정서는 팀 버튼의 영화 세계에서 자주 다뤄지는 내용이기도 하다. 조커와 맞서는 배트맨은 유치할 정도로 치사한 공격을 하고, 죽은 척하다가 상대방을 공격하며, 조종석을 겨눠 한 방에 죽일 수 있지만 일부러 비행기를 추락시켜 적을 가학한다(조커 역시 비행기 추락에도 사망하지 않는다). 크리스토퍼 놀란의 [배트맨] 시리즈에 이러한 연출에 있었다면 진지한 관객들로부터 공분을 샀을 것이다. 그런데 팀 버튼 감독의 [배트맨]은 그런 짓을 해도 전혀 이상하지 않다. 그 까닭은 영화 속 장면들의 꾸밈새나 내용 진행이 진지한 영화적 모습이라고 느껴지기보다 동화와 같은 환상적인 색깔들로 채워져 있기 때문이다. 말하자면 동화적 상상력을 질료로 한 찝찝함이라고나 할까? 관객의 입장에서 배트맨의 고약하고, 동화적인 행동을 자연스럽게 받아들이고, 심지어 이해할 수 있게 도와주는 또 하나의 장치는 '음악'이다. 팀 버튼 감독의 전작 [비틀쥬스](1988)에 이어 [배트맨]까지 팀 버튼 영화에서 스코어 음악을 맡고 있는 사람은 '스코어의 마법사'로 통하는 대니 앨프먼이다.

팀 버튼과 함께한 동화적인 감성

앨프먼은 정규 음악 교육을 받지 않은 것으로도 잘 알려져 있다. 그는 록 밴드에서 활동하며 음악 경력을 쌓기 시작했다. 그가 활동했던 밴드 오잉고 보잉고(Oingo Boingo)는 주로 유럽서 활동을 했고, 나름의 인기를 얻고 있었다. 밴드에서 기타리스트 겸 리드 보컬이었던 앨프먼은 함께 밴드를 하던 형이 미국으로 돌아가겠다고 하자, 군말 없이 밴드를 접고 형과 함께 고향으로 돌아왔다고 한다. 그런 앨프먼에게 영화음악 작업을 처음으로 부탁한 감독이 팀 버튼이었다. [비틀쥬스]나 [크리스마스의 악몽](1993)의 신비한 분위기, [가위손](1990)의 아련함은 모두 팀 버튼과 대니 앨프먼의 합작이다. 대니 앨프먼의 음악적 특징은 무규칙적으로 오르내리는 정서의 변화에 있다. 그는 록 밴드 출신답게 이를 클래식 음악적인 점층적 배치보다 '끌리는 대로' 툭툭 던져 붙인다. 바로 이 무규칙성이 앨프먼의 영화음악을 동화적인 감성을 갖고 있다고 부르게 만든 것이기도 하다.

이러한 대니 앨프먼의 음악적 특징은 배트맨의 동화적이면서도 껄끄럽고, 우유부단하면서도 폭력적인 모습을 놀랍도록 잘 뒷받침하고 있다. 팀파니와 드럼, 관악기의 박진감 넘치는 곡조에서 급작스런 현악 일색의 부드러운 곡조로 떨어지는 모습은 기-승-전-결을 따지는 정통 클래식 훈련을 받은 편곡자가 쉽게 상상할 수 없는 파격이다. 그런 점에서 대니 앨프먼의 스코어는 팀 버튼의 [배트맨]에 '이보다 더 좋을 수 없는' 파트너다. 그런데, 1989년 [배트맨]에는 앨프먼보다 더 확실하게 배트맨을 소리로 규정해주는 음악가가 한 명 더 있다. 바로 프린스다.

■ 프린스의 다양한 스펙트럼이 반영돼 명반으로 탄생되다

프린스는 1980년대 마이클 잭슨과 맞장을 뜰 수 있는 유일한 아티스트였다고 할 수 있다. 그는 최고의 기타리스트, 작곡가, 작사가, 프로듀서, 가수이자 댄서였다. 2시간 공연을 시작부터 끝까지 완벽하게 계산해서 사운드, 조명, 동선을 짠 무대는 1980년대 중반까지 마이클 잭슨과 프린스만이 할 수 있는 것이었다. [배트맨]에서 앨프먼이 만든 스코어만 봐도 왈츠에서 광기 넘치는 타악, 웅장한 배트맨 테마에 이르기까지 다양한 스펙트럼의 음악이 등장한다. 그런데 프린스는 이보다 한 발 더 나아간다.

프린스가 [배트맨] 삽입곡들을 원해서 만든 것인지에 대해서는 확실치 않다. 프린스와 그의 음반사였던 워너 브로스 뮤직 사이의 불화는 이미 팝계에 널리 알려진 사실이다. 음반사는 자신들의 의견을 매번 무시하고 자신의 음악 세계만 주장하는 프린스를 곱지 않은 시선으로 바라보았고, 계약 이행을 내세워 앨범 발매를 종용하는 일이 많았다. 무시무시한 창작욕을 자랑하는 프린스답게 이 앨범 역시 정말 빠른 시간 안에 완성했다고 한다. 그렇다고 그 안에 담긴 음악이 엉망이라는 것은 아니다. 클럽 튠에 가까운 댄스 음악 'Partyman', 'Batdance'에서 가성을 사용한 감미로운 발라드 'Scandalous', 시나 이스턴(Sheena Easton)과 함께 부른 팝 발라드의 전형성을 보여주는 'The Arms of Orion', 진성과 가성을 오가며 중성적인 이미지를 덧씌우는 'Vicki Waiting'에 이르기까지 매력적인 곡이 한가득이다. 킴 베이싱거가 분한 비키 베일의 이미지를 끈적하게 만들어 놓는 'Vicki Waiting'의 그루브감은 프린스만의 전매특허 리듬이다. 전반적으로 1980년대 만개했던 팝-록 음악을 바탕으로 다양한 훵키(Funk) 비트와 효과음이 조화를 이루고 있는 멋진 작품이기도 하다.

프린스의 순조롭지 못한 성장 과정이 양면적 음악으로

157cm의 단신인 프린스는 재즈 보컬리스트인 어머니와 재즈 피아니스트

인 아버지 사이에서 태어났다. 음악적으론 풍부했을지 모르지만, 성장 환경은 그다지 좋지 않았다. 10살 무렵 별거하던 아버지의 새 애인과 집 안에서 마주하는 경험을 하기도 하는 등 평범한 청년으로 자라기엔 너무나 파격적인 부모의 애정행각 속에서 성장기를 보냈다. 이혼한 부모의 집을 오가며 다양한 음악을 듣고, 자신의 밴드에 대해 냉정한 평가를 부탁하는 등 음악에 대한 욕심은 부모 모두에게 물려받았다. 영악한 프린스는 음악인으로 활동하던 부모를 이용해 남들보다 빨리 큰 무대에 오를 기회를 잡기도 했다. 남성과 여성의 심벌을 합친 자신만의 문양을 만들고, 그 문양을 이용해 디자인한 커스텀 기타를 연주하는 프린스는 확실히 문제적 인간임에 틀림없다. 1990년대에는 소속 음반사인 워너와 계약 문제로 끝장을 보는 법정 싸움을 하는 와중에 자기 뺨에 "Slave"라는 문신을 새기기도 했을 정도로 튀는 성정을 지니고 있었다. 그렇기 때문에 프린스는 단순히 주제가를 부른 가수 수준이 아니라 그의 목소리가 영화에 존재한다는 사실만으로도 영화 속 배트맨의 양면성이 공고해진다.

프린스의 음악 자체도 양면적이다. 흔히 그를 펑크(Funk) 가수로 분류하지만, 프린스의 음악에는 록의 요소가 짙다. 고교 시절 첫 밴드에서 이미 지미 헨드릭스가 환생한 듯한 연주를 들려줬다고 한다. 그는 댄스와 퍼포먼스의 대가로, 당대엔 마이클 잭슨과 쌍벽을 이룬다는 평가를 받았는데, 지금의 관점에서 보면 프린스의 퍼포먼스는 마이클 잭슨보다 레이디 가가와 닮았다고 할 수 있다. 누군가 레이디 가가를 '여자 프린스'라고 표현한 것에 전적으로 동감한다. 딱 어울리는 말이다. 2010년대를 살아가는 세대에겐 프린스가 1980년대에 레이디 가가처럼 기행을 일

삼았던 남자 가수였다고 해야 이해할지도 모르지만 말이다.

프린스가 만든 영화 [배트맨] 사운드 트랙은 영화를 떠나 음반 자체로도 평가할 구석이 많은 명반이다. 프린스의 노래는 대니 앨프먼의 스코어 못지않게 슬금슬금 등장해서 영화의 분위기를 다잡는 역할을 한다. 조커가 돈을 뿌릴 때 흘러나오는 'Partyman'이 대표적이며, 빌보드 차트 1위를 차지했던 'Batdance'도 매력적이다. 흥미로운 것은 수록곡 중 'Lemon Crush'를 만나는 순간이다. 이 곡은 록과 횡크, 소울이 믹스된 정말 프린스다운 스타일이다. 비키 베일 역을 맡은 킴 베이싱거의 뇌쇄적 분위기를 음악으로 표현해낸 느낌이다. 그런데 막상 영화를 보면, 비키 베일은 끈적한 분위기로 등장했지만 끝까지 이 느낌을 이어가지 못하고 마지막엔 소리만 지르는 캐릭터로 소비된다. 프린스는 영화 속에서 킴 베이싱거의 매력이 십분 살아나지 못해 아쉬웠던 것일까? 1980년대 최고의 섹시 여배우 중 한 명인 킴 베이싱거에게 딱 어울리는 곡을 사운드트랙 앨범에 집어넣었다.

글·헤비조(조일동)

함장(권영준)의 곁다리 추천 영화

영화 속 슈퍼히어로는 누구나 일반인 이상의 뛰어난 능력(혹은 재력)을 갖고 있어 쉽게 감정 이입을 하기가 어렵다. 이러한 면에서 보았을 때 심리적 결함을 갖고 있으면서도 가장 인간적이고 원초적인 복수를 고민하고, 복수의 끝자락을 아름다운 미래를 위한 유산으로 남긴 좋은 슈퍼히어로 영화가 있다. 바로 휴고 위빙과 나탈리 포트만 주연의 [브이 포 벤데타(V for Vendetta)] (2005)이다. 비록 국내에서는 [매트릭스 시리즈(The Matrix)] (1999~)의 스미스 요원으로 유명해지긴 했지만 얼굴 한 번 나타내지 않고 가면 뒤 목소리만으로 고뇌와 복수, 사랑을 건넨 아름다운 슈퍼히어로. 혁명을 꿈꾸는 당신이라면 꼭 봐야할 영화라고 생각한다.

무비 찌라시

B급 히어로들이라도
우리를 구원하소서!

슈퍼맨은 바쁘다. 스파이더맨은 정신없다. 배트맨은 고담시에서 나올 생각을 않고 있고, 아이언맨은 몸값이 비싸다. 한국은 위기다. 왼쪽 궁둥이를 들고 방귀를 뀌어도 종북이 되는 세상, 종박에 귀의하지 못하면 쪽박을 차는 세상에 우리를 구해줄 메이저 히어로는 모두 사정이 있단다.

그래서 우리의 기도는 이렇다.

B급 히어로들이라도 우리를 구원하소서!

DJ한 선정 영화 _ [슈퍼맨], [팬텀], [퍼니셔], [히맨], [닉 퓨어리], [스틸], [캡틴 아메리카], [어벤져스], [퍼스트 어벤저], [스폰]

영웅이란 무엇인가?

그것은 한때 수많은 사나이들의 영혼을 뜨겁게 달구었던 김용의 장편 무협 소설, 〈사조영웅전〉에서 줄기차게 제시되는 화두다. 〈사조영웅전〉의 마지막 장면에서 주인공 곽정은 징기스칸에게 사람을 많이 죽인 걸로 영웅이 될 순 없다고 일갈했고, 징기스칸은 그 말에 충격을 받아 피를 토하며 말에서 떨어졌다가 그날 밤에 황천길로 가버린다. 몇 줄 안 되는 글로 몽골의 대영웅을 소심쟁이로 만들어 버렸으니 이것이야말로 신필의 힘이리라.

하지만 지금 이 글에서 논하고자 하는 것은 무협지의 영웅이 아니다. 온몸에 쫄쫄이를 입고, 그걸로도 모자라 때로는 얼굴엔 가면을 쓰고 정의를 지키겠노라며 악당들의 턱을 두들겨 패고 다니는 변태 코스플레이어들 — 바로 미국 만화 속의 슈퍼히어로들이다. [헐크], [엑스맨], [아이언맨], [캡틴 아메리카], [어벤져스], [슈퍼맨], [스파이더맨], [배트맨]⋯. 요즘은 만화, 영화, 애니메이션, TV 드라마 어디서든 쉽게 미국산 슈퍼히어로를 접할 수 있다. 특히 헐리우드에선 막대한 자본과 인력을 투입해 [어벤져스], [엑스맨], [스파이더맨], [배트맨] 등의 슈퍼히어로 영화를 하루가 멀다 하고 쏟아내고 있다. 개중에는 초호화 출연진을 기용했음에도 불구하고 영화 특성상 CG로 도배하는 바람에 영화라기보다는 CG 애니메이션이라고 부르는 게 낫지 않을까 싶은 영화도 한둘이 아니다. 하지만 슈퍼히어로 영화에 대자본이 투입된 것은 비교적 최근의 일이다. 예를 들어 [슈퍼맨]만 하더라도 이미 1948년도에 커크 알린 주연의 시리얼 무비가 등장했고, 1952년도엔 조지 리브스 주연의 TV 시리즈가 방영되어 엄청난 인기를 끌었지만, 어느 쪽이든 저렴한 제작비로 만들어진 B급이었다. 어쩌면 1941년에 로토스코핑^{주1} 기법의 발명자 막스 플라이셔가 만든 슈퍼맨 애니메이션 시리즈에 더 많은 제작비가 들어가지 않았을까 싶을 정도다.

■ 천문학적 제작비를 들여 성공한 [슈퍼맨]

당연하다면 당연한 일이다. 당시만 해도 슈퍼히어로 만화는 어디까지나 아이들의 전유물이었고, 슈퍼히어로 영화 역시 아이들을 대상으로 만들어진 것이었다. 유치찬란한 슈퍼히어로 영화에 돈을 쏟아붓는다는 것은 헐리웃 제작자들 사이에선 정신 나간 짓으로 여겨질 때였다. 이 생각이 바뀌게 된 건 1979년, 리처드 도너 감독의 [슈퍼맨]이 등장하면서부터다. [슈퍼맨]의 제작비는 2,000만 달러, 지금 시점에서 보면 아무것도 아니겠지만 당시의 기준으로 보면 가히 천문학적인 제작비였다.

1980년 발표되어 헐리웃 역사상 가장 대차게 말아먹은 영화 베스트 10 중에서 항상 1위로 손꼽히는 동시에 그 실패로 유나이티드 아티스트를 파산시킨 영화 [천국의 문]의 제작비가 4,400만 달러였으니, [슈퍼맨]의 2,000만 달러 제작비가 어느 정도 규모였을지 짐작하기는 어렵지 않을 것이다. ^{주2}

다만 [천국의 문]과 달리 [슈퍼맨]은 전 세계적으로 3억 달러를 벌어들이는 대히트를 기록했다. 그리고 이때를 기점으로 슈퍼히어로물이 돈이 될 수 있다는 사실을 깨달은 헐리웃 제작자들이 너도나도 슈퍼히어로

주1 로토스코핑(rotoscoping): 애니메이션 이미지와 실사 동화상(live action) 이미지를 합성시키는 기법
주2 참고로 [천국의 문]의 당시 흥행 수익은 350만 달러이고, 총 손실액은 현재 물가로 약 1억 5,000만 달러로 평가된다고 한다.

로물 제작에 달려들기 시작한다.

문제는 헐리웃에서 달러를 쏟아붓는다고 해서 항상 좋은 영화가 나오는 게 아니란 사실이다. [성냥팔이 소녀의 재림]이 우리나라만의 특산품이 아님을 상기해보자. 투입된 제작비와 작품성은 결코 정비례하지 않는다. 실제로는 제작비 액수와는 무관하게 만들어지는 영화의 90%는 쓰레기다. [주3]

거액의 제작비와 무관하게 실패한 영화들 top 4

❶ [팬텀]: 실제로 '가면 쓴 슈퍼히어로의 원조'로 추앙받는 [팬텀]만 해도 그렇다. 1936년 만화가 리 포크가 창조한 [팬텀] 시리즈는 현재까지도 계속 코믹스가 출간되고 있는 인기 슈퍼히어로물로, 이미 1943년과 1955년도에 미국 콜롬비아 영화사가 시리얼 무비를 만들기도 했다. [팬텀]은 미국뿐만 아니라 유럽, 호주, 인도, 터키 등에서도 출간되었고, 터키에서는 무려 3번에 걸쳐 영화화되기도 했다. 물론 저작권을 무시한 비공식 영화판이었지만 말이다.

그런데 1996년, 파라마운트 영화사에서 [팬텀]의 공식적인 영화판을 내놓았다. 그것도 무려 4,500만 달러라는 거액을 들여서…. 하지만 이 영화는 빈말로 나마 좋다고 말할 구석이 하나도 없는 명백한 실패작이었다. 일단 줄거리가 너무 빈약한 데다 볼거리도 없었다. 로저 코먼의 표현을 빌리자면 돈을 어디다 썼는지 모를 정도다. 1930년대를 배경으로 한 세트는 전체적으로 허술했고, 특수 효과도 유치하기 짝이 없었다. 특히 클라이맥스에서 팬텀이 악당 두목 드렉스와 레이저 광선 대결을 펼치는 장면은 차마 두 눈을 뜨고 봐주기 민망한 수준이었다. 다만, 보라색 쫄쫄이를 입은 팬텀이 백마를 타고 내달리는 몽환적인 장면만이 기억에 각인될 따름이었다.

❍

주3 SF 작가 시어도어 스터전의 '스터전의 법칙'에서 인용 – "SF의 90%는 쓰레기다. 하지만 모든 것의 90% 역시 쓰레기다."

당연히 [팬텀]은 관객들의 외면 속에 흥행에 참패했고, 오늘날에는 케이블 채널에서조차 틀어주지 않는 영화로 전락해 버렸다. 슈퍼히어로의 원조답지 않은 망신을 당한 셈이다.

❷ [퍼니셔]: 영화판에서 실패의 고배를 마신 슈퍼히어로물은 이것뿐만 아니다. [퍼니셔] 역시 영화판으로는 썩 재미를 보지 못한 작품이다. 원래 [퍼니셔]는 1974년, 마블 코믹스의 [스파이더맨] 만화에 악역으로 등장한 캐릭터였다. 마피아의 총격전에 휘말려 가족을 잃은 전직 베트남전 참전 군인 프랭크 캐슬이 분노에 사로잡혀 자신의 손으로 직접 악당들을 처단하고 다니는 퍼니셔(Punisher)가 되고, 스파이더맨이 퍼니셔의 살인을 막기 위해 고군분투한다는 이야기였다.

한마디로 전형적인 안티 히어로 캐릭터인데, 뜻밖에도 퍼니셔는 엄청난 인기몰이를 하며 독립 시리즈의 주인공으로 부상한다. 퍼니셔는 초능력이 없는 평범한 인간이지만, 실전에서 쌓은 전투 능력과 사격술은 날고 기는 초인 악당들을 상대하기에 아무런 부족함이 없다. 게다가 그 잔혹함과 무자비함은 악당들조차 치를 떨 정도다.

그리고 퍼니셔는 총기를 주 무기로 사용한다는 점에서 헐리웃 액션 영화 주인공과 일맥상통하는 점이 있다. 당연하게도 헐리웃에선 일찌감치 이 만화에 주목했고, 마블 코믹스 주인공 중에서는 꽤 이른 1989년도에 영화화된다. 주연은 돌프 룬드그렌, 마이너 영화사인 뉴월드 픽처스에서 900만 달러의 비교적 저렴한 예산으로 만든 B급 액션 영화였다.

하지만 타이틀과 설정만 빌렸을 뿐, 정작 만화와의 공통점은 거의 없는 영화였다. 주연인 돌프 룬드그렌은 퍼니셔의 상징과도 같은 해골 마크 티셔츠를 입지도 않았고, 그에게 무기를 공급해주는 조력자인 마이크로칩도 등장하지 않았다. 그리고 1980년대 거품의 최정점에서 대호황을 누리던 일본 경제에 대한 공포심과 경계심을 등에 업고 괴상한 일본어를 구사하는 일본 야쿠자가 악역으로 등장하기도 했다.

비록 원작과는 동떨어진 부분이 많지만, B급 액션 영화로서는 꽤 잘 만들어진 작품이다. 여태까지 만들어진 퍼니셔 영화 중에서 최고로 손꼽는 팬들도 적지 않지만, 불행히도 이 영화는 뉴월드 픽처스의 자금 사정으로 미국 극장에선 개봉하지 못하고 1991년도에 곧장 비디오 시장으로 직행해 버렸다.

❸ [히맨]: 돌프 룬드그렌은 이 영화 외에 진짜 슈퍼히어로로 역할을 맡은 적이 있다. 그것은 1987년에 개봉한 [마스터즈 오브 더 유니버스(Masters of the universe) 주4], 즉 [우주의 왕자 히맨]이었다.

히맨은 1983년, 미국의 장난감 회사인 마텔 사에서 제작한 [히맨 – 마스터즈 오브 더 유니버스(He-Man and the masters of the universe)]라는 TV 애니메이션 시리즈의 주인공이다. 1980년대 초, 히맨 시리즈는 어린이들 사이에서 선풍적인 인기를 누렸고, 마텔 사의 액션 피규어는 그야말로 날개돋친 듯이 팔려나갔다. 그리고 이 인기를 등에 업고 실사 영화까지 제작되었는데, 그 제작비는 무려 2,200만 달러였다. 안타깝게도 당시의 특수 효과 기술은 히맨이 활약하는 외계 행성 이터니아와 히맨, 그 동료들이 가지고 있던 화려한 초능력과 무기를 스크린에 재현하기엔 역부족이었다. 그래서 제작진은 이터니아를 영화의 시작과 끝에 잠깐만 등장시키고 주요 무대를 현대 미국으로 옮겼는데, 결과적으로 이건 패착이었다. 아이들은 현대 미국을 배경으로 어슬렁대는 히맨의 모습에 실망했고, 어른들은 그 유치찬란함에 치를 떨 수밖에 없었으니까 말이다. 그리고 영화는 미국 내에서 1,700만 달러를 벌어들이는 데서 그치고 만다.

히맨은 그 뒤로 두 번 다시 영화화되지 않았지만, 애니메이션은 1990년과 2004년도에 리메이크되었다. 물론 과거의 영광을 되살리기엔 역부족이었다.

퍼니셔는 히맨보다는 좀 더 운이 좋았다. 왜냐하면 2004년도에 토머스 제인 주연으로, 2008년도에 레이 스티븐슨 주연으로 각각 다시 영화화됐기 때문이다. 그러나 2008년도작 [퍼니셔: 워존]은 제작비 3,500만 달러의 절반도 건지지 못

주4 한국 개봉명은 [마스터 돌프]

하는 대참패를 겪었고, 이후로 퍼니셔의 영화화 이야기는 쏙 들어가 버렸다.

❹ [닉 퓨어리]: 마블 코믹스 히어로 중에는 퍼니셔와 마찬가지로 별다른 초능력이 없는 히어로가 한 명 더 있다. 그건 다름 아닌 '닉 퓨어리'다.

닉 퓨어리는 원래 〈sgt. fury and his howling commandos〉라는 제목의 제2차 세계대전 만화의 주인공이었다. 닉 퓨어리 상사가 부하들과 함께 유럽 전역에서 독일군에 맞서 싸운다는 내용의 전쟁 만화였는데, 스토리는 스탠 리, 작화는 잭 커비가 맡았다.

요즈음의 미국 만화 팬들은 스탠 리는 알아도 잭 커비는 모르는 경우가 많다. 사실 잭 커비는 미국 만화의 전설이라고 부를 만한 거장 중의 거장이다. 굵은 선, 과장된 근육과 역동적인 포즈, 움직임을 표현하는 동작선, 집중선 등을 효과적으로 사용하면서 우리가 알고 있는 미국 만화의 스타일을 확립시킨 게 바로 잭 커비였다. 그리고 잭 커비는 캡틴 아메리카를 비롯해 판타스틱 포, 마이티 토르, 실버 서퍼 같은 캐릭터를 창조하는 데 큰 공헌을 했다. 주5

■ 스파이 영화 붐에 편승한 마블 코믹스와 DC 코믹스

1960년대는 007 영화의 전성기였다. [007 닥터 노]를 필두로 [007 위기일발], [007 골드 핑거], [007 썬더볼 작전] 등이 연이어 히트를 치면서 [0011 나폴레옹 솔로]와 같은 아류작까지 등장했다.

마블 코믹스도 이 스파이 영화 붐에 편승하기로 하고 1965년, 〈Agent of SHIELD〉라는 만화 시리즈를 내놓는다. 여기서 닉 퓨어리는 난데없이 스파이로 탈바꿈한다. 애꾸눈의 전직 제2차 세계대전 영웅이자 쉴드

주5 지대한 공헌을 했음에도 불구하고 잭 커비는 마블 코믹스에서 자신이 창조한 캐릭터의 저작권을 전혀 인정받지 못했다.

(SHIELD)의 슈퍼 에이전트인 닉 퓨어리가 세계 정복을 노리는 히드라 (HYDRA)에 맞서 싸운다는 내용이었다.

이 만화는 한마디로 말해 007의 아류작이었다. MI6이 쉴드(SHIELD) 로, 007이 닉 퓨어리로, 스펙트러가 히드라로 바뀐 것뿐이다. 닉 퓨어리 는 007이 그러하듯 늘씬한 미녀들과 연애질도 하고, 히드라의 에이전트 들과 총격전도 벌이며, 최신 첨단 장비로 위기에서 탈출하기도 했다. 하 지만 마블 코믹스의 세계관이 확장되면서 쉴드(SHIELD)는 슈퍼히어로팀 인 어벤져스의 지휘소 같은 역할로 격상됐다. 그러나 닉 퓨어리는 간지 나는 애꾸눈 백인 중년 남성에서 갑자기 빈티나는 대머리 흑형으로 돌변 해 버리고 말았다. 캐릭터를 뒤집어엎는 거야 미국 만화에서 흔한 일이 긴 하지만, 이렇게까지 막 나가는 경우는 실로 드물 것이다.

그런데 캐릭터가 바뀌기 전인 1998년, 닉 퓨어리를 TV 시리즈로 만 들려는 시도가 있었다. 〈전격 제트작전〉과 〈베이워치〉로 전 세계적인 유 명세를 탄 데이빗 핫셀호프 주연으로 TV용 파일럿 필름까지 만들어졌 다. 우리나라에는 〈레인져캅〉이라는 제목으로 비디오가 출시되었지만, 이 영화의 존재를 아는 사람은 별로 많지 않다.

데이빗 핫셀호프가 닉 퓨어리와 엄청난 싱크로율을 자랑하며 열연하 는 걸 제외하면, 워낙 싸구려로 만들어진 탓에 건질 만한 게 없다. 스토 리는 유치하고 특수 효과는 쌍팔년도 우뢰매 수준이다. 그 결과, 이 파 일럿 필름의 IMDB(The Internet Movie Database) 평점은 10점 만점에 3.5점에 불과하다. 돌프 룬드그렌 주연의 [마스터즈 오브 더 유니버스]가 5.1점인 점을 고려해볼 때 이 영화의 완성도가 어느 정도일지는 짐작하고 도 남음이 있으리라.

하지만 미국엔 마블 코믹스만 있는 게 아니다. 마블과 양대 산맥을 이루고 있는 DC 코믹스 역시 수많은 슈퍼히어로를 거느리고 있다. 배트맨, 슈퍼맨, 아쿠아맨, 원더우먼 등…. 하지만 이 중에서 가장 유명한 히어로는 누가 뭐래도 역시 슈퍼맨일 것이다. 슈퍼맨은 DC 코믹스의 상징이자 미국 만화, 더 나아가서는 미국 문화의 아이콘이나 다름없는 존재다. 당연히 별명도 많은데 그중 가장 유명한 별명은 '강철의 사나이(Man of steel)'다.

■ 흑인 슈퍼히어로 [스틸(STEEL)]

그런데 DC 코믹스에는 [스틸(STEEL)]이라는 이름의 슈퍼히어로가 있다. 강철 갑옷을 입고 레이저 캐논 망치를 들고 다니는 흑인 슈퍼히어로로, 1993년에 슈퍼맨 만화의 조연으로 처음 등장한 캐릭터다.

스틸의 본명은 존 헨리 아이언즈로, 원래는 공학 박사로 무기 회사에서 초강력 무기를 만드는 사업에 종사했지만, 자신이 만든 무기가 죄 없는 사람들을 죽이는 데 쓰이는 것에 죄책감을 느끼고 죽음을 위장해 회사를 그만두고 메트로폴리스로 온다. 그리고 메트로폴리스에서 고층 빌딩 건설 인부로 일하던 중 실족해서 죽을 뻔한 위기에서 슈퍼맨의 도움으로 목숨을 건진다. 그 직후 슈퍼맨은 둠즈데이와 싸우다가 죽음을 맞이하고, (물론 곧 부활하지만) 존 헨리 아이언즈는 자신이 슈퍼맨의 뜻을 이어받아 악당들과 싸우기로 결심하고 강철 갑옷을 입고 스틸로 활동하기 시작한다.

나중에 [스틸]은 독립 시리즈까지 나올 정도로 인기를 얻으면서 중요한 흑인 캐릭터로 부상한다. 그리고 1997년, 워너 브라더즈에서 샤킬 오닐 주연으로 영화화된다. 샤킬 오닐은 다들 알다시피 농구선수지만 1990년대 중반 즈음에 영화계에도 기웃거렸다.

이 영화의 IMDB 평점은 아까 언급한 닉 퓨어리 영화보다 낮은 3.0점이다. 유명 인사를 등에 업고 아이들의 코 묻은 돈을 뺏으려고 했다는 평가를 받은 탓이리라. 그리고 얼마 안 되는 제작비는 샤킬 오닐의 출연료로 탕진해 버렸는지 액션과 특수 효과 모두 부실의 극치를 달린다. 하지만 최대한 객관적으로 평가하자면 닉 퓨어리 영화보다는 좀 더 높은 평점을 줄 수 있는 영화다. 물론 그래봐야 0.1점 정도겠지만 말이다. 한 가지 분명한 것은 군대가 초병기의 산실이라는 사실이다. [스틸]의 주인공 존 헨리 아이언즈는 그 사실을 몸소 뼈저리게 느꼈을 것이다. 군대라는 곳은 평시든 전시든 가리지 않고 사람을 죽이기 위한 최첨단 무기를 만드는 데 막대한 비용과 인력을 투입한다.

■ 군대에서 탄생한 [캡틴 아메리카]

그리고 군대는 슈퍼히어로의 산실이 되기도 한다. 한국인들에게는 만화가 아닌 영화로 친숙해진 [캡틴 아메리카]가 바로 그 주인공이다.

[캡틴 아메리카]는 1941년, 제2차 세계대전이 한창이던 시기에 조 사이몬과 잭 커비가 창조한 캐릭터다. 미국 국기를 상징하는 붉은 띠를 두른 푸른색 유니폼과 흰색 별이 그려진 방패를 들고 다니며 독일군과 일본군에게 주먹을 휘두르는 캡틴 아메리카는 등장하자마자 폭발적인 인기를 끌었다.

당시 캡틴 아메리카의 사이드킥(슈퍼히어로의 소수)은 벅키. 벅키를 캡틴 아메리카의 친구로 알고 있는 사람들에겐 당황스러운 사실이겠지만,

처음 등장할 때의 벅키는 10대 소년병이었다. 당시 만화의 주 독자층인 어린이들을 의식한 설정이었겠지만, 요즘 같으면 인권 단체들이 들고 일어나 난리법석을 피웠으리라. 소년병에 대한 시선이 어떠했든 캡틴 아메리카는 전쟁 특수를 톡톡히 누렸다. 전쟁이 한창이던 1944년도에 시리얼 무비가 나올 정도였으니 그 인기를 짐작할 수 있으리라. 2011년도판 영화 [퍼스트 어벤져]에선 [캡틴 아메리카]가 유치한 코스튬(costume)을 입고 전쟁 국채 선전을 하는 흑백 영화에 나오는 걸로 묘사되는데, 그게 바로 1944년도 시리얼 영화의 오마주다.

■ [어벤져스]에 오마주되다

그러나 영원한 것은 없는 법. 전쟁이 끝나고 싸워야 할 적을 잃어버린 캡틴 아메리카의 인기는 급전직하했다. 만화책 시리즈는 소리소문 없이 끝났고, 캡틴 아메리카의 종적은 묘연해졌다. 그렇게 끝장난 줄 알았던 캐릭터인 캡틴 아메리카는 1963년 마블 코믹스의 [어벤져스] 시리즈에서 슈퍼히어로팀의 리더로 복귀한다. 그동안 남극의 얼음에 냉동된 채 갇혀 있다가 어벤져스팀에 의해 구출되어 되살아난다는 터무니없지만 굉장히 편리한 설정으로 말이다. 그리고 이 설정은 나중에 [어벤져스] 영화에서 그대로 쓰인다.

캡틴 아메리카는 어벤져스의 리더가 된 뒤로 안정적인 인기를 누리게 된다. 게다가 DC 코믹스의 슈퍼맨처럼 팍스 아메리카나를 대표하는 캐릭터로 부상한다. 당연히 여러 차례 영화화가 시도됐지만 결과물은 썩 신통치 않았다.

예를 들어 1979년에 만들어진 TV 영화에서는 캡틴 아메리카가 오토

바이를 몰고 다니며 악당들과 싸운다. 유튜브에 공개되어 있는 예고편이나 클립을 보면 제대로 된 슈퍼히어로물이라기보다는 〈600만불의 사나이〉의 아류작 같은 느낌이다. 그리고 1990년, 21세기 필름에서 본격적인 [캡틴 아메리카] 영화가 나온다.

21세기 필름은 캐논 필름의 사장이었던 매너햄 골란이 만든 영화사였다. 캐논 필름은 1985년도에 고작 100만 달러의 예산으로 만든 [아메리칸 닌자]로 1,000만 달러를 벌어들이는 흥행 기록을 세우는 등 1980년대에는 꽤 잘 나가는 B급 영화사였다. 하지만 1987년, [슈퍼맨 4]로 대형 쪽박을 차는 바람에 캐논 필름은 허무하게 망해 버린다.

이때 매너햄 골란은 마블 코믹스에서 2개의 영화 판권을 사둔 상태였는데, 하나는 [스파이더맨]이었고, 다른 하나는 [캡틴 아메리카]였다. 그는 약삭빠른 유태인답게 두 영화 판권이 만료되기 전에 어떻게든 영화화하여 한몫을 챙기기 위해 재빨리 21세기 필름을 설립한다. 다행스러운 건 그나마 스파이더맨 기획이 도중에 엎어졌다는 사실이랄까.

1990년도판 [캡틴 아메리카]의 감독은 앨버트 퓬이었다. 그는 SF 액션 영화 [사이보그]와 환타지 영화 [스워드] 등으로 한국 영화 팬들에게도 이름이 꽤 알려진 B급 영화 감독이었다. 그리고 주연은 맷 셀린저로, 『호밀밭의 파수꾼』을 쓴 J. D. 셀린저의 아들이라는 것 외에는 내세울게 하나도 없는 신참 배우였다. 제작 예산도 1,000만 달러로 블록버스터 영화와는 거리가 멀었다.

■ 초난감 [퍼스트 어벤져]

비록 앨버트 퓬과 맷 셀린저는 이 영화에 굉장한 열의를 보였지만,

한정된 예산은 결코 넘사벽(넘을 수 없는 벽)이었다. 그리고 그렇게 해서 만들어진 결과물은 난감을 뛰어넘은 초난감의 경지를 보여준다. 알기 쉽게 설명하자면 이런 거다.

시마모토 카즈히코의 만화 중에 〈울어라 펜〉이라는 만화가 있다. 만화가 호노오 모유루가 주인공이다. 이 만화가가 아마추어 영화제에 초대를 받고, "요즘 영화는 이놈이고 저놈이고 구색만 맞춰 체제에 영합한 놈들 뿐"이라고 외치고 나서, "이젠 아마추어의 시대다!"라고 선언한다. 그리고는 "영상이 멋있더라도, 액션이 훌륭하더라도, CG가 아름답더라도 내용이 얄팍한 영화엔 질려버렸다!"라고 주장한다. 하지만 호노오 모유루는 장장 3년에 걸쳐 만들어진 아마추어 영화를 보고 너무 재미가 없어서 거의 유체이탈될 것 같은 충격을 받는다. 그리고는 즉시 영화관으로 달려가 프로가 만든 상업 영화를 보면서 눈물을 흘린다. 감동의 눈물을!

'제대로 된 앵글로, 제대로 된 타이밍에, 제대로 된 목소리가 들리고, 제대로 핀트가 맞기만 해도 이렇게 기분이 편해지다니 놀랍다! 몰랐어, 난, 지금까지 너무 복에 겨워 알아차리지 못하고 있었던 거야!"

1990년도판 [캡틴 아메리카]를 본 후에 2011년도판 [퍼스트 어벤저]를 보면 바로 그런 느낌을 받을 수 있으리라. 기승전결이 제대로 이어지고, 주인공이 실밥 터진 쫄쫄이 대신 제대로 된 쫄쫄이를 입고, 특수효과가 제대로 쓰이고, 제대로 뭔가 터지고 제대로 뭔가 날라가고, 그런 걸 보는 것만으로도 마음이 편해지고 가슴이 시원해진다.

슈퍼히어로 영화란 그래야 한다. 주인공이 악당들을 **빵빵**하게 두들겨 패고, 뭔가 **뻥뻥** 터지고 날아다니고 박살나면 충분하다. 그걸로 족하다.

심각한 고민 따윈 필요 없다. 그런 게 필요하다면 잉마르 베르히만의 [제7의 봉인]이나 타르코프스키 감독의 영화를 찾아봐야 마땅하리라.

결국 1990년도판 [캡틴 아메리카]는 개봉도 하지 못한 채 창고에서 썩다가 2년 뒤인 1992년이 되어서야 잠시 극장에 걸린 후 곧장 비디오 시장으로 직행해 버렸다. 앨버트 퓬은 고만고만한 B급 영화 감독에서 벗어나지 못했고, 매너햄 골란은 스파이더맨 영화 판권 분쟁을 일으키며 허송세월을 하다가 영화계에서 잊혀진 인물이 되었으며 주연인 맷 셀린저는 배우에서 프로듀서로 전직해 버렸다. 영화 자체는 물론 관계자들까지 불운해진 영화랄까?

■ 1990년대를 대표하는 캐릭터 [스폰(Spawn)]

캡틴 아메리카는 지금보다 훨씬 순진하고 단순한 시대였던 1940년대 미국 만화의 황금기에 전성기를 누린 캐릭터다. 그러나 반세기가 흐른 뒤인 1990년대를 대표하는 캐릭터 스폰(Spawn)은 그와는 성격이 전혀 다른 안티 히어로다.

흑인 CIA 요원 알 시몬즈는 임무 수행 중이던 어느 날, 상관 제이슨 윈의 부정을 목격하고, 그 때문에 살해당한다. 지옥에 떨어진 시몬즈에게 지옥의 왕 말레볼자가 제안을 한다. 천국과의 전쟁에서 지옥의 군대를 이끌 헬 스폰(Hell spawn)이 되어준다면 다시 지상으로 돌려보내주겠다는 것이다. 시몬즈는 지상에 남겨둔 아내 완다를 다시 한 번 만나기 위해 그 제안을 받아들인다. 그리고 우여곡절 끝에 천국이 아니라 지옥에 맞서 싸운다는 설정이다.

스폰의 창조자는 토드 맥팔레인이다. 그는 DC 코믹스에선 배트맨을,

마블 코믹스에선 스파이더맨을 그린 작가다. 그가 그린 [스파이더맨] 시리즈의 첫 편은 250만 부가 팔렸고, 베스트셀러 작가로서 스토리에 참여하기도 했다. 미국식으로 말하자면 writer, penciler, inker를 모두 겸한 셈이다. 특히 그는 커버아트에 공을 들이는 걸로 유명한데, 맥팔레인이 1989년에 그린 어메이징 스파이더맨 313호 커버아트 원화는 2010년도에 경매에 나와 7만 달러가 넘는 가격에 거래되기도 했다.

하지만 그는 자신이 만든 캐릭터 저작권이 인정되지 않는 현실에 염증을 느끼고 마블 코믹스를 나와 이미지 코믹스라는 만화 출판사를 설립한다. 이곳에서 자신의 이름으로 발표한 만화가 바로 〈스폰〉이다.

잘 나가던 스타 만화가의 작품답게 〈스폰〉은 내놓자마자 불티나게 팔렸다. 토드 맥펄레인은 이게 돈벌이가 될 거란 사실을 눈치채고 재빨리 맥펄레인 토이즈란 회사를 만들어 스폰 피규어를 내놓기 시작한다. 스폰 피규어 시리즈는 그동안의 액션 피규어와는 획을 긋는 엄청난 퀄리티를 자랑하며 마니아들 사이에서 날개돋친 듯이 팔려나갔다.

그리고 스폰은 1997년, 일찌감치 영화화된다. 제작비는 4,000만 달러로 뉴라인 시네마가 제작했다. 앞서 [팬텀] 영화가 제작비 4,500만 달러를 어디다 썼는지 모르겠다고 말한 바 있는데, 적어도 이 영화는 돈을 어디 썼는지 확실히 눈에 보인다. 그것은 바로 CG였다.

[스폰] 영화의 의의는 바로 이 점에 있다. 고전적인 특수 촬영 대신 CG를 본격적으로 도입한 슈퍼히어로 영화라는 사실. 그 때문에 이 영화의 비주얼은 지금 봐도 꽤 멋진 부분이 있는 게 사실이다. 특히, 천장의 유리창을 깨고 붉은색 망토를 휘날리며 내려오는 스폰의 모습과 자유자재로 움직이는 쇠사슬 애니메이션은 지금 봐도 멋지다. 망토로 오

토바이를 감싸서 거대한 쐐기처럼 변신해 대형 트럭과 맞장을 뜨는 장면은 두말할 것도 없다.

스폰역은 마이클 제이 화이트, 악마의 하수인 클로운은 말라깽이 배우 존 레귀자모가 맡았다. 존 레귀자모를 뚱보로 만든 특수 분장 역시 대단한 볼거리였다. 스폰보다 더 눈에 띌 정도였으니 말이다.

이 영화의 장점이 CG라면, 단점 역시 CG다. 주인공 스폰은 끊임없이 눈에서 녹색의 CG 연기를 흘리고 뚱보 클로운이 방귀를 뀔 때도 엉덩이에서 녹색의 CG 연기가 뿜어져 나온다. 제작진이 CG 성애자인지 녹색 성애자인지 구분하긴 어렵지만, 아무튼 시도 때도 없이 남용되는 CG가 아름답지 않다는 것만은 분명한 사실이다. 하지만 이 중에서도 단연 최악은 지옥과 지옥의 왕 말레불자다. 지옥의 배경에 흐르는 CG로 만들어진 시뻘건 용암은 용암이라기보다는 피자 치즈가 녹은 것처럼 보였다. 그리고 용처럼 생긴 지옥의 왕 말레불자는 지금의 기준으로 보기에는 물론이고 당대의 기준으로 평가하더라도 형편없어서 4년 전인 1993년도에 나온 [쥬라기 공원]에 등장하는 공룡들보다도 퀄리티가 떨어진다. 그리고 스폰과 칼리오스트로가 말레불자와 벌이는 최후의 결전은 도대체 누가 누구와 싸우는지 알 수 없을 정도로 엉망진창이고, 막판에 스폰이 눈에서 무한 레이저 빔을 내뿜어 졸개들을 처리하는 장면에선 실소를 금할 길이 없었다.

비록 영화는 8,700만 달러를 벌어들여 본전 이상은 벌어들였지만, 결국 속편으로 이어지지는 않았다. 사실 영화보다는 1997년도에 미국 영화채널 HBO에서 방영한 스폰 애니메이션 시리즈가 더 좋은 평가를 받은 탓도 있으리라. 이후 스폰 만화의 인기는 줄곧 내리막길이었다. 맥펄레인 토이즈조차도 2009년도의 스폰 한정판 피규어를 마지막으로 더 이상 스폰 피규어를 만들지 않을 정도다.

토드 맥펄레인은 작가들이 만든 캐릭터의 저작권을 인정하던 입장에서 돌변해 [스폰] 만화 캐릭터들의 저작권이 회사 소유라고 주장했다가 법적 분쟁에 휘말렸다. [샌드맨]으로 명성이 높은 닐 게이먼은 [스폰]에서 스폰의 멘토 역할로 나오는 칼리오스트로, 헬 스폰을 사냥하는 여자 천사 안젤라 등의 캐릭터를 만든 바 있는데, 토드 맥펄레인의 행태에 깊은 배신감을 느끼고 법원에 고소장을 제출한 것이다. 긴 분쟁 끝에 법원은 닐 게이먼의 손을 들어줬고, 이후 스폰 만화에서 칼리오스트로와 안젤라는 자취를 감췄다.

최근 들어 토드 맥펄레인은 2014년 또는 2015년 개봉을 목표로 스폰 리부트를 자비로 제작하겠다고 선언했다. 하지만 아무래도 공염불처럼 들리는 건 어쩔 수 없다. 망조가 든 만화가의 말을 곧이곧대로 믿는 건 빠돌이 외엔 없을 테니까.

[어벤져스]의 전 세계적인 대히트로 이제 슈퍼히어로물은 우리에게도 낯설지 않은 장르가 됐다. 하지만 그렇게 되기까지 망한 영화도 많고, 잘 안 풀린 영화도 있으며, 대충 날림으로 만든 영화도 적지 않았다는 사실을 간과해선 안 된다. 하나의 영화가 성공하기까지 수십, 수백 편의 쓰레기들이 만들어졌다는 사실을 알아야만 한다. 그렇다, 스터전의 법칙(주 3)은 SF를 넘어 모든 장르와 미디어를 관통하는 진실인 것이다!

글·DJ한(한동진)

CG 실험도 음악 실험도 지못미 [Spawn: The Album]

헤비조 선정 영화 _ [스폰] ㅣ **아티스트** _ 그레이엄 레벨 외

슈퍼히어로 영화, 그중에서도 제작 과정에서 기대에 부풀었지만 결과물이 "지못미!"를 외치게 만들었던 영화들이 꽤 많다. SF와 슈퍼히어로 코믹스는 CG가 발달하기 전까지는 영상으로 구현하기 힘들었던 면이 분명 있다. 그래서 실사 영화가 등장했을 때, 인내심을 갖고 보기 힘든 작품들이 꽤 많았다. 팀 버튼의 [배트맨](1989)은 그래서 아예 원작에 없는 어두운 동화적 이미지를 끌고 와 특수 효과의 어설픔을 무색하게 만들기도 했다.

이제 살펴볼 음악이 삽입된 영화는 반대로 영상적 장치에 너무 힘을 주다가 내러티브를 날려 버린 슬픈 영화다. 심지어 사운드트랙까지 실험적이었다. 바로 영화 [스폰(Spawn)](1997)이다. 나는 [스폰]에 대한 정보라곤 짱짱한 OST만 줄창 들은 채 극장에 갔다. 원작이 무엇이었는지, 이 영화가 어떤 장르인지조차 전혀 알지 못했다. 그래서 영화가 끝나갈 무렵에 '이제 영화가 제대로 시작하려나보다'라고 생각하다가 그냥 끝나

서 황당해하며 극장문을 나서야만 했다. 그러면서 제일 먼저 든 생각이 '영화음악에 참여한 저 많은 기라성 같은 아티스트들은 영화에 대한 정보도 모른 채 돈을 주니까 함께 모여 음악 작업을 했나? 돈이 그렇게 '중요해?'였다. 이런 오해는 내가 원작 코믹스를 전혀 몰랐기 때문이었다.

■ 스코어 트랙을 작곡한 그레엄 레벨

이 영화의 음악 작업에 참여한 아티스트들은 영화를 보고 음악을 만든 게 아니라 순수하게 코믹스 원작의 팬으로 참여한 것이다. 그런 의미에서 [스폰]의 OST는 두 가지다. 하나는 스코어 트랙으로 그레엄 레벨(Graeme Revell)이 작업한 것이고, 또 하나는 여러 아티스트가 참여한 [Spawn: The Album]이라는 작품이다. 여기서는 기라성 같은 아티스트들이 총출동한 [Spawn: The Album]에 대해 알아본다. 그전에 잠시 레벨이 누군지 확인해보자. 레벨 역시 [Spawn: The Album]과 함께 생각해볼 영화음악가다.

레벨은 뉴질랜드 출생으로 클래식 음악 교육을 받았고, 경제학, 정치학으로도 학위를 받았다. 대학 졸업 후 호주로 건너가 전설적인 인더스트리얼/노이즈 뮤직 밴드 SPK의 멤버로 활동했다. 그 덕분에 컴퓨터 작업과 인더스트리얼 사운드에 강점을 가진 영화음악가로 성장할 수 있었다. 그래서 그가 손댄 작품들에는 모두 특유의 기계적인 사운드와 어두운 감성이 자리 잡고 있다. [스폰] 이외에도 [크로우](1994), [황혼에서 새벽까지](1996), [툼 레이더](2001), [데어데블](2003), [신 시티](2005), [리딕] 시리즈 등이 있다. 레벨의 필모그래피를 보면, 특이하게도 지난 20여 년 사이 헐리우드 블록버스터 영화의 짝패로 새롭게 등장한 "Original and influenced by the movie: ○○○"라는 이름이 붙은 사운드트랙 앨범을 가진 작품들이라는 사실을 알 수 있다. 영화음악가의 입장에서 본다면 이러한 전략을 가진 작품은 영화 속 장면과의 조화는 물론, 참여 아티스트의 음악과도 위화감이 생기지 않는 음악을 만들어야 하는 이중 부담을 안고 스코어 작업을 진행해야 한다. 그리고 위의 목록이 말해주듯 레벨은 인더스트리얼 록 밴드의 경험을 바탕으로 꽤 성공적으로 커리어를 잇고 있다.

■ 콜라보레이션 방식으로

[스폰]의 OST는 1993년작인 [저지먼트 나이트(Judgement Night)]의 OST 방식을 따라 제작되었다. 이는 다양한 음악 장르를 대표하는 아티스트들을 한자리에 불러놓고, OST를 위한 콜라보레이션 작업을 주문하는 것을 말한다. [저지먼트 나이트]는 당대의 록/헤비메탈과 힙합 아티스트의 만남을 강조했다. 예를 들어, 슬레이어(Slayer)와 아이스-티(Ice-T), 펄 잼(Pearl Jam)과 사이프레스 힐(Cypress Hill), 소닉 유스(Sonic Youth)와 사이프레스 힐, 리빙 컬러(Living Colour)와 런 디엠씨(Run D. M. C)가 공동 작업을 하도록 했다. 영화 [스폰]이 발표된 1997년은 전 세계적으로 테크노 열풍이 몰아치기 시작하던 때다. 그래서 이번에는 당대의 얼터너티브, 헤비메탈을 모두 아우르는 헤비니스 사운드 계열의 아티스트와 새롭게 떠오르던 테크노/일렉트로니카 계열의 아티스트를 콜라보레이션시키는 특집 앨범이 기획되었다. 참여한 아티스트의 목록을 보면 정말 화려하다는 것을 알 수 있다. 헤비니스 쪽에선 메탈리카(Metallica), 슬레이어, 마릴린 맨슨(Marlyn Mason), 헨리 롤린스(Henry Rollins), 인

큐버스(Incubus), 톰 모렐로(Tom Morello, 밴드 레이지 어게인스트 머쉰의 기타리스트), 필터(Filter), 콘(Korn) 등이 링에 올랐고, 이들과 한판 붙게 된 테크노 대표 선수로는 모비(Moby), 크리스탈 메서드(The Crystal Method), 스니커 핌프스(Sneaker Pimps), 오비탈(Orbital), DJ 스푸키(DJ Spooky), 808 스테이트(808 State), 프로디지(Prodigy), 아타리 틴에이지 라이옷(Atari Teenage Riot) 등이 출격했다.

■ 결과는 기대에 못미쳐

결과는 영상이 지못미였던 것에 못지않다. 물론 들을 수 없을 정도의 망작이었다는 건 아니다. 크리스탈 메서드와 필터가 함께한 'Trip Like I Do'나 톰 모렐로와 프로디지가 만난 'One Man Army'는 당대 헤비니스 뮤직의 경향에 비춰봐도 세련되고, 일렉트로니카 사운드로서의 완성도도 놓치지 않은 수작이다. 그러나 대부분의 수록곡은 각자의 영역에서 보여준 역량에 비해 다소 어색한 결과물이다. 연기파 배우를 모아놓아도 연기의 케미가 안 좋을 때가 있는 것처럼 말이다. 헨리 롤린스와 골디(Goldie)의 만남은 두 아티스트가 추구하던 저질이지만 근육질의 힘이 느껴지던 오리지널 사운드에 비해 맥이 풀리게 들리고, 슬레이어나 메탈리카는 원곡의 화끈함을 잃으면서 모호한 노래가 되어 버렸다. 마를린 맨스는 워낙 인더스트리얼 메탈을 했기 때문에 공동 작업을 했어도 크게 변한 게 없다. 오비탈 역시 메탈리카의 기타리스트 커크 해밋(Kirk Hammett)과 만났는데, 존경의 의미로 커크 기타 사운드의 장점을 너무 살리려다 죽도 밥도 안 된 결과가 나왔다. 이 특별 앨범은 영화와 미묘하게 닮아 있다.

[스폰]을 보면 알 수 있겠지만, 말도 안 되게 긴 그 망토를 휘날리는 장면과 같이 황당하지만 멋진 신이 분명히 있다. 이와 마찬가지로 음악도 찜찜하지만 사이사이의 멋진 합(合)이 슬금슬금 등장한다. 서로 자기 색을 조금 줄이려고 한 경우가 그렇다. 크리스탈 메서드와 필터의 조합은 매우 모범적인데, 크리스탈 메서드의 음악이 갖고 있는 광기에 가까운 비트를 조금 빼고, 필터는 특유의 뻑뻑한 록을 조금 자제했다. 그랬더니 팝적인 감각이 빛나는 매력적인 'Trip Like I Do'와 같은 트랙이 나왔다. 1997년은 헤비메탈이 점차 희미해져 가고 있었고, 그런지 록은 불같던 기세가 꺾이고 있었으며, 테크노/일렉트로니카는 새롭게 주류 음악신에 뛰어들어 강렬했지만 아직은 마니악한 음악처럼 들리던 시절이었다. 영화판에선 CG가 아직 실사를 대체할 완성도가 없었음에도 여기저기서 그 가능성만 크게 바라보던 시절이었다. 이 앨범에는 바로 그러한 당대의 감수성이 잘 묻어난다.

글 · 헤비조(조일동)

함장(권영준)의 곁다리 추천 영화

해외 B급 히어로 소개에 치중하다 보니 우리의 B급 영웅을 놓칠 뻔했다. 류승완 감독의 2008년도 영화 [다찌마와 리 - 악인이여 지옥행 급행열차를 타라]는 국내에서 보기 힘든 B급 히어로물의 장편이다. 물론 스파이물이기 때문에 히어로로 볼 수 없다는 의견이 있을 수 있지만 우리가 007이나 제이슨 본드, 이단 헌트를 스파이로만 인식하고 있지 않은 것처럼 다찌마와 리는 하나의 고유명사로 우리 영화계에 자리 잡았다.

무비 찌라시

슈퍼히어로의 정치학 1.
[엑스맨]

선거에서 누가 뽑혔는지보다 중요한 건 '선거에 나가는 사람의
자질을 검증하는 사회 시스템이 존재하는가'이다.

자식을 외면한 부모
파렴치한 전과가 있는 범죄자
전관예우로 배를 불린 공직자

뮤턴트의 능력보다
화려한 이력을 갖춘 그들이
공인에 도전하는
영화 같은 대한민국

염승희 선정 영화_ [엑스맨 1, 2, 3], [엑스맨: 퍼스트클래스]

1932년 당시, 10대 소년이었던 제리 시겔과 조 슈스터가 [슈퍼맨]을 창조해낼 때까지만 해도, 그들은 자신들이 만든 캐릭터가 80년이 훌쩍 넘은 뒤에도 생명력을 가지고, 한 장르까지 창조해낼 줄은 꿈에도 몰랐을 것이다. [스타워즈 제국의 역습](1980)을 감독한 어빈 커시너 감독은 할리우드가 '10대의 정신연령을 가진 사람들의 모임'이라고 강하게 비난하면서 할리우드 바닥을 떠났지만, 세상을 바꾸는 것은 종종 그 10대의 정신연령을 가진 사람들이기도 한다. 그러나 상대적으로 10대의 손끝에서 창조된 인물이기 때문에 그 작품들은 결국 그 당시의 사회가 요구했던 가치, 이데올로기가 고스란히 투영될 수밖에 없다. 그렇기 때문에 어떤 의미에서 블록버스터의 이데올로기를 탐구하는 것은 사회 주류의 생각이나 대중이 간절히 원하는 바가 무엇인지를 읽는 것이라 보아도 될 것이다. 작금과 같은 정치적 태평성대에 [광해](2014), [역린](2014) 등의 영화들이 극장가에서 관객들에게 호평을 얻었다는 사실은 현 체제에 불만이 많은 일부 종북 개혁분자들의 목소리가 커지고 있다는 방증이 될 것이고, [변호인](2013)이나 [또 하나의 약속](2014) 등과 같은 영화가 많은 주목을 받았다는 것은 불순한 사고방식으로 이 세상을 전복하려는 이들이 점점 늘어나기 때문일 것이다(쓰고 보니, 정말 기분이 더럽다). 이와는 대조적으로, 우리 사회의 귀화 외국인들이 나왔던 영화 중 [아저씨](2010)가 가장 큰 상업적 성공을 거두었다는 것은, 우리 사회의 불안감이 제노포비아 주6 혹은 불특정한 대상을 향한 증오로 배출될 수도 있다는 무서운 경고일 수도 있다.

주6 제노포비아(xenophobia): 이방인에 대한 혐오 현상을 뜻하는 말

이런 의미에서 슈퍼히어로 무비들을 해석해보자. 사실, 이 짧은 지면을 통해 모든 슈퍼히어로 무비를 해석한다는 것은 오만이자, 만용일 것이다. 그래서 이제부터의 해석들은 세계관을 확장시킬 경우 다분히 논란의 여지가 클 것이라 믿는다. 그래서 가급적 별 언급이 없는 한 영화 내의 세계관을 중심으로 설명할 것이고, 확장 해석이 필요한 경우 코믹스의 세계관을 언급했다는 사실에 대해 언급할 것이다.

■ 최초의 슈퍼히어로 길가메시 vs. 예수

슈퍼히어로 장르를 정의하는 것은 쉬운 일은 아니다. 사실, 장르의 특성이 모두 그렇듯, '이렇다'라는 정의를 내리는 것도 쉬운 일은 아니다. 설사 그렇더라도 최초의 슈퍼히어로를 정의해보자면, 『길가메시(Gilgamesh)의 서사시』에 나오는 '길가메시'로 정의내리고 싶다(이 말을 써 먹으려고 작년부터 준비를 했건만, 다큐멘터리 [코스모스](2014)의 닐 타이슨 박사가 선수를 쳐버렸다). 이런 맥락에서 세상에서 널리 알려진 슈퍼히어로는 아마도 예수가 아닐까 싶다. 그는 여러 '초능력'을 통해 민중을 구한다. 그러나 그는 민중과 측근에 의해 배신을 당하고, 죽음을 맞은 후 그 죽음마저 극복해낸다. 사실, 성서의 많은 부분에서는 예수와 그를 시험에 들게 한 악마, 그에게 도전한 또 다른 초능력자들에 대한 언급이 있다. 물론 예수는 그들을 상대로 맞아 멋지게 승리한다. 심지어 예수는 승천한 이후에도 그의 적(?)들과 싸워 이기는데, 그중 하나가 사도행전 8장에 나오는 시몬 마구스와의 배틀이다. 그는 사마리아 사람으로 그소스티시즘(영지주의) 교부들 중 한 명이었다. 시몬은 초자연적 능력으로 팔레스타인인들에게 숭앙받던 인물이었고, 그 때문에 메시아로 추앙받았다. 전설에 따르면 그는 네로 황제 앞에서 베드로에게 도전하여 하늘을 날 수 있는 자신의 신비한 능력을 보여주려고 로마 광장 꼭대기에서 비행을 시도하다 떨어져 죽었다고 하는데, 다른 자료에 의하면 메시아를 참칭(僭稱)하며 베드로와 초능력 대결을 벌인다. 시몬은 공중 부양을 하여 자신의 위대함을 보여주었고, 베드로는 예수에게 그의 힘을 없애어 예수의 위대함을 증명해달라고 기도했다. 베드로의 기도가 끝나자 시몬은 힘을 잃고 공중에서 떨어져 다리가 부러졌고, 성난 군중들은 그에게 돌팔매를 던져 예수의 승리를 인정했다고 한다. 사실이 무엇이든 반동인물과의 투쟁은 영웅의 정통성을 만들어주는 하나의 의식으로 묘사되고, 이 의식은 영웅의 승리로 끝남으로써 영웅은 신화적 존재로 군중에게 인정받는다.

■ [엑스맨] – 악당에게 이데올로기를 주다

　[슈퍼맨], [배트맨], [캡틴 아메리카], [스파이더맨] 등은 미국 다수의 초인지향적 영웅 중심의 이데올로기를 상징한다. 그들은 철저하게 선과 악을 구분하고, 그 선을 행할 경우 민중의 영웅이 되며, 악을 행할 경우 민중에게 비난을 받는다는 고전적 선악의 개념을 중심으로 움직인다. 그들의 특징 중 하나는 그들이 타인 행위의 결과만을 바라본다는 것이다. 이는 '인간의 자유의지는 환경의 벽을 넘어설 수 있다'라는 인본주의적 이데올로기에 바탕을 두고 있고, 모든 인간의 출발선상은 동일해야 한다는 미국적 관념이 기저에 깔려 있는 것이다. 그렇기 때문에 그들은 존경받는 영웅이었다. 선과 악의 대립이라는 구조와 각각 선과 악을 상징하는 등장인물은 매우 평면적이었고, 따라서 이 작품은 항상 선, 즉

영웅들의 승리로 끝난다. 그런데 이렇게 평면적인 악당과 주인공 관계에 변화를 주는 작품이 등장한다. 그것은 바로 〈엑스맨(1963)〉이다. 사실 〈엑스맨〉이라고 하여 이런 선악의 이분법적 대립에서 완전히 자유로운 것은 아니다. 매그니토 일당은 사악하고 교활했으며, 자비에르 교수와 엑스맨들은 정의감에 가득 차 있었다. 그럼에도 불구하고 〈엑스맨〉은 그 이전의 코믹스들과는 차별적인 모습을 보인다. 엑스맨이 기존의 히어로들과 차별화되는 가장 큰 변화는 아마도 '외모'일 것이다. 기존의 히어로들은 훌륭한 외모를 가졌다. 그러나 자비에르 교수는 장애가 있고, 나이트 크롤러나 미스틱 등은 결코 매력적이라고는 보기 힘든 외모를 가졌다. 그리고 모두 아픔을 간직하고 있고, 사회의 주류에서 자신의 모습을 드러내지 못했던 사람들이기도 하다. 즉, 이전의 주인공들이 자발적으로 숨어 살았다면, 엑스맨들은 어쩔 수 없이 숨어 살았던 존재들이었던 것이다.

영화 [엑스맨]의 이런 '외모' 문제는 엑스맨이 등장한 시기와 관련이 있다고 생각한다. 〈엑스맨〉은 전술한 것처럼 1963년 처음 코믹스로 등장하였고, 이는 미국의 민권운동이 불붙던 시기였으며, 얼마 안 가 그 희망이 케네디의 암살이라는 결과로 끝을 맺던 시기이기도 했다. 민권운동이라는 사회적 움직임은 흑인 혹은 성적 소수자(특히 동성애자라고 알려진 브라이언 싱어에 의해)들의 시선이 초능력자로 치환된 새로운 형태의 히어로를 만들어 낸다. 하지만 이런 민권운동적인 코드가 코믹스의 시작점에서부터 계속 나왔던 것은 아니다. 코믹스 〈엑스맨〉의 플롯은 복잡할지 모르겠지만, 인물들은 매우 평면적이다. 쉽게 얘기하면 '인종이 다른 슈퍼맨' 정도랄까? 뭐, 이중에는 자유로운 반항아 기질을 가진 울버린 같은 예외도 분명히 존재하지만, 전반적인 분위기는 정의로운 인물과 악한 인물의 대립이었던 것이 확실하다. 1980년대까지만해도 처음에 시작했던 '초능력 악당'과 '초능력 영웅'의 대결이라는 단순 구도는 결코 바뀌지 않은 채였다. 그러나 이 대결의 구도는 2000년, 브라이언 싱어의 [엑스맨]을 통해 '개혁과 혁명'이라는 2개의 정치적 시선 대립이라는 구도로 치환된다. 기존의 코믹스는 '보수'가 '악'('악'은 단지 외계의 것만을 지칭하는 것은 아니다. [수퍼맨](1978)의 렉스 루터는 핵무기를 이용하여 땅투기를 하는데, 당시 불황 직후의 호황으로 인해 경제 구조에 왜곡이 있었음을 생각해본다면, 이는 자국 내의 왜곡된 경제 구조를 악용하는 부자들을 악으로 인정하는, 보수적 이데올로기의 확장이라고 보아도 될 것이다. 불로소득은 세금을 내지 않은 한, 어떤 이데올로기에서도 악의 현신일 뿐이다)을 퇴치함으로써 자신의 헤게모니를 구축했던 반면, 브라이언 싱어의 [엑스맨]은 이를 보혁 간의 대립 혹은 적어도 개혁과 혁명이라는 코드로 치환해 버린다. 그리고 혁명가들이 왜 점점 시간이 지나면서 그들이 그토록 혐오하던 존재와 같아지는지에 대해서도 잘 드러내고 있다.

■ 그저 다수자만이 악인가?

영화 속의 돌연변이가 갖고 있는 입장은 흑인 혹은 동성애자, 아니면 다른 소수자의 입장과 매우 흡사하다. 외모가 타인과 다른 돌연변이는 흑인 혹은 장애인, 외모가 타인과 같은 돌연변이는 성적 소수자 혹은 외국인 노동자 등의 입장과 같다고도 볼 수 있을 것이다. 브라이언 싱어는 자신의 동성애 경험을 투영시켜 영화를 제작하였고, 그로 인해 이 영화는 소수자들의 아픔을 돌연변이의 입장에서 잘 드러내고 있다.

그런데 이를 단순히 동성애자들만의 입장에서만 바라볼 필요가 있을까? 영화 속의 매그니토와 자비에르 교수는 마치 말콤 엑스와 마틴 루터 킹을 연상케 하는 것도 사실이다. 물론 현실에서의 말콤 엑스와 마틴 루터 킹은 단 한 차례의 가벼운 대화를 제외하고는 만난 적이 없지만, 소수자가 정당한 대우를 받는 사회를 만들겠다는 입장에서는 과거 흑인 민권운동의 입장과 매우 비슷한 셈이다. 특히 킹이 부유한 가정에서 자라난 것처럼 자비에르 역시 부유한 가정에서 자라났고, 에릭의 수용소 생활은 말콤의 할렘가 생활과 비슷한 것처럼 보이기도 한다. 시스템의 승자는 시스템을 인정한다는 공식을 반영하듯, 두 전자는 현재의 시스템을 인정하려 하고 자신들도 다수와 평등해지기 위해 그들의 편에서 평화적 투쟁을 벌이지만, 후자는 다수와의 결별을 선언하고 폭력적인 투쟁 방법을 통해 시스템을 바꿀 방법을 쓴다. 매그니토의 '혁명'은 기본적으로 미국 백인들이 갖고 있는 말콤 엑스에 대한 선입견이기도 하며, 그들에게 있어서 매그니토 같은 존재는, 백인의 '안녕'을 위협하는 테러분자에 다름 아니다(사실 '보수적' 히어로들은 미국의 '테러'를 해결하는 월드 캅의 이미지이기도 하다).

■ 우리는 왜 슈퍼히어로에 열광하는가?

우리 사회에 진짜 필요한 이데올로기는 무엇일까? 어떻게 보면 이런 질문을 하는 것 자체가 무의미할지도 모른다. 왜냐하면 지금의 문제는 이데올로기가 아니고, 보수나 진보, 개혁이나 혁명 그 어떤 것이라도 '제대로' 돌아가는 모습을 사회가 보여주지 않고 있기 때문이다.

2012년, 우리가 안철수의 맨 얼굴을 알기 전까지, 우리 사회는 그에 대해 매우 열광적인 반응을 보였다. 우리는 그에게 희망을 걸었고, 그에 대한 어떤 비판도 대선 전까지는 '알아서' 자제되었다. 우리는 왜 그에게 희망을 걸었던 것일까? 사실 안철수가 가지고 있는 정치적 코드는, 현 한국 사회의 '진보'가 가지는 스펙트럼이 매우 넓음에도 불구하고, '진보'라고 부르기 매우 곤란한 것이었다. 오히려 그의 코드는 보수에 가까운 것이었는데, 대중들은 그렇다 할지라도 별로 신경 쓰지 않는 것처럼 보였다. 어떻게 보면 안철수는 '우리 편'이라고 하기에 어려운 인물이었을 수 있었음에도 우리는 그를 지지했다. 왜 그랬을까? 안철수를 지지한 사람들에게 그 안철수의 사상적 코드는 중요한 것이 아니었다. 안철수의 열광적 지지 원인은 적어도 안철수가 그때까지는 '정직'해 보였기 때문이다 (이는 박근혜가 여당에서 갖고 있는 코드와도 일치한다). 보수든 진보든 상관없이 누구라도 좋으니까 비뚤어진 세상을 공정하게 만들어줄 사람이 필요했고, 우리는 그 사람에게 열광하고 싶어 했던 것이다.

1978~2006년까지의 슈퍼맨은 세계의 희망이었다. [왓치맨](2009)의 닥터 맨해튼처럼 방관자적이지도 않았고, 세상을 사랑하기에 부조리를 없애고 싶었다. [슈퍼맨 4](1987)의 슈퍼맨은 군축에 직접 나서기까지 했을 정도니까. 미국과 슈퍼맨이 꿈꾸던 세상은 낙관적이었고, 불안하지 않았다. 언젠가 미국과 세계는 다시 잘 해낼 것이기 때문에…. 경제는 이상했지만, 과학은 그들을 잘 살게 해줄 것이기 때문에…. 그러나 21세기가 되어 기술이 발달했음에도 사람들의 삶은 그다지 나아지지 않았다. [슈퍼맨](1987)에서, 클라크는 불안해하지 않았다. 오히려 즐겼다. 사춘기는 소년이 성인으로 변하는 시기이자, 일종의 통과의례다. 그 통과의례가 즐겁다는 것은, 어른으로서의 삶, 미래의 삶을 즐길 준비가 되어

있다는 것을 의미한다.

인류, 적어도 미국인에게 20세기는 유년기였고, 21세기는 성년기였을 것이다. 그러나 21세기가 되어 겪는 현실은 20세기에 꿈꿔왔던 것과는 거리가 멀었다. 이제 와서 생각해보니, 영화 속의 슈퍼맨이 맞이하는 유년기는 불안할 수밖에 없다. 모든 사람들이 슈퍼맨의 도움을 기다렸던 20세기 버전과 달리, 21세기 버전의 슈퍼맨은 모욕과 핍박을 당하면서도 자신의 정체를 숨겨야만 한다. 클라크의 불안감은 현대인들의 불안감이기도 하다. 이 불안감의 원인은 원칙과 질서, 정의의 실종에서 찾을 수 있을 것이다. 호황과 불황을 오가는 경기의 연속적 변동은 과거보다도 살기 힘든, 그러나 보장되는 것도 없는, 그렇다고 원칙이 전보다 강하지도 않은 세상을 가져왔다. 그 삶의 고통 원인은 외계인일 수도, 악당일 수도 있다. 사람들이 사상을 떠나 원칙과 정의가 이루어지는 세상을 그린 영화를 찾는다는 것은 그만큼 세상에 원칙과 정의가 없다는 의미가 될 수 있을 것이다. 보수든 진보든 말이다.

이왕 '메시아'라는 말을 한 김에, 예수의 이야기를 좀 더 해보자. 예수는 성서 전체에서 폭력을 딱 한 번 쓴다. 그 폭력은 바리새인들에 대항하기 위한 것이었다. 사회의 기득권층이 사회적 약자를 괴롭히는 시스템을 공고히하는 것에 대한 분노였던 것이다. 시스템에 대한 분노는 진보와 혁명의 출발점이기도 하다. 그런데 예수는 진보주의자였던 것일까? 사실 이는 중요하지 않다. 예수가 사람들에게 존경을 받는 이유는 예수가 인간적으로 완벽하기 때문이다. 우리 사회에서도 그런 사람이 필요했던 것이다. 그의 사상적 편향성보다 더 중요했던 것은 예수라는 '인간'이었던 것이다. 대중이 열광하는 부분은 이 부분, 바로 '제대로 된 인물'인 셈이다.

■ 극과 극은 통한다

[엑스맨]이 수작인 이유는 극우와 극좌가 결국은 같은 얼굴을 하고 있다는 모습을 잘 보여주고 있기 때문이다. 젊은 날의 에릭은 결국 세바스찬 쇼의 사상을 물려받고 세바스찬 쇼가 걸어간 길을 가게 된다. [엑스맨 1]에서 매그니토가 모든 인류를 뮤턴트(mutant)로 만드려는 것, [엑스맨 2]에서 세레브로를 이용하여 모든 정상인들을 죽이려는 것, [엑스맨 3]에서 인류에게 전쟁을 일으키려는 것 등은 [엑스맨 1]에서 로버트 켈리 의원이 모든 뮤턴트를 등록하려는 것, [엑스맨 2]에서 스트라이커가 모든 뮤턴트를 제거하려는 것, [엑스맨 3]에서 인류가 모든 뮤턴트를 무력화하는 것과 같은 모습으로 그려진다. 극우와 극좌는 결국 통하는 바가 있다는 것은 바로 이를 의미하는 것은 아닐까?

지배자들과 혁명가들에게는 공통점이 있다. 그들이 공포를 이용하거나 공포에 종속되어 있다는 것이다. 스탈린과 히틀러의 예를 들어보자. 그들은 매우 공통점이 많은 사람들이었다. 그중 하나는 출신성분이었는데, '위대한 게르만'을 외치던 히틀러는 오스트리아 출신이었고, 외모도 그가 그토록 찬양했던, 이상적인 게르만에 크게 못 미치는 것이었다. 스탈린은 그루지야의 가난한 농민 출신이었기 때문에 상대적으로 다른 이들에 비해 학식이 부족했다. 이런 출신성분으로 인한 열등감은 타인에 대한 불안으로 드러나게 되었고, 이는 '잠재적 정적'에 대한 제거로 나타났다.

에릭을 필두로 한 매그니토의 편들과 돌연변이에 대한 인간 극우세력들은 서로가 불안해한다. 다수의 폭력은 [엑스맨 1]의 로버트 켈리가 발의했던 돌연변이 등록법, [엑스맨 2]의 스트라이커가 했던 돌연변이

제거, [엑스맨 3]의 모든 돌연변이가 치료 등으로 형상화된다. 'Normal'로 대표되는 정상인들은 돌연변이가 두려워 모든 포탄과 미사일을 날리는 ([엑스맨: 퍼스트클래스]) 존재들이다. 그런데 이것이 에릭과 매그니토 등의 '돌연변이 극우파'들이 저질렀던 짓거리와는 무슨 차이가 있을까? 매그니토는 [엑스맨 1]에서 모든 정상인을 돌연변이로 만들고자 했고, [엑스맨 2]에서는 모든 정상인들을 세레브로로 죽이려 했으며, [엑스맨 3]에서는 급기야 전쟁을 일으킨다. [엑스맨: 퍼스트클래스]에서는 저항을 구실로 자신을 공격한 모든 군인들을 죽이려고 한다. 이런 폭력의 원인은 무엇일까? 이 기저에 깔린 것은 '상대가 자신을 해칠지도 모른다는 불안'이다. 이는 냉전시대의 불안감과는 다른 것이다. 냉전의 불안감은 영역이 있는 '적'에 대한 불안감인 반면, 엑스맨의 불안감은 '이웃'에 대한 불안이다. 이는 제노포비아와 다름 없으며, 사회를 파시즘적으로 밀고 나갈 수 있는 원동력이기도 하다. 돌연변이를 유대인에 비유한 [엑스맨 1]과 [엑스맨: 퍼스트클래스]의 설정은 엄청난 통찰력이 깔린 것이기도 하다.

■ 소통 – 소수의 무기

하지만 입장을 바꿔놓고 생각해보자. 'Normal'의 이런 불안은 과연 과거 독일인들이 유대인들에 대해 불안해한 것 만큼이나 근거가 없는 것일까? 불사, 불멸의 존재는 그렇다 치더라도 벽을 뚫고 다니고, 날씨를 마음먹은 대로 바꾸며, 건물을 반으로 잘라 버릴 에너지를 가진 이들을 불안해하지 않는 것이 과연 정상일까?([엑스맨 탄생: 울버린]에서는 스콧 서머스(사이클롭스)를 비롯한 다른 돌연변이들의 유전자를 조합해 만든

데드풀이 죽어가면서 스리마일 원자력 발전소를 붕괴시켰다는 묘사가 나온다)

브라이언 싱어는 동성애자다. 동성애자이기 때문에 소수자의 아픔을 안다. 하지만 동성애자는 위험한가? 한때 동성애자가 위험하다는 얘기가 나돈 적이 있기는 했다. 하지만 지금도 동성애자가 위험하다고 생각하는 사람이 있다면, 그 사람은 아마도 건전한 상식을 가진 사람이라고 보긴 힘들 것이다.

동성애자들이 자신이 위험한 존재가 아님을 알린 것은 소통 노력 덕분이었다. 처음에는 이성애자들에게 불만을 사기도 했고, 그 과정도 현재 진행형이지만, 동성애자들은 과격하지 않게 서서히 자신들의 모습을 드러내기도 하면서, 이성애자들의 유·무형적 폭력을 견디고, 우리 사회의 일원으로 인정받게 되었다.

다시 예수 얘기로 돌아가보자. 서기 132년 시몬 바르 코크바는 자신이 메시아임을 주장하면서 로마를 상대로 전쟁을 일으킨다. 나중에 제2차 유대 전쟁이라 불린 이 전쟁에서 그는 처음에는 이길 것처럼 보였음에도 결국은 완전히 패배한다. 유대인들은 이로 인해 자신들의 고향에서 쫓겨났으며, 그들의 고향 이름은 '유대'에서 '팔레스타인'으로 바뀌게 된다. 그의 혁명이 끝난 후 당대의 '진짜 메시아'였던 시몬 코크바도 결국은 예수에게 그 자리를 내주게 되었다. 여기서 얻을 수 있는 교훈은 무엇일까? 폭력이 나쁘다? 아니면 급진이 나쁘다? 난 아직 답을 내리지 못했다. 혁명인가, 개혁인가? 이에 대해서도 답을 내리지 못했다. 다만 무고한 사람들이 아픈 것이 싫을 뿐….

폭력 혁명과 전술, 전략의 근본은 '많은 수로 적은 수의 적을 제압한다'는 것이다. 헤게모니를 갖기 위해서는 압도력이 있어야 한다. 하지만 우리가 항상 소수일 때에는 어떻게 해야 할까?

매그니토와 자비에르의 입장을 비교해보자. 불안한 매그니토가 보여준 것은 폭력이었다. 그로 인해 그는 [엑스맨: 퍼스트클래스(이 제목은 '첫 번째 수업'의 의미이기도 하다)]에서 찰스가 말하듯 '똑같은 사람'이 되어 버렸다. 매그니토의 폭력은 방법론적인 면으로도, 효율적인 면으로도 꼭 좋다고 말하기는 힘들 것 같다. 기껏해야 그들의 공격은 적은 수가 많은 수의 이목을 끌게 한다는 면에서, 저항운동(입장에 따라서는 테러)의 연장선에 지나지 않을 것이기 때문이다. 그렇다고 해서 찰스의 손을 들어주어야 할까? 다시 한 번 얘기를 돌려보자. 일반인들의 불안감이 과연 부당한 것일까?

일반인들이 불안하게 느끼는 이유는, 소통의 부재 때문이다. 오리엔탈리즘이나 제노포비아는 근본적으로 소통이 되지 않은 존재들을 바라보는 불안감과 외경심이다. 사람을 사람이 아니라 사람이 아닌 그 무언가로 볼 때에는 사람은 무슨 짓이든 벌인다.

다시 영화 얘기로 돌아가보자. 영화 내에서의 찰스는 안철수 같은 존재다. 그는 돌연변이를 대상으로 교육을 하지만, 'Gifted(영재)'를 가르치면서(이 Gifted의 의미는 분명 돌연변이다. 자신의 열등성을 우등성으로 치환하는 과정이기도 하다), 그 밖의 소통에 대해서는 많은 노력을 하지 않는다. 기껏해야 [엑스맨 1]의 처음에 나왔던 진 그레이의 대사를 통해 "돌연변이는 진화의 원동력이므로 돌연변이들을 두려워하지 말라"는 식의 얘기만 할 뿐이다. 하지만 [엑스맨: 퍼스트클래스]를 다시 생각해보자. 에릭이 자신의 돌연변이 능력을 높으신 분들에게 보이자, 불안에 가득 찬 스트라이커를 설득시켰던 것은 미스틱의 변신이었다. 찰스는 돌연변이들에게 자부심을 가지라고 말하지만, 그들이 세상으로 나가는 데는 끊임없이 신중해한다. 이런 소심함을 갖고 도대체 무슨 소통을 할 수 있을까? 그가 보였던 소통은 고작해야 물질적 움직임을 정지시킨 후 미국 대통령에게 "우리끼리 살 테니까 좀 내버려둬라"는 식으로 말한 것이 전부였다. 그 때문에 [엑스맨 3]에서는 행크가 장관에 오를 수 있었던 것 같긴 하지만…. 동성애자들이 커밍아웃을 하지 않았다면, 이성애자들이 갖는 동성애자들에 대한 시각이 달라졌을까? 이성애자들의 눈에는 동성애자를 만날 확률이 매우 적기 때문에, '동성애자들은 성폭력을 저지르는 사람'이라고 각인될 것이다. 문제는 그들의 수가 적기 때문에 이런 이미지를 씻을 기회가 쉽게 주어지지 않는다는 것이다. 이런 상황에서는 서로에 대한 포비아와 적개심만 강화될 뿐이다. 이런 맥락에서 본다면, 에릭은 방향은 좋지만 방법이 잘못되었고, 찰스는 방향은 좋지만 결단력이 지나치게 부족하다. 어쩌면 이런 결함이 있는 두 인물은 각기 결함이 있는 두 체제를 의미할 수도 있으며, 그렇기 때문에 우리가 극을 더 재미있게 즐길 수 있는지도 모르겠다.

글·염승희

브라이언 싱어와 단짝 존 오트만의 꿈
[엑스맨: 데이즈 오브 퓨처 패스트]

헤비조 선정 영화 _ [엑스맨: 데이즈 오브 퓨처 패스트] **| 아티스트 _** 존 오트만

만약, CG가 없었더라면 SF 영화는 어떻게 되었을까? 1960년대엔 [2001: 스페이스 오디세이]를 1970년대엔 [스타워즈]를 만들 수 있었으므로 더 정교한 미니어처가 나왔을 수도 있겠다. 그러나 영화의 엔딩 크레딧에서 끝도 없이 올라가는 비주얼팀의 명단을 보면서 저 역동적인 폭발 장면이 CG가 없었다면 가능했을까 싶기도 하다.

[엑스맨: 데이즈 오브 퓨처 패스트](2014)는 2020년대에서 시작하는데, 한 10년 뒤에 저런 세상이 온다면? 끔찍하다. 지금도 물론 어마무시한 세상이긴 하지만 영화 속 미래는 더 암담하다. 그런데 CG와 살인 기계의 존재를 빼고 나면 이 영화의 미래가 크게 낯설지 않을 수도 있다는 생각이 든다. 나와 다르다는 이유로 증오하고, 심지어 아무렇지 않게 죽이는 일들, 다름을 틀림으로, 틀림을 공포와 증오로 확대시키는 우리 시대의 누구들과 무엇이 다른가. 다른 존재를 만났을 때, 그와 나 사이의 다름이 어떤 것인지 알아보기도 전에 증오부터 하면, 상대와

의 공존은 불가능하다. 그 대신 상대를 수단과 방법 가리지 않고 절멸(exterminate)시키려고 하게 마련이다.

■ 틀림을 증오로, 증오가 공포로, 공포가 광기로

정지환의 책 『대한민국 다큐멘터리』(2004, 인물과 사상) 중 서북청년단에 대한 내용을 보면, "누가 좌익이고, 누가 우익인지 알리 없는 서청 대원들로서는 국민회(우익단체) 지부에서 찍은 집이 바로 습격의 대상. (중략) 그 와중에서 국민회 지부측이 서청을 오도했거나 혹은 서청 대원 자신들이 흥분해서 날뛴 결과 애매하게 당한 사람도 적지 않"(105쪽)았다고 한다. 증오에 눈이 먼 상태에서 흥분한 서북청년단원의 손에 애매하게 당한 "무고한 피해자"가 존재한다는 거다. 진심으로 무서운 얘기다. 우리 안에 있는, 눈에 보이지 않는 다른 생각을 틀린 생각으로, 더 나아가 그 틀림을 증오로 바꾸는 것, 증오가 공포가 되고, 공포가 광기가 되는 것은 누가 어떤 계기로 방아쇠를 당기느냐의 문제일 뿐이다.

[엑스맨] 시리즈는 먼 나라의 공상과학 얘기가 아니었다. 엑스맨, 특히 브라이언 싱어 감독의 [엑스맨] 시리즈는 늘 이 문제를 건드려왔다. 다름을 틀림으로 보는 문제는, 눈에 보이는 다름이 제거되면 눈에 보이지 않는 다름을 찾아 계속 집착하게 된다. 눈에 보이지 않는 다름을 증명하기 위해선 타인에게 상식 밖의 황당한 요구를 할 수밖에 없다. 느닷없이 "누구 개새끼라고 하세요"라고 요구하는 게 모두 이런 맥락이다. 영화 [캡틴 아메리카: 윈터 솔져](2014)에서도 다른 생각을 가진 사람을 '위험분자'로 만들어 일시에 제거해야 우리의 안전이 보장된다고 믿는 자들이 등장하지 않았던가. 이런 문제를 짜릿한 액션과 화려한 볼거리 속

에 던질 수 있다는 게 SF/크리처 영화의 매력일 것이다.

　브라이언 싱어는 우리가 살고 있는 세상에 대해 하고 싶은 얘기가 많은 감독이다. 그 얘기가 꼰대의 교훈 강좌가 되면 사람들이 보지 않을 것이란 사실도 잘 아는 영리한 감독이다. 그래서 그는 멋진 화면과 속도감 넘치는 편집 안에 이러한 화두를 담는다. [유주얼 서스펙트](1995)부터 늘 그래왔다. 브라이언 싱어 감독 영화에서 편집과 속도가 눈에 들어오는 이유는 무엇 때문일까? 그것은 바로 브라이언 싱어의 오른팔로 불리는 영화음악가 존 오트만 때문이다. 오트만과 싱어는 각각 1964, 1965년생으로 동년배 친구 사이다. 둘은 함께 많은 작업을 해왔다. 브라이언 싱어가 선댄스의 주목을 받게 만들어준 영화 [퍼블릭 액세스](1993)부터 [유주얼 서스펙트], [죽음보다 무서운 비밀](1998), [엑스맨 2](2003), [슈퍼맨 리턴즈](2006), [작전명 발키리](2008), [잭 더 자이언트 킬러](2013), [엑스맨: 데이즈 오브 퓨처 패스트]까지가 두 사람이 함께 한 작품 목록이다. 무엇을 같이 했을까? 당연히 음악을 했겠지. 그런데 놀랍게도 이 영화들은 존 오트만이 편집을 맡은 작품 목록이기도 하다.

■ 웅장한 스코어 사이로 절묘한 팝송 삽입

　오트만은 USC(University of Southern California)에서 영화를 전공했다. 브라이언 싱어도 이 학교를 나왔는데, 남들보다 좀 늦게 대학에 편입했기 때문에 학창시절부터 서로 알고 지냈는지는 알 수 없다. 하지만 싱어가 단편영화 작업을 하던 즈음부터 그의 영화음악은 존 오트만이 도맡았다. 둘이 함께 영화에 대한 얘기를 하다가 편집이 중요하다는 것에 의견을 모으고 음악을 도와주려던 오트만에게 편집까지 맡긴 일화는 유명하다. 오트만은 당시 PC 게임 음악 작업으로 생계를 이어가고 있었다. 대부분의 전자오락 음악이 그러하듯 오트만의 음악 역시 차, 포모두 떼고 바로 극적인 롤러코스터를 타는 스타일이다. 이에 영화의 분위기뿐만 아니라 편집의 속도감을 고려한 음악 센스도 일품이다. 그는 전형적인 오케스트라를 선호하는 헐리우드 블록버스터 음악가들과 달리 소규모 밴드 편성을 선호하는 편이다. SF 영화를 자주 연출하는 브라이언 싱어에 맞춰 앰비언트(ambient)도 매끄럽게 잘 다룬다. 하지만 누가 뭐래도 오트만의 진수는 소규모 편성의 아기자기한 멜로디 사이로 리듬의 반전이 있는 음악들이다. 음악의 변박이나 악기 변화를 통한 질감 변화는 바로 영화의 편집 속도와 어우러진다. [유주얼 서스펙트]의 마지막 장면을 떠올려보라. 싱어 감독이 친구 하나는 정말 잘 뒀다고나 할까?

[엑스맨: 데이즈 오브 퓨처 패스트]에는 1970년대 초반의 노래도 꽤 등장한다. 로버타 플랙의 'The First Time Ever I Saw Your Face'는 울버린(휴 잭맨 분)이 과거로 처음 돌아가 몽롱하게 눈을 뜰 때 흐르는 노래다. 옆의 여자가 누군지 알 수 없다는 것이 노래 제목부터 드러난다. 영화 중간에 [스타트랙]의 장면이 TV에 등장할 때, 그 옛날 스타트랙 노래가 나오고, 퀵실버(에반 피터스 분)를 처음 만났을 때는 앨리스 쿠퍼의 1973년 곡인 'Hello Hooray'가 등장한다. 많은 관객들의 뇌리에 남는 음악은 퀵실버가 얼마나 빠른지를 보여주는 감옥 총격신에 흐르던 'Time in a Bottle'일 거다. 짐 크로스의 1973년 싱글인데, 처연한 어쿠스틱 기타 반주에 "시간이라는 건 언제나 모자라니 진짜 하고 싶은 일을 하고 살라"는 내용의 곡이다. 진짜 하고 싶은 일을 하라는 가사에

맞춰 퀵실버가 하는 일은 영화에서 확인하기 바란다.

존 오트만의 오리지널 스코어는 전체적으로 대형 블록버스터에 맞게 자신의 주 특기인 소규모 밴드보다 풀 오케스트라와 합창단을 동원한 스코어 사이사이에 당대의 팝송을 절묘하게 불러와(때론 스코어를 통해서도) 가볍고 익살맞은 자신의 장점을 잘 살려낸다. 싱어 감독의 근작들이 무거워지면서 그의 음악도 영화에 맞게 변해오긴 했지만, 싱어도 오트만도 가장 잘하는 건 비꼬기, 비틀기다. 전반적으로 무거운 주제가 흐르는 영화에서 두 사람은 퀵실버라는 인물을 통해 이런 욕구를 해소하는 것 같다.

다름에서 기인한 증오와 말살을 막아보려는 시도는 영화 안에선 그럭저럭 마무리된다. 영화관을 나서는 우리의 현실은 어떤지 모르겠다. [엑스맨 2](2003)에서 사용했던 테마를 리부팅시킨 메인 테마도 귀에 익숙해서 잘 들어오지만, 젊은 매그니토(마이클 패스벤더 분)를 펜타곤에서 데리고 나올 때 흘러나왔던 나름대로 긴장감 넘치는 'Spring Erik'과 장면을 함께 떠올려보기 바란다. 왜 그가 편집의 감각을 잘 살리는 음악감독인지 깨닫게 될 것이다.

글·헤비조(조일동)

> **합창**(권영준)**의 곁다리 추천 영화**

사람들이 선거에서 누굴 뽑을지 고민하는 데는 공약집보다 언론 매체에서 다루는 가십이 무척 중요한 역할을 한다. 그런 면에서 배리 레빈슨 감독의 영화 [왝 더 독(Wag the Dog)] (1997)은 대통령 선거 직전 추문을 덮기 위해 언론을 조작하는 이야기로 대중이 얼마나 미디어에 휘둘리는지 역설적으로 보여준다. 고인이 된 신해철의 노랫말 중에는 이런 내용이 있다. "아직도 세상을 보이는 대로 믿고 편안히 잠드는가?"

무비 찌라시

슈퍼히어로와 정치학 2.
보수의 영웅과 시민사회

탈세, 투기, 병역 비리, 논문 대필, 연구비 횡령 등
각종 범죄의 뷔페가 차려진 곳은
다름 아닌 박근혜 내각 2기 청문회장이었다.
우리에게 정말 신이 필요한 건가?
아니면 슈퍼맨이라도 수입해야 하나?
근데 슈퍼맨이 온다고 해서 모두 해결될까?

염승희 선정 영화_ [킥 애스], [스파이더맨 2], [글라디에이터], [맨 오브 스틸], [슈퍼맨 2], 코믹스 〈시빌 워〉

■ 정통성, 그 비뚤어진 해석

슈퍼히어로의 내러티브는 전형적인 신화적 내러티브에 기반을 두고 있다. 그리고 두 내러티브에서 주인공의 정통성은 '핏줄'로 이어지는 부계 혈통의 장자 세습을 기반으로 하고 있다. [토르] 시리즈의 로키는 마키아벨리즘적으로 볼 때에는 훌륭한 지도자감이지만, 그는 장자도 아닐 뿐만 아니라 혈통적 정통성도 없기 때문에 그는 '당연히' 형을 보좌하는 존재가 되어야만 한다(영화 내의 여러 장치들은 그저 신화적 내러티브를 정당화하기 위한 명분에 불과하다). 클라크 켄트가 슈퍼맨인 이유는 그의 아버지가 조 엘이기 때문이며, 그렇기 때문에 그는 당연히 조드 장군과 싸워 이겨야 한다. 토니 스타크의 스타크 인더스트리 역시 아버지의 유품이고, 그렇기 때문에 그는 오베디아(제프 브리지스)와 싸워 이겨야 한다. 마치 아서 왕이 유서 왕의 엑스칼리버를 손에 쥐듯…. 위에서 말한 것처럼 영웅은 반동인물과의 투쟁을 '의식'처럼 치름으로써 정통성을 확인받는다. 사실, 이는 일본의 로봇 애니메이션에서는 더욱 두드러지게 나타나는 코드이기도 하다. [철인 28호]에서 [기동전사 건담]에 이르기까지 주인공은 아빠의 선물로 세계를 구원하는데, 여기에는 대개 〈햄릿〉식의 아버지에 대한 복수관계도 존재한다. 조금 변형이 있어 봤자 엄마의 선물일 뿐인데(기동전사 건담 F91), 이런 혈통적 정통성은 전 세계를 꿰뚫는 전근대적 가치이기 때문에 모든 사람들에게 자연스레 인식이 될 수밖에 없다. 심지어 [변신자동차 또봇]에서까지 볼 수 있듯이 말이다.

그런데 여기서 예수의 예를 다시 들어보자. 그를 신이 아닌 인간이라는 관점에서 볼 때 슈퍼히어로로서의 그는 매우 캐릭터적으로 독특성을 갖고 있는 인물이다. 그가 갖고 있는 '신의 아들'이라는 명칭은 혈통적 정통성의 입장에서 볼 때 완벽한 것일까? 사실 '인간 예수'의 혈통적 정통성은 마리아의 처녀 생식에 의한 것에 불과하다. 그래서 그의 혈통적 정통성은 그의 순수성을 무시하는 사람들에게 인정받을 수는 없었지만, 성서는 다른 방식으로 예수의 정통성을 인정한다. 그것은 바로 '정신적 정통성'이다. 고대 설화의 지배적 이데올로기는 모두 이를 기반으로 한다. 국왕 혹의 지배층은 각기 자신들의 신화를 갖고 있다. 문제는 그것을 증명할 수도 없고, 증명할 필요도 없다는 것이다. 이런 신화적 코드는 [스파이더맨](2002)에서 잘 나타난다. 슈퍼맨, 배트맨, 아이언맨 등이 부계적 정통성에 집착한 반면, [스파이더맨]의 혈통적 아버지는 '거미(!)'다. 그의 혈통적 정통성은 너무 빈약했기 때문에 그는 정신적인 정통성을 찾아야만 했고, 그는 미국의 이상을 충실히 따르는 삶을 살게 된다. 이는 스티브 로저스(캡틴 아메리카)도 마찬가지다.

아이언맨이나 배트맨처럼 최소한은 그나마 먹고 살 만한 생활(?)을 하는 캐릭터들에 비해, 피터 파커 정도의 삶이면 사실 자기 능력으로 생계를 꾸리는 게 우선이겠지만, 파커는 사회를 우선시하는 삶을 산다. 그가 그런 생각을 갖게 된 것은 '전형적인 미국 가정'의 사상을 갖고 있는 벤 숙부와 메이 숙모 때문이다. 이런 비유도 가능할 것이다. 슈퍼맨, 배트맨, 아이언맨이 미국의 '육체적 아들'이라면 스파이더맨은 미국의 '정신적 아들'이라고….

■ 보수적 슈퍼영웅 이데올로기의 탄생

'보수'란, 당대의 사회 시스템을 인정한다는 말이기도 하다. 이는 지배 체제의 인정과도 같은 말이다. 하지만 이는 결코 옳다, 그르다로 재단할 수 없는 문제다. 한 시스템은 적어도 그 시스템이 정상적으로 돌아가는 한 질서의 유지로 이해되고, 이 질서는 결국 사회 구성원들의 행동의 안정성을 담보해주는 것이라는 측면에서 큰 의미를 가진다. 이런 입장에서 보았을 때, 사회 체계를 유지하는 가장 좋은 방법은 사회 구성원들이 만들어 놓은 규칙을 최대한 잘 따르는 것이다. 그런데 대한민국의 보수는 과연 그럴까? 꼭 그런 것 같지는 않다. 대한민국 형법 31조는 살인 교사를 살인 행위자와 함께 처벌할 것을 요구하지만, 20명 이상을 죽인 유영철은 잡힌 즉시 신속하게 사형 판결이 나온 데 비해 어떤 쿠데타범들은 십수 년이 지난 후에야 가까스로 사형을 언도받고 결국 사면받는다. 어째서 이런 일이 생기는 것일까? 국가가 자신의 시스템을 유지하기 위해서는 여러 가지 방법을 병행해야만 한다. 그중 하나가 피치자(被治者)들에게 권선징악의 이데올로기를 심어 놓는 것이다. 권선징악은 자연법칙이 아니기 때문에 우리 사회는 권선징악을 성취해야만 한다. 아니, 적어도 악인은 벌을 받아야 한다. 이 말을 우리 사회에 빗대어보면 여러 가지 의미로 해석해볼 수 있다. 우리 사회가 제대로 돌아가는지, 아닌지…. 그런데 세상이 순리대로 돌아가지 않자 지배자가 등장한다. 지배자는 '하늘을 대신하여' 처벌을 내린다. 하늘을 대신한다고는 하지만 까놓고 보면 이는 자신의 지배 시스템을 공고히하기 위함이다. 그런데 이에는 문제가 있다. 하늘을 대신한다는 것을 증명해야 할 필요성이 있는 것이다. 이 때문에 지배자는 자신의 출신에 대한 이데올로기를 만들어 낸다. 국가의 지도자들(심지어는 슈퍼맨까지도)이 '하늘'에서 온 것은 결코 우연이 아니다. '하늘'은 어디에나 있기 때문에 무엇이든 다 볼 수 있다. 하늘의 눈을 빌면 그들에게는 모르는 것이 없을 것이다. 그래서 그들은 '하늘을 대신한 응징'을 한다. 그런데 문제는 이 응징이 일정 정도의 홍보 효과를 가져야 한다는 것이다. 그렇기 때문에 태고에서 근세에 이르기까지 처형은 하나의 축제 혹은 구경거리와도 같은 성격을 지녀야 했다. 이런 '일벌백계'를 통해 시스템의 유지가 가능했기 때문이다.

우리는 이런 관행을 [슈퍼맨]과 [배트맨]에서 본다. 슈퍼맨과 배트맨은 악당을 죽이기도 하지만, 피치 못한 경우가 아니라면 악당을 경찰서나 교도소(재판도 없이!)에 처넣는다. 담벼락이나 기둥에 묶기도 한다(사실 제대로 그들을 넣었다고 하더라도 이것이 현실이라면, 입증 문제로 인해 영화에서처럼 간단하게 해결될 것 같지는 않다. 비합법적 수사가 아무렇지도 않게 벌어지는 게 슈퍼히어로 영화의 세계니까 말이다). 그들은 절대 조용하게 해결하지 않는다. 그들에게 '무죄추정의 원칙'은 그저 껍데기에 불과할 뿐이다. 그들은 악당을 조리돌림한다. 그리고 자신을 상징하는 코스튬과 온갖 퍼포먼스를 이용하여 주변 사람들에게 '홍보'한다. 하지만 자신의 정체는 드러내지 않는다. 그들의 정체는 '시스템'을 의인화한 것이기 때문이다. 사회를 지배하는 시스템은 자신의 모습을 드러내는 것을 최소화한다. 영웅과 시스템은 정체가 밝혀지면, 그 탐지를 피하는 수단으로 변질될 수 있다. 법의 실체를 속속들이 아는 악당에 의해, 그 맹점을 이용하여 저질러진 범죄는 그 얼마나 많았던가. 여기에 정체가 밝혀지지 않은 영웅은 직접적 비난의 대상이 되지도 않는다. "세상이 이 지경인데 슈퍼맨은 뭐하는 것이냐?"라는 푸념에도 클라크 켄트란 어디에도 없다.

■ 슈퍼히어로의 혈통적 정통성과 그 정치적 코드

이런 맥락에서 보았을 때, 보수의 기본은 질서다. 시스템을 유지한다는 것은 사람들이 시스템을 잘 통제하고 있음을 의미하는 것이다. 이와 반대되는 맥락에서 진보의 가치는 개인의 자유가 되겠지만, 자본주의 사회에서의 자유는 두 가지로 나누어 생각해야만 한다. 자본주의는 개인의 사유 재산을 인정하고 보호할 것을 전제로 하기 때문에 기득권에 유리하다. 즉, 이는 경제적인 입장에서의 자유는 보수적 질서를 옹호하는 이데올로기가 됨을 의미한다. 반면에 정치적 자유는 모든 개인의 평등을 전제로 하기 때문에 정치적 기득권의 공평한 분배에 대한 요구로 이어진다. 이는 그렇지 않을 경우, 시스템에 대한 개혁의 요청도 인정해야 하므로 기득권에 결코 유리할 수 없다. 따라서 정치적 자유의 강조는 진보의 입장이라고 볼 수 있다. 즉, 정치적 자유의 요구는 진보적 가치, 경제적 자유의 요구는 보수적 가치라고 보면 간단히 정리가 가능할 것이다. 이를 기반으로 볼 때, 기존의 질서를 파괴하는 악당의 범죄는 '정치적 질서의 파괴'와 '경제적 자유의 남용'이라는 코드로 읽을 수 있다(정치적 자유를 요구한 악당이 없음에 주의하라). 악당이 저지르는 범죄의 성격은 보수적 질서를 파괴하는 것이고, 영웅은 그에 반해 질서를 수호한다. 이 맥락에서 보면, 영웅의 직업 분류는 소방관이나 경찰관, 혹은 군인과도 같다. 문제는 그들이 범죄를 저지른 원인에 대해 전혀 관심을 갖지 않는다는 것이다. 범죄를 저지른 원인에 눈을 돌리는 순간, 악당은 응징의 대상에서 동정과 공감의 대상으로 바뀐다. 이는 보수적 질서 혹은 사회의 시스템이 옳지 않고, 그것을 지키는 자기 자신도 옳지 않은 행동에 가담하고 있을 가능성을 인정하는 것이다. 따라서 그들의 눈에는 '악당(혹은 재난)=수정 대상'에 지나지 않는다. 로봇과도 같은 그들의 원칙은 절대 어겨지지 않으며, 그렇기 때문에 그들은 시스템 그 자체이다.

■ 정통성, 그 비뚤어진 해석

어쨌거나 이들은 '사명감' 하나로 버틴다. 어느 누구도 알아주지 않고, 심지어 욕을 먹는다 하더라도 말이다. 그런데 무엇이 그들을 이토록 꾸준히 버틸 수 있게 한 것일까?

그 근원은 계몽주의이다. [슈퍼맨]이 처음 등장한 1932년은, 대공황 직후의 호황도 끝을 맺고 본격적 침체기로 돌입하던 시기였지만, 이와 동시에 미국이 세계 최강의 국가로 발돋움한 시기이기도 했다. 불황은 항상 범죄의 증가를 가져온다. 이렇듯 불안한 사회 분위기가 무질서임을 본능적으로 직감한 작가는 질서에의 희구를 슈퍼맨이라는 영웅으로 상징화한다. 그리고 이 희구는 대중들의 마음속에 깊게 각인된다. 하지만 슈퍼맨을 비롯한 슈퍼영웅들은 단지 미국인에게만 영향을 주었던 것은 아니었다. 이전에 [기동전사 건담]을 통해 나치는, 니체의 〈차라투스트라는 이렇게 말했다〉에서 나왔던 '위버멘시(Übermensch)'라는 개념을 자신만의 정치적 코드로 악용했었는데, 위버멘시를 영어로 '슈퍼맨(혹은 Overman)'이라고 쓰는 것은 결코 우연이 아니다. 슈퍼맨 이야기는 당시 서구 국가들이 초인의 지배에 대한 환상을 갖도록 유도한다. 히틀러와 스탈린은 각기 대공황 전후에 정권을 잡았고, 자신들의 정권을 공고화했다.

우리의 경우도 초인에의 지배는 여전히 뿌리 깊게 남아 있는데, 재미있게도 이는 독립운동을 하던 사람들에게서도 볼 수 있는 성향이었다(이육사의 『광야』에 등장한 '백마 탄 초인'을 상기해보시라). 이런 '초인에의 희망'은 박원종이 감독한, 원작 소설보다 더 멋진 결말을 내었던 영화 [우리들의 일그러진 영웅](1992)의 마지막 장면에서 제대로 비꼬아진다. 그런데 과연 이것이 그저 20세기의 이야기이기만 한 것일까? 안철수 현상은 무엇을 말하는 것이었을까? 여기서 우리는 다시 우리 자신을 반성해본다. 우리는 과연 초인의 지배가 없으면 자생적으로 무언가를 해낼 수 없는 집단에 불과한 것일까?

다시 글을 1930년대의 서구로 옮겨보자. 당시의 서구인들이 보았던 보수적 이데올로기는 결국 한 사람의 영웅이 가져다주는 질서에 불과한 것이었다. 그 프로파간다는 나치나 미국도 마찬가지였다. 배우 크리스 에반스는 짙은 갈색 머리를 가졌지만, [캡틴 아메리카]의 외모는 '금발 벽안'이다. 이는 마치 나치가 '순수한 아리아인'을 찾는다며, 의장대의 외모를 '금발 벽안'으로 선정한 것을 연상케 한다.

정의로운 미국인과 사악한 독일인의 전쟁이라는 제2차 세계대전의 영화적 코드는 캡틴 아메리카의 외모에서 알 수 있듯이 백인 남성에 의한 세계 지배를 당연하게 여기게 만드는 코드에 불과한 것이다. 그리고 슈퍼맨으로 대표되는 모든 히어로들은 빈부를 막론하고 이를 당연하게 여기며, 공고히했을 뿐이다.

옛날의 이야기일 뿐이라고? 천만에. 리들리 스콧의 [글래디에이터] (1999)에서 로마는 미국이다. 그 미국의 대중들은 미디어에 의해 사회를 민주적이고 자발적으로 움직일 수 있는 역량을 상실했기 때문에 선제 아우렐리우스가 준 '태평성대'가 코모두스에 의해 변질되는 것을 즐기기만 했을 뿐이다. 그들에게 로마 혹은 미국은 막시무스 같은 영웅이 군사 쿠데타를 통해 정상으로 돌려놓고 욕심없이 그를 떠나야지만 정상으로 돌아올 수 있는 국가였다. 물론 이는 실패로 끝났고, 그래서 그 미국은 영웅의 희생을 필요로 했다.

■ 미국 = 슈퍼히어로

그런데 입장을 조금만 바꿔 생각해보자. [슈퍼맨]은 기물을 파손한다. 콜레트럴 데미지[주7]도 엄청나다. 하지만 슈퍼맨은 그런 상황에 대해 책임지지 않는다([트랜스포머 4](2014)의 오토봇들이 처한 상황은 매우 대조적이지만, 이들도 희생양이기 때문에 어쩔 수 없이 책임진 것이다. 영웅은 책임지지 않는다). 어쩔 수 없는 것이라서일까? [맨 오브 스틸](2013)이나 [슈퍼맨 2](1980)와 같은 지구적 피해는 슈퍼맨이 지구에 오지 않았더라면 일어나지 않았을 일이다(이건 마치 청일전쟁과도 같다. 자기 별의 일을 갖고 왜 지구에서 싸우는지…). 이는 [트랜스포머 3: 달의 어둠](2011)의 경우도 마찬가지다. 영웅은 절대 책임지지 않는다. 영웅은 시스템이고, 시스템은 완전해야 하기 때문이다. 하지만 시스템은 인간이 만든 것이기 때문에 슈퍼히어로의 완전무결성을 받아들이기에는 부족한 점이 있다. 그렇기 때문에 그들은 신이어야 한다. 적어도 인간보다는 우월한 지위의 문화 영웅적 성격을 지녀야 한다. 그렇기 때문에 가급적 그들은 사회 지도층인 것이 좋다. 하지만 인류 전체보다 나을 필요까지는 없다. 미국인들의 입장에서는 미국 = 세계이기 때문이다.

[트랜스포머 2: 패자의 역습](2009)의 첫 장면에서 트랜스포머들은 인류의 안녕을 지키기 위해 '미군'과 손을 잡고 테러리스트들을 소탕한다. 어벤져스 역시 세계의 적으로부터 지구의 평화를 지킨다. 아이언맨의 적들도 모두 러시아계 혹은 중동계이다. 아이언맨은 세계의 평화를 지키고, '주변부'를 아무렇지 않게 유린한다. 결국 미국인들의 생각에 '미

주 7 콜레트럴 데미지(Collateral Damage): 부수적 피해(군사 행동으로 인한 민간인의 인적·물적 피해). 군사 행동 중 민간인의 피해에 대한 정부의 책임을 최소화하기 위한 표현

국=지구'이다. 그들은 우주의 중심이고, 세계의 중심이다. 그런데 미국은 다른 나라와 차이점이 있다. 바로 정치, 경제, 학문의 중심지라는 것이다. 그런데 그들은 백인이다. 그렇기 때문에 백인은 자신들에게 의무가 있다. 흔히 백인의 의무라 일컬어지는 내용인데, 간단하게 얘기하면 자신들이 세계를 '문명화시킨다'는 것이다. 그렇기 때문에 미국은 문화 영웅으로서 전 세계에 퍼져나간다. 미국적이지 않은 것은 악이고, 추한 것이다. 혁명으로 만든 국가이기 때문에 민주 국가라는 정통성도 갖고 있다. 결국 이런 슈퍼영웅들은 미국인이다. 그렇기 때문에 미국의 적은 인류의 적이며, 슈퍼영웅들의 적이기도 하다. 그들에게는 악을 물리쳐야 할 뿐만 아니라 인간답게 살 방법도 가르쳐야 할 의무가 있다.

이 도식을 좀 더 생각해보면 매우 무서운 결론에 다다른다. 슈퍼히어로는 시스템이고 미국이다. 그리고 미국은 세계이다. 슈퍼히어로 무비에 의하면 세계의 시스템은 모두 미국화되어야 하며, 그들은 완전무결하기 때문에 책임질 필요가 없다. 미국이 이라크를 폭격하든, 아프간에서 하루 3,000명의 민간인 희생자를 내든 그들은 책임지지 않는다. '완벽한 시스템'이기 때문이다. 그런데 미국이 다른 국가들에 비해 지독히 부족한 점이 하나 있다. 바로 '혈통적 정당성'이다. 그렇기 때문에 그들은 그 혈통적 정당성의 신화(Myth)를 창조해 나가기 위해 로마와 유대의 영화를 집중적으로 만든다. 서양사의 조상과도 같은 존재의 정통성을 자신들이 선점하려는 것이다.

■ 미국의 맨 얼굴

결국 슈퍼히어로는 계몽주의의 산물이다. 그들은 완벽하고 강하며 인간적이기까지하다. 그렇기 때문에 그들이 말하는 것은 모두 진리다. 그러나 이는 또 다른 이데올로기 전파에 불과하다. 주변부인 우리 입장에서는 기분 나쁜 얘기지만, 정작 이 문제는 그저 기분 나쁜 수준에서 끝나지 않는다. 이 계몽주의가 인종학과 만나면 무시무시한 결과가 초래된다. 계몽주의적 관점은 타자에 의한 지배의 한시성을 인정하는 수단이자, 정당성을 인정하는 수단이기 때문이다. '민족 개조론'을 주장했던 사람들 중 상당수가 변절했던 이유가 다른 데 있는 게 아니다. 그들의 생각은 처음부터 지배자의 프레임에 의해 형성된 것이었고, 같은 말을 자신의 입장에서 해석한 것에 불과했던 것이다. 그런데 시대가 변했다. 완벽할 것이라 생각했던 미국의 맨 얼굴은 추악하기 이를 데 없는 것이었다. 1987년 이전의 슈퍼맨에게 있어 '콜레트럴 데미지'란 있을 수 없는 것이었고, 그렇기 때문에 사람들은 그를 존경하고 인정했다. 그러나 [맨 오브 스틸]의 클라크 켄트는 불완전하다. 자신의 출신과 능력을 원망하고 타인과 똑같지 않은 모습에 불만을 느낀다. 사람들은 그에게 모욕을 주지만, 그는 자신의 능력을 드러내지 않고 상대의 트럭을 만신창이로 만들어 버리는 소심한 복수를 할 뿐이다. 더 이상 '미국인'이라는 출신성분은 장애물에 불과할 뿐, 자랑이 아닌 시대가 온 것이다. 슈퍼맨을 상징한 '강철의 사나이(Man Of Steel - 이는 아이러니하게도 스탈린의 별칭이기도 했다. Стáлин(Stalin)은 러시아어의 강철(steel)을 가리키는 сталь의 형용사형이다.)'가 결함이 있는 존재가 된 까닭이 여기에 있다.

■ 정통성이라는 족쇄를 넘어

20세기는 민주사회의 시기라고 해도 과언이 아닐 듯하다. 진정한 민주화를 이루기 위해서 전 세계가 매우 큰 투쟁을 벌였다. 하지만 이 민주화의 과정에서 정통성의 가치를 어떻게 얻어낼 것인지의 문제는 아직 숙제로 남아 있는 것 같다. 사실 민주정부에서 정통성 따위는 중요치 않다. 민주사회에서의 정통성은 정당성이고, 이는 피치자의 동의를 근거로 한다. 이런 의미에서 부정선거로 대통령에 당선되었다는 시비가 매우 강한 어떤 대통령의 정당성은 동시에 정권의 정통성까지도 의심되는 상황이었고, 그것이 그 대통령의 하야를 가져오게 된 것이다. 여기서의 어떤 대통령은 이승만 대통령이다. 아직까지는….

　이런 시대적 논의를 우리의 상황에 빗대어보자. 혈통적 정통성이라는 게 현대사회에서 무의미한 것으로 보일 수도 있지만, 꼭 그런 것만은 아닌 것 같다. 바로 김구와 이승만의 대립이 그러했다. 김구에 비해, 다른 독립운동가에 비해 매우 형편없는 인물에 지나지 않았던 이승만에게 무서울 정도의 지원이 쏟아졌던 것은 미국의 지원 탓도 컸지만, 그에게는 '양녕대군'의 자손이라는 프리미엄이 있었다. 500년 전의 먼 조상이 그의 정통성을 보장해주고 있었던 것이다. 결과적으로 보았을 때 혈통적 정통성이 정신적 정통성을 이긴 상황이 되어 버린 것이다.

■ 진정한 시민사회를 꿈꾸며

　그럼에도 불구하고 현대 민주사회는 매우 잘 굴러가고 있다. 초기의 민주사회는 혼란의 연속이었고, 보수적 반동도 많았다. 시간이 지난 후에 그들이 얻은 것은 시민의식 속에는 계약만이 전부가 아니라는 깨달음이었다. 시민의식은 계약이 중심이 되었지만, 타인에 대한 공감과 질서에 대한 존중, 공동체에 대한 관심을 필수적으로 병행하였던 것이다.

사회주의는 서부 유럽과 독일, 러시아에 함께 뿌리내렸다. 그런데 서부 유럽의 사회주의는 사민주의로 결합되어 국민의 복지라는 형태가 되었으며, 독일과 러시아에서는 전체주의의 슬로건으로 변형되어 타인을 압제하는 수단으로 쓰였을 뿐이다. 왜 이런 결과가 초래됐을까? 작가 남경태는 이 원인을 '시민의식'에서 찾는다. 자신에게 주어진 권리를, '국왕에의 충성'이라는 이름으로 돌려주는 게 아니라 자신과 이웃을 위해 획득하는 것, 이와 동시에 규칙을 지키고 자신의 행동이 언젠가는 타인에게 영향을 줄 것이고, 그 속에서 자신의 권리를 잃지 않는 것이다. 이와 동시에 집행의 예외, 규범의 오류에 대해서는 강하게 그것을 바꾸라고 요구하는 사회가 바로 그것이다. 이는 계급의식적인 성격을 지니는 동시에, 현대 정치구성원으로서의 정체성이기도 하다.

서구의 보수가 진정한 보수로 인정받는 이유는 시민사회의 존재를 당연한 것으로 여기기 때문이다. 그들은 시스템을 유지하려 하지만, 시민사회가 없으면 자신들의 시스템이 유지될 수 없다는 것을 잘 알고 있다. 옛날과는 달리 단순한 신화적 이데올로기로 다스릴 수 있는 세상이 아니라는 것을 깨달은 그들은 합리적인 의사의 형성을 통해 통치가 이루어져야 한다는 것도 잘 알고 있다. 이는 진보와 보수 양쪽에서 모두 요구하는 기본적인 논의 방법이기도 하다. 결국 아무리 영웅이 훌륭하다 하더라도 한 사람의 영웅만으로는 한계가 있다. 슈퍼맨이 지구를 사랑한 것은 지구가 그나마 그럭저럭 돌아가는 세상이기 때문이다. 적어도 시민사회의 단결이 흐트러지지 않은 세상이기 때문이다. 그런데 이런 측면에서 볼 때, 재미있는 작품들이 몇 개 있다. 그것은 바로 [킥 애스] (2010)와 [스파이더맨 2](2004)다.

■ [킥 애스]와 [스파이더맨]의 시민들이 보여준 용기

시민사회의 가장 중요한 부분은 시민사회는 시민의식과 연대가 함께 하는 사회라는 것이다. 이 연대는 시민사회의 가장 큰 무기이기도 하다. 어떤 이의 오지랖은 다른 이에게는 힘이 되고, 세상을 바꿀 수 있는 힘이 된다. 전체주의 국가의 국민의 멘탈이나 신민(臣民, subject)의 멘탈이 형성되는 데는 많은 시간이 걸린다. 그리고 그 형성은 지도층이 가장 두려워하는 것이기도 하다.

[스파이더맨 2](2004)의 피터 파커는 지하철을 살리기 위해 고군분투하다가 정신을 잃는다. 그리고 그가 어린아이였다는 사실을 깨달은 지하철의 시민들은 모두 그를 구하기 위해 모여들고, 심지어 악당에게 도전하기도 한다.

이와 비슷한 메시지를 던지는 것이 [킥 애스]이다. 주인공은 "왜 세상이 이렇게 되었냐"라는 탄식을 하면서 별 능력도 없는 주제에 슈퍼히어로 짓을 시작한다. 그리고 진짜 슈퍼히어로를 만나게 된다. 하지만 세상을 바꾼 것은 힛걸 한 사람이 아니라, 슈퍼히어로 모임이었다. 사회에서는 그저 평범한 혹은 평범 이하의 힘을 가진 루저(Loser)들이었지만, 그들이 힘을 모으자 더 강해졌다. 아픔과 피해도 있었지만 승리를 쟁취한 것은 '시민들'이었던 것이다. 그런데 사실 이런 결말은 많은 영화들의 결말이기도 하다. [반지의 제왕 2](2002)를 생각해보자. 각 종족들은 처음에는 "나와 상관없다"라는 식으로 연대를 거부하지만, 이웃의 피해를 보고 그 피해가 자신들의 일이 될 수도 있음을 깨닫게 된다. 그리고 결국 그들은 연대하여 승리한다. 반지의 제왕은 멋진 정치 드라마로 해석될 여지가 다분하다. '연대의 승리'는 항상 감동적이다.

■ 제대로 된 세상을 보고 싶다

영화의 기능 중 하나는 대리만족이다. 인간은 자신이 손에 넣지 못하는 것을 갈구하는 경향이 있다. 〈슈퍼맨〉의 영화화와 그 성공은 1970년대 후반에서 1980년대까지였고, 당시는 레이건 집권기였다. '힘의 미국'으로 상징된 슈퍼맨이지만, 청렴결백한 존재였던 슈퍼맨은 1980년대 후반부에 완전히 사라졌다가 2005년 부시 정부가 되어서야 부활했다. 질서가 없는 세상에서는, 질서를 잡아주는 사람을 보고 싶어 한다. 바로 대리만족 때문이다. 하지만 아무리 우리가 보고 싶어 하는 것이 '제대로 된 인물'이라 하더라도 우리는 그저 슈퍼맨이 질서를 제대로 세우는 것을 보면서 만족해 할까?

재미있는 코믹스 작품 하나를 언급하면서 끝을 맺고자 한다. 슈퍼히어로들에게 불안해하는 시민들에게 국가는 모든 슈퍼히어로의 강제 등록을 명한다. 그에 반하는 집단과 그에 응하는 집단은 둘로 갈라져 슈퍼히어로들 간에 내전이 벌어진다. 〈시빌 워(Civil War, 내전)〉라는 작품이다([캡틴 아메리카 3]이 이 작품을 모티프로 만들어질 것이라는 얘기가 있다). 결국 국가권력의 승리로 끝나는 이 작품에서, 국가권력의 크기는 어떤 슈퍼히어로보다 강력하다는 교훈 아닌 교훈을 다시 얻게 된다. 그리고 그 국가권력의 성격은 우리의 손끝에서 나온 것이라는 사실도 잊지 말아야겠다.

글·염승희

[킥 애스]:
한계는 분명하지만 한 발 더 나아갔다

헤비조 선정 영화 _ [킥 애스] ㅣ **아티스트** _ 존 윌리엄스, 핸리 잭맨, 존 머피, 일런 에시케리,
마리우스 드 프리스

이런 영화를 뭐라고 해야 할까? 첨단 장비의 힘을 빌렸으니 확실히 슈퍼히어로의 공식에서 벗어나진 않았으되, 공식 안에 집어넣기도 애매한 영화다. 한 가지 분명한 것은 이 삐딱한 영화가 여러모로 꼬여 있다는 사실이다. 그리고 꼬여 있는 지점이 영화에 현실성을 부여한다. 어차피 슈퍼히어로가 존재한다는 사실 자체가 말이 안 되지 않은가 말이다. 영화는 바로 그 지점을 관객에게 자꾸 이야기한다. 영화 [킥 애스](2010) 얘기다. [킥 애스], [슈퍼맨], [배트맨], [스파이더맨], [캡틴 아메리카]와 같은 영화의 미덕은 모두 현실에 있을 수도, 있지도 않다는 것을 보여주는 것이다. 막판에 이들이 진짜 히어로가 되면서 영화는 뒷감당이 안 되는 수준이 된다. 그래도 이 꼬임의 미학은 통쾌하다. 최소한 이들은 기존 질서에 순응할 마음이 없다. 전상영의 만화 〈내추럴 리드미컬〉 시리즈의 주인공 쇼오리 라마의 순한 버전이랄까.

■ 슈퍼히어로에게는 금관악기 테마

영화는 시작부터 히어로를 까고 들어간다. 그것도 음악적인 장치와 함께…. 오메가맨이든, 바바렐라든, 1920년대 프란츠 랑의 [메트로폴르스]든 SF의 한계는 언제나 분명했다. SF나 슈퍼히어로 영화는 B급일 수밖에 없었다. 영상으로 구현될 수 없는 괴수, 우주에서의 전투, 날고 있는 히어로를 어떻게 관객에게 보여줄 것인가 말이다. 영상 기술의 발달은 차츰 손발이 오그라드는 장면 연출을 하거나 헐벗은 언니로 때우거나 과도한 폭력으로 덮고 넘어가던 B급 영화를 사실적으로 구현하기에 이른다. [스타워즈] 시리즈를 B급 영화의 신기원으로 얘기하곤 한다. [스타워즈]가 처음 선보인 우주 활극 영상은 대단했다. 그리고 이때부터 B급 영화가 정통 멜로나 역사극 같은 헐리우드의 정통 드라마보다 자본도 더 많이 들고, 수익도 높은 영화로 등극하게 된다. 개인적으로 이러한 B급 영화의 신기원을 연 장본인은 스티븐 스필버그도, 조지 루카스도, 리처드 도너도 아닌 존 윌리엄스라고 생각한다. [죠스](1975), [스타워즈] 시리즈, [미지와의 조우](1977), [인디아나 존스] 시리즈, [슈퍼맨] 시리즈, [E.T.](1982) 등 지금도 잊을 수 없는 웅장하고, 강렬한 오케스트라 주제음악을 만들어 낸 바로 그 인물!

존 윌리엄스의 음악은 어설픈 슈퍼맨의 비행 합성을 관객을 압도하는 웅장한 장면으로 재탄생시켰으며, 자세히 보면 안 되는 [죠스]의 어설픈 모습을 공포 그 자체로 바꿔줬으며, CG로 재탄생하기 전 어딘지 어색한 우주를 전운과 모험의 기운이 감도는 대서사시의 공간으로 만들어 냈다. [미지와의 조우]의 그 기막힌 내용 없음을 가슴 벅찬 감동으로 바꿔준 것은 다름 아닌 외계인과의 음악 대화였다. 존 윌리엄스의 음악은 늘 풀 오케스트라로 연주되는데, 특히 슈퍼히어로에게는 금관악기 테마를 부여한다. 금관악기는 군대 악기다. 미국은 독립전쟁부터 시작하여 항상 전쟁을 통해 역사를 만들어왔다. 헐리우드가 로마 제국을 미국 영화 안으로 품어내며 선택한 음악 역시 강력한 제국 군대, 그리고 검투사와 전차 경주가 펼쳐지는 콜로세움의 금관악기 소리다. 헐리우드, 미국이 생각하는 권능과 슈퍼히어로의 이미지는 바로 이 금관악기, 완전한 군인인 것이다.

영화 [킥 애스]의 도입부, 또라이의 죽음 장면에 등장하는 음악은 전형적인 미국식 슈퍼히어로의 음악이다. 제목도 'The American Superhero'다. 현악이 분위기를 엄중하게 잡아놓으면 트럼펫을 필두로 한 금관악기의 울림이 전체를 접수한다. 그런데 [킥 애스]가 화끈한 것은 바로 이러한 미국식 히어로 음악을 패러디하자마자 그를 그냥 묵사발로 만들어 버린다는 데 있다. 그리고 바로 이어지는 음악은 프로디지(Prodigy)의 'Stand Up'이다. 프로디지의 전매특허인 복잡한 일렉트로니카는 아니지만, 댄서블하다는 점에선 확실히 프로디지 노래다. 흥미로운 것은 앞의 'The American Superhero'나 프로디지의 노래나 모두 전면에 금관악기를 내세우고 있다는 사실이다. 히어로 음악에선 금관악기가 숙연하고 장중함을 표현하는 데 반해, 프로디지는 금관악기를 육감적으로 엉덩이를 씰룩거리는 훵크로 사용한다. 같은 금관악기라도 그 느낌이 얼마나 다른가? 하지만 둘 다 금관악기다. 이게 중요하다. 슈퍼맨이나 이 엉터리 킥 애스나 또 다른 히어로인 힛걸과 빅대디나 모두 개뻥이라는 것, 괜히 헛폼 잡지 말란 거다.

■ 각본과 연출, 영화음악도 모두 영국인 일색?

이 작품이 흥미로운 것은 미국 히어로라는 노래로 시작하고, 미국 코믹스가 원작이지만, 각본을 쓰고 연출한 사람도, 영화의 음악을 만들고 있는 이들도 모두 영국인이라는 데 있다. 물론 매튜 본 감독은 현재 헐리우드에서 가장 재기 넘치는 감독으로 통한다. 가이 리치와 콤비를 이뤄 [록 스탁 앤 투 스모킹 배럴즈](1998), [스내치](2000) 등을 제작했던 것에서 그의 성격을 알 수 있다. 영국적인 냄새를 팍팍 풍기는 영화들을 만들었기 때문인지는 몰라도 프로디지, 미카(Mika), 프라이멀 스크림(Primal Scream) 등 영국 아티스트들이 음악에 적극적으로 참여하고 있다. 역으로 화끈한 기관총신에는 미국 로큰롤의 영웅 엘비스 프레슬리의 미국 찬가인 'An American Trilogy'를 배치하였으며, 힛걸에게는 화끈 하드록 누님 조안 제트(Joan Jett)의 'Bad Reputation'을 선사한다.

스코어 작곡팀도 이와 마찬가지로 영국인 일색이다. [캡틴 아메리카: 윈터 솔져](2014)의 음악을 담당했던 한스 짐머 사단인 영국 출신 헨리 잭맨은 영화 속에 등장하는 전형적인 헐리우드 블록버스터다운 음악을 제공한다. [28일 후](2002)와 [28주 후](2007), [록 스탁 앤 투 스모킹 배럴즈]와 [스내치]를 통해 록 밴드 편성의 전기악기-기타, 키보드, 베이스가 주는 긴장감을 살린 영화음악을 잘 뽑아내던 존 머피(John Murphy)가 영화에 계속 깔리는 거친 하드록 느낌의 음악들을 제공한다. 매튜 본 감독의 [스타더스트](2007) 음악을 담당했으며, [한니발 라이징](2007) 등의 영화에서 록과 오케스트라를 적절히 구사해온 사람 역시 영국 출신의 일런 에시케리(Ilan Eshkeri)다. 아예 영화에 찔끔찔끔 흘러나오는 킥 애스의 고민, 환희, 슬픔은 영국 작곡가 마리우스 드 프리스

(Marius De Vries)가 맡고 있는데, 그는 영화음악보다 뷰욕(Björk)의 데 뷔작을 프로듀싱하고, 루퍼스 웨인라이트(Rufus Wainwright), 매시브 어택(Massive Attack), 피제이 하비(PJ Harvey), 유투(U2), 후기의 마돈나(Madonna) 등과 함께 곡(과 프로듀싱) 작업을 한 인물로 더 유명하다.

영국 출신 올스타가 미국의 슈퍼히어로 신화를 잘근잘근 씹고 있다고나 할까? 영국은 지는 제국, 아니 이미 진 제국이다. 세계의 패권국에서 IMF 관리하에 들어갔던 경험까지 단 한 세기에 겪어낸 영국 출신 아티스트들이 만드는 미국식 슈퍼히어로는 날이 꽤 바짝 서 있다. 정의의 용사를 앞세워 악을 소탕해야 한다는 식의 이분법적 보수주의 세계관에 대한 날카로운 꼬아대기가 통쾌하다. 그리고 슈퍼히어로의 정의라는 게 누군가에겐 폭력이고, 이는 또 다른 복수―폭력을 부른다는, 누구나 알지만, 애써 무시했던 사실까지 잊지 않고 건드린다. 영화도 흥미롭지만, 기회가 된다면 영화 스코어에 참여한 4명, 그리고 프로디지까지 5명이 그리는 세계가 얼마나 비슷하면서도 다른지 비교하면서 들어보길 권한다.

글·헤비조(조일동)

함장(권영준)의 곁다리 추천 영화

슈퍼히어로를 통한 연대는 사실 영웅에게 쏠리는 대중의 관심일 뿐이라는 생각을 지울 수 없다. 이는 엘리트를 대입해봐도 동일한 의미를 가진다. 그런 면에서 부지영 감독의 [카트(Cart)](2014)는 슈퍼히어로가 아닌, 일반 노동자의 연대를 흥미롭게 다룬다. 왜 그들이 연대해야 하는지에 대한 이유나 개연성의 얼개가 밀도 있게 짜여진 영화는 아님에도 보는 내내 연민과 분노, 그리고 함께 연대하고픈 감정이 북받쳐 오른다. 슈퍼히어로 영화를 즐기더라도 우리가 일반인이란 걸 잊지 말아야 한다.

무비 찌라시

[2014 로보캅],
빼앗긴 머피나 우리나

급식을 안 하겠단다. 영유아 보육원 예산 배정 안 하겠단다.
해외로 빠져나가는 대기업 R&D 자금은 면세해주고
자원 외교 혈세는 앞으로 30조 원이나 더 퍼부어야 하는 세상….
뇌와 척추만 남기고 모두 빼앗긴 머피나 피라냐 같은 정부에
모든 걸 뜯길 우리네 인생, 참 피곤하다.

짱가 선정 영화_ [로보캅]

[로보캅]은 나로 하여금 영화와 심리를 연결시키고 싶다는 마음을 먹게 만든 최초의 영화다. 〈6백만 불의 사나이〉와 [로보캅] 사이의 거리는 바로 1960년대와 1980년대의 거리였다. 기계손, 기계다리를 달아도 여전히 스티브 오스틴인 〈6백만 불의 사나이〉에 비해 경관 머피는 기계에 종속되어 자신의 정체성을 잃어버린다. 간단히 말해 오스틴 대령에게는 기계가 부품이지만, 머피 경관은 로보캅이라는 기계의 부품인 거다. 당시엔 참 놀라운 발견이라고 생각했었는데, 알고 보니 나만 그런 생각한 게 아니었다. 그것 말고도 원작과 리메이크 작품은 생각할 거리가 많다. 하나씩 살펴보자.

■ 민영화

이 영화는 치안 유지라는 공공 서비스를 국가기관인 경찰이 아니라 사기업인 OCP 사가 담당하는 시대를 배경으로 한다. 아웃소싱과 민영화의 결합이다. 어떤 이는 공공 서비스도 민영화시키면 경쟁력과 효율성이 높아질 것이라 생각하기도 하고, 국가가 운영하는 건강보험이나 국민연금보다 TV에서 열심히 선전하고 있는 사보험이나 개인연금 상품이 더 좋다고 생각한다. 하지만 세상에 값싸고 질 좋은 건 없다. 싸면 비지떡이고 질이 좋으면 그만큼 비싸다. 따라서 값싸고 질 좋다고 떠드는 애들은 일단 사기꾼이 아닌지 의심해야 한다.

사기업의 첫 번째 목표는 이윤추구다. 최소한의 비용을 들여서 최대한의 이익을 내려고 하는 것이 기업이다. 게다가 그렇게 벌어들인 이익은 소비자들에게 돌아가는 것이 아니라 경영진과 주주에게 돌아간다. 민영화를 통해 얻어지는 '효율성'이나 '비용 절감'은 소비자를 위한 것도,

그 기업의 직원들을 위한 것도 아니다. 원칙적으로 그 기업의 소유자들을 위한 것이다. [로보캅] 원작에서도 마찬가지다. OCP 사는 치안을 유지해서 시민들의 생활을 안정시킬 의무를 별로 느끼지 않는다. 단지 더 적은 비용으로 경찰력을 유지하는 것이 제1의 관심사다. 그 결과, 낮은 임금과 계속 죽어나가는 동료들을 보다 못한 경찰들이 파업을 하고, 이에 대응하기 위해 경찰도 회사 제품인 로봇으로 대체하려는 계획이 입안된다. 하필이면 부족한 경찰력 때문에 사지에 들어가 속절 없이 죽어버린 머피 경관이 그 계획의 대상자가 된다.

실제로 영화에서와 같은 일이 부시 시절 미국에서 벌어졌다. 이라크 전쟁은 민영화와 아웃소싱 전쟁이었다. 당시 국방장관이던 '럼스펠드'는 정규군의 투입 규모를 줄이고 부족한 분야는 외주를 주었다. 요리사나 청소부나 정비공 같은 비전투 인력뿐만 아니라 직접 전투를 담당하는 분야까지 PMC(민간군사기업)에 위탁용역을 준 거다. 그렇게 민간에게 맡겨서 저비용, 고효율 전쟁이 되었을까? 미군이 PMC들과 계약할 때 이윤을 1%만 잡았지만, PMC는 단가 자체를 올려서 돈은 돈대로 들고 오히려 효율은 낮아지는 일이 비일비재했다. 예를 들어, 부통령이던 체니가 CEO를 했던 '핼리버튼'이라는 회사는 미군에 40억 달러의 비용을 청구했는데 그중 18억 달러는 근거가 없었다. PMC는 일회용 휴지값도 5배씩 부풀렸다. 그리고 나서도 추가로 더 바가지 씌운거다. 또 많은 민간회사들이 하청과 재하청을 거치며 돈을 떼먹어서 1억 9,000만 불을 받고 의료시설 142곳을 짓기로 한 회사가 달랑 6개만 짓고 끝나는 (그나마도 부실 시설이었다) 식이었다. 이런 사기행위가 들통 났는데도 처벌하지 못했다. 왜냐하면 법적으로 미국 소속이 아니라 연합군임시행정처 소속이었기 때문이다. 근데 이렇게 돈을 많이 떼어먹은 기업들이 대부분 체니 일족과 연관되어 있다. 어디서 많이 본 느낌이 들지 않는가? 이라크 전쟁 8년간 미국이 퍼부은 돈은 2조 2,000억 달러이다. 이를 우리 돈으로 따지면 무려 2,200조 원이다. 매년 우리나라 전체 예산에 해당하는 돈을 쏟아부었지만 그 결과는 예전보다 더 강력해진 알 카에다, 이젠 아예 자칭 이슬람국가(IS)까지 만들 만큼 커진 회교 근본주의자들 세력, 엉망진창이 된 세계 경제뿐이다. 얻은 거 없이 문제만 일으키는데 돈까지 많이 쓴 거다. 보통은 이렇게 전쟁에 돈을 쓰면 경기라도 부양되는데, 이라크 전쟁에서 미국이 얻은 건 아무것도 없다. 석유도 확보하지 못했고, 돈만 모두 날려서 결국 경제위기에 제대로 대처하지도 못했다. 그런데도 미국에는 여전히 부시 일가를 지지하는 사람들이 많다고 한다. 남의 얘기가 아니다. 더 서글픈 건 한국 정부는 국민을 구조하는 일을 아웃소싱하고, 국방까지 미군에게 아웃소싱하는 모양새라는 점이다.

■ **기계와 인간**

1980년대의 [로보캅]이 머피의 육신(정확히는 그의 뇌)을 필요로 했던 이유는 당시 기계가 인간의 뇌를 대신할 수 없었기 때문이다. 영화 도입부에 ED209가 저지른 사고를 상기해보자. 그 온전한 로봇은 가상의 용의자가 무기를 버렸음에도 그를 처형해 버린다. 인간이라면 결코 저지르지 않았을 사고다. 당시의 기계는 현실과 가상을 구분하는 능력도, 상황에 맞춰 유연한 판단을 하는 능력도 없다. 그저 프로그램대로 무지막지하게 작동할 뿐이다. 이런 식으로는 도저히 길거리의 법 집행이 불가능했다. 그래서 어쩔 수 없이 머피의 뇌를 집어넣은 것이다. 즉, 당시 로보캅은 처음부터 인간이 아니라 OCP 사의 제품으로 대우받았음에도 불구하고 역설적으로 기계로는 대체할 수 없는 인간의 고등 지능을 증명하는 존재였다.

이제 2014년의 [로보캅]을 보자. 여기서 더 이상 인간은 필요하지 않다. 오히려 기계가 인간보다 판단이 빠르고 정확하며, 두려움도 없고, 분노에 휩싸여 일을 그르치지도 않으며, 부패한 시스템에 매수되지도 않는다. 그네들을 이라크 전쟁터에 투입하면 인간 병사들과는 달리 PTSD도 없을 것이고, 불필요하게 포로를 학대하지도 않을 것이며, 쿠란을 불태우거나 오줌을 싸는 멍청한 짓을 하지도 않을 것이다. 이 영화에서 기계에 머피를 집어넣은 이유는 정치적 명분 때문이다. 머피 탑재 로보캅은 인간이 아닌 기계에 의한 법 집행이라는 아이디어가 대중들에게 거부당하고 있는 상황에서 이를 완화시킬 일종의 마케팅 수단이었던 셈이다. 그래서 이 영화의 로보캅은 애초부터 OCP 사의 제품이 아니라 치명적인 산재를 입었던 경찰관 머피의 재활프로그램으로 홍보된다. 하지만 그것은 모두 명분일 뿐이다. 영화는 오로지 뇌와 안면, 그리고 허파와 심장만 남은 머피의 본체를 보여주며 OCP 사의 대외적인 홍보, 즉 '머피의 재활'은 허상이며, 그의 본질은 기계에 얹혀진 액세서리에 불과하다는 사실을 드러낸다. 심지어 머피 탑재 로보캅이 순수한 기계 로보캅보다 수행 능력이 떨어지자, 데닛 박사는 기계가 머피의 뇌를 바이패스하도록 개조한다. 다시 말해서 '인간성은 허울좋은 명분'일 뿐이라는 사실은 단지 대외적인 면에서 뿐만 아니라 로보캅 자체 시스템 측면에서도 그러하다. 흥미로운 점은 1980년대의 [로보캅]이든, 2014년의 [로보캅]이든 머피의 본체 자체는 동일하다는 점이다. 1987년의 [로보캅]에서는 표현 기술의 제약이나 다른 이유로 인해 그저 보여주지 않았을 뿐, 그 기계 속 머피 역시 뇌와 안면, 심장과 허파, 그리고 약간의 내장만이 남아 있었을 것이다. [로보캅 2]에서는 심지어 뇌와 척수만을 빼내어 새로운 로보캅을 만들어 낸다. 인간은 변하지 않았지만 기계들이 변한 것이다. 1980년대의 컴퓨터는 융통성이 부족한 기계였다. 다시 말해서 스마트하지 못했다. 그 당시 인공지능 이론에서는 '퍼지'라는 개념이 유행했는데 이 단어는 '어중간한'이라는 뜻이다. 0과 1로 구성된 흑백이 아닌 회색의 지점을 처리하는 능력, 그것이 당시 인공지능 분야의 최대 화두였다. 이 퍼지의 판단은 인간에게는 숨을 쉬는 것만큼이나 간단한 일이다. 당시의 인공지능은 그렇게 간단한 것조차 흉내 내지 못하는 아둔한 존재였던 것이다. 그러나 2014년의 로봇들은 인간보다 하등하지 않다. 그네들은 인간을 이미 능가해 버렸다. 그들은 이제 신을 흉내 내고 있다. 모두 네트워크 때문이다. 머피가 장착된 로봇에는 단지 자체 센서를 통해 들어오는 정보뿐만 아니라 유무선 정보 통신 네트워크를 통해 전송되는 정보를 모두 저장하고 처리할 수 있는 능력이 부여되어 있다. 인간의 뇌는 그 정보를 감당할 수 없다는 것을 머피의 발작을 통해 보여준다. 그걸 감당하는 유일한 방법은 도파민수치를 최저로 낮춰 인간성을 제거하는 것이다. 다시 말하지만 여기서 인간성은 기계의 효율적인 수행에 방해가 될 뿐이다.

그런데 과연 로봇이 인간을 대체하면 좀 더 효율적이 될까? 이라크전쟁은 본격적인 로봇전쟁이기도 했다. 무인기 기술이 이라크전을 계기로 엄청 발전했고, 무인기를 정찰뿐만 아니라 공격 임무에 본격적으로 투입하기도 했다. 만약 모든 게 개인 수준의 문제라면, 다시 말해서 군인이나 경찰들이 자신들의 일을 제대로 수행하는 것이 전제되어 있다면 그들을 보다 완벽한 로봇으로 교체하면 깔끔할 수도 있다. 하지만 현실은 그렇지 않다. 이라크전쟁은 애초에 하면 안 되는 '사악한 전쟁'이었고, 전쟁 내내 부시 패거리들이 하지 말아야 할 건 하고 해야 할 건 안 한 '망한 전쟁'이었는데, 여기에 로봇 기술을 집어넣는다고 해서 뭐가 달라지겠는가. 대개 기술 잘 모르는 사람들에겐 기술이 무서운 존재이자 동시에 만능인 존재로 보인다. 4대강을 파헤치게 되면 발생할 수질오염 문제를 제기하자, '로봇물고기'를 들이대던 어떤 사기꾼을 생각해보시라. 지금 생각해보면 참으로 월척 없는 떡밥인데 당시엔 이게 통했다. 이 영화에 등장하는 로봇은 현재의 기술 수준을 두세 차원 뛰어넘고 있기 때문에 지금보다 훨씬 많은 문제를 해결할 수 있을 것이라 생각할 수 있다. 그럼에도 불구하고 이 영화는 이란 점령지에서 벌어지는 장면들을 통해 로봇이 아무리 완벽해도 근본적인 문제는 해결할 수 없음을 보여준다.

■ 자본과 자본가

2014년의 [로보캅]에서 흥미로운 또 다른 존재는 OCP 사의 CEO인 레이몬드 셀라스(마이클 키튼)이다. 1987년 로보캅의 회장인 올드맨은 지극히 가부장적인 꼰대였다. 반면 셀라스는 소탈하고 인간적이며, 적극적으로 대화와 타협을 통해 문제를 해결하고자 하는 소통의 화신이다. 개인으로서의 그는 한국의 꼰대 기업가들보다는 여러 모로 더 나은 존재다. 하지만 그렇다고 해서 그의 결정이 인간적인 것은 아니다. 오히려 더 무자비할 수도 있다. 그가 데넷 노튼을 움직인 것도 일방적인 명령이 아니라 상호호혜적인 관계에 기반한 합의를 통해서였다. 그는 기민하게 상황을 파악하고 그 상황에 걸맞은 대안을 찾아내는 데 있어서는 매우 유연하며, 과거에 얽매이지 않고 미래지향적인, 말 그대로 진취적인 자본가로 보인다. 그런데 그가 내리는 결정의 무자비함은 바로 그 특성들에서 나온다. 그는 새로운 상황에 맞춰 새로운 해석을 내리고, 그에 맞는 새로운 결정을 한다. 법적 제약으로 인해 자기네 제품이 미국시장을 뚫지 못하는 상황이 되자 머피에게 새 삶을 주면서 동시에 마케팅을 구현하는 윈윈전략을 선택했던 그는 시장 진출이 가능한 상황으로 바뀌자 다시 태도를 바꾼다. "머피를 꼭 살려야 한다"던 그가 "쟤는 사실 로봇이야. 그러니 이제 폐기해"라고 말한다. 그를 움직이는 건 자본의 논리다.

두 영화 관람 체험의 질을 결정하는 건 결말이다. 1987년의 [로보캅]은 적어도 결말에서는 명확한 입장을 밝힌다. 처음에 머피는 기계 부품으로 인식되었다. 하지만 그는 기계 신체를 통제하는 주인이므로 그는 OCP 사의 제품인 로보캅이 아니라 알렉스 머피인 것이다.

하지만 2014년의 [로보캅]은 앞으로 무엇이라고 불러야 할까? 비록 데넷 박사가 설치한 바이패스 회로의 작동에도 불구하고 머피는 더 높은 차원에서 시스템을 통제하는 것처럼 보인다. 즉, 그는 바이패스 시스템을 바이패스한 셈이다. 하지만 '영화 속에서 로보캅이 한 일들은 머피가 해낸 것일까, 아니면 신경망 시스템이 해낸 것일까?'라는 질문에 답하기는 애매하다. 머피가 아니었다면 불가능했던 일이 과연 있었을까? 그게 관객들 눈에도 보였을까? 무엇보다 현재의 그는 지극히 시스템 의

존적이다. 최소한의 생체만 남긴 탓에 그는 24시간마다 온갖 항생물질, 신경전달물질이 가미된 새 혈액으로 교체해야 한다. 만약, 이런 그의 약점을 범죄 조직이 알게 된다면, 그를 단지 24시간 이상 시스템으로부터 분리시키는 것만으로도 그를 무력화시킬 수 있을 것이다. 그렇게 된다면 과연 그는 무력화될까, 아니면 죽어버린 생체 속에 숨어 있던 진정한 본모습을 드러낼까? 영화는 이런 질문에 답하지 않는다. 그래서 관객들은 2014년의 [로보캅]을 보고서는 뭔가 답을 얻지 못한 질문이 남겨진 느낌으로 극장을 나선다.

이 영화가 제대로 결말을 맺으려 했다면, 순수 로봇 경찰시스템의 치명적인 결함이 명백히 드러나거나 머피의 우월성이 뚜렷하게 드러났어야 했다.

"만약 인간보다 더 효율적인 법 집행자를 구현할 수 있다면, 그런 경우에도 인간이 법을 집행해야 하는 이유는 무엇인가?"

이 영화가 답해야 하는 질문은 바로 이거였다. 그러나 영화는 이에 답하지 않는다. 아니 정확히 답할 수 없다. 왜냐하면 우리의 현실이 그렇기 때문이다. 머피처럼 우리는 이미 정보 통신 네트워크에 깊이 의존하고 있다. 예를 들어, 나는 컴퓨터 없이 종이에 글을 써본 게 언제인지 기억이 나지 않는다. 컴퓨터와 인터넷이 없이는 글도, 연구도 할 수 없다. 스마트폰 없이는 내일 스케줄이 뭔지도 모른다. 정도의 차이만 있을 뿐, 우리는 이미 시스템의 일부가 되어 있다. 그리고 시스템에 의존할수록 내 자유의지의 영역은 모호해진다. 2014년에 '페이스북'에서 했던 정서 조작 실험을 떠올려보라. 친구들이 기분 좋다는 포스트를 많이 올린 유저들은 덩달아 기분이 좋아졌고, 그 반대인 경우에는 덩달아 우울해졌다. 시스템이 내 정서조차 조작할 수 있다면, 이제 시스템을 누가 움직이느냐가 중요해진다. 미국에서 에드워드 스노든이 폭로한 CIA의 '프리즘 프로그램'과 우리나라 대선 때 있었던 국정원의 '댓글 조작 사건'은 스필버그의 [쥬라기 공원]과 심형래의 [티라노의 발톱]처럼 엄청난 차이가 있지만 본질은 같다. 우리 모두가 의존하고 있는 시스템을 조작함으로써 개인을 감시하고 통제하려는 시도 말이다. 그럴수록 우리는 더욱 자신의 선택을 믿을 수 있어야 한다. 하지만 세상은 그리 녹록치 않다.

자신의 주체성을 유지하기 위해 끊임없이 자기주장을 해야 하는 삶. 어쩌면 이것이 현재의 우리인지도 모른다.

글·짱가(장근영)

[로보캅](1987) OST: 민영화? 개 풀 뜯어먹는 소리 하고 있네!

헤비조 선정 영화 _ [로보캅](1987) Ⅰ **아티스트 _** 바실 폴레두리스

망작의 대명사가 된 [로보캅 3](1993)를 기억하는지? 로보캅 팬들이 이 작품에 분노했던 까닭은 액션이 후지거나 로보캅이 바보같이 나오기 때문은 아니었다. 영화 [로보캅]이 갖고 있는 세상을 바라보는 차갑고도 섬뜩한 성찰을 완전히 잃어버렸기 때문이다. 로보캅이 날아다녀서가 아니란 말이다! 서늘한 성찰의 영화 [로보캅](1987)과 음악을 살펴보자.

폴 버호벤 감독의 [로보캅]은 여러모로 대단한 작품이다. 처음 미국서 개봉했을 때, 단지 총소리가 리얼한 거 빼곤 별 거 아닌 영화라는 평가가 등장하기도 했었는데, 개인적으로 이런 평가를 내린 사람들이야말로 뭐가 그렇게 무서워서 이 영화를 총소리밖에 주목할 게 없는 작품이라고 비하하는지 궁금해진다. 물론 정말 총이라는 것이 얼마나 살벌한 무기인지 소리만으로도 공포감을 느끼게 한 것도 이 영화에서 칭찬해야 할 부분이긴 하다. 영화의 초점은 살벌하게 총을 쏘는 사이보그 경찰의 활약에 있지 않다. 이 영화가 하고 싶은 얘기는 치안과 같은 공공 영역

마저 '합리화'와 '수익성'을 매개로 민영화할 때 벌어질 현실에 대한 것이다. 물리적 폭력의 독점이 근대 국민 국가의 시작이라면, 물리적 폭력마저도 기업이 가져가는 세계는 근대의 종언이자 신자유주의 시대의 완성일지도 모른다. 근대의 시작은 한 사람, 한 사람의 개인을 주체로 인식하는 것이었다. 고유하고 존엄한 개인의 탄생은 실제로 그것을 성취했든, 이상향으로 남겨두었든 근대를 이해하는 가장 중요한 틀 중 하나다. 폭력의 국가 독점이 끝나고 폭력마저 다시 사유화(민영화)하는 순간, 개인의 존엄은 어디로 가야 할까?

1987년에 만들어진 영화에 대한 이야기인데, 자꾸만 2014년의 한국이 겹쳐 보이는 건 나의 착각일거다. 도로, 철도, 의료, 다음은 또 어떤 영역이 민영화될까? 영화 [로보캅]은 개인 기업이 합리적인 경영 능력과 압도적인 기술력으로 공공의 영역인 경찰을 민영화하면서 벌어지는 사태에 대해 그리고 있다.

OCP 사는 압도적인 기술력을 통해 가공할 힘과 정보력, 판단력을 가진 기계 경찰을 만들어 낸다. 그런데 문제는 기계의 판단력이 한참 모자란다는 데 있다. 그래서 인간의 판단력이 필요해졌고, 막 순직(혹은 뇌사) 한 경찰의 몸을 기본으로 사이보그 경찰인 로보캅을 만든다. 문제는 사이보그 경찰이 인간의 기억과 생각, 습관, 태도 등을 자꾸 떠올린다는 것이다. 로보캅의 인간성은 기업의 입장에선 오류다.

■ 스케일이 크고 장엄한 폴레두리스 스타일

네덜란드 출신의 폴 버호벤 감독은 골든라즈베리 어워드의 후보로 선정되었을 때, 최초로 시상식에 참석한 유머 감각의 소유자다. 폴 버호벤 감독은 한 번 일한 배우나 스텝과 작업을 자주 하는 것으로도 유명하다. [원초적 본능](1992)의 샤론 스톤도 [토탈리콜](1990)에서 이미 작업했고, [로보캅]에서 OCP 사의 회장으로 나오는 로니 콕스 역시 [토탈리콜]에 한 번 더 출연한다. 음악 작업도 마찬가지다. 영화 [로보캅]의 스코어를 담당한 음악감독 바실 폴레두리스(Basil Poledouris)는 버호벤 감독의 또 다른 SF 걸작이자, 한 편에서는 망작 소리도 듣는 [스타쉽 트루퍼스](1997)의 음악도 작업한 바 있다. 이 두 편의 필모그래피만 들어도 폴레두리스의 스타일을 예측할 수 있을 것이다. 그는 스케일이 크고 웅장하며 장엄한 음악을 영화에 집어넣어 온 음악가다.

그리스계 이민자 2세인 폴레두리스의 본명은 바실리스 콘스탄티노스 폴레두리스(Vassilis Konstantinos Poledouris)로, 1945년 캔자스 시티에서 태어났다. 바실은 일종의 예명인 셈이다. USC(University of Southern California)에서 영화와 음악을 함께 공부한 폴레두리스는 1973년부터 TV와 영화를 오가며 음악 작업을 해왔다. 대표작으로는 [로보캅] 시리즈, [블루라군](1980), [코난(Conan the Barbarina)](1982)을 비롯한 코난 시리즈, 폴 버호벤의 미국 진출작이었지만 정작 포스터엔 구석에 작게 감독 이름이 실렸던 [아그네스의 피(Flesh+Blood)](1985), [프리윌리] 시리즈, 그리고 숀 코너리가 주연을 맡았던 [붉은 10월] 등이 있으며, TV 시리즈 [환상특급(Twilight Zone)]의 몇몇 에피소드를 담당하기도 했다. 1996년 아틀란타 올림픽에선 개막식 음악을 맡기도 했다.

웅장한 오케스트라 사운드와 박진감 넘치는 곡조는 폴레두리스의 음악을 대변한다. 폴레두리스는 자신에게 가장 큰 영향을 준 음악가로 전설적인 헐리우드 작곡가인 미클로스 로자(Miklos Rozsa)를 꼽는다. 바로 영화 [벤허](1959), [왕중왕](1961), [쿼바디스](1951), [소돔과 고모라](1961) 등 헐리우드의 블록버스터 개념이 태동하던 시기의 대하사극 전문 음악가다.

폴레두리스는 이러한 성향의 음악을 B급 정서를 가진 감독들의 영화에 과감하게 도입하여 작품의 완성도와 때깔을 한층 '있어 보이게' 하는 능력자로 통한다. 현악과 금관악기가 메인 멜로디를 맡고, 팀파니로 긴장감을 고조시키며, 적절한 심벌의 사용으로 이를 극대화하는 전략을 사용한다.

■ 오케스트라 음악 사이로 신시사이저 합성음 등장시켜

[로보캅] 역시 마찬가지다. 이 영화에서는 조금 특이한 시도가 있다. 인간과 로봇, 공익과 사익-기업의 대립을 음악으로 보여주기 위해 오케스트라 중심의 음악 사이로 1980년대를 상징하는 악기인 신시사이저(synthesizer)의 합성된 소리를 등장시키는 것이다. 사이보그지만 인간의 기억, 인간으로서의 정체성, 인간다움을 고민하는 피터 웰러(알렉스 머피 역)의 모습을 그리는 장면에 박력 있는 타악기 소리를 얹고, 다시 위로 단조로만 진행되는 메인 테마를 얹는다. 오케스트라를 동원하여 어두운 음악을 뽑아내는 솜씨는 [배트맨](1989)의 대니 엘프먼 이전까지 최고라고 해도 과언이 아니다. 영화 스코어 전곡이 정말 빼어난 구성을 자랑한다. 그래서 로보캅이 프랜차이즈 시리즈가 된 이후에도 이 스코어들이 그대로 매 편에 등장한다. 폴레두리스의 스코어는 영화 [로보캅]의 성격을 결정짓는 중요한 요소 중 하나다.

OCP 사가 인간적인 감정을 느끼는 웰러의 상태를 보고 다시 업그레이드시킨 로봇 경찰 ED-209와 로보캅이 격돌하는 장면에도 현악 연주 사이로 신시사이저 소리가 퍼져나가다가 마침내 금관악기 특유의 쇳소리가 폭발하는 구성을 취한다. 이건 로보캅이 옛 동료 앤(낸시 앨런 분)과 폐공장으로 피해 OCP 사와 맞서기로 결정하는 신에서도 마찬가지다. 'Robo VS ED-209', 'The Dream', 'Across the Board', 'Betrayal'에서 영화 마지막의 'Showdown'까지의 곡 구조는 효과적으로 사용된다. 인간이길 거부당했지만 인간이 되고 싶은 웰러의 행위에 관객들의 감정이 이입되고, 관객이 그의 과도해 보이는 폭력에 공감할 수 있는 이유 중에는 감정을 끌어올리는 음악도 한몫을 한다. 바로 머릿속에 떠오르지 않더라도 들어보면 "아! 이 음악" 할 곡조다. OCP 사의 직원이 아니라 경찰이 되고 싶은 머피, OCP 사에서 "자네 해고야!"라고 했을 때, 오히려 "땡큐"를 날리며 진짜 경찰이 된 로보캅은 1987년이 아니라 2014년의 우리에게도 여전히 두툼한 고민을 던지고 있다.

글·헤비조(조일동)

함장(권영준)의 곁다리 추천 영화

로보캅의 세계에서 공공 서비스인 경찰 업무를 OCP 사에게 넘겨주는 것은 결국 민영화 이야기인데, 최근 이 민영화 이야기를 다룬 다큐멘터리 영화가 바로 이훈규 감독의 [블랙 딜](2014)이다. 1980년대 영국 대처 시대의 철도 민영화와 칠레의 연금 및 교육, 아르헨티나의 철도, 일본의 철도, 프랑스의 물, 독일의 전력까지 7개국의 민영화 1세대 국가를 돌아보며 현실을 보여주고 있다. 나는 우리 국민이 바보처럼 인프라를 민영화시키는 정부를 가만히 바라보고만 있어서는 안 된다고 생각한다.

[2014 로보캅] OST:
네트워크와 기계의 홍수 속
나는 어디에?

헤비조 선정 영화 _ [2014 로보캅] ┃ **아티스트 _** 페드로 브롬프만

전설의 부활은 이전과 달랐다. 세상은 좀 더 복잡해졌다. 인간과 기계는 이제 일상 하나하나에 이르기까지 깊이 얽혀 있다. 1987년에는 일상의 일부였을 기계가 2014년 우리에겐 거의 모두가 되었다. 이제 인간이 기계를 통제한다는 말은 어디까지, 무엇을 통제하는지에 따라 그럴 수도 있고, 아닐 수도 있게 되었다.

바그너의 영향은 [스타워즈] 시리즈의 존 윌리엄스, [스타게이트](1994)와 [인디펜던스 데이](1996)의 데이빗 아놀드, [코난]과 [로보캅]의 바실 폴레두리스 등을 통해 확대 재생산되고 있다. 바그너는 개별 인물과 오페라의 주제 등을 따라 지도 동기(라이트 모티브)를 만들었고, 이를 중심으로 오페라를 구성했다. 이전까지의 오페라가 몇 개의 유명한 아리아를 중심으로 구성되어 전체 흐름과 상관없는 클라이맥스만 있었다면, 바그너를 통해 전체 스토리 중심으로 구성된 음악으로 바뀐 것이다. 지도 동기가 유럽 오페라의 흐름을 바꾸진 못했지만, 헐리우드에 와

서 영화음악의 흐름을 바꿔놓았다. 이는 헐리우드의 특징과 연결된다. 헐리우드 제작자들은 스타 시스템을 만들고, 이를 톡톡히 이용했다. 하지만 헐리우드는 영화가 스타로 기억되기보다 영화 속 스타로 기억되기를 바랬다. 그래서 개별 인물에 대한 테마 음악을 설정하고, 테마음악이 흐르면 자연스럽게 그 영화 속 인물과 그 인물이 등장했던 장면이 떠오르게 만든 것이다. 비비안 리를 떠올릴 때, 그녀의 아름다운 얼굴과 함께 머릿속엔 벌써 'Tara's Theme'가 흐르는 것, 그게 바로 헐리우드가 스타 시스템과 지도 동기 음악 형식을 통해 만들어 낸 것이다.

바실 폴레두리스의 잊을 수 없는 오리지널 테마가 영상을 지배하는 [로보캅]의 리메이크 역시 이 테마 음악을 버릴 수 없었다. 리메이크 감독이 [엘리트 스쿼드] 시리즈를 연출한 브라질 감독 호세 파디야라고 발표되면서, 많은 팬들이 안도했던 영화, [2014 로보캅].

■ 인더스트리얼과 일렉트로니카에 현악을 얹는 방식

음악을 맡은 페드로 브롬프만(Pedro Bromfman)은 호세 파디야의 [엘리트 스쿼드] 시리즈를 함께 작업한 1976년생의 젊은 음악감독이다. 로보캅의 리부트에 있어 그가 가장 신경 쓴 것은 기계음이었다. 1987년 바실 폴레두리스가 오케스트라를 중심으로 음악을 이끌면서 신시사이저를 통해 기계적인 느낌을 삽입하는 방식을 사용했다면, 브롬프만은 인더스트리얼과 일렉트로니카를 중심에 놓고 이에 현악을 얹는 반대의 방식을 사용한다. 나름대로 2014년의 느낌을 강조한 것이다. 영화의 시작에 흐르는 'Mattox and Reporters'부터 강하게 차별화를 시도한다.

그런데, 막상 [2014 로보캅]을 보면 기계음으로 모든 것을 도배하기엔 드라마의 성향이 강하다는 것을 느낄 수 있다. 개인적으로 게리 올드만이 분한 데넷 노튼 박사라는 로보캅 개발자의 등장, 부인과 아이가 머피의 기억과 혼란 속에만 존재하는 것이 아니라 직접 만나고, 대화하고, 어색해하기도 하는 존재로 로보캅과 함께 살아간다는 설정을 집어넣으면서 드라마가 강해졌다고 본다. 그래서 폴 버호벤처럼 직선적인 액션 중심의 영화를 만들기 어려워졌을 것이다. 그 덕분에 브롬프만의 고민도 커졌다. 기존의 음악보다 일렉트로니카를 확장시킨 것은 타이틀 트랙만 들어봐도 확연히 알 수 있다. 폴레두리스의 오리지널의 메인 선율을 그대로 샘플링해서 일렉트로니카 사운드에 믹스했으니 말이다.

브롬프만은 음악 작업에서 사면초가의 상황에 빠졌고, 결국 선택한 것이 키보드와 이국적인 샘플링이었다. [나를 찾아줘](2014)에서 일렉트로니카의 샘플링이 불안감을 주기 위한 의도적인 엇박이었다면, 2014년 [로보캅]에서는 일렉트로니카 사이로 청명한 피아노 소리를 통해 머피의 인간이 되고 싶은 욕구를 그려낸다. 전자음을 사용한 일렉트로니카가 기계와 네트워크의 정보를 받는 로봇 로보캅의 부분이라면, 그 안에 인간의 영혼을 품고 싶은 머피의 혼란을 피아노 소리로 표현한 것이다. 그런데 그게 쉽지 않다는 것을 피아노 연주를 자연스럽게 이어가기보다 툭툭 툭툭 끊어버리고, 그 대신 다른 악기 소리로 멜로디를 연주하는 방식으로 드러낸다. [나를 찾아줘]의 트랜트 레즈너와 다른 것은 로보캅의 음악은 피아노와 일렉트로니카의 요소가 정박으로 만나고 있다는 데 있다.

■ 'Fly me to the Moon', 'If I Only Had A Heart'
어쨌든 로보캅은 액션 영화이고, 액션을 위해 질주할 때 쾌감을 느껴야 한다. 그런데 아쉽게도 1987년 작품에 비해 2014년 버전에는 액션 장면이 화끈하게 느껴지지 않는다. 동선도 잘 짰고 타격감도 우수한데, 뭔가 이상하다. 아마 CG보다 미니어처와 스톱모션 애니메이션 기법을 썼던 폴 버호벤의 영상이 무게감이 있었기 때문이 아닐까 생각해본다. 액션의 상대적 약세, 그게 이번 리메이크가 원작의 고민을 나름 충실하게 담았음에도(개인 정체성이라는 면에선 오히려 한 발 더 나아갔음에도), 상업적인 측면에서 실패했던 것이 아닐까?

참고로 영화에는 몇 개의 유명한 노래도 삽입되었다. 머피가 처음으로 기계 몸에 눈을 뜰 때 흐르는 음악은 프랭크 시나트라가 부른 'Fly me to the Moon'이다. 눈을 뜨는 순간, 머피는 영원히 인간의 감각과 모습으로 돌아갈 수 없어진다. 인간이 되는 것(달로 날아가는 것)은 꿈과 같은 바람일 뿐이다. 그리고 머피를 테스트할 때, OCP 사의 담당자가 일을 할 때 듣는 음악이라며 트는 노래는 1939년작인 영화 [오즈의 마법사]에서 양철아저씨의 테마인 'If I Only Had A Heart'이다. 영화를 위해 브롬프만이 록으로 새롭게 편곡했다. 영화의 마지막에 폭스 TV의 진행자 팻 노박(사뮤엘 잭슨 분)은 인간인 머피가 탑재된 로보캅이 아닌 로봇 경찰을 전면 금지한다는 법이 통과된 것을 두고, "이렇게 완벽한 로봇을 사용하지 않다니, 정말 어이가 없군. 시민의 안전을 위해선 로봇이 필요하다"며, 고민도 없고, 부정부패도 없는 로봇이 인간보다 낫다고 주장한다. 당신의 생각은 어떠한가?

글·헤비조(조일동)

Theme 2

거장

거장(巨匠)은 사전적 의미로 '예술, 과학 따위의 어느 일정 분야에서 특히 뛰어난 사람'을 일컫는다. 마에스트로(maestro), 마스터(master)와 의미가 같다.

흔히 영화 분야에서 거장하면 리들리 스콧이나 알프레드 히치콕을 떠올린다. 그러나 딴지영진공은 서세원, 심형래를 선정했다. 왜 그들이 거장인가? 그 이유가 더 톡톡 튀고 재미있다. 특히 이 거장 시리즈는 반응이 좋아 리마인드도 많이 되고 있다.

무비 찌라시

이 시대의 거장 1.
서세원

거장, 어느 한 분야에서 누구도 넘볼 수 없는
업적을 이룬 사람을 '거장(巨匠)'이라고 부른다.
대개는 위대한 성취, 뛰어난 업적, 놀라운 결과를 이룬 사람을
일컬어 거장이라고 부르지만, 그렇지 않은 경우도 있다.
예를 들면, 3,000만 명이 투자할
영화 이승만으로 대한민국
수구세력을 한 방에 거덜나게 만들,
놀라운 이중통박의 거장,
진보의 숨은 영웅,
서세원 같은 인물 말이다.

거의없다 선정 영화 _ [납자루떼], [조폭마누라], [도마 안중근]

아, 가슴이 떨린다. 감히 나 따위가 이런 거장을 입에 담는 불경함을 저질러도 되는 것인지….

역시 미지를 개척하는 선구자의 몸짓은 거친 가시밭길을 온몸으로 헤쳐나가는 고통스러움이라 아니 할 수 없다. 이 분의 발자취를 따라가면서 내가 정신적·육체적으로 얼마나 고통스러웠는지 아무도 모를 거다. 그래서 그 고통을 오늘, 다른 분들께도 공정하게 나눠드리겠다. 이 분의 방대한 족적을 오늘 속속들이 까드리… 아, 아니지. 내가 무슨 막말을? 찬양하고야 말리라. 찬양하라 거장 서세원!

엔하위키 미러는 거장 서세원에 대한 정보를 제공하기 전에 다음과 같은 경고문을 먼저 읽어보도록 하고 있다.

'이 인물은 영구 제명된 인물입니다.'

NBA에서 마이클 조던의 백넘버를 영구 결번시키듯, 엔하위키 미러는 더 이상 이 거장에 대한 어떤 내용도 서술하기를 거부하고 있다. 자기들이 감히 건드릴 존재가 아니라고 인정하는 셈인데 분수를 아는 거지. 짜식들….

■ 거장으로 거듭나기 전의 개그맨 서세원

거장으로 거듭나기 전의 개그맨 서세원은 1979년 TBS 라디오 개그 콘테스트로 데뷔를 한다. 데뷔 이후, MBC의 프로그램 〈청춘행진곡〉과 〈일밤〉에서 대박 인기를 얻게 되는데, KBS의 〈쇼 비디오 자키〉라는 프로그램에서 최양락이 〈네로 25시〉라는 코너로 대박을 터트리자, 그 대항마로 서세원을 내세웠던 적이 있었다. 바로 〈지하실의 멜로디〉라는 코너. 기억들 하실 거다. 여기서 서세원은 전대협을 패러디한 전도협(전국도독협회)의 리더로 등장하여 네로 25시의 최양락과 비슷한 연기를 한다. 참고로 당시 청춘행진곡의 코너들은 최병서와 조갑경이 나오던 병팔이랑 갑경이랑, 김정렬의 숭구리당당이 처음 등장했던 〈좌우로 정렬〉, 이영자가 혜성처럼 등장했던 〈신부교실〉 등의 코너들이 있었는데, 아마 1970~1980년대에 태어나신 분들에게는 추억 돋는 이름일 거다.

청춘행진곡은 1992년까지 방영되는데 서세원은 이 프로그램에서 〈스타데이트〉라는 코너도 함께 진행한다. 서승만이 객관식 문제를 내러 나와서 "수고랄 게 뭐 있겠습니까~."라고 말하던 그 코너이다. 방송인으로서의 그의 경력은 매우 탄탄한 편이었고, 방송국을 가리지 않고 라디오, TV를 넘나들면서 전방위 활약을 펼치는 와중에 모델로 데뷔한 지 6개월밖에 안 된 서정희 씨를 꼬드겨 결혼도 한다. 그의 방송 경력이 궁금하신 분들은 직접 찾아보시기 바란다. 추억 돋는 프로그램들을 많이 만나실 수 있을 테니까 말이다. 〈청춘행진곡〉, 〈청춘만만세〉, 〈인기가요〉, 〈코미디전망대〉, 〈서세원 최유라의 100분쇼〉, 〈웃음은 행복을 싣고〉, 〈출발 토요대행진〉 등이 있지만, 오늘은 방송 리뷰를 하는 시간이 아니므로 그냥 넘어가도록 하겠다.

이 분은 또 특이한 게, 인물 소개에 방송 경력, 영화 경력, 수상 경력 외에 다른 경력이 하나 더 있다. 바로 구속 경력이다. 역시 거장은 뭔가 달라도 다르다. 대한민국에서 구속 한두 번 안 당해본 거장 있으면 나와 보라 그래. 무릇 거장이란 너무 뛰어난 능력 탓에 뒤에서 험담하고 음해하는 세력이 나타나줘야 진정한 거장인 거다.

■ 2000년 [조폭마누라] 제작 시점

자, 먼저 거장이 성공시킨 첫 번째 영화 [조폭마누라]의 제작 시점까지 거슬러 올라가보자. 그때가 바야흐로 2000년이다. 지금은 국민 MC 타이틀을 10년 넘게 내려놓지 않고 있는 유재석 씨가 서세원의 토크박스에서 무명시절의 온갖 추태들을 주워섬기면서 거장의 보살핌을 받던 그 시절, 솔로 여성가수로 막 첫발을 내딛었던 유채영 씨가 가수보다 웃기는 여자로 먼저 유명해지던 바로 그 시절. 서세원쇼의 토크박스를 빅히트시키면서 방송인 서세원의 커리어는 정점을 찍던 시절이었는데, 언제나 그렇듯이 거장은 그걸로 만족을 못하신다. 본인이 직접 각본을 쓰고 연출하고 주연까지 한 영화 [납자루떼]로 시원하게 말아먹은 영화 경력이 못내 한스러웠던 서세원은 그동안 미뤄왔던 영화계에의 재도전을 15년만에 다시 준비하게 된다. 이번엔 감독이 아닌 투자자로서….

후에 중앙일보와의 인터뷰에서 배우자 서정희 씨가 밝힌 이야기들 중에 이런 게 있었는데, 평소 책을 많이 읽던 서세원은 마음에 드는 책이 있으면 "아, 이걸 영화로 만들어야 되는데…"라고 중얼거렸다고 한다. 『상도』를 읽고 나서는 이 책의 판권을 사서 당장 영화로 만들겠다고 나서는 걸 서정희 씨가 간신히 뜯어말렸을 정도로 영화에 대한 열정이 대단했다고 한다. 그게 거기서 그냥 식어버렸으면 여러 사람 편했을 텐데. 참 세상 일이라는 게 마음대로 안 되는 법인가 보다.

2000년 5월에 서세원 프로덕션을 설립하고 투자할 만한 영화를 찾던 서세원의 눈에 [조폭마누라] 시나리오가 눈에 띄면서(당시 투자자를 찾지 못해 7개월 동안이나 표류하고 있었다고 한다. 거장의 안목이 이 시나리오를 살려낸 거다) 이 영화의 제작을 혼자 감당하게 되는데, 초기 투자금액이 34억 원 정도였다고 한다. 그런데 영화라는 것이 초기 투자금액만 갖고는 되는 게 아닌지라, 밑빠진 독에 물을 들이붓듯 추가 비용이 자꾸 발생하게 된다. 그래서 거장 서세원은 방송으로 번 돈을 몽땅 투자하고도 제작 비용이 부족해서 생활고를 겪게 된다. 그 당시 추석에 차례 지낼 돈이 없어서 후배 개그맨에게 90만 원을 빌려 추석을 지내고 벌초를 하러 갔는데, 인부를 구할 돈이 없어서 혼자 제초기를 등에 메고 땀을 비오듯 흘리며 벌초를 직접 하던 남편의 모습을 보고 서정희 씨는 남편이 흘렸던 땀만큼이나 눈물을 흘렸다고 한다. 34억 원 중에서 벌초할 돈은 좀 남겨놓을 일이지, 이렇게 자신의 가정조차 돌보지 않고 영화에 올인하다니…. 실로 거장스러운 열정이라 하지 않을 수 없다. 그런데 원래 벌초는 직접 하는 거 아닌가? 아, 아니지. 그분은 우리 같은 미물들과는 다르다. 원래 거장들은 그런 지저분한 일을 직접 안 하시는 거다. 허리 아래로도 인격이 있고! 아, 이건 다른 분 얘기다.

어쨌든 온갖 고초를 겪으며 만들어 낸 [조폭마누라]는 전국 극장에서 560만 관객을 동원하면서 완전 초대박이 나게 된다(중앙일보와의 인터뷰 후반 서세원의 마지막 발언 – "코미디를 만들겠다. 내가 진지한 이야기해봐야 아무도 안 볼 것이기 때문이다"). 그리고 이에 탄력받으신 서 거장님, 이제 총알도 넉넉하게 장전했겠다. 2002년에 드디어, 본인의 모든 영화적 역량과 연예계에서 쌓아온 인맥을 총 동원한 영화, 한국 영화사에 길이 남을 걸작 중의 걸작, 서세원을 한국의 코스타 가브라스로 만든 영화를 내놓게 된다.

■ **판타지? [긴급조치 19호]**

그것은 바로 [긴급조치 19호]다. 두둥! 아~ 이 위대한 영화의 서두를 도대체 어떤 말로 장식해야 할지…. 먼저 몇 가지 팩트(fact)부터 수정하는 것으로 시작하자면….

1 이 영화의 감독은 서세원이 아니다. [마지막 방위]의 감독 김태규가 찍었다. 그러나 제작 처음부터 끝까지 서 거장의 숨결이 잔뜩 느껴지는 것과 작품의 임팩트가 너무 강한 나머지 감독이 누군지는 별로 안 알려져 있는데…. 이 작품이 김태규 작품의 최대 흥행작이자, 아마도 마지막 영화다. 이 분은 이 작품에 쏟은 에너지가 너무 장대한 나머지 2014년이 되도록 그 창작에너지를 충전 못하고 계시는데, 영원히 충전하지 못했으면 좋겠다. 고통스러운 창작의 길 말고도 세상에 직업은 많으니까.

2 이 영화에 배경이 되는 곳은 한국이면서, 한국이 아니다. 사실 대통령의 긴급명령권은 제4공화국에서나 가능한 일이지, 제5공화국부터는 완전히 폐기되었기 때문에 영화를 만들 당시인 2002년에 국민의 이렇게 기본권을 무식하게 침해하는 긴급명령권이 발동된다는 것은 현실적으로 완전히 불가능한 일이다.

여기서 추측해보건대, 아마도 서 거장님은 이 영화를 평행 우주론에 근거한 대체 역사물로서 만드신 것 같다. 거장의 깊은 뜻을 누가 속속들이 알 수 있겠느냐만, 정상인이라면(!) 설마 관객들이 그것도 모를 거라고 생각하진 않았을 테니까 말이다. 즉, 영화 속에 등장하는 2002년의 대한민국은 아직도 유신정권 아래에 있는 나라인 거다. 그리고 영화 속에 등장하는 인물이나, 사건이나, 전개나, 심지어 남대문시장에서 총을 구하는 장면까지 지금 우리가 알고 있는 현실에서 일어날 거라고는 너무나도 믿기 어려운 일들 뿐이라서 아마도 이 영화는 영화적 허구를 넘어서는 판타지의 영역에서 바라보지 않으면 절대 이해할 수 없다. 이 영화에서는 한국군이 무려 롱보우 아파치를 타고 날며, 일개 소총병이 권총을 휴대하기도 한다. 이건 지금의 한국군 모습이 아니다. 이게 판타지가 아니면 뭐가 판타지란 말인가?

자, 그렇다면 이 영화를 대체역사물로서 이해하게 된다면 - 그 대한 민국은 독재자가 총을 안 맞고 계속 살아 있는 곳이라는 건데 - 우리는 영화 곳곳에서 독재정권에 대한 날선 비판을 발견할 수 있다. 거장의 깊은 뜻은 바로 여기에 있었다는 거다. 당시 잘 나가던 연예인들을 총 동원하여 되도 않는 무리수 신변잡기 개그를 날려대는 건 거장의 가벼운 눈속임 조크일 뿐이다(그래도 하리수랑 주영훈은 좀 심했다). 속지 마시라. 거장의 날카로운 통찰력은 지금의 대한민국에서도 먹히는 설정들이 꽤 많다. 일단 가수들 잡아들이는 방법이 오늘날 용공좌파들을 척결하는 방식과 매우 유사하다. 영화 속의 정권이 도망 중인 김장훈과 홍경민을 엮어 낼 방법이 없으니까 까라 증인 세워 강간범으로 엮어 버리는 스킬을 보시라. 이거 어디서 많이 본 거 아닌가? 어? 잠깐만. 우린 지금 독재정권이 아닌데? 흠….

어쨌든 이 영화의 무지막지한 풍자는 대통령역으로 목소리만 등장하신 고 장정진 성우의 촌철살인적 멘트로 그 정점을 찍게 된다.

"걔, 싸가지가 없어. 2차도 안 나가고…."

호기심에라도 이 영화를 찾아보실 분들은 진정하시기 바란다. 거장의 영화들이 대부분 그렇듯이, 이 영화는 재미가 확실히 없으니까…. 당시 영화를 본 대부분의 관객들도 재미를 느끼지 못했던 모양이다. 총 동원 관객 수가 서울이 4만 960명. 명확한 전국 관객 수는 집계되어 있지 않은데, 이 영화는 내용뿐만 아니라 개봉 후에도 한국 영화계에 한 획을 그어 버린다. 바로 제작사 측에서 관객 수 집계를 거부해 버린 것이다. 이유는 아무도 모른다. 그저 '거장께서는 한낱 관객 수 따위로 자신의 영화가 상업적으로 성공했다, 실패했다를 판단하고 싶지 않으셨던 게 아닐까' 하고 추측만 해볼 뿐이다. 거장께서는 20년 간의 방송생활로 번 돈과 [조폭마누라]의 성공으로 받은 투자배당금을 싹 날림으로써 자연인으로 돌아가시게 된다. 혹시 돈을 너무 많이 벌게 되서 초심을 잃게 되실까 봐 거장이 일부러 날려 버린 것은 아닐까. 아아, 거장의 속뜻은 마치 심해에 누군가 몰래 갖다 버린 폐기물처럼 뭐가 들었는지 알 도리가 없다. 그저 추측만 할 뿐이다.

■ 시련과 고초 후 [도마 안중근]

자, 그러나 한국의 코스타 가브라스로 자리매김한 기쁨도 잠시, 거장에게 첫 번째 시련이 찾아오게 된다. 첫 번째 구속 경력의 시작이자 검찰과의 지리한 싸움의 시작인 셈이다. 2002년 10월, 월드컵으로 온 국민이 환호하고 있던 바로 그때, 온 나라를 발칵 뒤집은 연예계 비리 사건이 터진다.

방송사 PD, 연예 기획사 대표, 유명 연예인, 그리고 조폭 등이 얽힌 초대형 비리 사건인데, 당시 세간에서는 김대중 대통령의 두 아들이 구속되는 사건에서 국민들의 시선을 돌리기 위해 만들어 낸 사건이다 뭐다 해서 말들이 많았지만, 실제 이 사건이 터지고 난 후 의혹을 받고 있던 SBS 배 모 부국장과 KBS 부장급 PD인 김모 씨, 이모 씨 등이 줄줄이 도피, 잠적하는 바람에 결국 실제로 비리가 있었다는 사실이 증명되어 버리게 된다. 그런데 그 비리 사건 도피자 명단에 우리의 서 거장님의 이름 또한 있었으니….

하지만 우리의 거장님은 역시 선견지명이 있으신 분이시라 7월에 이미 방송국에 3, 4일 일정으로 표표히 홍콩으로 출국하신 후 연락을 끊어 버리시게 된다. 자신의 이름을 건 공중파 토크쇼 따위(《서세원쇼》 말이다)에 한 점 미련을 남기지 않고 떠나 버린 것이다. 역시 거장은 세속적인 일에 미련 따위 두지 않는 대범함까지 갖추셨다.

그리고 300일이 지난 2003년 4월 30일 뉴욕발 아시아나 항공을 타고 자진 귀국을 하게 되는데, 그 모습이 또한 가관···. 아니, 대단했다. 인천공항에서 이동식 침대에 누워 이미그레이션을 감행하신 것이다. 재벌 회장님들 조차도 휠체어 이상은 잘 사용하지 않는데, 거장님은 이런 고루한 관습을 비웃듯, 한 방에 침대를 동원하신다! 거장이라면 이 정도 스케줄은 돼야지. 귀국의 표면적인 이유는 허리디스크 치료였지만, 실제적인 이유는 2002년 말에 본국에서 여권을 무효화시킨 데다 인터폴에 지명 수배까지 되었기 때문이다. 역시 거장의 거대한 스케일에 맞추려면 인터폴 정도는 되어야 하는 거다. 범세계적인 수사 기관 정도는 되어야 거장을 움직일 수 있는 거지. 신기한 건 이때 제대로 앉을 수조차 없을 정도로 거장님의 육신을 괴롭혔던 허리디스크는 입국과 함께 씻은 듯이 나았다고 전해진다. 거장의 육체는 자가 치료 정도는 우습게 해내시는 모양이다. 당시 거장님이 받은 혐의는 기획사 소속 가수의 방송출연과 영화 홍보를 위해 PR비 명목의 돈을 건넨 혐의와 허위 세금계산서를 발급해서 세금을 포탈한 혐의였는데, 징역 10개월에 집행유예 2년을 선고받았다. 거장 본인께서는 "음해다. 신용불량이었던 직원을 한 명 정리했는데, 그 직원이 앙심을 품고 검찰에 거짓 진술을 했다. 매니저가 고문을 당했다"라며 맞고소를 진행하셨는데 결국 그 직원은 신용불량이 아니었고, 본인이 직접 사직서를 제출한 걸로 밝혀져서 2006년에 대법원에서 확정 판결이 나게 된다. 거장의 첫 번째 시련의 완성이라 하겠다.

자, 그 고초를 겪으면서 만들어 내신 – 이번엔 감독으로 – 회심의 역작, [도마 안중근]은 2004년작이다. 이 영화 또한 걸작 중의 걸작이다. 과감한 중국 현지 올 로케(실제로는 보석으로 풀려나자마자 검찰 조사를 피하기 위해 중국에서 영화를 찍었다는 음해가 있었지만)를 감행한 이 영화도 역시 범인(凡人)들의 눈높이에는 맞지 않는 어려운 영화였고, 결국 흥행 쪽박을 쓰고 마는데, 당시 영화를 본 사람들은 다음과 같은 평가를 내렸다(네이버 영화 평점 참조).

– 안중근 의사를 주윤발 짝퉁으로 만들어 버리는 한심한 영화
– 서세원이 살아 있다. 우리는 그를 죽여야만 한다("안중근이 살아 있다. 우리는 그를 찾아야만 한다"가 이 영화의 카피였음을 재치 있게 활용한 영화평 되겠다)
– 역사 의식의 부재+서프라이즈급 영상+1990년대 초반 뮤직비디오급 연출

사람들이 이런 평가를 내리는 것도 당연하다. 왜냐하면 거장께서는 이 영화를 만드시면서 기존 영화판의 관습들을 – 그것도 너무나 당연하게 지켜오던 것들을 – 모조리 깨부수기 때문이다. 심지어 [긴급조치 19회]에서도 지켜지던 것들마저 산산히 부숴 버린다. 이 영화를 통해 거장 서세원 감독은 영화라는 예술이 얼마나 자유로울 수 있는지 보여주겠다는 듯 기존의 방식을 몽땅 무시하고 GTA 게임과도 같은 자유도로 영

화를 완성시키는데, 마치 [21그램]의 알레한드로 이냐리투 감독과도 같은 개연성을 완전히 무시한 편집 기술, 쿠엔틴 타란티노보다 한 수 위의 내공으로 만들어 낸 1980년대 홍콩 영화에 대한 깊이 있는 오마주 – 라기보다 그냥 1980년대 홍콩 영화의 반복처럼 보이지만 – 칼과 총이 난무하는 전쟁터를 피한방울 쓰지 않고 만들어 내는 리들리 스콧과도 같은 절정의 연출력까지…. 이 영화는 감히 서세원 감독의 1인 예술을 40억 원짜리 영화로 확장시킨 것이라 하지 않을 수 없다. 문제는 이게 소장이 아니라 개봉을 해 버렸다는 건데….

하지만 역시 사람들은 이 영화를 이해하지 못했고, 이 영화 또한 한국 영화사에 길이 남을 흥행 피박을 쓰고야 만다. 전국 관객 수가 10만 명. 이 영화의 제작비가 40억 원이라는 사실을 다시 한 번 기억해보시라. 예술 영화를 알아보지 못한 무지한 관객들 때문에 우리의 거장님은 이 제작비를 고스란히 빚으로 떠안게 되었다. 하지만 이 영화의 실존적 가치는 다른 곳에 있다. 민족주의라는 거창한 정치 이념이 천박한 상업주의와 얼마나 잘 통하는지, 이 2개의 이념이 잘못 만나면 얼마나 화끈한 망작이 태어나는지를 역설적으로 잘 알려주고 있는 것이다. 물론 거장이 직접 이렇게 재산까지 날려 먹어가며, 빚까지 떠안아 가며 가르침을 주셨는데도 그걸 못 알아먹고 2006년에 [한반도]라는 영화를 만든 강우석 감독도 있지만….

자, 서 거장님의 영화 경력은 여기서 일단락된다. [도마 안중근]의 타격이 너무 컸기 때문에….

하지만 구속 경력은 멈추질 않는다. 2006년에는 닛시 엔터테인먼트 대표로 있었는데, 이때 박효신 등 소속 가수와 맺었던 계약이 틀어지면서 민사소송, 결국 계약 보증금 9억 원을 배상하는 일이 벌어지고, 2009년에 주가 조작 및 회사 자금 횡령으로 징역 2년, 집행유예 3년을 받고 KBS에서 출연금지까지 먹게 되신다. 역시 거장님이라서 그런지 별 하나로는 만족하지 못하고 민사와 형사를 종횡무진하시며 닥치는 대로 별을 장착하시는 기염을 토하시는데 연예인 한 명이 이렇게 많은 민사와 형사에 드나드는 일은 정말 흔치 않다. 거장다운, 법원친화적이고 소송친화적인 행보랄까.

어려운 집안 사정 때문일까? 서 거장의 배우자되시는 서정희 여사님께서는 2010년경에 쇼핑몰을 오픈하시게 되는데, 이게 또 난리가 난 거라. 서정희 여사뿐만 아니라 서 거장의 숨결까지 함께 묻어 있는 중고물품들을 판매하시게 되는데 사람들의 입에 이 쇼핑몰이 오르내리게 된 이유는 세 가지가 실로 미심쩍었기 때문이다.

첫째, 물건들이 황학동 벼룩시장에서도 안 팔릴 정도로 낡고 부분적으로 부서지기까지 한 것들인데 가격이 살벌하게 높았다는 점이다. 어린이집에서 몇 년은 굴린 것 같은 토끼 인형을 무려 150만 원에 팔았으니까.

둘째, 이 쇼핑몰을 운영하는 사람은 거장님의 배우자인 서정희 씨인데, 이 쇼핑몰에서 물건이 팔리고 대금을 입금받는 입금 계좌의 주인은 거장님의 따님인 서정주 씨였다는 점이다.

셋째, 직접 사용하던 엔티끄 제품을 파는 것이기 때문에 물건들이 다 하나씩밖에 없었는데, 몽땅 완판되었다는 점이다.

서 거장을 음해하는 세력 중 하나가 이 상황적 증거를 갖고 다음과 같은 시나리오를 썼다. 영화가 줄지어 망하고 고소까지 당하게 된 서세원이 남은 재산을 자녀 앞으로 빼돌리면서 증여세를 피하기 위해 딸을 바지사장으로 앉히고 쇼핑몰을 차렸다는 것이다. 물건은 아무도 안 살 고철들을 가져다가 파는 것처럼 행세만 하고, 실제 이 물건은 직접 사면서 딸의 계좌로 입금해 버렸다는 것이다. 탈세가 목적이었다면 실로 놀라운 꼼수가 아닐 수 없다. 물론 이 시나리오가 사실인지, 아닌지는 정황만 있고 물증은 없으므로 알 도리는 없지만, 거장이 설마 그런 꼼수를 쓰셨을 리가⋯. 내 생각엔 부창부수(夫唱婦隨)라고, 아마도 거장님 못지 않게 훌륭한 거장님의 배우자님께서 이런 식의 세금 포탈도 가능하다는 것을 국세청을 알려주기 위한 경고의 의미가 아니었나 싶다.

■ 시련과 고초 후 [젓가락]

어려운 살림에도 불구하고, 서 거장의 영화를 향한 열정은 멈추지 못하고 2010년에 또다시 새로운 작품을 내놓게 된다. 그것은 바로 [젓가락]이라는 영화인데, 아마 이 영화는 전국을 다 통틀어도 아는 분이 몇 분 안 될 거다. 왜냐고? 이 영화 총 관객 수가 11개 개봉관, 480명뿐이기 때문이다. 지금 우리나라 인구가 5,000만 명 조금 안 되는데 무식하게 4,800만 명이라고 가정하면 4,800만 명 중에 480명이 이 영화를 관람한 거다. 10만 명 중에 1명이 관람한 셈이다. 거장에 대한 존경심 때문에 이 영화는 다루지 않겠다. 솔직히 구하지도 못하겠고, 나도 마지노선이 있는 인간인지라⋯.

더욱 궁금한 건 이 영화를 돈 주고 관람한 480명의 정체 모를 사람들이다. 막연하게 추측해보자면 아마도 영화 촬영에 참가한 스텝들이 아닐까 싶다. 혹시 이 영화 극장에서 본 분은 연락 좀 주시라. 당신은

4,800만 명 중에 480명밖에 없는 정말 귀한 사람이다.

이번 예술영화 역시 관객들에게 철저히 외면당하고, 자신을 향한 각종 시시비비가 끊이지 않는 가운데, 세간에서 너무 큰 상처를 받으신 거장님께선 2012년에 목사 안수를 받고 종교계에 투신하시어 목회자로서의 삶을 살아가게 되시는데, 들리는 말로는 미국으로 도피가 아니라 여행 중이실 때 목사 자격을 취득하셨다고 한다. 도피 생활 중에 마카오에서 도박하다가 걸리신 적도 있으니까, 아마도 그때 따신 게 아닐까 싶다. 그나저나 거장님의 육체는 놀랍다. 마카오에서 도박하고 미국에서 관광하시며 지내실 때는 아무렇지 않다가 인천공항 근처에서 갑작스럽고 편리하게도 디스크가 발병하시다니… 아마도 슈퍼맨의 크립토나이트처럼 거장님의 옥체에는 공항이 취약인가 보다.

'공항' 장애인가?

당시만 해도 "돈 떨어졌으니 목사한다"라는 음해 세력들의 무식한 음해가 있었지만, 이는 전혀 사실이 아닌 것 같다. 왜냐하면 서정희 여사께서 직접 아침방송에 출연하셔서 자기네들이 얼마나 궁상맞게 살고 있는지를 방송 전편을 통해 직접 낱낱이 보여주셨으니까 말이다.

당시 거장님의 교회와 집은 서울 강남의 청담동에 위치해 있었는데, 왜 하필이면 청담동이었을까? 속세에 찌들어 돈 밝히는 목사들이 가끔 청담동에 사는 고액 연봉자들이나 돈 잘 버는 사업가들을 노리고 – 한 명만 잡아서 십일조를 뜯어내도 대박이니까 – 강남에 새 교회를 오픈하는 경우가 있었는데, 거장님은 아마도 뭔가 다른 이유가 있으셨겠지. 적당한 걸 하나 골라서 변호해드리고 싶지만, 딱히 다른 이유가 생각나지 않으니까 그냥 넘어가겠다.

방송을 통해 확인할 수 있듯이 거장님은 명성에 걸맞지 않게 소박하고 서민적인 삶을 살고 계셨는데, 예배가 끝나자마자 예배당으로 달려 들어와서 촛불이 아까우니 어서 꺼야 한다고 호들갑, 아! 아니지. 절약 정신을 보여주시던 여사님의 모습이 매우 인상적이었다. 후원해주는 사람이라야 따님인 서동주 씨밖에 없다는 말씀 또한 뇌리에 깊게 박혔는데, 아마 쇼핑몰 운영 바지사장 역할으로 벌어들인 수익금으로 후원을 해주시는 게 아니었나 싶다. 약관의 나이에도 벌써 부모님을 부양하려는 의지를 보이는 것이 참으로 거장의 따님다운 태도라 하겠다.

당시 서정희 여사께서 방송에 출연하셔서 단돈 5만 원으로 집 리폼하기와 같은 고등 기술을 직접 전수해주셨는데, 참으로 놀라운 비법들이 많았다. 홍콩 최고급 호텔에서 슬쩍 집어온 런더리 백(빨랫감 담는 가방이다)이나 초고가의 명품 스티커즈 포장용 백에 솜을 채워 쿠션 만들기나(그냥 솜만 채우면 초딩도 할 수 있는 일이니 이 얼마나 손쉬운 방법이냔 말이다. 다만 그 전에 홍콩 최고급 호텔에 가서 삼엄한 경비를 뚫고 런더리 백을 훔쳐와야 하고 초고가 스니커즈를 구입해서 신발은 신고 포장용 백은 따로 남겨놓아야 한다)나 목욕 가운을 잘라서 수건 만들기 등 기존의 상식을 뛰어넘는 새로운 방법들이 많았다. 혹시 호텔에서 훔쳐온 런더리 백 남는 거 있으신 분들은 방송 보시고 따라 해보시기 바란다. 물론 솜만 채우면 되는 거니까 그냥도 할 수 있다.

■ [건국 대통령 이승만] 모금은 계속되고

이와 같은 여사님의 물불 안 가리는 절약 정신과 내조에 힘입은 거장님께서는 대망의 2014년, 종교의 힘으로 모든 시련을 극복하시고 마침내 새로운 영화의 야심찬 제작 발표회에 나서게 된다. 2014년 6월 13일, 거장 서 감독은 한국프레스센터에서 새 영화 [건국 대통령 이승만]의 시나리오 심포지엄을 열게 되는데, 여기 참석하신 분들의 면면이 대단했다. 그야말로 한국의 기독교와 보수진영의 얼굴들이 모였는데 그중에는 '빠스' 전광훈 목사님도 계셨다. 얼마나 거룩하고 성스러운 자리였는지 더 이상 말 안 해도 모두들 짐작 가능할 거라고 본다. 여기서 서 감독님은 주옥(여기서는 아주 빨리 발음해야 한다) 같은 말씀을 많이 남기셨는데 몇 개 주워섬겨 보자면 다음과 같다.

"빨갱이들로부터 나라를 지켜야 한다."

"전광훈 목사와 나를 욕하는 사람들은 종북 쓰레기들이다."

"전광훈 목사를 공격하는 것들은 빨갱이가 확실하다. 오마이뉴스 이런 애들은 없어져야 한다."

자신의 작품들에 대한 거장다운 애착이 드러나는 발언들도 있었다.

"내가 만든 [긴급조치 19호]와 [도마 안중근] 모두 대박 나서 부자됐다."

"한국 영화인들이 나를 무서워한다. 왜? 자기들이 하던 기존의 질서를 파괴하니까. 나는 베끼는 게 없거든. 나는 독자적이야(아마도 독창적이라는 단어가 갑자기 생각 나지 않으셨나 보다). 내가 [젓가락] 만드는 데 딱 1억 5,000만 원 썼어요. 이 영화가 히트하면 영화계에 또 문제가 와요. 자기네들이 100억 원씩 써서 만드는데, 나는 1억 5,000만 원으로 완벽하게 만드니까."

정말 주옥 같은 말씀들이 많았는데, 가장 핵심 뽀인트는 언제나 그렇듯 마지막에 나왔다. 아주 직접적인 화법으로 이렇게 말했다.

"건국 대통령 이승만을 통해 우리 예수 한국을 만들자. 그러니 저금

통을 털어달라."

실로 거장다운 직설화법이라 하지 않을 수가 없는데, 역시 거장은 스케일이 다르다. 돈을 달라고 구걸하는 행사를 이렇게 거국적으로 열다니….

지금 이 시간에도 [건국 대통령 이승만]의 제작비를 모으기 위한 모금은 계속되고 있는데, 현재까지 모인 금액은 무려 36만 원이다. 시나리오 심포지엄이 2014년 6월 13일이었고, 내가 집에 앉아서 글을 쓰고 있는 지금이 11월 마지막 주니까, 대충 5개월 동안 모인 돈이 36만 원인 셈이다. 이대로라면 300년 정도만 모으면 영화 제작에 착수할 수 있을 것 같다.

바라건대 보수 기독교인들이여, 통장을 털어달라. 이래가지고는 제작비 다 모으기도 전에 전광훈 목사님과 서세원 감독님은 이미 세상을 하직하고 [건국대통령 이승만]은 300년이 지난 다음에야 제작이 가능할 판이다. 물론 서 거장님께서는 제작비 모금이 30만 원을 넘는 모습조차 보지 못하시고 아내 폭행 건으로 감독직에서 물러나야 했지만 말이다.

서 거장님께서 이 시련을 뚫고 다시 [건국 대통령 이승만]의 메가폰을 잡으시길 바란다.

또 전국의 보수 기독교 신자들이 아껴뒀던 노후 자금을 탈탈 털어 마침내 이 위대한 영화의 제작비가 모두 모이기를 바란다.

그렇게 된다면 아마도 우리는 빠른 시일 내에 보수 수꼴 진영이 한 방에 자멸하는 모습을 목도할 수 있을 것만 같다. 그 날이 언젠가 올 것을 생각하니 키보드를 두드리는 내 손이 벌써부터 감격으로 떨려오기 시작한다. 오오오. 아멘! 아멘!

서 거장님이 어서 자유로워지는 그 날이 오기를 바라며, 이 글을 맺는다.

■ 서 거장 아드님의 미로밴드

이번 회에서는 영화음악을 담당하시는 헤비조 님께서 거장의 영화음악을 다루는 일을 거부하시는 바람에 다른 영화음악을 다뤘다. 그 대신 내가 한 곡 추천드린다. 서 거장님의 아드님께서 밴드의 보컬리스트로 가요계에 데뷔한 사실을 아는가? 이름하여 미로밴드다. 이 밴드의 데뷔이자 첫 번째 방송 출연 라이브는 너무나 유명해서 지금도 가끔 회자된다. 록 역사에 길이길이 남을 너바나의 명곡, 'smells like teen spirit'을 커버했는데, 이 동영상은 지금도 유튜브에서 손쉽게 찾아 감상할 수 있다.

거장의 아들다운, 지금까지는 한 번도 시도되지 않은 방식으로 커버된 'smells like teen spirit'를 들어보자. 아마도 록 밴드 역사상 'smells like teen spirit'를 이렇게 몽환적으로 커버한 밴드는 없을 거다. 백문이 불여일견! 자, 유튜브를 열고 "미로밴드 너바나 사건"을 검색해보시라. 단, 커트 코베인의 열혈 팬임을 자처하는 분은 플레이 버튼을 누르기 전에 자신의 두 손을 묶어두는 것이 좋다. 죄 없는 모니터를 작살낼지 모르니까. 태권도 또는 무에타이 배우셨거나 발차기가 주 특기인 분께서는 발까지 함께 묶고 누르시라.

글·**거의없다**(백재욱)

함장(권영준)의 곁다리 추천 영화

서세원이 제작한 영화 중에 신은경 주연의 2001년 작품 [조폭마누라]가 있다. 물론 이 영화를 추천할 리는 없다. 비슷한 설정의 헐리우드 영화인 휴 그랜트 주연의 [미키 블루 아이즈(Mickey Blue Eyes)](1999)를 꼽아본다. 열심히 준비해 청혼을 했는데 자기 아빠가 마피아라는 이유로 청혼을 거절하는 여주인공의 상큼함은 영화를 보는 내내 유쾌함을 주고, 장인어른이 될지도 모르는 마피아 조직 아버지와의 긴장감은 시종일관 쫄깃하다.

무비 찌라시

이 시대의 거장 2.
우베 볼과 심형래

감기에 걸리지 않기 위해서는 적당량의 병원균이나
바이러스를 몸 안에 집어넣어야 한다.
암을 잡기 위해서는 정상적인 면역체계까지 파괴하는
치료를 해야 한다.
썩은 환부를 도려내기 위해선 어디까지 썩었는지 알아야 한다.
지금 할 이야기는 이와 같은 희생이 없었으면
나올 수 없었던 이야기다.
또 다른 이시대의 거장
우베 볼과 심형래!

거의없다 선정 영화 _ (우베 볼 감독)[트로미오와 줄리엣], [하우스 오브 더 데드], [블러드 레인], [얼론 인더 다크]
(심형래 감독)[영구와 공룡 쭈쭈], [티라노의 발톱], [용가리], [디 워]

이 감독들의 영화를 안 본다고 해서 단숨에 명랑 공정 사회가 도래하진 않는다. 하지만 공정하지 못하게 돈 벌어먹는 사람들에게 내 돈까지 보태주는 일은 피할 수 있다. 그리고 기본적으로 우리가 영화를 보는 가장 기본적인 목적은 즐겁기 위해서다. 인내심 배양이나 고행, 수련의 목적으로 영화를 보는 사람은 없다(이 영화들을 보면서 나는 그런 기분이었지만). 우리는 이들의 영화를 피함으로써 작게는 우리 자신을 엄청나게 못 만든 영화들을 시청하면서 발생하는 필연적 시간 낭비, 자아 혐오 등으로부터 보호할 수 있고, 더 나아가서는 이따위 결과물들을 만들어 내는 필름학살자와 사기꾼들이 잘 먹고 잘 살 수 있는 토양이 생성되는 걸 막을 수 있다.

■ 독일 출신 영화 감독, 우베 볼

먼저 독일 출신의 영화 감독이자 제작자, aka 게임 학살자, aka 우웩 볼, aka 우베 불알 등의 닉네임을 갖고 있는 전설의 감독, 망해야 사는 남자, 헐리웃의 남기남인 우베 볼부터 만나보자.

이 양반은 간단하게 남기남 감독의 독일 버전이라고 생각하면 된다. 단, 결과물만 그렇다.

일하는 스타일은 남기남 감독과 판이하게 다르다. 이 양반은 그 제작 과정에서 남기남 감독의 열 배, 백 배의 자본과 인력을 들여 영화를 찍어낸다. 그러나 그 결과물은 남기남 감독이나 이 양반이나 오십보 백보다. 여러 가지 기회 비용을 생각해본다면 오히려 남기남 감독에게 한참 모자라는 인물이다. 그래도 남기남 감독은 모자라는 자본과 시간으로 그 목적에 충실한 영화를 만들려고 최소한의 노력은 하기 때문이다. 하지만 이 양반의 노력은 정확하게 그 반대 지점으로 향한다. 작정하고 영화 못 만들기가 이 양반의 특기다.

■ B급 컬트 영화 [트로미오와 줄리엣]

우베 볼은 원래 트로마라는 제작사에 속해 있던 감독이었다. 트로마사는 저예산으로 B급 컬트 영화만 만들어 내는 제작사라고 보면 된다. 전설의 작품들이 몇 개 있는데, 그중 대표적인 것이 헬스장 청소부가 화학 폐기물을 맞고 괴물같이 생긴 히어로로 거듭나게 된다는 톡식 어벤저, 로미오와 줄리엣을 약 빨고 재해석한 [트로미오와 줄리엣]이다 - 이 영화에서 로미오는 야동 중독자고, 줄리엣은 레즈비언이다. 진짜 절대로 이루어질 수 없는 사랑은 이쪽이 오히려 세다 - 어쨌든 트로마라는 영화사는 이렇게 약 빤 콘셉트의 영화(주로 호러나 에로)들을 아주 저렴하게 만드는 제작사다. 이 영화의 대표는 로이드 카우프만이라는 사람인데, 의외로 이 인간이 예일대를 나온 인텔리다. 여기서 만든 영화들은 대놓고 B급임을 표방하기 때문에 의외로 막장스러운 재미도 있고, 강력한 풍자도 있다고 하는데, 뭐 그건 내가 미국 사람이 아니므로 잘 모르겠다. 트로마 영화사에서 영화를 배운 우베 볼은 1992년에 처음 감독한 저 먼 프라이드 무비로 영화 감독으로 데뷔하게 된다. 이 영화는 지금 구할 수 없다. 하지만 경악할 만한 평점이 이 영화의 모든 것을 설명해준다. IMDB 평점이 무려 1.5점이다. '이 점수를 받는 게 가능한가?'라는 의문이 드는 전설의 작품이다. 그리고 난 다음에도 몇 작품 더 찍었는데, 역시 뭐 그냥 학살 수준이다. 이 시절의 영화는 구하기가 매우 어려운 것도 어려운 거지만 전혀 구하고 싶은 마음이 안 든다는 게 더 큰 문제다.

이때까지만 해도 그냥 단순히 영화 못 만드는 감독이었던 우베 볼, 물론 그 '못 만든다'라는 수준이, 단순히 못하는 정도가 아니라는 게 함정이지만 말이다. 예를 들면, 음식을 맛 없게 만드는 요리사와 음식 접시에 똥을 담아오는 요리사의 차이랄까? 이런 우베 볼이 본격적으로 전 세계로부터 욕을 먹기 시작한 건 2003년 [하우스 오브 더 데드]라는 영화를 만들면서부터다. SEGA의 명작 호러 슈팅 게임을 원작으로 한 영화인데, 원작 게임은 워낙 유명하니 오락실에서 동전 좀 바꿔봤다 하시는 분들은 다들 아실 게다.

하지만 우리가 생각하는 것처럼 단순히 영화를 '못 만드는' 수준이 아니었던 우베 볼은 이 좋은 베이스를 전혀 사용하지 않았다. 젊은이들이 외딴 섬에 놀러갔다가 좀비들을 만나 겁나 싸우게 된다는 슬래셔 액션 영화 비스무리하게 만들어 내는데, 슬래셔 영화의 온갖 싸구려 클리셰로 떡칠을 한 싸구려 특촬물이 탄생해 버린다. 이 작품의 수준은 특정 장르에 애정도, 재능도 없는 감독이 만들어 낸 3류 영화다. 정확하게 이 영화를 위한 표현이라고 사료된다.

■ 1년에 영화 두 편을 뚝딱

[하우스 오브 더 데드]로 먹은 욕만으로는 성에 차지 않았는지, 2005년에는 영화 두 편을 만들어 버린다. 1년에 영화 두 편! 어쨌든 정력만큼은 대단하다. 이때 만들어 낸 영화들이 [블러드 레인]과 [얼론 인 더 다크]이다. 이 역시 각각 동명의 게임을 사다가 영화로 만들었다. 그리고 이 양반의 영화와 원작 게임 동반 통칠 기술은 이 두 작품들에서 그 최고조를 찍는다. 왜냐하면 [하우스 오브 더 데드]는 누가 보더라도 출연

진부터 C급이지만 위의 두 영화 출연진들은 웬만한 헐리우드 영화 싸대기를 후려갈길 만한 수준이기 때문이다. [얼론 인 더 다크]에는 크리스챤 슬레이터와 스티븐 도프가 등장하고, [블레드레인]에는 [터미네이터 3]에 나왔던 크리스타나 로켄, 미셸 로드리게스, 벤 킹슬리, 마이클 매드슨이 등장한다. 좋은 게임 원작에, 빵빵한 배우들, 헐리우드 자본이 들어간 거대 영화…. '아무리 우베 볼이라도 이건 말아먹기 힘들지 않을까?', '적어도 [레지던트 이블] 정도는 나오지 않을까' 하는 헛된 기대를 하고 영화를 봤지만…. 똥이 섞이면 그 물이 초정리 광천수든, 동네 뒷산 약수든, 산업폐수든 그냥 다 똥물이라는 진리를 확인할 수 있다. 궁금한 분은 한번 찾아보시라. 이 말이 틀린지 맞는지 알게 될 거다.

[블러드레인]은 크리스타나 로켄의 떡신을 볼 수 있다는 것말고는 일고의 가치도 없는 영화로, 그마저도 존나 짧다. 전편에 흐르는 똥칠의 강도로 봤을 때 떡신이 적어도 30분은 되어야 용서를 받을 수 있는 수준인데 10초도 안 돼서 시발…. 그래서 이 영화는 절대로 용서할 수 없다. 이 영화는 그냥 간단하게 '[언더월드]를 우베 볼이 새롭게 재해석하여 헐리우드판 맨데이트를 만들어 냈다'라고 촌평할 수 있고, 또 그 정도로 예상하면 거의 오차가 없다.

■ 망작 [얼론 인 더 다크]

그 해에 나온 두 번째 망작이다. 이 영화는 제목이 곧 내용이다. 대부분의 사람들은 영화 볼 때 불을 끄고 본다. 그런데 이 영화를 보면 정말 어둠 속에서 혼자 있는 느낌을 받게 된다. 고대 문명, 괴물, 좀비, 사악한 과학자, 어린 시절의 악몽, 특공대(이 특공대의 이름은 713부대. 뭔가 생각나는 이름이다) 등 뭔가 막 쏟아져 나오기는 하는데, 도통 단 하나도 이해가 되지 않는다. 결국 [얼론 인 더 다크]의 관객은 영화와 철저하게 분리된 채로 어둠 속에 혼자 앉아 있게 되는 것이다. 어떤 영화적 체험을 통한 주제의식의 실체화라고나 할까? 이런 강렬한 체험은 영화 전체가 한낱 기분 나쁜 꿈에 지나지 않았다는 착각을 하게 만드는 [천사몽] 이후로 처음 겪어보는 새롭고 강렬한 경험이라 하지 않을 수 없다. 펼쳐놓은 이야기는 너무 많은데 감독은 그걸 정리할 능력은 고사하고 본인조차 그 안에서 길을 잃어버린 영화라고 할 수 있다. 더 미치고 환장할 일은 그 영화가 그대로 개봉돼서 내가 지금 그걸 보고 앉아 있느라 아까운 시간을 쓰고 있다는 것이다.

어떻게든 정리를 해보려고 하는데 그 부작용으로 영화의 전개 속도가 아주 그냥 슈퍼소닉이다. 일단 남녀 주인공이 만나는 순서를 보자. 남자와 여자가 만나고, 오랜만에 만나서 반가운지 일단 한 번 껴안은 다음, 여자가 남자의 뺨을 후려치고 대사를 한다. "왜 이제야 나타났어, 이 새끼야!" 그리고 다음 장면, 남자가 혼자 있는데 여자가 찾아오고 떡을 치는 것이다! 아무런 설명도 없다. 남자 입장에서 본다면 저런 여성들이 많을수록 좋겠지만 아니 그래도 떡을 치기 전에 뭐 대사라도 한 마디 있어야지. 이래서는 둘이 원래 사랑하던 사이었는지, 아니면 헤어지면서 다음에 만날 땐 아무 말하지 말고 떡부터 치자고 계약한 사이인지 전혀 알 수가 없다. 이 양반의 영화들은 하나같이 이런 식인데 작품을 많이도 만들어 내는 양반이라 일일이 다 보고 깔 시간조차 부족하다.

우베 볼의 영화를 다섯 편쯤 보고 나서 깨달았다. 아, 내가 우베 볼을 너무 우습게 생각했구나. 이 사람의 영화를 다각도로 분석해보려면 그것만으로 특집 3회 정도 준비해야 한다. 하지만 그럴 수는 없고 그러고 싶지도 않다. 이 인간이 만들어 내는 영화들의 특징을 간단하게 몇 가지 짚어 보자.

우베 볼 감독 영화의 특징 3

❶ 인생 한 큐지

A급 배우든, B급 배우든, 우베 볼 감독의 영화에 나오는 배우들은 하나같이 연기를 끔찍하게 못한다.

크리스찬 슬레이터, 스티븐 도프, 론 펄먼, 제이슨 스테덤, 클레어 포라니, 미셸 로드리게스, 벤 킹슬리, 마이클 매드슨 등 셀 수 없이 많은 배우들이 우베 볼의 영화에 출연하는 수모를 겪는데, 하나같이 의아할 정도로 연기를 못한다. 왜냐하면 우베 볼은 배우에게 연기를 할 수 있는 기회 따위는 주지 않기 때문이다. 다른 그 어느 감독, 심지어 남기남 감독이라도 당연히 NG를 내고 다시 갔어야 하는 장면도 우베 볼은 그냥 오케이해 버리는 거다. 재촬영따윈 없는 거다.

[얼론 인더 다크]를 보면 크리스찬 슬레이터가 그냥 대사를 후루룩 읊어 버리는 장면이 있는데, 이건 배우 본인이 이 장면은 백퍼센트 다시 찍겠다 싶어 그냥 대사를 먹어 버린 거다. 근데 감독은 오케이 사인을 내고 그 장면 촬영을 접어 버리는 거다. 크게 놀랐을 슬레이터에게 애도를 표한다. 아마 이 배우는 이게 무슨 몰래카메라나 만우절 장난 쯤으로 알았을 거다. 물론 영화에서 그 장면은 단 한 컷의 편집 없이 그대로 확인할 수 있다.

내 사전에 재촬영이란 없다. 인생은 한 큐, 원샷 원킬! 이런 자세는 편집과 특수효과에서도 고스란히 드러나서 안 그래도 안습인 완성도를 하수구에 처박아 버린다.

❷ 원작 따윈 몰라

'원작 판권을 사 왔는데 이런저런 이유로 영화화하기 어렵다. 그래서 조금 뜯어고친다' 하는 수준이 아니다. 아예 전혀 생뚱맞은 이야기로 만들어 버리는데, 이건 우베 볼이 원작 게임에 대한 아주 기초적인 지식도 없는 상태이기 때문이다. 〈월드 오브 워크래프트〉를 영화로 만들겠다고 블리자드에게 전화를 한 우베 볼은 블리자드의 폴 샘즈 부사장에게 쌍욕을 들으면서 거절 당한다. 블리자드 부사장은 이렇게 말했다고 한다. "우린 영화화할 생각도 없고, 특히 너에게만은 절대로 안 팔거니까 두 번 다시 전화하지 마."

이에 딥 빡친 우베 볼은 인터뷰에서 이런 말을 한다. "어차피 게임하는 놈들, 죄다 불법 다운로드나 하고 말이야. 이런 놈들이 꼭 영화도 불법으로 다운받아 본다니까?" 근데 사실 와우는 온라인 게임이라서 이건 불법 다운로드를 할 건더기가 없다. 이 인간은 자기가 영화로 만들고 싶은 게임이 뭔지도 정확하게 모르는 거다. 설정집 한 권 읽어본 적이 없으니 당연히 전혀 상관없는 영화들이 나올 수밖에…. 판권 사온 티를 내려고 영화 도중에 갑자기 게임 화면을 그대로 만들어 쑤셔 넣곤 하는데, 안 그래도 안습인 영화가 이 장면들 덕분에 툭툭 끊어지는 놀라운 경험을 하게 된다.

❸ 개연성 따윈 개나 줘 버려

우베 볼의 영화를 보다 보면 포르노와 비슷한 점을 발견하게 된다. 그게 좀비가 나오는 호러신이든, 총을 쏘는 액션신이든, 떡신이든 영화가 어떤 장면을 위주로 촬영되었다는 느낌이 아주 강하다는 것이다. 하지만 그 장면과 장면을 연결하는 플롯이 매우 빈약한 데다 상식적으로 말이 안 되는 서사를 보여준다.

'포르노는 어차피 떡치는 거 보려고 보는 셈이고, 쓸데없이 줄거리가 길어지면 짜증나는 면도 없지 않아 있고, 말이 안 되는 서사에서 갑자기 떡신이 등장하면 오히려 오묘한 즐거움이 생기지 않아?' 하는 식이다. 우베 볼은 자기가 찍고 싶은 장면 말고는 찍기가 귀찮았던 것 같다. 우베 볼에게 편집이나 재촬영 따윈 당연히 없다. 그렇다면 우베 볼은 개연성을 개나 줘 버린 댓가로 관객의 머릿속에 뚜렷하게 각인될 만한 강렬한 장면이라도 만들어 내는 재주가 있을까? 그리고 우베볼이 그렇게나 만들고 싶어서 안달난 장면들은 바로 이미 그 당시에도 단물 빠질대로 빠진 매트릭스의 액션 장면들이었다. 정확하게 말하면 360도 회전 슬로 모션이나 총알이 궤적을 그리며 날아가는 장면들을 패러디가 아니라 그냥 갖다 쓴다. 아무런 맥락도 없다. 굳이 쓸 이유가 없는 장면인데 그냥 쓴다. 왜? 사랑하니까. 존나 사랑하나보다. 누군가 나에게 "혹시 매트릭스를 패러디하거나 오마주하는 게 아니냐"라고 물은 적이 있는데, 그게 아니라 매트릭스 표절은 이 인간에게는 틱 장애와도 같다. 그냥 튀어나오는 거다.

■ 악평 블로거들과 권투시합 다큐, 오히려 인기 몰이

영화들이 이 따위니까 우베 볼에게 증오와 적개심을 품은 사람들이 하나둘이 아니다. 평론가들은 영화가 나올 때마다 융단 폭격을 해댔고, 실수로 우베 볼의 영화들을 본 사람들은 저주를 퍼부어댔다. 우리나라에선 케이블에서 가끔 틀어주는데 공짜로 TV 시청한 사람들도 전투력이 올라가서 분노의 리뷰를 올리는 경우도 있다.

하지만 우베 볼은 이런 악평들을 오히려 자신의 명성을 높일 기회로 써먹어 버린다. 2006년에 "나를 깔아뭉개려거든 육체적으로 먼저 깔아뭉개라"라는 말과 함께 대대적인 권투시합을 열고 평소 본인의 영화를 까대기에 여념이 없었던 블로거들을 불러 모은다. 여기에 참가한 5명의 블로거들은 나름 영화평론으로 명성이 있는 사람들이었다. 이들 중에는 주짓수나 권투를 배운 적이 있는 사람들도 있었지만, 우베 볼은 이 5명을 그냥 피떡을 만들어 버린다. 이 권투시합은 꽤 유명해서 유튜브에 동영상도 남아 있고 〈Raging boll〉이라는 다큐멘터리로 제작되어 영화제에 출품된 적도 있다. 유튜브를 보면 젊은 평론가들을 샌드백처럼 두들겨대는 우베 볼의 모습을 확인할 수 있다. 영상을 보고 있노라면 '아니 이 인간이 왜 이렇게 쌈박질을 잘하지?'라는 의문이 드는데,

우베 볼은 대학교때까지 아마추어 권투 선수였다고 한다. 그래도 이 시합이 열렸던 당시 이미 우베 볼은 40세가 넘은 나이였고, 상대방에게는 헤드기어를 쓰게 하고 본인은 안 쓴다든지, 하루에 한 명씩 5명을 상대하는 게 아니라 하루에 5명을 연달아 상대하는 등 나름대로 배려를 하는데도 그 사람들 5명을 전부 때려눕혀 버린다. 이 영상들은 우베 볼이 만든 어떤 영화들보다 더 박진감이 넘친다는 점이 매우 인상적이다.

■ 조세 피난처 제도로 독일 정부에 빅엿을 먹이고

그렇다면 이 따위로 영화를 만들어 내는 우베 볼이 계속 영화감독을 해 먹을 수 있는 이유는 도대체 뭘까? 그 이유는 바로 이 사람의 국적 때문이다. 우베 볼은 현재 독일과 캐나다 국적, 즉 이중국적을 갖고 있는데, (사는 곳은 캐나다) 독일의 문화진흥법률 중에 조세 피난처라는 제도가 있었다. 독일에서 제작되거나 독일 영화사에서 저작권을 갖고 있는 영화들에 대해 제작비에 부과하는 세금을 완전히 면제해주는 제도다. 돈을 빌려다가 투자를 해도 수수료, 세금이 모두 면제다. 영화 제작을 하면서 경비로 쓴 것까지 몽땅 말이다. '아니 잠깐, 그래도 영화가 망하면 모두 말짱 꽝아냐?' 하시겠지만 그것도 아니다.

영화가 망해 본전을 못 찾으면 독일 정부에서 50%를 돌려준다. 화끈하다. 오히려 이익이 나면 50% 돌려받지도 못할 뿐만 아니라 투자금에 대해서도 세금을 추가로 내야 하기 때문에, 어중간하게 이익이 나는 것보다 차라리 쫄딱 망해 버리는 게 낫다.

만약, 당신에게 상속 등으로 인해 50% 이상 혹은 몽땅 세금으로 추징 당할 만한 재산이 있다면 우베 볼한테 전화하여 "나 당신 영화에 투자할게"라고 하면 독일 정부가 50%를 환급해준다. 물론 수익이 나면 원래 금액에 세금 추징은 물론이요, 수익이 나서 이익으로 돌려받은 돈에도 세금이 붙어 버리니까 그렇게 되면 말짱 꽝이겠지? 따라서 내가 만약 세금을 피하려는 목적을 가진 투자자라면 우베 볼이 만든 영화들을 보면서 호탕하게 웃을 수 있는 것이다. "하하하! 잘했어! 꼬라지 보아하니 이번에도 망하겠군!" 이렇게 말이다.

이렇게 본다면 우베 볼은 일 잘하는 감독인 거다. 세상에 취향이 특이한 사람이 얼마나 많은가? 어중간하게 만들었다가 손익분기점을 살짝 넘게 되면 말짱 꽝이 되는 것이다. 그러니까 어느 누구의 취향에서도 맞지 않는 영화들을 확실하게 만들어 내는 거지. 이쯤되면 발상의 전환이다. 100% 망하는 영화를 만들어 내는 게 능력이 되는 것이다.

우베 볼이 게임과는 별로 연관성도 없는 영화들을 만들면서 굳이 게임 판권을 사는 이유도 슬슬 짐작이 가지 않는가? 돈놀이는 판이 커지면 커질수록 좋은 법이니까….

그러나 본디 세상 일이라는 게, 꼬리가 길면 밟히게 마련이다. 우베 볼의 덕에 이득을 본 건 투자자들이었고, 똥을 투척 당한 건 일반 관객들이다. 하지만 또 하나 빅엿을 먹은 쪽이 있었으니…. 그것은 바로 독일 정부였다. 독일 영화를 지원하여 문화강국이 되기를 꿈꾸면서 이 제도를 만들어 놓았는데, 오히려 독일 영화의 명성은 우베 볼과 함께 끝없이 추락해 버렸고, 엄한 혈세 모아다가 미국 사람들에게 세금만 돌려주는 꼴이 되어 버린 셈이다. 결국 독일 정부는 이 제도를 그냥 폐지해 버리고 만다.

잘만 사용했다면 독일 영화판에 재능 있는 감독들을 양성할 수도 있었던 제도가 엄한 사람 배불리고 그냥 사라져 버린 거다. 이 제도의 폐지와 함께 우베 볼은 [왕의 이름으로]라는 영화를 아주 겸손한 제작비로 만드는데, 놀랍게도 작품들의 질이 조금씩 향상되기 시작한다. 제작비는 부족한데 영화의 질이 좋아지다니⋯. 여러 모로 발상의 전환을 안겨주는 사람이라 아니 할 수 없다. 물론 그렇다고 갑자기 좋은 영화들이 나온 건 절대로 아니다. '정신병에 걸려 여기저기 똥을 싸고 다니던 놈이 언제부터인가 똥을 싸고 나서 뒤는 닭더라' 하는 정도의 느낌인 거다.

■ 한국의 우베 볼, 심형래

이러니 저러니 해도 우베 볼은 성공한 감독이다. B급 영화 시장에서조차 인정받지 못하던 감독이 헐리우드로 넘어와서 대형 자본으로 대형 영화들을 만들고, 흥행과는 상관없이 돈을 벌었으니 말이다. 이 과정에서 죄 없는 관객들과 독일 정부에게 빅엿을 먹이긴 했지만, 우베 볼의 입장에서 결과만 놓고 생각해본다면 확실히 남는 장사를 한 셈이다.

골든 라즈베리에서 감독상도 아니고 무려 공로상을 수상하는 기염을 토하기도 하고, 평론가들을 시원하게 두들겨 패서 쿠엔틴 타란티노가 그의 영화에 응원을 보내기도 하는 등 전 세계적으로 유명인이 됐다. 물론 그 성공의 이면에는 돈을 향한 그의 순수한 욕망과 남들이 입을 피해 따위는 과감하게 무시하는 대범함, 제도의 허점을 찾아내 철저하게 이용하는 세심함, 본인의 영화를 글로 깐 사람들을 찾아 주먹으로 까 버리는 꼼꼼함, 영화를 표현 예술이 아닌 자신의 수익 모델로 바라보는 발상의 전환이 있었다. 동물로 비유하자면 쥐 같은 인물이랄까? 이 인간이 열심히 일할수록 우리는 더 피곤해지니까. 만약, 이런 인간이 한

나라의 대통령이라도 해먹는 날이면 그 나라는 어떻게 될까? 아마 상당히 빠른 시일 내로 좆되는 거야. 응?

우베 볼에 이어 절대로 피해야 하는 두 번째 감독

헐리우드에만 우베 볼 같은 인물이 있는 게 아니다. 글로벌 시대에 세계와 경쟁해야 하는 판국에 우리나라라고 이런 사람이 없겠는가?

두 번째 인물은 바로 남기남의 적자, 김청기의 페르소나, 자칭 한국의 찰리 채플린이지만 실상은 한국의 우베 볼, 자서전에는 고려대학교 졸업이라고 나와 있지만 실상은 고려대학교 평생교육원 수료증만 갖고 있는, 한국 SF 영화계의 한줄기 빛이 되려고 했지만 지금은 그냥 빚더미에 앉아 있는 감독, 바로 심형래다.

코미디언 심형래가 한창 잘 나가던 시절에 – 뭐 사실 이 사람은 데뷔부터 코미디언으로는 항상 잘 나갔지만 – 주인공으로 등장하는 영화들이 제법 많았다는 것을 기억하실 거다. 1984년에 영화배우를 겸업하기 시작해서 주로 남기남 감독이나 김청기 감독과 함께 어린이 영화들을 많이 만들었는데, 하나같이 심형래가 나왔다 하면 어린이 영화로서는 대박을 쳤다. 전설의 [우뢰매] 시리즈, [영구와 땡칠이] 시리즈 말이다. [영구와 땡칠이]는 비공식 기록으로 그 해에 한국 영화 최고 흥행작이고, 영화표 집계에서 빠지는 마을 회관 상영 기록까지 합치면 [서편제] 이전에 이미 100만 명의 관객을 동원한 영화라고 한다. 물론 비공식 기록이므로 정확하게 밝혀진 건 없지만, 남기남 감독도 감독 생활 중 돈을 제일 많이 벌어본 게 [영구와 땡칠이] 때문이라고 할 정도라고 한다.

암튼 당시 심형래는 국민 개그맨이었던 데다 영화까지 출연했다 하면 대박의 행진이었다. 재테크에도 관심이 많아서 강남에만 빌딩이 몇 채, 경기도 지역에 노른자위 땅도 엄청나게 많이 갖고 있었다고 한다. 아마 얌전하게 개그맨으로만 활동하다가 은퇴했으면 지금도 존경받는 희극인으로 남아 있었을 것이고, 어마어마한 재산을 갖고 편한 노후를 보낼 수 있었을 거다. 그런데 언제나 그렇듯 그게 그렇게 되지가 않는다. 영화감독을 하시겠다고 달려든 것이다. 심형래와 함께 작업한 감독들의 면면이 어떤가? 일주일에 영화 한 편을 완성했다는 한국 영화의 에드우드인 남기남과 일본 애니메이션 몇 편 베껴서 영화를 팡팡 찍어내던 한국 영화의 김성모인 김청기를 보면서 누군들 '어? 이 정도면 나도 할 수 있겠다'라는 생각 안 했을까? 하지만 문제는 당시 심형래의 연출 스타일이 두 사람의 안 좋은 점만 배운 데다 감독으로서의 역량은 두 사람보다 훨씬 떨어졌다는 거다. 또 남기남 감독의 [영구와 땡칠이]나 김청기 감독의 [우뢰매]가 날로 흥행한 게 아니라는데도 문제가 있다. 심지어 [우뢰매]에는 어린이 영화에서 전신 타이즈를 입고 나오던 데일리가 있었잖은가? 영화 보러 갔던 조숙한 어린아이들을 벌떡 기립시키던 데일리 말이다.

■ **[영구와 공룡 쭈쭈], [티라노의 발톱], [용가리]**

암튼 심 감독으로 데뷔하고 몇 편 만드시는데, 전설의 작품들이 나왔다. [영구와 공룡 쭈쭈], [티라노의 발톱]은 후루룩 말아드셨고. 이 작품들 제작하기 위해서 강남 부동산, 수도권 땅, 강남의 유흥업소까지 죄다 팔아 버리셨다고 한다. 나중에 토크쇼나 자서전에서 [티라노의 발톱]

이 [쥬라기 공원]하고 붙었다가 망했다고 말하기도 했다가, 인터뷰에서는 [영구와 공룡 쭈쭈]가 개봉하니까 바로 [쥬라기 공원]이 개봉하는 바람에 망했다고 말씀하시기도 하는데, 정확하게는 두 영화 모두 재미없어서 망한 게 맞다. 실제로 개봉 시기가 겹쳤던 건 [티라노의 발톱]이 아니라 [영구와 공룡 쭈쭈]였다.

[티라노의 발톱]은 쥬라기 공원이 개봉한 지 정확하게 1년이 지난 다음에 개봉했다. [쥬라기 공원]이 1년 동안 개봉했을리는 없잖은가? 어쨌든 심 감독이 쥬라기 공원을 철천지 원수처럼 생각했던 건 맞는 것 같은데, [쥬라기 공원]을 보면서 분석을 엄청나게 많이 했다고 본인 스스로 이야기한 적도 있고, 이런 영화들과 맞서 싸울려면 특수 효과와 CG를 우리 손으로 만들어야 된다고 판단하고 제로나인엔터테인먼트를 설립하게 된다. 발상 자체는 매우 좋다. 당시까지만 해도 우리나라에 특수 효과랑 CG를 자체적으로 만들어 낼 수 있는 제작사는 없었으니까 말이다. 이걸 만드는 제작사가 전문적으로 있었다면 영화를 직접 만들어 내는 것뿐만 아니라 다른 영화 제작에 들어가는 특수 효과도 퀄리티 높게 제작한다든지 하는 여러 가지 좋은 용도로 사용될 수 있었다. 실제로 제로나인엔터테인먼트에서 일하시는 분들이 만들어 내는 미니어처 같은 경우에는 그 퀄리티가 상당히 높아서 루카스필름에서 같이 일해 보자고 접촉해오기도 했다고 한다. 제대로 운영되기만 했다면 한국 영화 발전에 좋은 기제가 되었을 거다. 물론 제대로 운영되기만 했다면…(이 얘기는 조금 있다가 하도록 하자).

제로나인엔터테인먼트가 출범하고, 심 감독은 지금까지 집착의 결과물로 [용가리]를 만들어 내게 된다. [용가리]는 1998년 칸영화제 마켓에서 9개국에 272만 달러의 수출 계약했다고 보도되면서 온 나라의 화제를 집중시키게 되는데, 그 당시만 해도 한국 영화가 거액을 받고 해외로 수출되는 일이 없었던 만큼 언론은 입이 헐도록 빨아댔고, IMF에 시달리고 있는 국민들에게 뭔가 희망의 메시지 – 열심히 일하면 우리도 다시 일어설 수 있다 – 를 주고 싶었던 김대중 정부는 심 감독을 신지식인 1호로 선정하여 각종 공익 광고에 출연시키게 된다.

■ 제2의 황우석 사태, [디 워]

"못해서 안 하는 게 아니라 안하니까 못하는 겁니다"라던 공익 광고를 기억하는가? 아, 이 제목으로 책도 냈지 아마? 이것도 시도 자체는 정말 좋았다. 우리는 그때 정말 영웅이 필요했으니까. [용가리]가 명작까지는 아니어도, 볼 만한 영화 정도만 되었어도 한국 영화 발전을 물론이고 나라 전체에 희망의 메시지를 줄 수 있었을 거다. 볼 만한 영화 정도만 되었다면….

용가리의 포스터 맨 윗줄에 있는 한 줄의 문장을 읽어보자. "It's not what you expect." 정말 우리가 기대한 건 이게 아니었다. "용가리가 고질라보다 낫다", "재미있다", "내 영화는 가족 영화다", "내 영화를 혹평한 유지나는 또라이다!" 등 기세등등하던 심 감독의 언사는 [용가리]가 처참하게 망하면서 조금씩 겸손해진다. 이후에는 주로 외국에서 잘나간다는 식으로 어조를 바꾸는데, [용가리]가 우리나라에서는 망했지만 일본이나 미국의 렌털 시장에서는 수입이 좋았다(일본의 유명 비디오 대여 체인에서 단 한 번도 대여되지 않은 비디오로 방송된 적은 있다. 미국 어느 대여점에서 대여 1위를 했다고 하신 적도 있는데, 알아보니까 전체 영화들

중에 그렇다는 게 아니라 미국에서 개봉한 적이 없는 미개봉작 중에 SF 부분만 놓고 봤을 때 1위를 한 것이다. 어쨌든 1위는 1위다). 나중엔 미국 어느 변호사에게 사기를 당해 용가리의 미국 판권 수입은 한 푼도 받지 못했다는 말씀도 하셨다. 과연 용가리의 판권 수입을 갖기 위해 무려 국제 사기까지 칠 무모한 사람이 있는지 의문이다.

그 다음에 만들어 낸 작품이 바로 대한민국을 제2의 황우석 사태로 몰고 갔던 [디 워]이다. 결론부터 말하자면, [디 워] 역시 망했다. '어? 우리나라에서 꽤 흥행하지 않았나?'라고 생각하시는 분들이 계실지 모른다. 하지만 [디 워]의 제작비를 생각해야 한다. [디 워]의 제작비는 마케팅 비용을 제외하고 300억 원인데, 흥행 수익은 이것저것 다 합쳐도 150억 원이 안 되므로, 제작비의 절반도 회수하지 못한 셈이다.

언제나 심 감독이 입버릇처럼 달고 다닌 말이 있는데, "무조건 흥행해서 돈 많이 버는 영화가 잘 만든 영화다"라는 말에 따르면 심 감독 본인의 영화들은 정말 더럽게 못 만들었다고 밖에는 표현이 안 된다.

■ 심형래 영화의 특징들

이쯤에서 심형래 영화의 특징들을 몇 가지 짚고 넘어가자.

심 감독은 앞에서 말한 우베 볼 영화의 특징들을 기본적으로 모두 갖고 있다. 대충대충 성의 없이 찍고, 배우들의 발 연기는 작렬하고, 플롯은 엉성하고, 내러티브 곳곳에는 구멍이 뻥뻥 뚫려 있고, 개연성은 전혀 발견되지 않는 등 기본적으로 영화라는 예술에 대한 기본적인 이해 자체가 없는 데다 우베 볼이 매트릭스 성애자인 것처럼 이 양반은 CG와 공룡 성애자다. 이 양반이 만들어 내는 영화들은 도대체 아동 영화인지, 성인 영화인지 경계가 불분명하다. 아동 영화라고 보기엔 [라스트 갓파더]에 넘쳐나는 색드립이 너무 음란하고, 괴수/공룡영화들의 장면들은 지나치게 폭력적이어서 어안이 벙벙해지는 수준이다. 그렇다고 성인영화라고 보기에는 너무 조잡하고 못 만든 영화라고 할 수 있다. 아동 영화라고 해서 대충 만들어도 된다는 말은 물론 아니지만, 영화 보러 극장에 가서 고작 용이 트림하는 장면 좀 보고 환호성을 지르는 게 성인들이 할 짓은 아니잖는가?

또 하나, 우베 볼은 투자를 못 받고 겸손한 제작비로 영화를 제작하기 시작하면서 영화의 질이 좋아지는 등 손톱만큼이라도 발전하는 모습을 보여준 반면, 심 감독 최악의 영화는 제일 마지막에 튀어나온다. 그것은 바로 [라스트 갓파더]이다. 말을 말자, 시발….

자, 우베 볼은 독일 정부의 조세 피난처 제도를 역이용하여 그 실력에도 불구하고 영화를 계속 만들었다. 그렇다면 우베 볼을 능가할 정도의 실력을 가진 데다 만드는 영화마다 엄청난 쪽박을 쓰는 심 감독은 과연 어떻게 계속 영화들을 만들 수 있었을까? 우베 볼에게 독일 정부의 세금 피난처가 있었다면 심 감독에겐 덮어놓고 빨아주는 언론과 수많은 추종자들이 있었다. [디 워]가 개봉할 때쯤, 아마 심 감독 본인도 [디 워]가 망하면 정말 끝장이라는 위기의식을 느꼈는지 각종 방송에 무더기로 출연해서 언론플레이를 작렬하는데 그 솜씨가 가히 천의무봉(天衣無縫) 급이었다. 정치인들은 심 감독을 보고 배워두시길 바란다. 언플은 이렇게 하는 거다.

이런 숙련된 솜씨와 언론의 쉴드질에 수많은 사람들이 낚여 열성적으로 심 감독을 지지했다. 이런 지지 세력을 등에 업고 심 감독은 영화를 만드는 데 필요한 투자를 받을 수 있었고, 지급 보증 보험에서 국비 지원까지 받아 영화를 만들 수 있었던 것이다.

심형래 감독의 인터뷰 스킬 4단계

❶ 1단계 추억팔이: 쌍팔년도 개그들을 한 번씩 재탕하고, 당시 본인이 얼마나 잘 나가는 사람이었는지 은근슬쩍 자랑함과 동시에, 당시 톱스타들의 뒷이야기 같은 거 좀 넣어주면서 흥미진진하게 몰입도를 높인다.

❷ 2단계 선구자의 고행: 시대를 앞서 갔던 나의 시도는 나의 잘못이 아니라 몇몇 악당들 때문에 실패했고, 차별받았으며, 핍박받았다. 여기서 주로 적으로 설정된 대상들은 충무로의 영화 감독들, 다수의 영화 평론가들, 지식인들, 미국 변호사 등이다.

❸ 3단계 즙짜기: 이 부분에서 보통 망연자실한 표정을 짓거나 즙을 한 번 짜주시는데, 즙을 짜는 솜씨가 이 정도는 돼야 한다. 누구인지 말은 안 하겠지만, 즙도 안 나오는 데 얼굴을 주먹으로 막 비벼댄다든지, 눈꺼풀을 파르르 떨면서 눈을 감지 않아 억지로 즙을 내는 등 이런 허접한 기술로는 감정 전달을 제대로 할 수 없다. 요즘은 HD 카메라라서 모두 걸린다. 심 감독은 성급하게 즙부터 짜지 않는다. 일단 표정 연기부터 다르다. '울먹울먹', '흐응흐응' 하면서 얼굴 전체로 울 준비를 하고, 눈은 껌뻑껌뻑, 입은 움찔움찔, 눈물이 그렁그렁하다가 닭똥 같은 눈물이 흐른다. 캬~ 즙은 이렇게 짜는 거다. 좀 배워라. 배워.

❹ 4단계 위대한 도전자: "그럼에도 불구하고 나는 포기하지 않았다. 그 결과로 나온 게 이번 영화다. 이 파트에서는 주로 외국에 얼마를 받고 선계약을 했다. 외국의 유명한 감독이나 배우가 우리 영화에 큰 관심을 보이더라" 등의 앞뒤 없는, 확인 안 된 정보들을 막 주워섬기면서 결국은 그냥 국뽕으로 화려하게 마무리짓는다.

■ 수출 계약 진실 보도한 〈씨네 21〉을 공격했지만

하지만 [디 워]에 이어 [라스트 갓파더]까지 장렬하게 망하면서 조금씩 감독 심형래와 경영자 심형래에 대한 진실들이 드러나기 시작한다. 이즈음 매우 상징적인 사건이 하나 발생하는데, 처음 용가리가 칸 영화제 마켓에서 대규모 수출 계약을 맺었다고 온 나라가 들썩거릴 때, [용가리] 개봉 며칠 전에 〈씨네 21〉에서 기사가 하나 나간다. '272만 달러의 수출 계약은 사실 이뤄진 것이 아니었고, 딜을 진행하던 차에 심 감독 측에서 먼저 내세운 조건이었다'는 팩트였다(이 기사를 내기 전에 〈씨네 21〉 내부적으로도 많은 고민이 있었고, 사실 관계를 몇 번씩 확인했다고 한다).

〈씨네 21〉을 제외한 모든 언론과 추종자들이 미친 듯이 〈씨네 21〉을 공격하기 시작하고, 한겨레까지 한데 묶어 좌빨 드립까지 쳐가며 미친듯이 까기 바빴다. 기사가 나가고 난 며칠 후에 영구아트 사의 직원들 50명이 〈씨네 21〉 본사 건물에 쳐들어와서 글 쓴 기자놈 나오라면서 시위를 하는 일까지 벌어졌다. 나중에 밝혀진 사실이지만 이 시위는 영구아트 직원들도 그냥 시켜서 한 짓이었다고 한다.

그리고 2011년, 영구아트무비가 완전히 폐업을 하고 난 후에 그때 시위를 했던 직원 중 한 명이 다시 〈씨네 21〉로 찾아와 공개적으로 사과하고, 그 이유를 털어놓게 된다. 당시 그 직원과의 인터뷰 기사가 〈씨네 21〉에 있으므로 한번 찾아보시길 바란다. 기사를 간단하게 요약해보면 우리가 알고 있었던 위대한 도전자, 신지식인 심형래의 모습은 죄다 조작된 모습이었고, 실상은 전혀 달랐다고 한다.

고질적인 임금 체불, 직원들을 상대로 한 폭행, 총기 개조, 도박, 계집질에 정관계자들에게 행한 로비, 영화를 만들면서 보였던 독선적인 모습들이 낱낱이 까발려진다. 우리 모두가 영웅으로 알고 있었고, 언론에서 그렇게 헐도록 빨아대던 인물이 실은 독재자, 사기꾼이었다는 것이다. 한국 SF의 발전은 심형래라는 인물의 손에서 이루어진 것이 아니라 실은 그 밑에서 월급도 못받던 혹독하게 일하던 직원들의 손으로 이루어진 것이라는 점도 함께 밝혀진다.

심 감독은 지금까지 직원들에게 지급하지 않고 밀린 월급 – 다 합쳐서 8억 원 정도 된다고 한다 – 을 아직까지 갚지 않고 있다. 투자금 명목으로 모아다가 쥐도 새도 모르게 써버린 돈 120억 원 정도의 행방도 오리무중이다. 배 째라고 버티고 있다. 심 감독이 정선 강원랜드의 A급 고객이란 사실을 아는가? 거기선 몇십 억 정도 쓴 걸로 A급 고객을 만들어주지 않는다. 적어도 몇백 억 정도는 돼야 한다.

심 감독이 영구아트무비로부터 빌린 돈은 112억 원 정도다. 신기할 정도로 아귀가 맞아떨어지는 금액이다.

2013년 8월 9일. 서울 중앙지법 파산 1부가 심 감독에게 채무 변제 결정을 내린다. 사실상 돈을 갚지 말라는 말이다. 취지라고 발표한 말은 "예술인에게 금융 채무에서 벗어나 창작활동에 매진할 기회를 한 번 더 준다"였지만, 영구아트무비에서 허드렛일을 하며 청춘을 바쳤던 직원들은 사실상 밀린 월급을 받을 수 있는 길이 영영 막혀 버린 거다. 이 분들, 지금은 모델하우스에서 모형을 만드는 일을 한다고 하는데, 그 놀라운 손재주들이 이렇게 썩어가고 있다.

■ 재기? 영화 갖고 사기치지 말라

그리고 심 감독은 재기를 꿈꾸고 있다. 얼마 전 [어벤져스 2] 촬영장에 방문해서 [디 워 2]를 언급한 적이 있었는데, "[디 워 2]를 잘 만들어야겠다는 생각이 든다"라고 말했다고 한다. 그 후에 이어지는 포부들도 대단했는데, "[디 워]를 3D로 컨버팅해서 100개 나라에 팔겠다", "[디 워]에 들어 있는 아리랑을 알려서 중국의 동북공정을 막아보겠다"라는 말도 했다고 한다. 아리랑이 울려퍼지면 중국이 동북공정(東北工程)을 알아서 포기할 것이라는 새로운 이론인데, [화성침공]의 팀 버튼 못지 않은 상상력과 배포가 그저 놀라울 따름이다.

'심 감독의 현재 정신 상태는 어떨까?'라는 궁금증 때문에 인터뷰 자료를 찾다가 JTBC에서 2012년 6월 17일에 방영됐던 "진실추적자 탐사코드"라는 17분짜리 프로그램을 찾았다. 궁금하신 분들은 한번 찾아보시길 바란다. 심 감독의 주옥 같은 어록들을 직접 들을 수 있다. 이 프로그램은 무료로 시청할 수 있다.

정리해보자. 우리가 영화를 사랑하는 가장 큰 이유는 아마도 영화를 보면서 꿈을 꾸기 때문이라고 생각한다. 그 꿈의 용도가 힘든 현실을 잠시 잊기 위해서일 수도 있고, 내가 막연하게 그려왔던 상상이 영화 기술로 완성되어 스크린 위에 그려지는 모습을 보기 위해서 일 수도 있다. 영화를 사랑하는 이들에게 영화란 꿈을 주고, 또 그 꿈을 현실에서 실현시켜주는 도구다. 단순히 돈을 버는 목적으로 존재하는 것이 아니다. 그렇기 때문에 우리는 영화를 '표현 예술'이라고 부르기도 한다. 하지만 어떤 놈들은 그걸 갖고 장난질을 치고, 사기를 쳐서 자신의 욕망을 채운다. 단순히 욕망만 채우는 것이 아니라 다른 누군가에게 돌아가야 하는 제도적 이익이나 성과를 가로채 버리는 것이 더 큰 문제다. 영화 [카운셀러]의 대사 중 이런 내용이 있다.

"당신이 몰락하는 것은 중요하지 않다. 당신이 끌고 함께 몰락하는 것들이 문제다."

독일 정부는 우베 볼에게 속아 애꿎은 세금을 바쳤고, 한국의 영화 관객들은 심형래에게 이미 한 번 제대로 당했다. 영화판이 사기꾼들이 뿌리를 내릴 기름진 토양이 되느냐, 그렇지 않느냐는 소비자에게 달려 있다.

영화 갖고 사기 치는 사기꾼 놈들을 조심하시길 바란다.

글·**거의없다**(백재욱)

함장(권영준)의 곁다리 추천 영화

우베 볼이야 게임 원작 영화를 말아먹는 것으로 유명하지만, 실제 게임 원작을 파괴하고 새로운 마니아를 형성하고 있는 게임 원작 영화가 바로 [레지던트 이블(Resident Evil)] (2002~) 시리즈다. [제5원소]로 우리나라에 잘 알려진 밀라 요보비치가 주연으로 시작해서 10년 넘게 동일한 캐릭터를 유지하고 있으며, 액션 전문 여배우로 이미지를 공고히 한 것은 마니아층 형성의 주요 요인이기도 하다. 모두 밀라 요보비치의 매력에 빠져보시길 바란다.

숨겨진 '지못미' 앨범
[D-War: Legend of Dragon]

헤비조 선정 영화 _ [디 워] I **아티스트 _** 넥스트, 정동하(부활), 박기영, 스키조, 사일런트 아이, 내 귀에 도청장치, 앤썸, 지하드

이런 앨범은 알려야 하나, 계속 묻어두어야 하나 고민이다. 이미 아는 사람은 다 아는 앨범이겠지만, 아티스트의 숨은 노고마저 이무기와 함께 날려 버리진 말아야겠다는 맘으로 소개하기로 결정했다.

심형래 감독이 내놓은 논란의 영화, [디 워](2007)는 나에게 논객 진중권이 적절한 발언을 하고도 수많은 사람들에게 욕을 먹어야 했던 영화로 기억된다. 당시에 그렇게 열성으로 이 영화를 옹호했던 사람들이 지금 이 영화를 다시 봐도 그때처럼 가슴이 벅찬 '애국' 영화로 느낄지 궁금하다. 물론 나는 당시에도, 지금도 이 영화를 옹호한 사람들을 욕하고 싶진 않다. 다만, 인간이 다른 동물과 차별되는 점은 사회적 존재라는 사실을 기억하자는 말을 하고 싶다. 사회적이라는 것은 나의 생각, 사고방식, 태도, 가치 등이 나를 둘러싼 사회와의 관계 속에서 형성된다는 의미다. 즉, 사회가 변하면, 나도 변하는 것이 자연스러운 결과라는 얘기다. 고로, 사회적인 동물인 우리는 시간이 지난 후 같은 영화에 대

해 충분히 다른 평가를 내릴 수 있다.

어쨌든 2007년 [디 워]는 정말 많은 기대(와 뻥튀기) 속에 제작되었고, 정말 오랜 시간 끝에 모습을 드러냈다. 뚜껑이 열리기 전까지, 많은 이들이 [디 워]가 잘 되기를 기대했다. 방송인으로 잔뼈가 굵은 사람답게 심형래 감독은 대중매체를 상대로 적절하게 홍보했다. 영화에 등장하는 CG의 대부분이 담긴 예고편을 반복적으로 흘리는 동시에 영화를 완성하기까지의 (영화와 상관없는) 감동적 성공신화를 반복적으로 주입시켰다. 생각해보면 당시 우리는 정말 오만했다. 두 번째 민주 정부를 맞이해서 민주주의를 당연한 공기인 양 생각했고, 경제가 힘들다고 툴툴대면서도 다들 잘 지냈다. 새벽까지도 강남, 홍대, 신천, 영등포 등지에서 택시를 잡기가 어렵던 시절의 얘기다. 민주주의도 이뤘고, IMF 관리하에서의 황당한 삶도 어느 정도 극복했다. 한류가 슬슬 시동을 걸기 시작했고, 봉준호, 박찬욱 영화를 보며 한국 영화의 수준에 대해 어디서나 얼굴 붉히지 않고 얘기할 수 있었다.

우리 맘속 어딘가에서 이제 헐리우드나 한다는 CG만 정복하면 된다고 느꼈던 모양이다. [디 워], 돈 정말 많이 들어갔다. OST에는 영화 [트랜스포머] 시리즈와 [아일랜드](2005), 드라마 [위기의 주부들]의 스티브 자브론스키를 불러왔다. 심형래 감독이 자랑스럽게 떠벌렸던 '아리랑'의 스코어도 그가 편곡했다. 그런데 지금 얘기할 음악은 스티브 자브론스키의 스코어가 아니다. 6년을 준비했다는 이 초특급 대작의 개봉을 앞두고, 전대미문의 록 음반이 세상에 등장했다. 바로 그에 대한 얘기다.

■ 넥스트 고(故)신해철부터 알 만한 아티스트 총 출동

이 앨범의 제목은 무려 "D-War: Legend of Dragon: Special Tribute Album"이다. 미국이었다면, 그냥 "Music from and inspired by D-War" 아니면, "Inspired by D-War" 정도 되었을 법한 앨범이다. 제목부터 빽적지근하지 않은가? 내용물을 들여다보면, 그렇게 빽적지근해도 별 문제는 없을 것 같다는 생각이 든다. 상업적인 성공과 상관없이 당시 한국에서 내로라하는 록, 메탈 밴드들이 한 자락씩 거들고 있는 모양새니까 말이다.

앨범에 참여한 아티스트들의 면모부터 살펴보자. 넥스트, 정동하(부활), 박기영, 스키조, 사일런트 아이, 내 귀에 도청장치, 앤썸 등 알 만한 사람은 다 아는 아티스트들이다. 이들이 영화 [디 워]에 나오는 크리처에게 바치는 테마곡을 하나씩 헌정한다. 이무기는 넥스트가, 전생에 조선에서 이루지 못한 사랑을 엘에이에서 완성하는 두 환생 연인 애기는 정동하와 박기영이, 샤콘느는 앤썸이, 아트록스는 사일런트 아이가, 용(드래곤)은 지하드가 맡았다.

심형래 감독에게 이런 편성이 처음은 아니다. 1999년 [용가리] OST도 당대의 인기가수를 총 출동시켰던 적이 있다. [용가리] 앨범에는 유승준, 조성모, DJ DOC, 김현정, 패닉, 넥스트, 스푸키바나나 등이 참여한 바 있다. 넥스트는 [용가리]에 이어 [디 워] 트리뷰트에도 다시 참여하고 있다.

고 신해철은 [라젠카] OST도 그렇고, SF와 애니메이션을 매우 좋아할 뿐만 아니라 한국에서 이러한 장르가 시도될 때 힘을 실어주고 싶어 했던 인물이다. 넥스트의 앨범 커버 아트를 봐도 그가 SF 장르에 가진 애정을 충분히 느낄 수 있다. 영화음악 작업이 대부분 그러하지만, 이 음반 역시 영화가 완성되기 전에 먼저 진행되었다. [사형대의 엘리베이터](1957)처럼, 영화 편집까지 모두 마친 후 영화음악 작가(마일즈 데이비스)에게 보여주면 즉석에서 밴드와 함께 스코어를 내놓는 것은 흔한 일이 아닌 것이다. 보통은 영화의 시나리오를 보고 가편집이 진행된 상태의 필름을 놓고 작업하게 마련이다. 이 작품에 참여한 아티스트들은 영화 초기 단계부터 널리 유포되었던 설정집을 참고하여 음악 작업을 한 것으로 추정된다.

넥스트는 2004년 '개한민국'이 들어 있는 "the Return of N.Ex.T. part 3"로 팬과 평단으로부터 융단폭격을 당한 다음이었다. 신해철은 김세황(기타), 김영석(베이스), 이수용(드럼)의 황금기 라인업에 지현수(키보드)와 '개한민국'에 참여했던 데빈(기타)을 데리고 다시 넥스트의 진용을 짰다. 이 작품에 담긴 'The Virgin Flight(Theme of Imoogi)'가 실질적인 첫 행보였다. 2006년에 내놓았던 5.5집은 넥스트-신해철의 히트곡을 스스로 리메이크한 것이므로 창작 작업은 이 앨범이 처음인 셈이다. 그래서 힘이 무지무지 많이 들어간 음악이다. 'The Virgin Flight(Theme of Imoogi)'를 넥스트 최고의 곡이라고 치켜세울 맘은 없지만, 6분이 넘는 시간 동안 넥스트가 꿈꿨던 스페이스 메탈이 어떤 것이었는지 맛볼 수 있다.

현재는 부활을 탈퇴했지만, 정동하가 부활의 프론트맨으로 막 자리 잡기 시작하던 즈음에 박기영과 함께 노래하는 '천년의 연인(Love Theme)'은 너무나도 부활스러운 곡이다. 리더 허재훈이 배우 김옥빈과 공개 열애 선언으로 기억하게 된 사람이 많을 스키조의 노래 'Crow V3(Theme of Dawdler)' 역시 매우 스키조스럽다. 이 곡은 파워맨 5000(Powerman 5000)에게 영향을 받은 댄서블한 인더스트리얼 메탈이다.

■ 한국 헤비메탈의 현주소, 사일런트 아이와 지하드

개인적으로 이 앨범에서 가장 화끈한 노래는 사일런트 아이의 'The Predictors(Theme of Atrox)'와 지하드의 'Dragon Of Dreams(Dragon Theme)'라고 생각한다. 두 밴드는 최근까지도 활발한 활동을 이어가고 있는 한국 헤비메탈의 현주소다. 2007년 당시 사일런트 아이는 한국의 롭 헬포드로 통하던 조성아와 함께 활동하기도 했다. 고음에서 그로울링까지 자연스러운 보컬리스트와 리프 장인 기타리스트 손준호의 기타 리프가 귀를 잡아끈다. 한 곡에 과할 정도로 여러 리프를 집어넣었는데, 그만큼 이 앨범과 영화에 대한 밴드의 기대가 느껴진다. 괜히 미안하다.

그리고 한국의 잉베이 맘스틴으로 통하는 박영수가 이끄는 지하드가 만든 6분이 넘는 연주곡 'Dragon Of Dreams(Dragon Theme)'도 빼어나다. 네오 클래시컬 메탈 장르에 익숙한 이에게는 너무나 반가울 정통파 연주다. 키보드와 기타 사이의 배틀도 흥미진진하다. 굳이 아쉽다면 잉베이보다 더 잉베이스러워서 박영수만의 연주 스타일을 모르겠다는 정도?

혼신의 연주가 느껴진다. 그리고 그 정성이 느껴지면 느껴질수록 허탈해진다. 자브론스키가 만든 [더 워]의 OST는 유통사의 요청으로 온라인 유통이 중단되었다고 하는데, 이 앨범은 어느 음원 사이트에 들어가도 바로 확인할 수 있다. 행운인지 불행인지 알 수 없는 앨범이지만, 록팬들이라면 2007년 한국 헤비니스 사운드의 바로미터로 삼아볼 수 있는 내실이 튼튼한 작품이다. 영화 [더 워]는 잊고, 일청을 권한다.

글·헤비조(조일동)

SF

요즘 [인터스텔라]의 인기로 SF 영화에 대한 관심이 그 어느 때보다 뜨겁다. 2010년에는 제임스 카메론 감독의 [아바타]가 인기몰이를 하면서 사회적으로 여러 가지 의미를 부여하곤 했다.

상상력의 극한까지 초첨단 특수 효과로 실제 같이 느낄 수 있게 해주는 SF(Science Fiction), 공상과학 영화를 딴지 영진공은 어떤 시각에서 이야기를 풀어낼지 들어본다.

무비 찌라시

[왕좌의 게임],
너희들은 주인공이 아냐

1972년 10월 17일 박정희는 유신을 위한 비상조치를 발표하고
죽을 때까지 대통령을 하겠다고 선포한다.
그리고 그는 그의 소원대로 죽을 때까지 대통령을 하게 되었다.

그의 죽음은 비극일까? 소원의 마지막 단계였을까?

10·26 만큼이나 희망과 비극이
교차하고 있는 TV 영화 [왕좌의 게임].

짱가 선정 영화 _ [보리밭을 흔드는 바람], [엔젤스 셰어], [지미스 홀], [레이닝 스톤], [케스]

우선 저자인 '조지 쌍알(RR) 마틴' 소개부터 시작하자. 위키피디아에 따르면 이 할배는 1948년 미국 뉴저지주 베이온의 빈민가 출신이다. 어머니는 아일랜드인, 아버지는 이탈리아 혼혈이었다고 한다. 초딩 때 자기가 기르던 거북이들이 자꾸 죽는 걸 보고 거북이들 사이에 흉흉한 음모와 모략이 펼쳐지는 이야기를 만들어 동네 애들에게 들려줬다고 하니 참으로 재미있는 양반이라 하겠다. 어릴 적부터 마블 코믹스 광팬이라 마블출판사에 독자 투고로 저작을 시작해서 동인지 작가로 활동하다가 이후 SF 단편소설로 등단했고, 1970년대 초기작들부터 휴고상, 네뷸러상 후보에 올랐을 정도로 범상치 않았는데, 주로 판타지와 호러를 섞은 SF를 썼던 모양이다. 이 드라마 〈왕좌의 게임〉에 거대 장벽과 그 장벽에서 작동하는 기계들 같은 SF적 요소가 등장하는 것도 이와 같은 맥락이라고 보면 된다. 그는 과거 〈환상특급〉이나 〈맥스 헤드룸〉의 시나리오도 써보았다고 한다.

사람들은 드라마 〈왕좌의 게임〉을 간단히 '복잡한 스토리라인 속에 매력적인 캐릭터들을 만들어 놓고 이들이 멋진 대사를 치게 하고는 죽여 버리는 이야기'라고 요약한다. 최근 쌍알 마틴 옹이 "나한테 잘해. 안 그러면 다음은 티리온 차례가 될거야(Be Nice To Me Or Tyrion Is Next)"라는 팻말을 들고 찍은 사진이 화제가 되었는데, 정말 그러고도 남을 인간이다. 그런데 이 드라마가 인기 있는 이유가 바로 거기에 있는지 모른다. 이 소설을 읽으면서 독자들은 늘 긴장해야 한다. 누가 어느 순간 갑자기 죽을지 모르니까. 원래 주인공은 안 죽고, 죽더라도 뭔가 의미 있게 죽는 게 대부분의 소설들의 불문율인데, 여기선 안 그렇다. 그냥 갑자기 죽는다. 즉, 이 소설은 판타지 소설에 대한 독자들의 기대를 처참히 박살냄으로써 그 어떤 판타지에서도 경험하지 못했던 현실감을 느끼는 거다. 개새끼들이 권력을 잡고, 다 질 것 같았던 전쟁에서도 이기고, 무고한 약자들은 죽어나가고 배신자들이 떵떵거리고 잘 사는 장면들을 보면서 우리나라 정치판의 현실이 떠오르기도 한다.

■ 판타지물의 대명사 [반지의 제왕] 시리즈

대부분의 독자들이 생각하는 판타지물은 톨킨 옹의 〈반지의 제왕〉 시리즈일 거다. 이 작품은 J. R. R. 톨킨이 북유럽의 옛 설화들을 수집하고 조립하여 새로 만들어 낸 유럽 설화의 집대성판이다. 이 양반은 1892년 남아프리카 공화국에서 태어나 영국에서 살다가 1973년에 사망한, 19세기부터 20세기를 산 사람이다. 그리고 1925년부터 1959년까지 옥스포드 대학교에서 문헌학과 언어학 교수로 재직한 고대 설화 분야의 전문가이기도 하다. 그런 그가 만들어 낸 호빗, 휴먼, 엘프, 드워프, 마법사, 그리고 드래곤, 오크, 기타 괴물들이 득시글거리는 세계가 이후 모든 서양 판타지의 원형이 된 것도 당연하다. 이게 SF 쪽으로 전환되면서 [스타워즈] 시리즈의 기본 틀이 되었고, 게임으로 전환되면서 테이블 보드 게임에서 시작하여 〈디아블로〉, 〈울티마 온라인〉, 〈워크래프트〉, 우리나라 〈리니지〉의 바탕이 되었다. 무협소설이 중국 문화권 사람들이 꿈꾸는 신화의 표현이라면, 이 판타지는 영국과 미국 문화권 사람들이 꿈꾸는 신화의 표현이라고 할 수 있다. 그런데 〈반지의 제왕〉은 사실상 북유럽의 옛 설화들과 언어에 대한 해박한 지식, 문장력으로 장식된 제1, 2차 세계대전의 판타지적 해석이다. 영국은 인간들과 엘프, 드워프로 구성된 반지원정대를, 사우론은 히틀러를, 사루만은 그 꼬붕인 무솔리니를 상징하는 셈이고. 인간 같지 않은 오크들은 식민지 주민들이나 일본 사람을 상징할 수도 있는 거다.

하지만 실제는 이와는 다르다. 제1차 세계대전은 우리에겐 민족자결주의 원칙이 선포된 계기라서 꽤 그럴듯한 전쟁 같지만 사실 양쪽 편 모두 식민지를 더 많이 차지하려는 싸움질이었고. 이건 2차 세계대전도 마찬가지다. 이미 식민지를 많이 갖고 있거나 더 이상 가질 필요가 없는 나라(미국과 영국, 뒤늦게 소련)와 이제 막 성장을 시작해서 식민지가 필요했던, 제1차 세계대전 때 너무 가혹한 처분을 받아 쌓인 게 많았던 나라들(독일, 일본, 이태리) 간의 싸움이었으니까 말이다. 물론 제2차 세계대전에서는 그놈의 히틀러와 나치가 인종 청소라는 엽기적인 짓을 저지른 덕분에 선과 악의 전쟁처럼 보이지만, 사실 미국이나 영국이 히틀러가 나쁜 놈이라서 전쟁을 한 건 아니었고, 히틀러를 죽였다고 해서 악이 사라진 것도 아니었다. 우리나라를 비롯한 많은 나라가 제2차 세계대전 덕분에 식민지 상태에서 벗어났지만, 이를 제외하고 나면 제1차 세계대전 때는 약 1,000만 명이 죽었고, 제2차 세계대전 때는 약 5,000만 명이 죽은 비극일 뿐이다. 제2차 세계대전 정리 과정에서 지금의 중동 갈등이 시작되었고, 그 결과 지금 테러가 난무하는 세상이 된 거 아닌가?

따라서 [반지의 제왕]은 신화이지만, 이와 동시에 역사에 대한 거대한 왜곡물이다. 그런데 사실상 모든 신화들은 모두 이런 속성이 있다. 우리는 어떤 큰 사건이 벌어지면 그 사건을 있는 그대로 기억하거나 받아들이지 않는다. 그 사건을 이야기 구조로 바꾸어 기억한다. 그 과정에서 왜곡이 일어난다. 우리가 말하는 어떤 의미나 교훈은 그런 과정에서 추출되는 거다. '사필귀정', '역사는 정의의 편이다' 식으로 말이다.

■ 현실을 바탕으로 판타지 세계를 재해석한 〈왕좌의 게임〉

〈왕좌의 게임〉은 [반지의 제왕]과는 반대로 우리가 경험하는 현실을 바탕으로 이 판타지 세계를 재해석한 이야기라고 할 수 있다. 슬래셔 호러물의 클리셰를 현대적으로 재해석하여 [스크림]이 나왔고, 관객들이 그거에 열광하지 않았는가? 이건 판타지 버전 [스크림]인 셈이다. 이 작품은 지금까지 판타지에 대한 당연한 기대들을 하나씩 배반한다. 드라마 속에서도 배반이 마구 벌어지지만, 이는 이야기 전체에서 의미나 교훈을 찾으려는 독자와 시청자들의 노력에 대한 배반이다. "너희들 이제 이런 전개가 될 줄 알았지? 아니지롱!" 이런 식인 거다.

쌍알 마틴은 원래 이런 가치 전복에 능한 사람이다. 이 양반이 SF 쪽에서 유명해진 계기 중 하나는 휴고상 수상 실패자들의 파티를 조직했던 것이다. 후보에만 오르고 수상하지 못한 작가들끼리의 모임을 조직한 거다. 나중에는 거기서 자체적으로 따로 시상식을 하기도 했다. 그럼으로써 휴고상의 패러다임을 뒤집었다. 예전에 인상파 화가들이 쓴 전략을 벤치마킹했던 모양인데, 어쨌든 대단한 창의 아닌가.

이 드라마에서는 우리가 중요하다고 여기는 가치들, 그러니까 정의, 원칙, 명예, 용기, 신의·성실, 심지어 지략이나 돈, 권력조차도 소용이 없는 순간들로 가득하다. 따라서 이 드라마의 모토는 '가차 없는 세상'이라 하겠다. 어쩌면 이게 요즘 헐리웃에서 잘 나가는 노친네들의 공통 정서인지도 모른다. 영화 [카운슬러]에서 리들리 스콧이 묘사한 세상도 비슷한 느낌이었다. "네가 뭔 짓을 해도 일어날 일은 일어나"라는 식이다. 그래도 우리나라 드라마들처럼 막장이라고 느껴지지 않는 이유는 그 사건들이 모두 논리가 있고, 그 과정에서 새로운 가치들이 드러나기 때문이다. 즉, 그냥 무자비하고 가차 없어 보이지만 사실은 나름대로의 원칙이 있다는 거다.

원래 판타지 영화의 원칙대로라면 '스타크' 가문이 주인공이다. 위의 가치들을 모두 갖고 있는 이들이기 때문이다. 하지만 이들이 작살나는 건 모두 바로 그 가치들 때문이다. '네드 스타크'가 죽은 건 명예와 정의, 원칙에 충실했기 때문이다. '케이틀린 스타크'가 '티리온'을 체포할 때 명예와 신의·성실에 따라 협력했던 사람들도 모두 작살난다. 충격의 '피의 결혼식'도 결국 '불문율은 안 깨겠지'라는 순진한 기대 때문에 벌어진 셈이다. 그런데 더 재미있는 건 그렇다고 지략과 돈과 권력까지 갖춘 '라니스터' 가문이 계속 떵떵거리면서 잘사는 것도 아니라는 거다. 게다가 아직 본편인 얼음과 불의 전쟁은 시작도 안 했는데, 정작 그 본편에서는 인간이 주인공이 아닐 거 같다는 것이다. '불의 마녀'가 말했듯이 지금까지 다섯 왕의 전쟁은 그냥 몽매한 인간들이 벌이는 왕좌의 게임이었을 뿐이다. 진짜는 북쪽에서 내려오는 얼음괴물들과의 전쟁이고, 여기에는 남쪽에서 올라온 불뿜는 용들이 주인공이 될 듯하다. 그런데 이 용들은 엄마의 말도 잘 안 듣는 듯하다.

'마가렛 말러'(Margaret Mahler)라는 정신분석학자는 우리의 자아가 발달하는 과정은 결국 나와 내가 아닌 것과의 관계를 형성하는 과정이라고 주장했다. 이를 '대상 관계 이론'이라고 한다. 말러에 따르면 우리는 처음에 이 세상에 태어나서 세상과 나의 구분이 없는 상태로부터 성장하기 시작한다. 이를 '정상적 자폐 단계'라고 하는데, 이때는 내 마음과 현실을 구분을 못한다. 마치 꿈을 꾸는 것과 같은 상태라고 하겠다. 꿈속에서의 모든 사건들은 결국 내 마음속에서 일어나듯, 이때는 내 주변에서 벌어지는 모든 것이 곧 나 자신이다. 그러다가 나와 내가 아닌 것을 구분하게 되고, 드디어 '자아'라는 것이 생겨난다. 내가 아니라는 것은 결국 내 맘과는 독립적으로 존재하고 움직이는 것들을 말한다. 다시 말해서 세상이 내 맘과는 상관 없이 돌아간다는 사실을 깨달아야 우리에게 자아가 생긴다는 얘기다. 그제서야 나에게 관심 없는 이 세상에서 내가 어떻게 해야 할 것인지를 고민하기 시작한다. 이렇게 자아가 생기고 나면 이제 우리는 자아의 영역을 넓히고자 한다. 자아의 영역을 넓힌다는 건 결국 내 자유를 늘리는 것이기도 하다. 대략 3살 때부터 그렇다. 그래서 이때가 '미운 세 살'이 되는 거다. "싫어!" "안 해!"라는 말이 최초 자유의지의 표현이다. 그 다음에야 우리에게 '지능'이라는 것이 발달하기 시작한다. 그러니까 지능은 내 맘대로 움직이지 않는 세상에서 내 맘대로 할 수 있는 구석을 찾고 조작하는 능력이다.

■ 정의가 싸워 이기는 동안 살아남는 비결은 '겸손'

이 드라마도 시청자들에게 일종의 이런 성장 과정을 경험하게 한다. 정의가 이기고 불의가 패퇴하는 사건이 당연히 일어날 것이라고 기대할 때 우리는 소설을 진짜 세계로 경험하는 것이 아니라 자신의 소망과 구분하지 못하는 자폐 단계인 거다. 이러면 소설 속 세계에 대해 진지하게 고민하지 않는다. 즉, "왜 이런 일이 벌어질까?"라는 질문을 하지 않는다. 하지만 자기가 기대한 대로 소설이 전개되지 않을 때, 주인공인줄 알았던 애가 댕강댕강 머리가 잘려 나갈 때, 이 세계가 나와 상관없이 내 외부에 존재하는 나와 독립적인 세계라는 걸 깨닫게 된다. 그리고 그제서야 이 세상의 작동에 대해 알려고 한다. 물론 이 단계에서 자신의 기대 대로 드라마가 전개되지 않는다고 하면서 화를 내는 인간들도 있다. 그런 인간들은 발달을 거부하는 자들이고, 소설을 자기 소망 충족의 대상으로 여기는 유아들이다. 마치 여자가 내 맘대로 되지 않는다고 연애를 포기하고 2D에 만족하는 오덕(오타쿠, 어떤 한 가지에 깊이 빠진 사람)과 같은 상태라고도 할 수 있다.

이 드라마를 제대로 즐기면 그런 깨달음을 경험하는 순간이 있다.

네드 스타크가 죽은 건 그가 단지 명예와 정의와 원칙을 따랐기 때문만은 아니다. 힘이 생존을 위해서 작동하는 논리를 이해하지 못했기 때문이다. '바리스' 경이 네드에게 "도대체 얼마나 미쳤길래 당신이 안 사실을 세르세이에게 말한 거요?"라고 질문한 것도 바로 이 때문이다. '롭 스타크'도 이와 마찬가지다. 모두 원칙을 따르다가 비극에 처하는데, 원칙이나 정의는 그 자체로 의미 있는 것이 아니다. 그걸 구현해냈을 때 의미가 생기는 거다. 왜냐하면 그걸 통해 그 인간의 능력이 증명되는 것이기 때문이다. 사람들은 정의를 따르는 것이 아니라 그걸 구현한 인간을 따른다. 이 과정이 반복되다 보면 거스를 수 없는 대세가 된다. 그 전까지 원칙이나 정의는 그저 누군가의 생각에 불과하다.

그러니까 정의는 정의라는 이유만으로 반드시 이겨야 하고, 만약 그렇지 못하면 세상이 불의하다는 식의 생각은 잘못이다. 그리고 정의가 한두 번 졌다고 해서 포기하면 안 된다. 물론 "정의는 언젠가 이길 거야"라는 기대만 하며 손가락만 빨고 있어서도 안 된다. 정의가 못 이긴 건 그만큼 준비와 노력을 안 했고, 기술이 부족했기 때문이다. 어쨌든 이겨야 정의가 되는 거다.

그럼 정의가 싸워 이기는 동안 이 가차 없는 세상에서 살아남는 비결은 뭘까? 아마도 '겸손'인 거 같다. 이 드라마에서 오만한 자들은 모두 죽는다. 네드 스타크도 오만했던 셈이다. 그는 가차 없는 세상 앞에서 정의만 내세웠다. '티리온 라니스터'가 오래 사는 이유도 겸손이다. 그는 오만할 수 없는 존재다. '제이미 라니스터'도 겸손을 배우면서 오히려 쓸 만한 인물이 된다. 사실 그들은 겸손할 뿐만 아니라 노력하는 자들이다. 그들은 세상의 주인공이 아니라 이 세상의 무서움을 알고, 그 속에서 자기 자리를 찾으려고 노력한다. 이는 자기 자리에서 할 수 있는 최선을 찾으려는 몸부림이기도 하다. 사실 이게 지금 우리들에게 필요한 자세가 아닐까 싶다. 나쁜 놈들은 교활하기까지 하고, 덜 나쁜 놈들은 지능까지 덜 떨어진 요즘 세상에선 말이다. 분노에 그치지 말고 이기는 방법을 궁리하자. 진정 정의를 원한다면 그게 지금 우리가 할 일이다.

글·쨩가(장근영)

권력쟁투를 오밀조밀하게
음악으로 담다
[왕좌의 게임]

헤비조 선정 영화 _ [왕좌의 게임] I **아티스트** _ 라민 자와디

드라마 시리즈 〈왕좌의 게임〉은 재미있다. 권력에 대한 이야기가 너무 현실적이다. 간간히 용이 튀어나와서 "이건 판타지야"라고 말해주는데도 말이다. 지극히 있음직한 암투라는 측면에서, 또 여러 등장인물에게 각각 감정을 이입시킬 수 있는 탄탄한 스토리텔링 모두 훌륭하다.

오프닝으로 사용되는 'Main Theme'는 이미 유명한 노래다. 바이올린, 헤비메탈, 길거리 악사들이 이 노래를 연주하는 버전을 한데 모은 유튜브 동영상을 보면, 이 연주곡이 얼마나 많은 나라에 알려져 있는지 확인할 수 있다. 그만큼 드라마의 내용, 영상, 그리고 음악의 흡입력이 높다는 방증일 것이다.

■ TV 시리즈로 실력을 쌓아 블록버스터에 안착한 라민 자와디

이렇게 인기 절정의 음악을 만들어 낸 사람은 누굴까? 바로 라민 자와디(Ramin Djawadi)다. 2013년 로봇 영화의 신기원을 이룩한 길예

르모 델 토로 감독의 [퍼시픽 림]의 음악을 담당한 인물이다. 독일에서 1974년 이란 아버지와 독일 어머니 사이에서 태어나 자랐다. 중동계에 가까운 얼굴을 하고 있지만, 그가 만드는 음악은 중동과 별 관련이 없다. 잘 알려진 바와 같이, 자와디 역시 한스 짐머 사단이다. 리모트 컨트롤 프로덕션이 음악을 맡은 영화들, 예를 들어 [이퀼리브리엄](2002), [배트맨 비긴즈](2005) 등에서 여러 명의 보조 작곡자 중 한 명으로 참여하다가 몇 편의 B급 영화 – 데이빗 고어(David Goyer) 감독의 [블레이드 III](2003), [언데드](2009)로 이름을 알리게 된다. 케빈 코스트너가 이중적인 살인자의 삶을 사는 주인공으로 나왔던 [미스터 브룩스](2007)를 통해 '올해의 발견' 상을 받기도 했다. 본격적인 영화음악가로 이름을 알리기 전까지 그는 TV 시리즈로 차근차근 커리어를 쌓아 나갔다. 에미상 음악상 후보에 오르게 해준 〈프리즌 브레이크〉와 〈왕좌의 게임〉 등으로 대중성도 확인받았다. 마침내 [아이언맨](2008)을 통해 라민 자와디는 블록버스터에 안착했다.

■ 메인 테마만으로도 드라마의 내용 전달

〈왕좌의 게임〉은 오프닝에 흐르는 메인 테마만으로도 드라마의 내용을 효과적으로 전달한다. (〈왕좌의 게임〉 제작진이 자와디를 섭외했을 때는 드라마 방영 시작까지 10주도 남지 않은 상태였다고 한다. 한국에서라면 당연한 일이겠지만, 미국서는 무척 급한 작업 일정이었던 모양이다. 내막은 정확히 모르지만 〈왕좌의 게임〉 음악 작업을 진행하다가 스테판 워벡이 갑자기 작업을 포기하면서 급히 섭외된 이가 바로 자와디였다. 음악 작업에 앞서 제작팀이 요구한 것은 블루스적인 요소가 음악에 없어야 한다는 것과 기존의 판타지

영화에 자주 사용되던 (청아한 켈트 계열의) 보컬 스타일이 들어가지 않으면서 중세의 느낌을 살려달라는 것이었다. 미국 HBO가 제작했지만, 영국계 배우들과 영국을 중심으로 유럽에서 로케이션을 한 작품이니만큼, 가장 미국적인 음악인 블루스를 제외하는 것은 당연해 보인다. 보컬스타일은 아무래도 [반지의 제왕] 시리즈 등에서 엘프의 노래로 켈틱 음악을 차용했기 때문에 이미지가 겹치지 않도록 요청했다고 해석된다. 하긴 어느 순간부터 판타지 영화에는 당연한 듯 켈틱 음악이 흐르고 있긴 하다. 이러한 조건을 만족시키면서 중세 느낌과 시청자의 감정을 모두 건드리는 만만찮은 음악 작업을 급하게 요청받은 셈이다.)

자와디는 메인 테마에 대한 아이디어를 컴퓨터 애니메이션으로 만들어진 타이틀 롤을 보면서 떠올렸다고 한다. 매 시즌 주요 가문이 달라지면서 바뀌긴 하지만, 일곱 가문과 그 가문의 특징, 사건, 갈등이 상징적으로 녹아 있는 것이 이 시리즈의 오프닝 시퀀스다. 자와디는 마치 유아용 게임음악처럼 아기자기한 느낌으로 멜로디를 썼다. 특유의 아기자기한 멜로디를 오케스트라로 웅장하게 감싸 강렬하면서도 재미있는 음악이 탄생했다. 메인 테마의 극적인 감각과 드라마의 힘 있는 스토리 사이의 조화는 매우 성공적이었다. 시즌 2, 3, 4까지 연출진의 구성은 바뀌어도 음악은 계속 자와디에게 맡기고 있는 것에서 제작진의 신뢰를 확인할 수 있다. 시즌 1을 거치며 생긴 자와디에 대한 제작진의 신뢰는 시즌 2의 음악 작업 환경의 변화로도 알 수 있다. 체코에서 오케스트라와 함께 아예 콘서트 홀을 통째로 빌려 음악 작업(녹음이 아니다)을 하게 한 것이다.

시즌 2부터는 보컬이 들어간 노래들도 등장한다. 원작 소설인 『불과 얼음의 노래』의 일부를 가사로 가져온 시즌 2까지만 해도 다른 판타지

영화와 전혀 다른 음악 노선을 가겠다는 의지가 분명히 남아 있다. 그러나 점점 늘어나는 시청률과 함께, 시즌 3에는 록 밴드 홀드 스테디(The Hold Steady)가 'The Bear and the Maiden Fair'라는 노래를 활발한 록으로 연주하기 시작한다. 가사는 원작 소설 속에 등장하는 가상의 민요 그대로다. 물론 드라마 중간에 삽입된 것이 아니라 엔딩 크레딧이 올라갈 때 흘러나왔다. 이 노래도 자와디와 밴드의 공동 작곡인데, 드라마의 인기 덕분에 따로 싱글로도 제작되었다. 싱글 역시 고풍스러운 판타지 드라마답게 CD나 디지털 파일이 아닌 7인치 바이닐(Vinyl) 싱글 음반의 형태로 발매되었다.

시즌 4를 앞둔 2014년 3월 7일, HBO는 더 많은 시청자, 특히 젊은이들을 끌어모으기 위해 특별한 음반을 발표한다. 바로 "Catch the Throne"이라는 제목의 앨범으로, 빅 보이(Big Boi), 커먼(Common), 웨일(Whale) 등이 참여했다. 이는 〈왕좌의 게임〉 내용을 가사로 하고 있으며 공식 OST의 음악을 샘플링한(안 한 노래도 있음) 힙합-어반 소울 앨범으로, 무료 배포되었다. 불과 용의 탄생과 같은, 지금까지도 잊혀지지 않는 드라마 속 명장면을 노래의 소재로 삼았다.

글·헤비조(조일동)

함장(권영준)의 곁다리 추천 영화

정의가 승리한다는 이야기를 통렬히 비웃는 〈왕좌의 게임〉은 처세술이 승리의 키라는 사실을 여실히 보여준다. 어차피 인생은 운칠기삼(運七氣三)이라는 면에서 류승완 감독의 2010년 영화 [부당거래]의 주인공은 모두가 정의롭지 않다. 게다가 이들이 위기에 처한 상황에서 보여주는 처세술은 혼란스러운 시대를 살아가는 우리에게 묘한 동질감을 느끼게 하며, 우리는 하루에도 몇 번씩 정의에서 멀어지려고 하는 스스로를 발견하게 한다.

무비 찌라시

말귀 못 알아듣는
에이리언, 이 바보

소통이 되지 않는 생명체를 보면 우리는 공포를 느낀다.
말귀를 못 알아듣는 개체를 보면
우리는 공포와 함께 환멸을 느낀다.
'하늘도 무심하시지, 저런 놈 안 잡아 가고'가 접미사처럼 붙는 세월.

영화에서도 그런 소통이 힘든 존재가 있다.
[에이리언] 시리즈와 [프로메테우스]의 주인공인 에이리언들이다.

거의없다 선정 영화 _ [에이리언 1, 2, 3, 4], [프로메테우스]

2122년, 외계에서 채집한 2,000만 톤의 광물을 싣고 지구로 향하던 노스트로모 호는 'LV-426'이라고 명명된, 어느 혹성의 궤도를 선회하는 위성에서 알 수 없는 신호를 포착하게 된다. 노스트로모 호의 메인 컴퓨터인 '마더'(원래 이름은 'MU-TH-R 182')는 장기 수면 장치 안에서 자고 있던 승무원들을 깨운다. 승무원들은 신호를 조사하기 위해 본선에서 분리된 우주선을 타고 LV426에 착륙하고, 거기서 거대한 사이즈의 외계 우주선을 발견하게 된다. 내려갔던 사람들 중 부선장 케인은 그 우주선에 보관되어 있던 수천 개의 알들을 발견하게 되고 그중 하나의 알에서 튀어나온 페이스 허거를 얼굴에 뒤집어쓰고 인류 최초로 에이리언(alien) 숙주가 된다. 다시 동면에 들어가기 전날 케인의 뱃속에서 체스트 버스터가 튀어나와 성체(통칭은 에이리언이 아니라 '제노모프'이다)로 성장한 에이리언이 등장한다. 승무원들은 성체 사이즈가 2m, 몸무게 160kg에 달하는 데다 신체 능력은 엄청나게 강력하고, 입 안에서 또 다른 입이 튀어나오며 강산성의 피가 흘러나와 금속도 녹여 버리는 이 정체를 알 수 없는 괴물에게 하나둘씩 잔인하게 살해된다.

■ **1980년대 페미니즘을 상징하는 [에이리언 1]**

위는 1979년에 개봉한 리들리 스콧 감독의 [에이리언 1]의 내용이다. SF와 호러에 반쯤 미쳐 살던 댄 오배넌이라는 시나리오 작가의 머릿속에서 처음 구상되고, 거기에 H. R. 기거라는 당대 최고의 환상 회화 작가(스위스 사람이다)의 변태적이고 그로테스크한 미술의 영향이 더해지고, 당시에는 젊은 감독이었지만 후에는 최고의 화면빨을 자랑하는 비주얼리스트, 빛의 마법사라는 해리포터적인 별명까지 갖게 되는 리들리 스콧의 손길, 그리고 원래는 뮤지컬 배우였지만, 당시에는 완전 무명 배우였던 시고니 위버의 흰색 팬티 등이 어울려 만들어진 이 영화는 단순히 스페이스 호러라는 장르를 뛰어넘어 헐리웃 괴물 영화의 전설로 태어나게 된다(영화 제작 당시 20세기폭스 사는 괴물의 디자인이 너무 노골적으로 남근과 비슷하다면서 제작에 딴죽을 걸기도 했다고 한다. 그런데 스타워즈가 초대박을 치면서 거기에 숟가락 얹고 싶은 마음에 제작을 허가했다고 한다).

'사실 에이리언이 상징하는 것은 강력한 남성적 욕망, 그리고 여성들이 갖고 있는 출산에 대한 근원적인 공포이다'라는 것은 뭐 이제 거의 정설로 받아들여지고 있다. 정작 감독 본인은 거기에 대해 별 말이 없긴 하지만…. 케인의 뱃속에서 튀어나오는 에이리언(원래는 '제노모프'가 맞지만, [에이리언 1]에선 별다른 호칭이 없었다)의 새끼인 체스트 버스터는 누가 어디서 어떤 각도로 본다고 해도 '참 좆같이 생겼다'라고밖에는 할 수 없는 디자인이다. 다 자란 성체 에이리언의 대가리를 봐도 그렇고, 정액 같은 액체를 질질 흘리며 에이리언의 입 속에서 튀어나오는 또 하나의 입도 그렇다. 페이스 허거를 뒤집어보면 거기엔 우리 남자들이 중·고등학교 시절에 미국이나 일본 포르노에서 에이리언처럼 침을 질질 흘리며 보던 그것(!)이 붙어 있음을 확인할 수 있다.

에이리언의 탄생 과정은 또 어떤가? 에이리언은 사람의 입속으로 삽입된 후 (촉수에서 씨앗이 몸속으로 발사된다) 뱃속에서 자라 배를 뚫고 태어나게 되는데, 이는 인간 여성이 임신하고 출산하는 과정과 매우 비슷하다. 그리고 에이리언과 맞서 싸우는 상대는 매우 자주적인 성격의 여성이자, 남성의 권위에 굴복하지 않는 강인한 여성이다. 우주선 안에 있던 다른 여성인 항법사 램버트라는 캐릭터는 고전적인 여성이자, 남성우

월주의의 타성에 젖어 있는 여성이다. 이 여성은 그냥 울고불고 떼쓰면서 남자들이 시키는 대로 했다가 의미 없이 죽어간다.

우주선 노스트로모 호를 통제하는 컴퓨터의 이름은 '마더'이다. 마더는 그냥 회사가 시키는 대로 할 뿐, 자기 의지대로 움직이는 존재가 아니다. 회사는 이미 행성에서 온 신호를 해석하여 무슨 뜻인지 알고 있었다. 즉, 에이리언을 배양하려는 회사 측의 음모를 '마더'라는 이름을 갖고 있는 통제 시스템이 실행하게 되는 것인데, 이건 마치 전통적인 가정의 모습에서 남성의 권위에 철저하게 복종하는 어머니의 모습을 상징하는 것 같다.

그리고 그 음모를 알고 에이리언과 맞서는 사람은 자주적인 신여성인 리플리다. 이렇게 해석을 계속 확장시키면 '리플리 대 에이리언의 대결은 출산을 거부하는 페미니즘적인 영화다(리플리는 우주선에서 탈출할 때 섹스할 남자가 아니라 자기 애완동물을 데려간다)'라는 해석이 꽤나 그럴싸하게 들린다. 뭐, 아니면 말고….

하지만 후에 리들리 스콧 감독이 [델마와 루이스] 같은 페미니즘 영화를 만들었다는 사실을 감안해보면 그렇게 신빙성이 떨어진다고도 말할 수 없다. 에이리언이 처음 만들어졌던 1960~1970년대가 페미니즘 운동의 중흥기이고, 그 일환으로 피임 운동이 활발하게 벌어졌으며 에이리언을 피해 달아나고, 좆같이 생긴 에이리언을 탈출선의 추진체로 날려 버리는 리플리는 당시의 시대 상황과 일맥상통한다. "나는 내 맘대로 살 거임! 나한테 아이를 낳으라고 하지 마셈! 풋슝! 끄아아악!"

그리고 1980년에는 페미니즘에 밀려났던 남성들의 반발심이 "그래도 (미국) 남자가 짱짱맨임!"이라고 외치면서 다이하드와 같은 영화를 만들게 된다. 여자들은 그냥 우리 남자들이 구출해줄 때까지 기다리기나 하시지? 찌질한 놈들이 꼬신다고 넘어가지나 말고 말이야.

■ 이종교배와의 진화, [에이리언 2]

그리고 그때 함께 만들어진 영화가 바로 [에이리언 2], 원제는 [에이리언즈]이다. '에이리언 완전 많이 나옴'이라고 제목부터 바꿔 버린 영화다. 제임스 카메론은 이 영화를 만들면서 자신의 전작인 터미네이터의 주제 의식을 가져와 더 확장시키게 되는데, 여기서 [에이리언 1]의 주제 의식과는 좀 다른 양상이 나타나게 된다. 제임스 카메론 역시 강인한 여성을 주인공으로 하는 영화들을 만들던 감독이었지만, 그가 생각하던 강한 여성상은 [에이리언 1]의 리플리 모습, 다시 말해 독립적이고 자주적인 페미니스트가 아니라 어머니였기 때문이다. 그런데 리플리는 출산을 거부하면서 남근을 박살내는 여성이다. 남근이 싫다며 박살내 버리는 여성은 '감각'의 주인공은 될 수 있을지 몰라도 '강인한' 어머니의 모습을 대변할 수는 없다. 어머니가 되려면 일단 남근 친화적인 성격을 띠어야지.

이런 주제가 흥행에 좋지 않은 영향을 미친다고 판단했는지, 아니면 그냥 본인의 취향대로 했는지는 몰라도 [에이리언 2]에서 제임스 카메론은 이 부분을 확실하게 제거해 버리고 시작한다. 사실은 리플리에게 딸이 있었다는 설정을 추가하고, [에이리언 2]의 주 무대가 되는 식민지 행성에서 리플리의 모성을 나타낼 수 있는 대상으로서 '뉴트'라는 여자아이를 만나게 해주는 것이다. [에이리언 1]에서 버스 컨트롤(birth control: 산아 제한)을 설파하던 자주적인 여성을 한순간에 모성애 가득한 '마더'로 만들어 버린 거다.

이 주제 의식은 영화 중 리플리와 뉴트의 대화에서 매우 분명하게 나타나는데, 뉴트가 리플리에게 여자가 아이를 낳는 것과 괴물들이 사람을 뚫고 나오는 것의 차이점을 묻자, 리플리가 친절하게 대답하는 장면이 있다(확장판에서만 볼 수 있는 장면이므로, 이 장면이 기억나지 않는다고 해서 본인의 기억력을 탓하진 마시길 바란다).

"응, 그건 사람이 아이를 낳는 것과 다르단다."

이 리플리의 대사는 '에이리언이 인간을 은유하는 것 따위는 모른다. 이 영화는 액션 영화다!' 그리고 '리플리는 그렇게 싸가지 없는 페미니스트가 아니라 오히려 강한 모성애를 지닌 엄마일 뿐이다!'라는 2가지 의미를 전달한다. 그리고 어머니 여전사로 다시 태어난 리플리는 마치 정당성을 얻었다는 듯이 [터미네이터 1]에서 사라코너 옆에 붙어 다니던 마이클 빈(힉스)의 도움을 받아 다른 종족의 알들을 전부 박살내고 열받아서 알을 낳다가 뛰쳐나온 퀸 에이리언까지 "그 애한테서 떨어져 쌍년아"라는 명대사를 남기며 가차 없이 도살해 버린다. 그리고 [에이리언 1]과는 다르게 아이와 남편(으로 써먹을 수 있을 것 같은 남자), 그리고 반토막이 나 버려서 더 이상 인간에게 도움을 주지 못하는 기계 인간(아이러니하게도 이 박살난 기계 인간은 [에이리언 1]에서 리플리가 기계 인간에게 당하면서 생긴 트라우마가 치유됐음을 상징한다)을 데리고 새로운 패밀리를 구성하여 함께 탈출하게 된다. 탈출선에서는 뉴트와 함께 모녀지간 커플로 [에이리언 1]의 팬티룩을 재현하는 팬서비스도 잊지 않는다. 여전사 이미지가 굳어지기 전까지 그녀는 참 하늘하늘한 여배우였다는 사실을 새삼 깨닫게 되는 장면이다. 물론 그때도 키가 너무 크긴 했지만…

[에이리언] 전 시리즈를 관통하는 중요한 코드는 바로 '이종교배'와 '진화'다. 에이리언은 다른 숙주의 몸에 기생했다가 숙주를 죽이고 태어나는 기생생물이면서, 다른 종과의 결합을 통해 태어나는 이종교배의 산물이다. 또 숙주의 형태에 따라 모양도, 특성도 조금씩 바뀌게 되는데, 그게 진화든, 퇴화든 어쨌든 숙주의 형태를 일정 부분(전부는 아니고) 지니게 된다. 나중에 이 코드는 [에이리언 4]에서 아주 희한한 생물체로 최종 진화를 이루게 된다.

■ 악의 씨앗을 잉태한 채 용광로 속으로 [에이리언 3]

데이빗 핀처 감독은 매일 폭스 사에서 걸려오는 전화를 붙잡고 전투를 벌여가며 영화를 찍었고, [에이리언 3]부터 대배우로 성장하여 제작에까지 참여하게 된 시고니 위버는 '도대체 이 영화 끝까지 찍을 수나 있는 걸까?' 하는 불안한 심정으로 촬영에 임했다고 한다(여담이지만 시고니 위버는 감독이 원하는 영화를 찍도록 해줘야 한다고 주장하는 편이었다고 한다).

결국 감독의 고집대로 이 영화는 마치 성서에 등장하는 영웅과 악마의 대결 같은 모습으로 그려지게 된다. 리플리가 불시착한 행성은 중세 시대 수도원을 연상하게 하는 죄수들의 행성이며, 죄수들은 하나같이 원죄를 짊어진 인물들이었다. 그 안에서 고대의 악마의 모습을 연상케 하는 에이리언이 나타나 죄수들을 도륙하는 가운데, 성녀의 모습을 한 리플리가 이 죄수들을 모아 악마에게 맞서게 되는데, 결국 악의 씨앗을 잉태한 채로 용광로 속으로 다이빙을 감행한 리플리의 거룩한 희생으로 싸움이 마무리되고, 인류는 구원을 얻게 된다. 마치 [장미의 이름]을 보는 듯한 성서적인 영화였지만 어쨌든, [에이리언 3]은 [에이리언 2]를 넘어서는 흥행 수익을 올리는 데 성공했고, 데이빗 핀처는 끝내 자신이 원하는 영화를 만들어 내고도 성공적인 데뷔전을 치뤘다(성에 안 찼는지 다음 작품인 [세븐]에서도 성서를 주제로 한 영화를 만들었다). 배우로서 이미지가 오로지 여전사로만 굳어지는 것이 끔찍하게 싫어서 제작자로까지 참여해서 리플리를 죽여줄 것을 부탁하던 시고니 위버는 마침내 성녀의 모습으로 리플리의 최후를 그려내고 홀가분하게 이 시리즈에서 손을 떼었다. 결국 모두가 해피메리 크리스마스, 행복한 결말이었지만, 돈 되는 시리즈를 그냥 버릴 수 없었던 폭스 사는 한참이 지난 후에 다시 이 시리즈의 영화를 한 편 더 만들게 된다.

■ 무서우면서도 왠지 우스꽝스러운 [에이리언 4]

그리고 정말 괴상망측한 감독에게 이 시리즈의 마지막을 맡기게 되는데, 그는 바로 [델리카트슨 사람들]을 만들어 전 세계적인 비주얼리스트로 유명해진 장 피에르 주네 감독이었다. 폭스 사 또한 [에이리언 3]을 거치면서 뭔가 배운 게 있었는지 장 피에르 주네 감독에게 "그냥 니 멋대로 만들어봐"라고만 얘기했다고 한다. 그리고 그 결과는 우리 모두가 알고 있는 [에이리언 4]다.

에이리언 시리즈 이야기는 이쯤하겠다. 궁금하신 분들은 직접 보시고, [에이리언 1], [에이리언 2]만큼의 재미는 보장하지 못하지만, 감독의 개성이 넘치는 멋진 영화들이니 찾아봐도 후회는 하지 않으실 거다. 음산하고 어두운 거 좋아하시고 [세븐]을 재미있게 보신 분들은 [에이리언 3]을 꼭 챙겨보시고, 기괴하고 무서우면서도 왠지 우스꽝스러운 [델리카트슨 사람들]과 같은 영화를 좋아하시는 분들은 [에이리언 4]도 챙겨 보시면 되겠다.

■ [프로메테우스]는 [에이리언]의 프리퀄

본격적인 이야깃거리는 얼마 전 [에이리언 1]을 만들었던 리들리 스콧 감독이 이 시리즈의 프리퀄[주8]을 만들어 크게 화제가 되었던 [프로메테우스]다(잠깐! [프로메테우스] 영화 본편에 대한 아주 노골적인 스포일러가 빵빵 터질 예정이니 영화를 아직 보지 않으신 분 중 정보 없이 영화를 감상하고 싶으신 분은 여기서 책을 덮으시고, 영화를 본 후에 다시 읽으시기 바란다).

이 영화는 [에이리언]의 프리퀄이냐, 아니냐를 두고 말이 많았다. 감독은 "새로운 오리지널 시리즈의 시작이다"라고 했는데, 영화 말미에 에이리언이 당연하다는 듯이 튀어나온다(일단 나는 프리퀄이 맞다고 생각한다). 이건 진짜 감독의 책임이 크다. 원작을 만든 지 무려 40년 가까이 지나서 그 프리퀄을 만들었는데, 원작의 궁금증을 해소해주기는 커녕 더 어마어마하게 큰 떡밥들만 잔뜩 뿌려버린 꼴이 되어 버렸으니 말이다(사실 리들리 스콧은 J. J. 에이브람스보다 더 스케일이 큰 떡밥의 제왕이다. [에이리언], [블레이드 러너]도 앞뒤로 전혀 설명이 없다. 마지막 장면에 해리슨 포드의 정체성 문제를 애매하게 처리해 버려서 두고두고 토론거리를 만들어주기도 했다. [로빈후드]는 심지어 뭔가 이제 본격적인 이야기가 시작될 것 같은데 영화를 끝내 버리는 만행을 저지른다. 사람들은 '[로빈후드 2]에서 뭔가 재미있는 게 나오겠거니' 하고 기대하고 있는데, [로빈후드 2]는 안 만든다

주8 **프리퀄 (Prequel):** 전편보다 시간상으로 앞선 이야기를 보여주는 속편

고 한다. 성질이 고약한 양반임에 틀림없다). 이 영화는 사실, 중의적인 의미를 가진 상징들과 설명 안 된 부분들이 너무 많이 넘쳐나는 영화기 때문에 어떤 해석도 완전하지는 않다. 이에 대해 감독은 입을 꽉 다물고 아무 말도 안 하고 있기 때문에 더욱 그렇다. 이 양반 이걸 좀 즐기는 거 같다.

원래 이 작품은 단순히 에이리언 시리즈의 프리퀄, 아주 전통적인 의미로서의 프리퀄로 제작될 예정이었다고 한다. 그런데 리들리 스콧은 그렇게 기계적인 영화를 찍고 싶지 않았다고 한다. 그리고 사람들이 왜 에이리언과 함께 있던 외계 문명에는 관심을 갖지 않는지가 항상 의문이었다고 한다(자기가 아무 말을 안했으니까 그렇지 뭘 또 궁금해하시기는…). 그래서 에이리언이라는 크리처(creature) 자체보다는 당시 외계 종족이었던 스페이스 자키의 존재를 설명하는 방식으로 영화의 제작 방향을 틀어 버렸다고 한다. 사실 영화 자체에서 무슨 인류의 기원을 밝힌다는 식의 감당 못할 말을 한 적은 없다. 인류의 기원을 밝힌다는 카피는 영화 수입사에서 박아 넣은 것이다.

사실 이 영화가 진짜로 밝히고 있는 것은 인류의 기원이라기보다 서양 역사에 지대한 영향을 준 종교, 그래서 서양의 영화들이 참 지겹게 인용하고 이용하고 활용하는 '기독교'라는 종교의 탄생에 대해 은유하고 있는 영화다. 왜 하필 기독교냐고? 이 영화에서 태어나는 거라고는 오로지 괴물 한 마리밖에 없는데?

프로메테우스라는 존재는 그리스 신화 속 타이탄 종족 중의 한 명으로 제우스와 타이탄 종족 사이에 싸움이 일어났는데, 제우스가 이길 것 같으니까 잽싸게 제우스한테 붙어 버린 인물이다. 프로메테우스라는 말의 어원 자체가 '먼저 생각하는 사람'이라는 뜻이 있다고 하는데, 그래서 전쟁이 끝난 다음에도 제우스에게 별다른 처벌을 받지 않고 신으로서의 지위를 인정받게 된다. 그리고 프로메테우스는 다른 누구보다 인간을 사랑한 신인데, 너무 사랑한 나머지 헤파토스의 대장간에서 불을 훔쳐 인간에게 전해주게 된다. "니들 써."

사실 '불'이 상징하는 것은 인간의 지능과 합리적으로 생각할 수 있는 능력인데…. 신화 속의 프로메테우스는 그걸 빼돌려 인간한테 전한 대가로 제우스한테 잡혀 엄청난 대가를 치르게 된다.

■ 무시무시한 에이리언 원형의 탄생

우리는 이 영화의 첫 장면에서 그 프로메테우스격이라고 생각되는 스페이스 자키가 자기 몸을 희생하여 지구에 DNA를 뿌려주는 장면을 먼저 보게 된다. 이 인물은 마치 프로메테우스처럼 자기 몸을 박살내어 지구에 뿌려주고 죽음을 맞이한다. 그리고 몇천 년의 시간이 흘러 인간들은 자신들의 창조주를 찾기 위해 고대 벽화에 그려진 그들의 행성을 찾아 탐사대를 파견한다. 탐사대 안에는 주인공인 앨리와 남편인 찰리가 있고, 이 모든 일을 계획한 웨이랜드, 그리고 나중에 웨이랜드의 딸로 밝혀지는 빅커스라는 인물과 인조 인간 데이빗이 함께 타고 있다. 그리고 우주선의 조종사 3명은 각각 흑인, 백인, 황인이다. 이들이 탄 우주선은 정확하게 크리스마스날 아침에 이 LV-233 행성에 도착하게 된다. 그리고 그들이 자신들의 창조주라고 의심하고 있는 스페이스 자키들의 우주선을 발견하고, 여차저차해서 스페이스 자키들이 사용하던 검은 물질이 담긴 항아리들이 잔뜩 쌓여 있는 것을 발견하게 된다. 그리고 인조 인간 데이빗은 이 검은 물질을 갖고 멋대로 실험을 해서 불임이었던 여주인공에게 괴생물체를 임신시켜 버리게 된다.

그리하여 데이빗이 아직까지 살아 있던 스페이스 자키를 웨이랜드 회장에게 데리고 가서 이 검은 물의 사용 방법을 물어본다. 자다 일어난 외계인은 영생의 비밀을 알려주는 대신, 데이빗의 머리를 뽑아 단 한 방에 웨이랜드 회장을 죽이고 우주선을 다시 작동시켜 프로메테우스 호를 날려 버리려고 한다. 하지만 프로메테우스가 먼저 자폭공격을 해 버리는 바람에 우주선은 다시 추락하게 되고, 여주인공의 몸에서 태어난 괴생명체는 이 마지막 남아 있던 스페이스 자키를 덮쳐 숙주로 만든다. 드디어 영화의 마지막 장면에서 우리가 알고 있던 그 무시무시한 에이리언의 원형이 등장하게 되는 것이다.

리들리 스콧의 [킹덤 오브 헤븐]과 에이리언

[킹덤 오브 헤븐]은 십자군 전쟁을 다룬 영화다. 리들리 스콧은 이 영화를 통해 전혀 다른 종교적 가치관을 가진 인간들도 결국 화합과 소통을 이룰 수 있다는 결론에 도달한다. 물론 그 소통에 이르기까지는 엄청나게 많은 사람들의 비통한 죽음과 불필요한 살육이 있었고, 영화는 그 이야기 또한 매우 중요하게 다룬다. 즉, 인간들이 서로 종교가 다르다는 이유만으로 얼마나 서로를 미친 듯이 증오할 수 있는지, 얼마나 서로에게 잔인한 짓을 하는지를 역설적으로 말하고 있는 영화이기도 하다. 자살했기 때문에 천국에 가지 못한다는 이유로 태연하게 자기 형수의 시신을 참수하고 유품을 도적질하는 성직자의 모습이 과연 에이리언과 무엇이 다르단 말인가.

■ 강력한 배타성이 공포의 근원

에이리언이 왜 그렇게 오랫동안 우리에게 공포의 대상이었을까를 생각해보면 물론 이중턱 같은 무시무시한 살상능력 때문이기도 하겠지만, 좀 더 근원적인 부분을 생각해보면 나와는 완전히 다른 종족, 도저히 어떠한 소통도 되지 않고 내 존재를 알기만 하면 오로지 죽이거나 숙주로 삼는다는 점과 나와 다른 것들은 죽이거나 이용하거나 이 둘 중에 하나뿐이라는 아주 강력한 배타성이 가장 큰 원인이 아닐까 생각한다. 종교라는 탈을 쓰고 그 어느 전쟁보다, 그 어느 독재자보다 더 많은 인류를 살상한 어느 종교, 종교라기보다 그 그릇된 맹신을 이야기한다는 점에서 프로메테우스는 서양의 역사에 가장 지대한 영향을 준 기독교의 역사를 비유하여 괴물의 탄생을 이야기하고 있는 것이다.

소통이 되지 않는 존재는 무섭고 공포스럽다. 과연 우리는, 언젠가는 이 존재들과도 소통을 통해 화합과 평화를 이끌어낼 수 있는 것일까? 아니면 둘 중에 하나가 씨가 마를 때까지 그냥 서로가 서로를 죽이는 짓만을 되풀이해야 하는 것일까? [프로메테우스]라는 영화는 그 괴물 같은 배타성을 지닌 존재의 탄생을 이야기하고 있지만, 그 이후의 이야기는 어떻게 진행될지 궁금하다. 늙은 명감독은 과연 인류의 미래를 어떻게 바라보고 있을지, [프로메테우스]의 다음 편이 더욱 기대되는 이유다.

글·거의없다(백재욱)

거대하지만 2% 부족한 영상과 4% 넘치는 음악 [프로메테우스]

헤비조 선정 영화 _ [프로메테우스] | **아티스트** _ 마르크 스트라이튼펠드

제리 골드 스미스, 한스 짐머, 혹은 뉴에이지 연주자 반젤리스 등과 음악 작업을 해온 상업 영화의 거장 리들리 스콧 감독의 음악 페르소나로 새롭게 등극한 이가 있다. 1974년생으로, 1937년생인 리들리 스콧 감독의 거의 손자뻘인 이 젊은 음악가의 이름은 마르크 스트라이튼펠드다. [프로메테우스]는 마르크 스트라이튼펠드의 음악이 말 그대로 가장 만개한 작품이다. 19세의 나이로 한스 짐머의 음악 어시스턴트가 된 스트라이튼펠드는 독일 뮌헨 출신이다. 한스 짐머에게서 음악 수업을 받은 만큼 그의 음악 역시 묵직하고 웅장한 오케스트레이션을 효과적으로 다루는 경향을 보여준다.

[글래디에이터](2000)와 [블랙 호크 다운](2001), [한니발](2001), [킹덤 오브 헤븐](2005) 등 리들리 스콧 감독이 연출하고 한스 짐머가 음악을 맡았던 영화에서 리들리 스콧 감독의 눈에 띈 스트라이튼펠드는 스콧 감독이 전폭적으로 음악을 맡긴 [어느 멋진 순간](2006)부터 자신의 이

름을 걸고 스코어 작업을 시작했다. 그의 진가가 드러나기 시작한 것은 [아메리칸 갱스터](2007)의 음침함을 제대로 살려내면서부터였다. [바디 오브 라이즈](2008), [로빈후드](2010)로 호흡을 맞춰온 그는 마침내 스콧 감독의 오랜 숙원격인 작품 [프로메테우스](2012)의 음악을 담당하기에 이른다. 인류의 시작인지, 아니면 인류를 잡으려고 에이리언을 만든 것인지 다소 모호하지만, 리들리 스콧 감독은 1978년의 [에이리언]의 세계관을 있는 대로 확장시켜 거대한 장관으로 구현하고 있다.

■ 오케스트라 음악을 과감하게 백워드 매스킹으로

영화의 내용이 1978년처럼 에이리언을 잡는 게 아니라 인류의 기원으로 가는 만큼 음악도 한스 짐머 부럽지 않은 규모로 확대했다. 사이사이에 코러스를 동원하여 압도적인 경외감을 만드는 장면들은 말 그대로 강렬하다. 90인조 오케스트라를 동원하여 그 유명한 런던의 애비로드 스튜디오에서 녹음했다. 코러스 역시 3개의 합창단을 섭외했다. 스트라이튼펠드는 영화의 시나리오만 받아든 상태에서 곡 작업을 시작했다. 그래픽으로 구현된 영상이 아닌, 시나리오만 받아들고도 기존에 경험해보지 못한 거대한 규모의 악단이 연주하는 음악을 상상했다고 한다. 시나리오의 내용과 규모에 충실한 음악을 위해 90인조 오케스트라 음악을 녹음한 후 거꾸로 돌리는 백워드 매스킹으로 작업하는 과감성까지 선보였다. 정방향과 역방향 소리가 한 번에 진행되면서 만들어지는 희한한 공간감은 영화 속, 행성 속 공간의 신비로움을 묘하게 채우고 있다.

이전까지의 작업과 달리 장면의 의미에 따라 오리지널이 아닌 쇼팽의 곡을 삽입하기도 하는 등 자신의 음악 경력뿐만 아니라 영화의 웅장한 완성도를 위해 자신이 할 수 있는 노력을 모두 기울였다고 할 수 있다. 다만, 나는 영화의 스토리가 과감한 생략과 상징성으로 채워지면서 얼마나 영상과 음악이 잘 어우러지는지 모르겠다. 그러나 영화의 도입 'A Planet'부터 90인조 오케스트라의 압도적인 규모가 소리로 쏟아지는 순간, 스트라이튼펠드가 보여줄 수 있는 모든 음악적 역량을 쏟아낸 음악이라는 것 만큼은 확실히 알 수 있다.

글·헤비조(조일동)

함장(권영준)의 곁다리 추천 영화

사실 극장에서 처음 본 괴수물은 [레비아탄(Leviathan)](1989)이었기 때문에 그 후에 접한 [에이리언(Alien)](1979)은 전혀 신선하지 않았다. 누가 보더라도 이야기 구성은 10년 전 영화 [에이리언]을 카피한 것이었지만, 이 영화는 에이리언 이야기에 [플라이(The Fly)](1986)의 콘셉트를 붙인 것이라 나름대로 볼 만한 B급 영화로 남아 있다. 심해의 탈출할 수 없는 상황에 지속적으로 업그레이드되는 괴수로부터 도망쳐야 한다니…. 게다가 탈출 장면에서 보여주는 여주인공의 패션(?)은 노골적인 에이리언 카피라고 볼 수 있다.

무비 찌라시

트랜스포머도
사람 구실 하는데···.

말 같지도 않은 말을 하는 사람이 행정부의 수장을 맡겠다고 한다.
하지 말아야 할 행동을 하는 사람이 국가 안보를 책임지겠다고 한다.
뭐, 섭정의 시대에 하나도 놀랄 만한 일은 아니지만,
사람이 할 행동은 아니다.

짱가 선정 영화 _ [트랜스포머]

영화 [트랜스포머]를 대하는 평론가들은 이 영화를 지금까지의 다른 만화 원작 영화들과는 조금 다르게 대하고 싶어 하는 듯하다. 이 영화에 대한 글에서는 다른 영화에 비해 '만화 같은' 혹은 '유치한', '내용 없는' 같은 단어들이 많이 등장한다. 잘 이해되지 않는 일이다. [트랜스포머]만 만화 같은 이야기인가? 한강에서 괴물이 튀어나오는 이야기, 거미에 물려 거미인간이 된 이야기, 중간계를 배경으로 오크와 엘프와 인간이 전쟁을 벌이는 이야기, 해골 유령들이 운행하는 해적선 이야기 모두 비현실적이고 만화 같기는 마찬가지 아닌가? 그런데 왜 유독 [트랜스포머]만 신기한 애 취급을 받는 것일까? 아마 이 영화가 조금 다르기 때문일 거다. 그것은 바로 무생물들이 주인공이고, 인간이 조연이라는 점이다.

■ 기존 로봇 만화 3세대와 [트랜스포머]의 다른 점

거대 로봇 만화에서는 비록 로봇이 가장 큰 비중을 차지하지만, 그 속에서 조종하는 주인공이 따로 있다. 여기서 잠깐 거대 로봇 만화의 계보를 간단히 살펴보자. 거대 로봇 만화들은 크게 3세대로 나눌 수 있다. 그 세대를 가르는 경계는 [마징가 Z]와 [기동전사 건담], 그리고 [신세기 에반겔리온]이다.

우선 거대 로봇 만화의 원조라고 할 수 있는 [마징가 Z]부터 살펴보자. 이건 정확히 프로이트의 성욕 이론에 어울린다. 원작자인 '나가이 고'의 작품 세계를 관통하는 주제는 섹스와 폭력인데, 이건 프로이트가 말한 '에로스' 및 '타나토스'와 동일하다. 실제로 마징가 제트 속에는 유방로켓을 무기로 쓰는 비너스 로봇이나 자웅동체인 아수라 백작(남작)과 같은 지금 기준으로도 기괴하고 변태적인 설정들이 가득하다. 이러한 거대 로봇 만화는 [기동전사 건담]에 와서 현대 정치의 은유로 발전했다. 원래는 장난감을 팔기 위해 시작한 만화였지만, 워낙 제작진이 밀리터리 덕후, 그것도 제2차 세계대전 밀덕들이라 로봇 만화 속에 전쟁사를 끼워 넣다보니 그리 된 모양이다. 지구 연방과 지온 공국 양측이 전쟁을 하는 과정은 정치적 진영 논리 그대로다. 그래서 (덕후 기질) 운동권들이 건담에 특히 빠져드는 거 같다.

마지막은 진정한 신세대 로봇 만화의 효시인 [신세기 에반겔리온]이다. 이 만화의 주제는 '음모'다. 처음엔 적인 줄 알았는데 알고 보니 한통속이다. 같은 편인 줄 알았는데 적이라는 식의 설정은 '잃어버린 10년'으로 멘붕을 겪던 당시 일본인들에게 어필했다. 이후로 오랜 시간 동안 여전히 로봇은 주인공의 수족으로서 기능한다는 설정은 지속되었다. 흥미로운 건 [에반겔리온]의 '에바'에 대한 설정들은 원조인 [마징가 Z]와 본질적으로 같다는 점이다. '에바'는 인간의 제조품이 아니라 외계인에 의해 창조된 야수인데, 마징가 Z 역시 기계수들과 싸우니 말이다. 그럼에도 그 반(半)생명체들은 인간 주인공의 조연으로만 작동했다.

하지만 [트랜스포머]는 그렇지 않다. 일단 주인공은 인간이 아니라 로봇이다(그래서 마이클 베이가 미군을 주인공으로 만들려고 할수록 영화는 재미 없어진다). 게다가 그 로봇의 속성이 특이하다. 물론 설정으로는 외계인이 기계의 외피를 흉내 낸 것이지만, 보는 입장에서는 거꾸로다. 즉, 외계인이 자동차나 비행기로 변신한 게 아니라 자동차나 비행기가 외계인으로 변신하는 거다. 바로 이 차이가 기술적으로나 내용상으로 그 이전의 SF 영화들과 큰 차이가 없음에도 불구하고 이 영화가 어딘가 모르게 달라 보이는 가장 큰 이유일 것이다.

■ 트랜스포머는 애니미즘의 재현

인간은 원래 움직이는 모든 것을 살아 있는 것으로 여기고 이에 대응하도록 진화해왔다. 그러다 보니 뇌의 깊은 곳에 있는 무생물도 움직이기만 하면 사람처럼 대한다. 실제로 원시적인 사고 단계라 할 수 있는 3~5살 정도의 어린아이 사고방식 중 특이한 것이 물활론(物活論), 즉 애니미즘(animism)이다. 즉, 움직이는 것에는 생명이 있다고 믿는 거다. 천둥이 치면 하늘의 누군가가 화를 낸다고 여기고, 바람이 불면 누군가 움직이거나 말을 한다고 여긴다. 마찬가지로 움직이는 장난감에도 생명이 있다고 믿는다. [토이스토리]가 그런 상상의 구현이 아닌가. 어른이 되어서도 이런 성향이 가끔 나타난다. "세탁기가 말썽을 피운다"라고 표현하거나 "컴퓨터가 말을 안 듣는다"라고 표현하는 것도 그냥 은유나 비유가 아니라 원시인 뇌의 사고방식이 드러난 거다.

『미디어 방정식』을 쓴 바이런 리브스(B. Reeves)와 클리포트 내스(C. Nass)에 따르면 사람은 컴퓨터를 마치 사람처럼 대한다. 컴퓨터가 칭찬을 하면 (그게 단순히 프로그램에 의해 자동적으로 나타나는 메시지일 뿐이라는 사실을 분명히 알고 있음에도 불구하고) 기분이 좋아지는 것이 사람의 본능이다. 심지어 우리는 무생물에 불과한 컴퓨터를 평가할 때도 그 컴퓨터가 '보는' 곳에서는 컴퓨터가 자기를 '보지 못하는' 곳에서 평가할 때보다 더 잘 평가해줘야 한다는 압박감을 느끼기도 한다. 이런 의인화의 대상은 컴퓨터뿐만 아니다. 컴퓨터를 작동시키는 방식도 예전에는 일방적인 명령어 입력이었는데, 이제는 컴퓨터와 대화를 하게 하는 방식으로 변했다. 기계적 효율성만 따지자면 명령어 입력이 더 간결하고 효율적이다. 하지만 거의 모든 OS가 대화 형식으로 진화한 이유는 그 컴퓨터를 조작해야 하는 인간들이 후자 방식에 더 익숙하기 때문이다. 마음 깊은 곳에서는 컴퓨터와도 대화를 하려 드는 거다. 우리 뇌속의 애니미즘 성향은 상대의 움직임이 많을수록 더 강한 생명력으로 인식한다. 그러니까 뇌의 논리에 따르면 진짜 생명이 있는 나무나 풀보다 (생명은 없지만) 빨리 달리는 자동차가 더 생명력이 강한 존재인 셈이다. 어른들도 마찬가지다. 왜 폭스바겐 비틀이나 미니 같은 자동차를 밝고 귀여운 '인상'이라고 표현하겠는가? 사람들이 자동차의 표정을 보기 때문이다. 리브스와 내스에 따르면 우리가 이렇게 반응하는 이유는 아직 인류가 이렇게 생생하게 움직이는 무생물을 다른 생명체와 구분할 수 있을 만큼 진화하지 못했기 때문이다. 인류가 산업 사회로 접어든 것이 고작 200년 남짓임을 생각하면 이들의 설명은 그럴 듯하다. 트랜스포머는 그런 애니미즘의 궁극적 재현이다.

■ 자동차를 먼저 보고 동물을 본 아이들의 상상력

예전에 뉴욕의 메트로폴리탄 박물관에 갈 기회가 있었던 나는 그 박물관에서 아주 익숙한 장소를 발견했다. 그곳이 바로 내가 한때 즐겨하던 게임 〈레인보우 식스〉의 배경이었기 때문이다. 사이버 공간에서 자주 접하던 곳을 실제로 만나는 기분은 매우 묘했다. 원래는 사이버 공간이 실제 공간을 참 잘 묘사했다는 감상이 들었어야 하지만, 실제 감상은 그 반대였다. '게임 속에서 본 거랑 정말 똑같이 만들어져 있구나'란 느낌이었다. 내게는 게임이 먼저였고 (사실은 게임이 모방했던) 실제는 그 다음이었다. 그 순간 복제가 원본을 넘어선 것이다. 그것이 가능했던 것은 라깡의 철학 덕분이 아니라 자연스럽게 축적된 내 경험 때문이었다.

아이들이 쌀은 쌀나무에서 나오는 것으로 생각하게 된 것도 결국은 농업 중심의 환경에서 기계 중심의 환경으로 이동했기 때문이다. 이는 비단 우리나라만의 현상이 아니다. 듣자 하니 영국의 초등학생들은 소시지와 햄이 돼지를 잡아 만든 것이라는 사실도 모른다고 한다. 절반 정도의 아이들이 햄을 '슈퍼마켓의 냉장고에 있는 비닐 포장된 먹거리'라고만 알고 있다는 거다.

이런 성장 환경의 차이는 상상이나 연상의 근본적인 차이를 만든다. 도시에서 태어나 도시에서만 자란 아이들에게는 풀이나 나무보다는 철근과 콘크리트가 더 익숙하고 '자연'스럽다. 그 아이들에게 도시는 새로운 자연이고, 콘크리트 빌딩이 우거진 정글이다. 콘크리트와 철근의 정글을 배회하는 가장 대표적인 동물은 자동차들이다. 그러니 도시 아이들이 자동차를 생명체로 여기는 상상에 익숙해지는 것은 당연하다.

이 영화의 원전이 된 로봇 변신 장난감이 당시 세계에서 가장 빠르게 산업화된 일본에서 시작된 것도 아마 그런 이유일 거다. 그러다 보니 우리가 생각하는 것과는 정반대 방향의 사고방식이 나타난다. 원래 대부분의 기계는 다른 무언가를 대체하기 위해 만들어졌고 상업적으로는 어떤 이미지를 흉내 내려 들었다. 예를 들어, 자동차는 말이나 소를 대체하는 기계였다. 그리고 소비자들에게는 말, 표범, 코뿔소나 유령 같은 이미지로 인식되기를 바랐다. 이전 세대는 자동차보다 말이나 표범, 코뿔소 먼저 본 세대다. 그런데 요즘 아이들은 자동차를 먼저 보고, 동물을 나중에 본다. 그러면 나중에 본 동물에게서 자동차를 연상한다. 기계가 동물을 모방한 것이 아니라 동물이 기계를 모방한 것처럼 느낀다. 이는 생명체에 대한 근본적인 개념의 차이를 가져온다. 이것이 바로 자동차가 로봇으로 변신하고 그 로봇이 자체적인 생명을 갖고 있다는 상상이 매우 어색하고 황당한 세대와 그런 상상이 너무나 자연스러운 세대 간의 차이이다.

남녀의 차이

로봇은 남자의 이야기다. 남녀의 진화 과정에 대한 데이빗 부스(David Buss)나 앨런과 바버라 피즈(Barbara & Allan Pease) 부부에 따르면 남녀는 인간을 이해하는 방식이 근본적으로 다르다. 남자들에게 다른 인간은 어떤 목적을 중심으로 구분된다. '저 놈이 나와 이 목표를 놓고 경쟁할 적인가 아니면 같이 협력할 동료인가?' 남자의 모든 인간 이해력은 이 부분에 집중되어 있다. 중요한 일이긴 하다. 동료인줄 알았는데 알고 보니 적이었다던가, 아니면 동료가 될 수도 있었는데 서로 피를 튀기며 싸우는 건 누구도 원치 않는 결과이니 말이다. 그리고 이 문제는 한 번 판단을 내리면 목표를 달성할 때까지 그대로 유지된다. 상대방에 대한 탐색은 짧게, 그 이후에는 아무런 의문도 갖지 않는 것이다. 간단히 말해, 남자들의 인간 이해 절차는 악수나 인사를 통해 상대방이 나에게 적의가 없음을 확인한 순간 대충 끝난다. 하지만 여자들은 다르다. 동굴 속에서의 삶은 일회성이 아니라 순환하며 반복하는 장기적인 관계다. 여기서는 작고 사소한 차이나 갈등이 의외의 결과를 가져오기 때문에 충분히 긴 시간이 존재한다. 따라서 좀 더 세밀하게 상대방을 파악하고 조율해야 할 필요가 있다. 따라서 여자들이 남자들보다 세심할 수밖에 없다. 표정, 자세, 냄새, 피부, 옷차림 등 그 모든 것이 상대방을 파악하는 단서. 또 오랫동안의 동굴생활을 통해 여자들은 인간이란 변덕이 심한 존재라는 사실을 소뇌 깊숙이 각인시켰다. 그래서 여자들의 상대방 파악은 한 번으로 끝나지 않는다. 모든 것은 변할 수 있으니 지금 현재는 어떤지 끊임없이 확인하고 검토한다. 즉, 여자들의 인간 이해 절차는 악수나 인사를 하는 순간부터 시작된다. 그리고 영원히 끝나지 않는다.

■ 로봇영화는 남자의 이야기

남녀 차이가 로봇과 인형의 선호와 무슨 관계가 있냐고? 로봇은 기본적으로 기계의 연장선상에 있다. 따라서 기계의 특징, 즉 원칙이나 명령대로만 움직이고, 단순해서 특별히 더 깊이 이해할 것도 없으며, 목표 달성을 위해 행동하는 특성을 그대로 갖고 있다. 다른 측면에서 보면 로봇은 뛰고 말할 수 있는 특수 자동차다. 이렇듯 기계적인 로봇은 단순한 남자아이들을 닮은 반면, 인형은 여자아이들을 닮았다. 인형은 겉보기와 달리 온갖 감정과 내밀한 상상과 팥죽처럼 끓어대는 변덕을 품고 있다. 남자 아이들에게 로봇을 쥐어주면 그것으로 상대방 로봇과 격투를 벌이거나 날아가거나 물건을 집어던지거나 파괴한다(심지어 인형이나 다른 무엇을 쥐어줘도 결과는 비슷하다). 하지만 여자아이들에게 인형을 쥐어주면 인형과 대화하거나 인형의 기분이나 생각에 대해 끝없는 수다를 떨어댄다. 그 와중에 작은 컵과 접시를 놓고 티타임을 즐기기도 한다. 쇼핑센터에 들어가서 끝없이 방랑하며 "이거 어때? 저거 어때?"를 질문하는 여자들에게 남자는 어떻게 대답해야 할지 알지 못한다. 남자들에게 정답이란 상황의 진전을 가져오는 것인데, 여자들에게 어떤 대답을 해도 그 방랑은 끝나지 않기 때문이다.

로봇에게는 모든 것이 0과 1로 명확히 구분된다. 그러니 여자 앞에서는 불안하고 부적절함을 느끼는 남자도 로봇 앞에서는 편안하고 당당하다. 또 남자는 기본적으로 여자와 가까워지는 것을 두려워한다. 남자들에게 사랑은 자신의 통제력을 상실하는 상태를 뜻한다. 그것은 남자들의 무기인 이성과 목표 추구 성향을 포기하는 무장 해제의 상태를 말한다. 하지만 로봇은 그렇지 않다. 간단히 말해 로봇은 '통제력을 유지할 수 있는 여자'라고 할 수 있다. 그러니 남자아이들과 별로 다르지 않은 남자어른들이 로봇영화에 열광하는 것이다. 남자아이들이 좋아하는 로봇영화에는 늘 기계를 닮은 로봇이 등장한다. 예를 들어, [마징가Z]는 폭주족 오토바이의 현신이다. 처음 이 장난감을 받아 쥔 쇠돌이는 말 그대로 거리를 폭주하며 기물을 파손한다. [태권브이]의 철이는 자기 무술의 연장으로 태권브이를 다룬다. [터미네이터]는 주어진 목표를 위해 무조건 전진한다. [트랜스포머]도 마찬가지다. 이 로봇들은 인간의 조종을 받지 않지만, 그 자체가 남자아이들이다. 지극히 단순하고 유치한 대사를 심각하게 내뱉는 옵티머스 프라임의 얕디얕은 심성, 혹자는 순수함이라고도 하는 그 심성이 바로 남자들의 자화상인 것이다. 게다가 그들의 외형은 남자들의 또 다른 소망인 자동차들이니 더 이상 뭘 바라겠는가.

결론은 이렇다. 남자들이 어른이 되어서도 로봇과 로봇영화에 열광하는 이유는 여자보다 로봇이 더 이해하기 쉽고 친숙하기 때문이다.

글·짱가(장근영)

[트랜스포머]:
음악가 자브론스키의 모든 것

헤비조 선정 영화 _ [트랜스포머], [트랜스포머 2: 패자의 역습] l **아티스트** _ 링킨파크, 스티브 자브론스키

[트랜스포머] 시리즈의 스코어를 맡은 양반은 [더 워](2007) 덕분에 한국에도 잘 알려지게 된, 스티브 자브론스키(Steve Jablonsky)다. 그는 1970년생으로, 샌프란시스코 옆에 있는 UC 버클리에서 작곡을 전공한 재원이다. 자브론스키는 잘 알려진 바와 같이 한스 짐머가 세운 리모트 컨트롤 프로덕션 소속이다. 한스 짐머 사단의 일원이라는 얘기다. 1988 년 영화 [레인맨]으로 헐리우드 블록버스터 스코어 작곡가의 반열에 오른 한스 짐머는 자신과 뜻을 같이 하는 작곡가와 함께 회사를 차린다. 그는 항상 개인이 아닌 회사 단위로 제작사와 계약을 하는 것으로 유명하다.

[캡틴 아메리카]의 헨리 잭맨, [왕좌의 게임]의 라민 자와디, [글래디에이터]에서 한스 짐머와 짝을 이룬 리사 제라드 등이 모두 리모트 컨트롤 프로덕션 소속이다. 이 밖에도 [내셔널 트레져] 시리즈의 트레버 라니, [크림슨 타이드](1995)로 인연을 맺어 토니 스콧 감독과 계속 작업하고 있

는 해리 그렉슨 윌리엄스, [프로메테우스]의 마르크 스트라이튼펠드 등도 리모트 컨트롤 프로덕션에서 활동했다. 자브론스키 역시 처음에는 한스 짐머가 음악을 담당했던 [아마겟돈](1998), [진주만](2001) 등에서 키보드 연주와 사운드 이펙트를 담당하면서 활동을 시작했다.

■ 마이클 베이의 음악적 페르소나

[진주만](2001)의 예고편에 자신의 곡을 제공하면서 이름을 알리기 시작한 자브론스키는 리부트된 [텍사스 전기톱 연쇄살인사건](2003), [아미티빌 호러](2005), [아일랜드](2005)로 차근차근 자신의 음악 세계를 일궈나간다. 마침내 2007년에 시작된 [트랜스포머] 시리즈를 통해 블록버스터 작곡가로서의 위치를 확고히 하게 된다. 마이클 베이는 한스 짐머처럼 오케스트라를 통해 폭발적인 사운드를 일궈낼줄 알면서도, 각종 이펙터를 걸어놓은 전기 기타, 키보드, 컴퓨터 음악에 초저음의 앰비언트까지 자유자재로 사용하는 자브론스키를 상당히 맘에 들어 했다. 그래서 그가 제작에 관여한 [아미티빌 호러], [힛쳐](2007), [텍사스 전기톱 연쇄살인사건] 시리즈와 2013년 베이가 연출한 [페인 앤 게인]까지 자브론스키에게 맡긴다. 한스 짐머에 이어 마이클 베이의 새로운 음악적 페르소나가 된 셈이다.

영화 [트랜스포머]에서 감동을 찾는 관객은 없을 거다. 이 영화의 목적은 남자 아이들의 꿈인 변신 로봇을 스크린 위에 있어 보이게 만드는 데 있다. 그럴 듯하게 보이게 하는 데 중요한 역할을 담당하는 게 CG이고, CG로 만들어진 영상에 비장미를 주는 게 장엄하고 웅장한 음악이다. 오케스트라가 장엄한 선율을 연주하고, 어쿠스틱 악기로 표현할 수 없는 무게감의 앰비언트(Ambient music)를 잔뜩 먹여서 웅장함과 장대함을 입힌다.

마이클 베이는 [트랜스포머] 시리즈의 주제가를 링킨 파크에게 맡긴다. 초창기 링킨 파크는 콘이나 림프 비즈킷의 아류로 여겨졌지만, 점차 DJ 한의 역할이 커지면서 기계음과 키보드의 사용을 늘리고, 마침내 자신들만의 웅장한 록 사운드를 정립했다(안타깝게도 이때부터 상업적으론 내리막길을 걸었다). 십대들이 좋아하는 화끈한 록 음악과 기계적인 사운드의 만남은 마이클 베이가 [트랜스포머]로 보여주고 싶은 영화 이미지다. 링킨 파크는 2014의 [트랜스포머: 사라진 시대]에도 노래를 제공했다. 하지만 예고편을 보니 지난 해 그래미 수상으로 상업성과 음악성 모두를 인정받은 신예 이매진 드래곤의 'Battle Cry'의 음악이 흐른다. 과거의 [트랜스포머] 예고편은 모두 링킨 파크의 음악을 사용했는데, 시대가 변한 모양이다.

■ [트랜스포머 2] 주제가 빛나

링킨 파크와 자브론스키는 그냥 스코어 담당 작곡가와 주제가를 부른 가수의 독립적인 관계에 머물지 않았다. 보통 영화음악가의 오리지널 곡으로 채워진 "the Score" 앨범과 주제가를 부른 아티스트의 곡을 모은 "the Album"을 따로 발매하는 규모의 영화가 되면, 스코어와 주제가는 따로 놀기 쉽다. 자브론스키와 링킨 파크는 그렇지 않다. 가장 빛나는 장면은 [트랜스포머 2: 패자의 역습](2009)의 사례다. 링킨 파크는 'New Divide'를 주제가로 제공하는데, 살짝 하향세에 있던 링킨 파크에게 단비와 같은 히트 싱글이었고, 이 노래의 테마를 스코어의 일부로 가져온 자브론스키는 'Nest'라는 곡을 영화에 삽입한다. 영상 못지않게 롤러코스트를 타며 장엄하다가, 때려 부수다가, 기계음이 난무하다가, 다시 장엄해지는(개인적으로 마이클 베이가 장엄하다고 만든 장면들에서 자꾸 웃음이 터진다) 장면, 즉 옵티머스와 범블비가 샘(샤이아 라보프 분)을 디셉티콘으로부터 구해내는 그 장면에 등장하는 곡이다.

[트랜스포머]는 절대 명작으로 남지 않을 거다. 또 최근 마블의 슈퍼히어로처럼 폼을 잡지도 않을 거다. 하지만 분명히 비주얼 이펙트의 한 장을 연 영화 시리즈로 기억될 것이다. 그 영화에서 비주얼로 100% 구현해내지 못한 부분을 사운드로 채워준 자브론스키의 음악 역시 영화가 회자되는 한 함께 기억될 것이다.

글·헤비조(조일동)

함장(권영준)의 곁다리 추천 영화

대부분의 로봇 영화는 사실 가장 인간을 닮은 형태의 모습을 보여주거나 인간이 찾아야 할 인간성을 로봇이 찾고 있다는 점을 보여줌으로써 '로봇보다 못한 인간'을 우회적으로 비판하고 있다. FOX 채널의 미국 드라마 〈올모스트 휴먼(Almost Human)〉(2013)은 인간과 거의 흡사한 안드로이드와 파트너를 이루는 버디 무비로, 사건을 해결해 나가는 데 사람이라면 어떻게 판단하는지를 안드로이드를 통해 비춰줌으로써 우리가 쉽게 망각하는 인간 본성을 자각하게 만든다. 인기가 없었는지 13부작으로 마무리하고 2시즌 소식이 없다.

무비 찌라시

[혹성탈출] 연대기

혹성탈출에서 찰톤 헤스톤이 결국 마주했던 건 '절망'이었다.
반격의 서막에서 시저가 마주한 현실 또한 '절망'이었다.
아직 우리는 돌이킬 수 없는 상황은 아니다.
과거의 반성은 현재의 과오를 고칠 수 있는 계기가 된다.

그래서 지금이 혹성탈출 연대기를 다시 돌아봐야 할 때다.

DJ한 선정 영화 _ [혹성탈출 1, 2, 3, 4], [혹성탈출: 진화의 시작]

한국에서 장르 소설의 입지는 무척 좁아서 그 걸로 먹고 산다는 건 매우 힘든 일이다. 특히 그중에서도 SF, 즉 과학 소설(Science Fiction)의 입지는 터무니없이 좁은 축에 속한다. 다른 나라에선 우주정거장을 쏘아 올릴 수 있는 돈으로 강바닥이나 파대는 나라에서 과학소설이 잘 팔리길 기대하는 것 자체가 애시당초 글러먹은 일이리라. 게다가 SF와 SFX[주9]의 차이도 모르는 심모 씨 같은 사람이 SF 영화를 찍겠다고 난리를 쳐대고 다녔으니, 실로 대단한 개그였다. SF 팬의 입장에선 도저히 웃을 수 없는 개그였지만 말이다.

본격적인 의미의 과학 소설은 19세기 말, 20세기 초에 유럽에서 태동했다. 영국에선 『타임 머신』의 허버트 웰즈가, 프랑스에선 『해저 2만 리이그』의 쥘 베르느가 활약하며 SF가 장르 문학의 하나로 확고하게 자리를 굳히게 된 것이다.

당대의 패권 국가였던 영국과 프랑스에서 SF 장르가 발전한 데 주목한 일부 국내 SF 동호인들은 "SF는 제국주의 국가에서만 발전한다"는 주장을 하기도 했지만, 이는 일고의 가치도 없는 헛소리다. 그건 제국주의와는 무관하다. 원래 장르 문학이라는 건 사람들이 등이 따뜻하고 배부르고 헛돈질할 여유가 있어야 팔리는 법이다. 당장 먹고 살기 바쁜 데 장르 문학 따위를 들여다보는 사람이 있을 리 만무하다. 요즘 우리나라에서 무협지나 판타지 등 장르 문학의 인기가 나날이 떨어지고 있는 이유는 바로 이 때문이다.

주 9 SFX는 'Special Effects'를 빨리 발음하는 데서 생겨난 신조어로, 영화의 특수 효과를 가리키는 말이다.

■ 레전드 [혹성탈출]의 패러디 & 오마주 넘쳐

본론으로 돌아와 [혹성탈출] 이야기를 해보자. 이 영화는 설명이 무의미하게 느껴질 정도로 유명한 작품이다.

"주인공 테일러(찰톤 헤스톤)는 동료들과 함께 빛에 가까운 속도로 항해하는 우주선을 타고 냉동 수면 상태에서 베텔게우스 항성계로 가는 도중, 사고로 어느 행성의 물 위에 추락한다. 그리고 우주 여행을 하는 동안 무려 2,000년이 흘렀다는 사실을 알게 된다. 테일러 일행은 그 행성을 탐험하다가 원숭이들한테 붙잡혀 갖은 고초를 당한 끝에 겨우 테일러 혼자 살아남아 탈출하게 되는데, 그가 황폐한 해안에서 조우한 것은…."

[혹성탈출]은 지금으로부터 무려 40여 년 전인 1968년도 작품이다. 하지만 마지막의 반전은 지금 봐도 충격적이다. 동년배들 중에서는 TV에서 이 영화를 봤다가 마지막 장면에서 머리가 띵해지는 쇼크를 받았다고 술회하는 사람도 있다. 이 마지막 장면은 속된 말로 전설이 아닌 레전드가 됐고, 이후 수많은 영화들이 오마주하고 패러디하는 대상이 되었다. 넘쳐나는 패러디 영화 중에서 굳이 최고봉을 뽑자면 역시 멜 브룩스의 [스페이스볼]이랄까.

[혹성탈출]의 원제는 'Planet of the apes', 즉 '원숭이들의 행성'이다. 이걸 혹성탈출이라고 번역한 센스는 실로 범상치 않다. '혹성탈출'이라는 제목을 일본판 타이틀의 중역(重譯)이라고 의심하는 사람도 있지만, 그건 명백한 오해다. 왜냐하면 일본에서는 이 영화를 진작부터 '원숭이

의 혹성(猿の惑星)'라고 제대로 번역해 개봉했으니까.

요컨대 [혹성탈출]은 한국 수입업자가 붙인 제목이 틀림없다. 영화 전체의 내용과 분위기를 고려해볼 때 매우 잘 어울리는 제목이라 할 수 있다. 물론 국립국어원의 지침에 따르면 '행성탈출'이라고 하는 편이 좋았겠지만, 개인적으로는 '혹성탈출' 쪽이 주인공의 고독감을 150% 상승시키는 효과가 있어서 훨씬 더 좋다고 생각한다.

이 영화의 원작은 프랑스의 피에르 불이 1963년에 발표한 『원숭이들의 혹성』이다. 처음 듣는 사람도 있겠지만, 피에르 불은 『콰이강의 다리』로 당대에는 꽤 명성을 날린 작가다. 제2차 세계대전 당시에는 자유 프랑스군 소속으로 인도차이나 반도에서 스파이 활동을 하다가 일본군에 체포되어 수용소 생활을 하기도 했는데, 그 경험을 바탕으로 『콰이강의 다리』를 쓴 것이다.

원작 『원숭이들의 혹성』의 전체적인 내용과 결말은 영화하곤 사뭇 다르다. 영화에선 원숭이들의 문명 수준이 썩 높지 않다. 사는 곳은 토굴이나 다름없고, 운송수단은 말과 마차, 무기는 소총과 구식 대포에 불과하다. 하지만 원작 소설에서는 원숭이들이 현대인과 거의 비슷한 수준의 문명을 누리고 있다. 심지어는 비행기를 타고 대륙을 오가기도 한다. 영화에서 원숭이들의 문명 수준이 격하된 데에는 제작비 대부분을 분장비에 써 버렸기 때문이라는 설이 있는데, 그게 헛소문은 아니다 싶을 정도로 분장의 수준이 높기는 하다. 무엇보다도 가장 중요한 건 원작 소설의 결말과 영화의 결말이 전혀 다르다는 사실이다. 굳이 말하자면, 2001년도판 팀 버튼 감독의 [혹성탈출] 결말이 원작 소설과 일부 유사한 부분이 있다고 할 수 있다.

■ 속편 결말은 뜬금없어

[혹성탈출]은 개봉하자마자 전 세계적인 화제를 불러 모으며 대히트를 쳤다. 당시 제작비가 580만 달러 정도 들었는데, 북미 지역에서만 3,000만 달러 넘게 벌었다고 한다. 당연히 일찌감치 속편 계획이 잡혀서 1970년에 [혹성탈출 2: 지하도시의 음모(Beneath the planet of the apes)]라는 속편이 나왔는데, 여기서부터 일이 꼬이기 시작한다.

속편의 각본은 [혹성탈출 1]의 각본가 중 하나였던 로드 설링이 맡아 집필했다. 하지만 로드 설링의 각본은 제작자인 리처드 자눅이 마음에 들지 않는다며 퇴짜를 놓고, 원작자인 피에르 불에게 각본을 맡겼다. 피에르 불이 쓴 속편의 초고는 주인공 테일러가 노예 인간들을 선동하여 혁명을 일으킨다는 내용이었는데, 리처드 자눅은 이것도 탐탁치 않다며 또다시 퇴짜를 놓았다.

주연인 찰톤 헤스턴이 속편에 관심을 보이지 않는 것 또한 악재였다. 에이전트와의 협상 끝에 찰톤 헤스턴은 결국 속편의 시작과 마지막 부분에 잠깐씩만 등장하기로 했다. 그 대신 테일러 일행을 쫓아온 후발 우주선이 있다는 설정을 만들고, 후발대의 파일롯인 브렌트(제임스 프란시스커스)를 새로운 주인공으로 내세웠다.

제작비는 [혹성탈출 1] 못지않게 들어갔지만 그 대부분은 여전히 분장비에 투입되었다. 그 덕분에 돈을 들인 티는 별로 나지 않고, 오히려 [혹성탈출 1]보다 스케일이 더 미묘하게 작아졌다. 특히, 원숭이들이 핵전쟁 후 살아남은 돌연변이 인간들을 상대로 전투를 벌이는 클라이맥스신은 전투라고 하기보다 거의 전쟁놀이 수준이다. 특수 효과의 유치찬란함과 고색창연함은 어쩔 수 없다 하더라도, 마지막에 '최후의 날

(Doomsday)' 폭탄이 터져 지구 전체가 완전히 끝장나 버리는 결말은 보는 이를 아연실색케 하기에 충분하다.

이 뜬금없는 결말은 찰톤 헤스턴이 제안한 것인데, 제작자였던 리처드 자눅은 그 결말을 다른 속편에서 써먹으려고 했다. 하지만 도중에 영화사에서 해고당하게 되자, 그 앙갚음이라도 하듯 [혹성탈출 2]의 결말에 써먹어 버린 것이다. 역시 정리해고라는 건 신중히 해야 한다.

■ [혹성탈출 3: 제3의 인류]

이어지는 [혹성탈출 3: 제3의 인류(Escape from planet of the apes)]는 [혹성탈출 2]에서 지구가 박살나기 직전, 침팬지 코넬리우스와 지라 부부, 마일로 박사가 테일러 일행의 우주선을 수리해 지구를 탈출, 20세기 지구로 시간여행을 해온다는 설정에서 시작한다. 2,000년 후에 이 침팬지 종족이 지구를 지배한다는 사실을 알게 된 현대인들은 경찰과 군대까지 동원하여 코넬리우스 부부를 죽이려고 한다. 쫓기던 코넬리우스 부부는 결국 죽음을 맞이하지만, 지라가 낳은 아들이 살아남아 다음 편으로 이어지게 된다.

비행기도 모르는 문명 수준의 침팬지 종족이 어떻게 우주선을 수리했는지에 대해서는 그냥 넘어가도록 하자. 그보다 더 큰 문제는 타임 패러독스다. 타임 패러독스란 이런 거다. 만약 내가 20년 전의 과거로 돌아가 날 죽이면 어떻게 되는 걸까? 과거의 나는 죽었지만 미래의 나는 여전히 존재하는 괴상한 상황이 빚어진다. 이것이 바로 타임 패러독스인 것이다.

영화에서 코넬리우스와 지라 부부는 2,000년 뒤의 미래에서 20세기로 와 자식을 남기면서 지구가 원숭이들의 행성이 되는 씨앗을 뿌린다. 다시 말해 미래의 후손이 없었다면 선조도 없었다는 얘기가 성립한다. 한마디로 말이 안 된다. 사실 이런 류의 타임 패러독스는 이 영화 말고도 다른 SF 영화나 소설, 게임에서 흔히 찾아볼 수 있다. 여기에 논리적인 해결책은 존재하지 않는다. 다만 대충 땜빵하며 넘어갈 뿐이다.

[혹성탈출 3: 제3의 인류]가 이 모양이었으니 그 다음 속편들이야 뻔할 뻔 자! 더 엉망이었다.

■ [혹성탈출 4: 노예들의 반란], [혹성탈출 5: 최후의 생존자]

[혹성탈출 4: 노예들의 반란]은 [혹성탈출 3: 제3의 인류]에서 20년 후, 개나 고양이가 멸종되고 인간이 침팬지나 오랑우탄, 고릴라를 애완동물 겸 하인처럼 부린다는 설정에서 이야기가 시작한다. 여기서 코넬리우스의 아들인 시저가 원숭이 종족을 선동하여 인간에 대항하는 혁명을 일으키는데, 이 스케일이 미묘하게 작다. 클라이맥스의 인간과 원숭이의 전투 장면은 장중하다기보다는 지루할 따름이다.

[혹성탈출 5: 최후의 생존자]는 갑자기 시저가 마음을 바꿔먹고 인간과 원숭이가 공존하는 사회를 만든다. 그리고 돌연변이들과의 사투와 고릴라와의 내부 투쟁 끝에 2,000년 뒤의 세계는 지극히 평화롭게 뜬금없는 결말을 맞이한다. 잠깐, 그럼 지구가 날라가는 일도 없었을 테고, 코넬리우스와 지라 부부가 2,000년 전으로 돌아가는 일도 없었을 테고, 그렇다면 원숭이 종족은 아예 태어나지도 못했을 텐데?

하지만 깊이 따져 봐야 머리만 아플 뿐이니 그만두자.

■ 팀 버튼의 리메이크, 프리퀄 [혹성탈출: 진화의 시작]

완성도야 어쨌든 간에 [혹성탈출] 시리즈는 전 세계적으로 인기를 얻었다. 미국에선 TV 시리즈로 방영되기도 하고 만화영화 시리즈까지 나왔다. 일본에선 아류작인 [원숭이 군단]이란 TV 시리즈를 만들기도 했는데, 각본진에 [일본 침몰]로 유명한 SF 작가 고마츠 사쿄가 참가하기도 했다. 자기들 딴엔 미국 영화하곤 달리 좀 더 과학적 고증에 충실해서 공격적인 성격의 침팬지를 매파로 그리고, 온화한 성격의 고릴라를 비둘기파로 묘사했다고 주장하지만, 그래봐야 아류작이란 사실엔 변함이 없다.

그리고 21세기에 들어와 난데없이 팀 버튼이 [혹성탈출]을 리메이크한다. 앞서 언급했듯 원래 피에르 불이 쓴 [혹성탈출 2: 지하도시의 음모]의 각본에 원작 소설의 결말 일부를 뒤섞어 놓은 듯한 영화였다. 문제는 이게 너무 낡아빠진 얘기였다는 사실이다. 이고깽물[주10]의 원조인 에드거 라이스 버로우즈의 [화성의 프린세스]가 나온 게 이미 1911년이란 사실을 상기해보자.

결과적으로 이 리메이크 영화는 돈은 그럭저럭 벌어들이긴 했지만 비평 면에선 최악의 평가만 얻었다. 그 덕분에 속편 계획은 그냥 날라가 버렸고, 팀 버튼 감독 프로필에는 오점으로 남게 되었다.

그러다가 2011년, [혹성탈출]의 프리퀄이 새로 나왔다. 바로 [진화의 시작]이다.

이 영화는 오리지날 시리즈의 [혹성탈출 3: 제3의 인류]와 [혹성탈출

주 10 **이**차원 **고**교생 **깽**깽이**물.** 이 세계로 고교생이 날라가 깽판을 치는 판타지물을 지칭하는 말

4: 노예들의 반란]의 리부트라고 볼 수 있다. 다만 전작들과 달리 타임 패러독스 같은 건 전혀 없다. 여기선 원숭이들의 지능 발달을 촉진시킨 게 인간이 만든 약물로 나온다.

영화 전체는 오리지날 [혹성탈출] 시리즈에 대한 오마주로 가득하다. 이를테면 시저의 엄마 이름은 '밝은 눈'인데, 이는 [혹성탈출 1]에서 침팬지 지라 박사가 주인공 테일러를 부르는 호칭이었다. 그리고 [혹성탈출 3: 제3의 인류]에서 국회 청문회에 불려나간 코넬리우스는 원숭이의 조상이 처음으로 인류에게 반항하면서 외친 말은 "No"였다고 말하는데, [진화의 시작]에서 시저가 반란을 일으키면서 맨 처음 외친 말도 "No"였다.

또 영화 초반에는 화성 유인 탐사선이 실종됐다는 보도가 나오는데, 이게 나중에 [혹성탈출 1]의 리부트로 이어지는 떡밥이 아니겠냐는 관측이 있다. 개인적으로는 꽤 일리 있는 추측이라고 본다.

특수 효과는 오리지날 시리즈와는 비교도 안 될 만큼 좋아졌다. CG로 만들어진 침팬지, 오랑우탄, 보노보 등의 움직임은 대단한 볼거리다. 하지만 이 역시 스케일이 미묘하게 작은 것만은 어쩔 수가 없다. 클라이맥스의 액션은 나름대로 잘 만들긴 했지만 다른 헐리웃 대작과 비교해 보면 볼거리 면에서 부족한 게 사실이다. 어쩌면 원숭이를 만드느라 돈이 너무 많이 들어 딴 데 쓸 돈이 없어지는 건 이 시리즈의 전통일지도 모르겠다.

[혹성탈출: 진화의 시작]은 흥행은 물론 평단의 평가도 좋아서 일찌감치 속편 제작이 결정됐고, 2014년에 속편 [혹성탈출: 반격의 서막]이 개봉되었다.

앞으로 이 시리즈가 얼마나 계속될지, 그리고 전설이 아닌 레전드 [혹성탈출 1]의 리부트로 이어질지는 알 수 없는 일이다. 하지만 SF 팬이라면 지속적인 관심과 사랑을 갖고 지켜봐야 하지 않을까?

글·DJ한(한동진)

[혹성탈출]과 **함께한 음악들**

헤비조 선정 영화 _ [혹성탈출] | **아티스트** _ 제리 골드스미스, 레오나드 로젠먼, 탐 스캇,
대니 엘프먼, 패트릭 도일

　[혹성탈출]은 1968년 첫 작품이 등장한 이후 꾸준히 사랑받아온 프랜차이즈 영화다. 1973년까지 다섯 편이 만들어졌고, 이후 TV 시리즈와 애니메이션도 만들어졌다. 잠시 잠잠해지는 듯 싶더니 팀 버튼의 리메이크(2001)가 느닷없이 튀어나왔고, 2011년 [혹성탈출: 진화의 시작]에서부터 프리퀄로 리부트되어 또 다시 큰 인기를 얻고 있다. 1968년 작품은 당시 특수 효과의 한 획을 그었다는 평가를 받는다. 마초 중의 마초인 찰턴 헤스턴이 염세적인 주인공 조지 테일러역을 맡았다. 훗날 그는 미국 콜럼바인 고등학교에서 벌어진 총기 난사 사건에 대해, "교사도 수업에 들어갈 때 총을 휴대하도록 해서 대응 사격을 하도록 해야 한다"는 놀라운 논리를 펼쳐 모두를 아연실색케 하기도 했다.

　영화는 지금 봐도 구성이 깔끔하고 화면이 뛰어나다. 다시 봐도 충격적인 장면이 이어지는 가운데 주인공의 갑갑함이 절절히 전달된다. 그리고 음악도 매우 빼어나다. 오리지널 [혹성탈출] 시리즈는 회를 거듭할수

록 원숭이 분장에 돈을 너무 많이 들인 나머지 영화의 스케일이 작아지기도 했다. 그 대신 음악이 작아진 스케일을 훌륭하게 메워준다. 거기에 시리즈가 거듭될수록 1960년대 히피의 정서를 추억하는 촌철살인의 대사가 부족한 비주얼을 채우고 있다.

■ [혹성탈출] 시리즈의 음악감독들 매 편 바뀌어

[혹성탈출] 시리즈는 거의 매 편 감독이 바뀌었다. 음악감독도 여럿이다. 먼저 1968년작은 제리 골드스미스가 맡았다. [원초적 본능]의 음산한 음악으로 유명한 인물이다. [원초적 본능] 이외에도 [오멘](1976), [차이나타운](1974), [L.A 컨피덴셜](1997), [시티홀](1996), [카멜롯의 전설](1995) 등 무려 150여 편의 영화음악을 만들었고, 아카데미 음악상 후보에 밥 먹듯이 올랐던 양반이다. 제리 골드스미스의 음악은 특유의 섬세한 현악 편곡을 통한 복잡한 심리 묘사에 탁월하다. 찰턴 헤스턴이 느끼는 답답함, 억울함, 황당함 등이 영화음악 안에 고스란히 녹아 있다. 1971년 작품 [혹성탈출 3: 제3의 인류]에서 다시 한 번 음악을 담당했다. [혹성탈출 2: 지하도시의 음모]와 [혹성탈출 5: 최후의 생존자]는 [에덴의 동쪽](1955)과 [이유없는 반항](1955)의 음악을 맡았던 당대의 음악 거장 레오나드 로젠먼이 담당했다. 그리고 [혹성탈출 4: 노예들의 반란]에선 재즈 뮤지션이기도 한 탐 스캇이 음악을 맡았다. 감독의 변화에 따라 각 감독이 원하는 새로운 느낌의 음악가를 고용했다고 볼 수 있다. 개인적으로는 제리 골드스미스의 1968년작 스코어의 완성도가 가장 뛰어나다고 본다.

팀 버튼 감독의 리메이크는 "도대체 왜?"라는 의문을 갖게 되는 작품이다. 리부트도 아니고, 그냥 1968년작을 바탕으로 원작 소설의 내용을 조금 더 집어넣은 1회성 리메이크였다. 2001년작이라곤 하지만, 비주얼이 빛나는 것도 아니었다. 그렇다고 팀 버튼 특유의 동화적인 색채도 없다. 어쨌든 이 작품의 음악은 팀 버튼의 절친인 대니 엘프먼이 맡았다.

■ [혹성탈출: 진화의 시작] 음악 수작

2010년대를 질주 중인 프리퀄은 2011년 시작되었다. 여러 고민이 듬뿍 묻어난 수작이었다. 원숭이가 급속도로 진화하게 된 과정 자체가 인간의 탐욕 때문이었다는 사실을 보여준다. 1968년의 상황이 발생한 원인을 탐색한다는 마니아적 발상을 뛰어넘어 기술과 과학을 맹신하고 성찰을 모르는 우리 모두에게 던지는 경고다. [혹성탈출: 진화의 시작]은 진심으로 탁월한 음악이다. 내가 가장 주목하는 부분은 이 음악이 당대 SF 영화음악의 흐름, 즉 전자 음악과 앰비언트 사용으로부터 한 발 벗어난 방식으로 긴장감을 만든다는 데 있다.

음악을 맡은 이는 패트릭 도일(Patrick Doyle)이다. 그는 캐네스 브래너의 음악적 페르소나라고 불리는데, [헨리 5세](1989)를 시작으로 [환생](1991), [헛소동](1993), [프랑켄슈타인](1994), [햄릿](1996), [사랑의 고통이 사라지다](2000), [당신 좋으실 대로](2006) 등의 셰익스피어 시리즈에서 모두 음악을 함께 했고, 심지어 캐네스 브래너 감독의 블록버스터 [토르: 천둥의 신](2011)은 물론 2015년 개봉 예정인 [신데렐라]도 함께할 예정이다. 캐네스 브래너와 그가 만든 영화들은 매우 고전적인 느낌을 준다. 고전의 느낌을 살리기 위해 음악 역시 실내악(챔버 오케스트라) 중심으로 작업했다. 그런 패트릭 도일에게 [혹성탈출: 진화의 시작] 음악을 맡겼다는 건 감독이 작정하고 제리 골드스미스의 느낌 – 현악 중심의 섬세한 심리 묘사 – 를 원했다고 봐도 무방할 것이다.

　루퍼트 와이어트 감독은 여기에 원숭이의 엄청난 액션도 함께 집어넣는다. 패트릭 도일은 이 액션에 적합한 음악도 고전적인 방법에서 찾아낸다. 요즘 블록버스터라면 초저음의 앰비언트로 온몸을 흔드는 소리를 사용했을 텐데, 그는 다양한 타악기를 한꺼번에 연주하며 만들어지는 공간감과 박진감으로 액션의 쾌감을 음악으로 표현한다. 서부 아프리카 지역 사람들이 노예로 끌려와서 쿠바와 뉴올리언스에서 일궈낸 바로 그 음악의 특징을 가져온 것이다. 다양한 종류의 타악기를 여러 개 놓고 이를 동시에 연주하면서 쌓여가는 타악기 소리의 벽! 보통 폴리 리듬(poly rhythm)이라고 부르는 이 연주에서 만들어지는 긴장감은 컴퓨터 음악과는 다른 느낌의 질주감이다. 셰익스피어와 캐네스 브래너 감독이 쌓아올린 고전미를 SF 영화로 확장시키고 있는 셈이다. 주인공 원숭이인 시저의 감정 변화를 현악기의 선율로 표현하는 지점도 탁월하다. 물론 핵심은 폴리 리듬이 주는 박진감이다. 많은 장면에 타악 부대가 등장하진 않지만, 등장하는 순간마다 원초적인 힘이 불끈거린다. 진화하는 원숭이들의 통쾌한 복수를 볼 때 이 타악은 정말 짜릿하고 후련하다.

글·헤비조(조일동)

함장(권영준)의 곁다리 추천 영화

인류가 유인원에게 지배받는 설정과 달리 인류가 컴퓨터에게 구속을 받는 이야기의 영화가 있다. 조셉 사젠트 감독의 [콜로서스(Colossus – The Forbin Project)](1970)는 냉전시대 대량 살상무기로부터 미국을 지켜줄 슈퍼컴퓨터(물론 이런 슈퍼컴퓨터가 소련에도 있다)가 결국 인간의 통제를 벗어나고 인간을 구속하기 시작한다는 이야기다. 비슷한 이야기로 샤이아 라보프 주연의 [이글 아이(Eagle Eye)](2008)도 있다.

무비 찌라시

[혹성탈출: 반격의 서막],
시저는 종북인가?

세월호 생각에 슬퍼만 해도 종북좌파가 되는 시대,
반격의 서막, 시저라고 예외일 수는 없다.

시저는 과연 종북주의자일까?

짱가 선정 영화 _ [혹성탈출], [혹성탈출의 시작], [혹성탈출: 반격의 서막]

영화 [혹성탈출]은 시대상을 반영하는 매우 훌륭한 예술 작품이다. 원래 SF가 원작인데, 원작 소설은 '인간과 유인원의 입장이 뒤바뀐다면 어떨까?'라는 아이디어를 제공했고, 영화는 이 원작을 그 시대에 어울리는 형태로 변주해냈다. 찰턴 헤스턴 주연의 1968년 오리지널 [혹성탈출]에서는 이 아이디어에다 끝없이 극단으로 치닫던 이념 대립으로 인류의 멸절을 유발할 핵전쟁을 각오해야 했던 당시 동서 냉전과 핵 대결 시대의 모습을 새로운 반전과 함께 곁들임으로써 대성공을 거두었다. 그 덕분에 이후 [혹성탈출 3]의 연작을 만들어 내기에 이른다.

2011년의 리메이크인 [혹성탈출의 시작]은 유전자 조작이든 뭐든 잠재적 위험성은 미뤄두고 돈만 되면 다 하려는 자본의 탐욕이 설치는 시대상을 반영했다. 특기할 것은 이 영화에는 오리지널 [혹성탈출] 같은 반전이 없다는 점이다. 그럼에도 영화는 성공했다. 왜냐하면 관객들이 바로 그 끝없는 자본의 탐욕 때문에 작살난 경제를 실시간으로 체험하고 있었기 때문이다. 다시 말하자면 팀 버튼의 2001년 작품이 좋은 평을 받지 못하는 이유는 반전은 있는데 시대적 의미가 없기 때문이다. 이 작품에서 볼 거리는 팀 로스와 헬레나 본햄 카터의 연기, 그리고 에스텔라 워렌 뿐이었다. 어쨌거나 1968년의 원작 시리즈와 2011년 이후의 시리즈 모두 종말론적 세계관을 갖고 있다. 그것도 최악의 종말론이다. 그냥 인류 멸종이면 차라리 깔끔하다. 죄다 죽으면 그냥 끝이니까. 그런데 이건 멸종보다 더 굴욕적이다. 자기들보다 하등하다고 여기던 유인원의 노예가 되는 결말이니 말이다. 하지만 그만큼 참신하고 인상적이기도 하다. 그래서인지 이렇게 인류가 자기들이 무시하거나 멸시하던 뭔가의 노예가 된다는 설정은 이후 많은 영화들에 영감을 줬다. 대개는 유인원

자리에 로봇이나 인공지능을 넣는 경우가 많다. 그러니까 [터미네이터], [매트릭스] 모두 1968년 [혹성탈출]의 후손인 셈이다.

■ [혹성탈출: 반란의 서막]은 남북 관계?

이제 올해 개봉한 [혹성탈출: 반란의 서막]을 보자. 이건 일단 시작된 인류의 멸망이 진행되어 가는 과정을 다루는데, 몇 가지는 낡다. 포스터에 나오는 '시저'가 총을 들고 설치는 장면은 나오지 않는다. 이 영화 속 주인공인 시저는 마치 회교근본주의자처럼 행동한다. 그는 인류의 무기뿐만 아니라 심지어 인간이 쓰던 도구도 사용하지 않는다. 마치 유인원 고유의 삶의 방식을 지키려는 듯, 거주지도 순수 자연주의, 무기도 자연주의다. 그러니까 총을 사용하면 쉽게 잡을 수 있는 사슴들도 힘들고 위험하게 잡는다. 21세기 도시 근교의 숲속에서 이러고 있으니까 마치 무슨 원주민 코스프레를 하는 것 같기도 하다. 더욱 놀라운 건, 그렇게 자연주의 도구만 쓰던 유인원들에게 총이 쥐어지니까 너무 쉽고 능숙하게 총을 다룬다는 거다. 코바는 한 자루에만 10kg 정도 무게인 미니미 기관총을 양손에 하나씩 들고 아킴보(양손 들고 쏘기)를 시전하고, 나머지 유인원들도 말을 타고 달리면서 원거리에서 한 손으로 소총을 완전 자동으로 쏜다. 근데 그게 죄다 표적에 집중된다. 쉽게 말해서 사람보다 잘 쏘는 거다. 그것도 무지무지하게 잘…. 아무리 침팬지의 근력이 성인보다 3배 이상 강하다고 하더라도 이게 근력만 갖고 가능할까? 심지어 시저 아들이 총 다루는 걸 보니까 방아쇠 훈련도 철저하다. 사격하지 않을 때는 방아쇠에 손가락 걸지 않기를 잘 지키고 있다. 우리나라 액션 영화에서조차 잘 지켜지지 않는 원칙인데 말이다.

다시 본론으로 돌아가자. 이번 [혹성탈출 2: 지하도시의 음모]는 남북 관계를 떠올리게 한다. 이번 편의 줄거리를 간단히 요약하면 다음과 같다.

'시저'가 인간과 상호불가침 조약을 체결하고 그 댓가로 전력(정확히는 인간이 스스로 발전 시설을 작동할 기회)을 제공하는데, 이걸 본 '코바'가 인간에게 퍼준다고 '시저는 유인원편이 아니라 인간편이며 인간 2중대이고 종인주의자'라고 공격하면서 군사반란을 일으킨다.

즉, 이번 편은 유인원 내부의 파국적인 이념 대립이라고 할 수 있다. 여기서 '시저'와 '코바'는 우리나라에 존재하는 두 입장과 정확히 일치한다.

우선 코바는 주전론자(主戰論者)다. 그를 움직이는 동기는 인류에 대한 분노와 증오다. 그는 유인원의 정체성을 정의할 때도 인간을 증오하는지의 여부로 결정하는 것으로 보인다. 인간을 미워하지 않으면 유인원 아니라는 거다. 우리나라의 극우들도 이와 같은 입장이다. 그네들은 북한을 미워해야 자유민주주의자라고 주장한다. 그래놓고 5·16이나 12·12가 뭐냐고 질문하면 머뭇거린다. 내가 보기에 코바는 우리나라 극우보다 오히려 더 낫다. 코바는 진짜 전쟁을 할 각오가 되어 있을 뿐만 아니라 싸움도 잘한다. 아, 여포처럼, 광전사처럼 종횡무진 달리며 전황을 뒤엎던 코바여! 그런데 어째서인지 우리나라 극우들은 전쟁이 나면 모두 도망갈 거 같다. 혹여 남아서 싸우더라도 삽질만 할 것 같다. 왜냐하면 그네들이 너무 이념만 강조하는 거 같기 때문이다. 게다가 그 이념이라는 게 결국 북한에 대한 증오심에 불과하다. 2014년 10월에 국방부에서 실시한다는 초등학생 대상 이념교육 내용이 보도되었는데, 그 내용이 가관이다. 북한 정권의 잔학성을 가르친다면서 온갖 고문 장면을 사진과 그림으로 보여준 거다. 우리 어릴 때 이승복 어린이가 어떻게 잔인하게 죽었는지를 사진이나 그림으로 보여주던 이념교육에서 한 치도 벗어나지 않은 이 구태의연함이라니…. 이건 이념교육물이 아니라 그냥 스너프(snuff)물이고, 그네들이 한 짓은 미성년자 관람불가물을 미성년 초등학생들에게 보여주는 미성년자 보호법 침해에 불과하다. 더 따지자면 이승복 어린이의 죽음에 대한 책임은 사실 국가에게 있다. 휴전선 경계에 실패했기 때문에 발생한 민간인 희생이었으니까. 근데 반공교육에서는 국방부 책임은 쏙 빠지고 북한에 대한 증오만 강조했다. 최근 천안함 사건도 마찬가지 아니던가? 난 해군이 북한의 그 버블어뢰에 대응하기 위해 뭘 한다는 소식을 전혀 들은 바가 없다. 그럼 앞으로도 계속 우리 해군의 배들은 어뢰에 맞아 침몰되는 건가? 그리고는 함장이 영웅 대우를 받고?

어쨌든 그들이 이렇게 미성년자보호법을 위반하고 공연윤리도 위반하는 이유는 북한에 대한 증오심을 키워야 국방이 튼튼해진다는 믿음 때문이다. 근데 그건 정말로 틀린 생각이다. 이념을 정신적 요소, 훈련과 장비를 비롯한 나머지를 물질적 요소라고 할 때, 군인에게 필요한 이념은 자기 가족 공동체에 대한 애정과 믿음, 그리고 희망이다. 그게 내가 왜 여기서 이 고생을 하는지를 설명할 수 있는 유일한 이유가 되기 때문이다. 그리고 아동과 청소년에겐? 자유를 마음껏 누리면서 자유의 중요성을 체득하게 하는 거다. 이게 국가가 해야 할 일이다. 군인이나 학생들에게 증오 교육하는 거 말고 말이다. 나머지는 죄다 이념이 아닌 어떻게 해야 잘 싸울 것인지를 궁리하고 준비하고 훈련하는 문제다. 근데 이런 적에 대한 증오 중심의 이념에 집중하면 정작 싸움은 못하는 수도 있다.

어쨌든 코바는 인류에 대한 증오, 주적 정신이 투철한 이념주의자라 할 수 있다. 반면, 시저는 일단 평화주의자로 보인다. 그런데 시저가 추구하는 게 무조건적 평화는 아니다. [혹성탈출 1]에서도 보여주었듯이 그는 전쟁을 해야 하면 주저하지 않고 전쟁을 하는 존재다. [혹성탈출 2]에서도 마찬가지다. 시저는 그냥 현실주의자라고 할 수 있다. 전쟁을 할 때 하더라도, 지금 평화로운 공존이 가능하다면 그걸 선택하겠다는 입장인 거다. 왜냐하면 시저가 최우선 가치를 두는 건 집과 가족이기 때문이다. 시저가 늘 말하지 않던가? "홈! 패밀리!"

그를 움직이는 최우선적인 동기와 목표는 집과 가족을 지키는 것이다. 그는 이걸 위해서는 무엇이든 할 수 있다는 입장이다. 그가 전쟁을 피하려는 건 일단 전쟁을 벌이면 바로 집과 가족이 위험해지기 때문이다. 그러니까 그에게 전쟁은 최후의 선택일 뿐, 평화만을 꿈꾸는 이상주의자는 아니다. 재미있는 건, 인간과 공존을 하려는 시저와 인간을 증오하는 코바 중 누가 더 인간의 추악함을 보여주느냐 하면 당연 코바라는 점이다. 코바의 전략은 기본적으로 거짓말과 음모를 기반으로 한다. 그가 인간의 무기를 훔칠 때도 그랬고, 반란을 일으키는 과정도 그랬다. 시저가 제일 싫어하는 인간의 모습이 바로 그 기만이다.

니체가 말했듯이 우리는 자신이 가장 미워하는 존재를 닮는다. 하지만 반대로 나와 상대가 닮아서 미워하기도 한다. 이렇게 나와 닮은 모습을 미워하는 사람들은 자신에 대한 진정한 애정이 없는 사람들이다. 코바도 이와 마찬가지다. 코바는 자신의 지금 모습을 싫어한다. 그리고 자신이 이 지금 이 모양인 된 건 모두 인간 때문이라고 믿는다. 모두 북한 탓, 혹은 전직 대통령 탓을 하는 누구들과 비슷하지 않은가? 그들은 또한 자기가 미워하는 존재를 남들도 미워하지 않으면 그들을 좌파에 종북주의자로 낙인 찍고 오히려 자기들이 공격한다. 근데 자유민주주의는 이념과 사상의 자유를 전재로 하는 체제이므로 이런 편 가르기와 공격의 결과는 자기부정이 된다. 그 결과, 북한을 미워하는 사람들이 오히려 북한과 비슷한 사고방식에 빠지는 아이러니가 발생한다.

■ "평화를 원한다면 전쟁을 준비하라"

시저는 코바와는 달리 유인원에 대한 자부심을 갖고 있다. 시저는 인간을 증오하는 것이 아니라 인간처럼 되지 않으려고 한다. 그래서 앞서 말했듯이 자연주의자로 산다. 그는 유인원들이 인간을 닮을 필요가 없다고 믿는다. 사실 평화를 선택하기 위해서는 전쟁을 선택하는 것보다 더 큰 용기와 자신감이 필요하다. 전쟁을 하기 위해서는 상대에 대한 증오심에 광기만 곁들이면 된다. 하지만 상호공존은 상대를 의심하면서 동시에 신뢰할 수 있어야 한다. 훨씬 어려운 과제인 거다. 이 방법을 선택하려면 내가 상대의 기만을 극복할 수 있다는 자신감을 갖추고 있어야 한다. 영화에서도 시저와 말콤이 신뢰(Trust)라는 단어를 교환하는데, 이게 바로 그 자신감이다. 신뢰는 상대에 대한 믿음만으로 형성되는 게 아니다. 자신에 대한 믿음, 즉 현실적인 자신감 없이 상대만 믿으면 그거야말로 병약한 의존에 불과하다. 이건 "평화를 원한다면 전쟁을 준비하라"는 격언의 요점이기도 하다. 북한과 교류하려면 우리는 실질적인 방위력을 더 확고히 해야 하는 거다. '노크 귀순'이나 당하면서 전작권을 안 받겠다고 하는 요즘 국방 현실에서는 신뢰가 불가능한지도 모르겠다. 대개 종북거리는 사람들이 미국은 철썩 같이 믿는 이유도 같은 맥락에서 이해할 수 있다. 그네들은 자신감이 없는 거다. 그래서 북한은 무조건 두려워하고, 미국은 무조건 의지한다.

여담인데, 이 영화 개봉과 함께 미국 뉴욕에서는 침팬지들에게 이 작품을 관람시켜주는 행사가 있었다. 뉴스에 따르면 실제 침팬지 두 마리가 사육사와 함께 일반 상영관에 가서 팝콘 콜라 사먹으면서 영화를 관람했다고 한다. 그네들은 무서운 장면에서는 외면을 하고, 주인공이 악당을 쳐부술 때는 박수도 치면서 몰입하면서 보더란다.

우리도 이런 여유를 가질 수 있는 세상이 되었으면 좋겠다. 그러니까 누구를 종북으로 몰지 않으면 불안할 정도로 자신감이 결여된 사람들은 줄어들고 상호공존을 모색하는 걸 받아들일 수 있을 만큼 우리 사회에 대한 믿음을 가진 사람들이 더 많아지면 좋겠다는 말이다.

글·**짱가**(장근영)

함장(권영준)의 곁다리 추천 영화

조직에서의 신뢰와 배반. 이런 류의 이야기는 영화의 극적 구성요소에서 빠짐없이 등장하지만 얼마나 세련되게 표현하느냐가 영화 성공의 관건이다. 박훈정 감독의 2012년 작품 [신세계]는 [무간도(無間道)](2002)의 아류로 보일 수 있으나 가장 극명하게 다른 부분이 폭력조직 내부에서의 신뢰 관계. 뒤집어서 본다면 폭력조직 내부에서 신뢰를 더 갖는다는 설정이 사뭇 씁쓸하게 다가올 수도 있지만, 공무원 사회뿐만 아니라 직장 내만 보더라도 신뢰를 갖고 일하기는 많이 어려운 사회다.

Theme 4

애니메이션

어린아이들까지 흥얼거리며 따라 부르는 'Let it go'의 [겨울왕국], 'Under the sea'의 [인어공주] 같은 디즈니 애니메이션(animation)은 만화영화뿐만 아니라 OST까지 빅히트를 치는 종합 예술이다. 추억 속의 [포카혼타스]나 [뮬란]은 또 어떤가. 그냥 감동 속에 묻어둘 게 아니라 딴지영진공을 들어보자. 엘사도, 거장이라고 추앙받았지만 마지막 작품의 군국주의 색채로 욕을 먹었던 미야자키 하야오도 새롭게 보일 것이다.

무비 찌라시

마지막 거장의 문제작, 미야자키 하야오와 [바람이 분다]

미야자키 하야와와 군국주의?
반전주의자이면서 밀리터리 마니아라는 미야자키 하야오를 위한
변명을 달아본다.

노바리 선정 영화 _ [바람이 분다]

일본은 우리에게 참 멀고도 가까운 나라다. 내 주변에도 "난 일빠야" 내지 "친일파야"라는 농담을 할 정도로 일본의 음식, 영화, 애니메이션, 여행을 즐기는 분이 많다. 내가 일하는 극장에서도 일본영화를 많이 상영하기도 한다. '금지'가 존재했다가 풀린 게 어언 20년째다.

■ 유년기의 기억 속 코난

많은 감독들 중에서도 특히 미야자키 하야오는 우리가 지금은 알고 보지만, 어릴 적에는 멋 모르고 접했던 유년기의 온갖 '바이블'들을 만들어 냈다. [미래소년 코난]과 [빨강머리 앤]이 그 대표적인 예다. [나우시카]는 나보다 좀 더 뒷세대의 작품 같다. 어쨌든 이후 하야오의 스튜디오 지브리가 1985년에 설립되는데, 여기서 [라퓨타], [토토로] 같은 게 터졌다. 하야오가 감독한 건 아니어도 [추억은 방울방울], 종종 논란이 되는 [반딧불의 묘], [폼포코 너구리 대작전], [귀를 기울이면] 같은 것도 있다. 그리고 바로 최근에 만든 게 [바람이 분다]다. 이 [바람을 분다]를 두고 참 말이 많았다. 지금도 웹을 검색해보면 이 영화에 대한 분노를 토로하는 글들이 많다. 그래서 뒤늦게 극장에 갈 때 마음을 단단히 먹고 갔다. '우리 하야오 영감이 그럴 리가 없다'라는 생각은 있었지만 결론은 "뭐여, 이게 왜 전쟁 찬양 군국주의 미화여"였다.

일단 하야오는 기본적으로 반(反)파시스트이고 전쟁 반대자, 평화주의자다. 과격한 생태주의자이기도 하고, 페미니즘 친화적이기도 하다. 한 뭐 좀 나이브한 면은 있지만, 한마디로 좌파다. 그걸 작품 안에서 뿐만 아니라 작품 바깥에서도 명확하게 얘기해온 사람이다. "우리가 잘못했다", "일개 국민이라고 해서 책임이 없는 것은 아니다"라는 얘길 인터뷰에서도 한다. 종군위안부 문제에 대해서도 명확하게 인식하고 일본 정부를 비판하기도 한다. 그런데 이 사람은 침략국, 전범국가에서 태어난 사람이다. 게다가 결정적으로 '밀덕(밀리터리 오덕후)'이다. 집안이 일제시대 때 군수공장을 했다고도 하고, 지브리 회의 시간에 하야오가 뭘 열심히 노트에 적고 있어서 확인해보니 비행기, 탱크 등을 그리고 있었다는 에피소드도 있다. 스튜디오 지브리의 '지브리'라는 이름도 원래는 사막의 광풍을 뜻하는 리비아어에서 유래했다고 하는데, 또 한편으론 제2차 세계대전 당시 이탈리아 비행기의 이름이기도 하다. 이런 점에서 정체성의 혼란과 딜레마를 평생 겪었던 게 아닐까 생각해본다.

■ 주인공 지로는 하야오 감독 모습 투영

이 영화의 주인공인 지로는 하야오 자신의 모습이 많이 투영된 인물이다. 그런데 지로는 침략전쟁을 일으킨 나라에서 전투기를 만들던 사람이다. 한마디로 전쟁부역자다. 영화에선 이 사람이 개인적으로 매우 의협심이 강하고(하급생을 괴롭히는 동급생을 말리고, 굶는 어린아이들에게 자기 카스텔라를 주었다고 한다) '아름다운 비행의 꿈'을 추구하는 걸로 묘사돼 있다. 그 당시 비행의 꿈을 이룰 수 있는 방법이 전쟁에 부역하는 것밖에 없기도 했다. 게다가 이 영화에는 애절한 러브스토리도 나온다.

이 영화는 소년 지로가 꿈을 꾸는 장면에서 시작된다. 자기 집의 지붕 위에서 비행기를 타고 가다가 전투기 함대를 만나 격추당한다. 그렇게 추락하면서 잠이 깨는 게 이 영화의 첫 장면이다.

이건 결국 지로의 소박하고 개인적인 꿈이 전쟁이라는 역사적 맥락에선 꺾이거나 타락할 수밖에 없다는 걸 아예 깔고 시작하는 거다. 이후 그는 근시라 비행기를 조종할 수 없다는 개인적인 좌절을 겪는다. 꿈에서 만나는 카프로니는 그가 동경하던 인물로, 자기 꿈에 등장시킨 이유는 지로의 또 다른 자아를 표현하고 싶었기 때문이다. 그 카프로니가 자기는 폭탄이 아닌 승객을 태우고 싶다고 말한다. 그런데 전시에 침략국가에서 비행기를 만들려면 전투기를 만들고 전쟁 부역자가 되는 수밖에 없다. 명확한 소신이 있는 사람이라면 결국 자기 꿈을 접거나 전쟁반대 운동을 펼치며 (일본)민족의 반역자가 되었겠지만…. 사실 평범한 소시민들은 그런 상황에서 그럭저럭 자기 이익을 추구하며 살아간다. 뭐, 나라고 일제시대 태어났으면 독립운동가가 됐을까?

■ 전투기는 만드는데, 전쟁 반대?

비행기는 (전시에서는) 필연적으로 파괴와 살육에 동원될 수밖에 없는 비극적 존재이다. 지로는 자기의 꿈을 이룬다는 명분이 있기는 했지만, 비행기가 전쟁에 사용된다거나 전쟁에 부역하는 결과가 된다는 사실을 몰랐을 리가 없다. 지로는 자기가 만드는 게 전투기라는 걸 알고 있었다. 친구이자 동기인 혼조와 전투기에 대해 대화를 나누는 장면도 여러 번 나온다. 혼조는 이 대화에서 사람들이 굶어 죽어 가는데, 비싼 돈 들여 전투기 기술을 사온다고 냉소적으로 말한다. 게다가 사람들이 비행기 기술 배우기 위해 견학을 가는 곳이 독일 융커사, 즉 나치 전투기를 만들던 곳이다. 계속 그의 꿈에 등장하는 사람도 이탈리아에서 전투기를 만들던 카프로니 백작이다. 독일, 이탈리아, 그리고 일본은 제2차 세계대전 전범국가들이 아닌가? 그 시절 당연히 같은 동맹들끼리만 교류가 있을 수밖에 없고 그게 반영된 건데, 이것이 말하는 게 무엇이겠는가? 전범 국가들을 모두 하나로 묶어놓은 거다. 일본과 나치가 동격이라고….

그런데 이 영화에서 지로는 일견 전쟁에 대한 자기 견해가 없어 보인다. 그래서 사람들이 애매하다고 하는 것일 수 있다. 누구나 느끼듯이, 이 영화 속 지로는 하야오 자신이기도 하다. 영화 바깥에서 하야오는 명확하게 전쟁을 반대하고 과거사의 잘못을 얘기하지만 이 영화 속의 지로는 그런 말을 할 수가 없다. 전쟁에 반대하면서 전투기 만드는 데 몰두하면 그게 말이야, 막걸리야? 지로의 전쟁에 대해 생각은 그의 동료인 혼조의 입을 통해서만 표출된다. 혼조와 대화하는 신 중에 지로가 가난한 오누이 아이들에게 카스텔라를 주려다가 거절을 당하고 맘 상해하는 장면이 나온다. 혼조는 이를 두고, "그건 너의 가식이고, 위선 아니냐?"라고 얘기한다. 지로가 무슨 말을 덧붙이든 그건 변명이 될 수밖에 없다. 그리고 그건 위선과 가식이 될 수밖에 없다. 이거야말로, 전쟁 반대자로서 하야오가 자기 자신에게 변명하지 말라고 내린 함구령이라고 생각된다.

■ 애절한 러브스토리

사람들이 그 와중에 또 빠직하는 게, 이 남자가 그렇게 뭐 착하고 순수하고 의협심 강한데, 유독 자기 여자한테는 이기적이고 못되게 군다는 것이다. 단적인 예로, 결핵에 걸려 요양원에서 치료 중인 약혼녀를 불러 내린다. 여자(나호코)가 요양원에서 '편지'를 읽고 지로한테 간다. 심지어 결핵 환자 옆에서 담배를 피우기까지 한다. 와, 이게 말이 되나? 하야오가 굳이 그런 장면을 넣은 이유가 무엇일까? 이 남자가 뭐 개인 품성은 착하고 순진하기도 한데 나쁜 놈이기도 한 거잖아? 근데 미화한다고 화내면서, 나쁜 놈이라는 데 또 열 받는다.

게다가 그 애절한 러브스토리. 아름다운 비극의 주인공으로 낭만화 시켰다고 볼 수 있지만, 이 남자가 전쟁에 부역하는 것에 대한 대가가 무엇인가를 보여주는 장면으로 볼 수도 있다. 그는 결국 전투기를 만들기 위해 자기 여자의 목숨을 도마 위에 올려놓고 이용한다. 그런데도 이 여자는 기꺼이 달려와서 남자 곁에 머물고, 남자가 마침내 시험 비행에 성공하기까지 남자에게 힘을 실어준다. 그건 결국 착하고 소박한 개인이 사랑을 향해 돌진하는 것도 사실은 전쟁 부역의 길이 될 수 있다는 것과 역사적·사회적 맥락이 없는 꿈 타령이란 결국 그에게 가장 중요한 걸 파멸시키고 상실하게 한다는 교훈을 준다고도 해석할 수 있다. 맨 마지막에 가미카제 특공대가 지로의 제로센을 타고 갔다가 "한 대도 돌아오지 못했어"라고 말한다. 정말 끔찍하다.

여기서 영화의 오프닝으로 다시 돌아가본다면, 결국 그의 꿈속에서 그의 비행기를 격추시킨, '으히히' 웃는 것 같은 폭격기의 검은 실루엣 괴물들은 바로 자기 자신 내지 자기 같은 사람들이 되는 것이다.

지로가 전투기 만드는 것을 나호코도 옆에서 지지해주다가 결국 나호코는 죽는 걸로 암시된다. 앞에서도 말했듯이 이것은 전쟁의 대가가 무엇인지 보여주는 것이기도 하다. 그런데 왜 그 나호코는 굳이 지로에게 "살아야 한다"라고 당부한 걸까? 프레시안 대담이나 많은 다른 평론가들도 '3·11 후쿠시마 원전 사고 이후 일본인들에게 희망을 주기 위해서'라고 말한다. 물론, 그게 맞을 수도 있다. 그런데 개인적으로는 조금 다르게 다가왔다. '끝까지 살아남아서 이 전쟁의 짐을 지라고', '숱하게 죽은 목숨들에 대한 짐을 지고 살아남은 자의 슬픔과 죄책감에 책임을 지라'고 하는 걸로 볼 수도 있겠다 싶었다. 반면, 피해를 입은 이들 역시, 끝까지 살아남아 그 책임을 물어야 하는 것이다. 어느 쪽이든, 끝까지 살아남아야 한다(이글루스에서 '충격'이라는 블로거가 제보해준 바에 의하면, [바람이 분다]는 원래 하야오 자신은 망설였는데 평생 동지였던 프로듀서 스즈키 토시오가 설득을 한 프로젝트라고 한다).

■ 단순한 전쟁 미화, 군국주의 미화만은 아닌 지점들

"반전주의자이면서 동시에 밀리터리 마니아인 스스로의 모순에 대해 이제 대답할 때가 된 게 아닌가" 이거 좀 무서운 말 아닌가. 그에 대한 하야오의 대답은 "맞습니다. 저는 모순덩어리고, 한계도 많고, 그래서 이 모순을 아직 해결하지 못했어요"라며 자기 한계와 부족함을 솔직하게 '고백'한 게 바로 [바람이 분다]다. 그런 고백을 하는데, "아, 너도 똑같은 놈이었냐"라고 반응하는 게 과연 맞는 걸까?

또 한편으로, 이 영화는 낭만성으로 전쟁을 포장하는 게 아니라 오히려 역으로 그런 '낭만성'이야 말로 어떤 면책을 받고자 하는 구실이 된다는 걸 보여주고 고백한 거라 생각할 수도 있다. 사실 너무 편향되게 선의로만 본 감은 있다. 이 영화에서 하야오가 보이는 태도, 영화가 보이는 태도에서 쉽게 전쟁 미화, 군국주의 미화, 변명이라고만 볼 수 없는 지점들이 많다. 복잡 미묘하고 모순적인 부분들에 대한 솔직한 고백이 있다. 그렇다면 일정 부분은 무엇을 읽어내느냐가 결국 보는 사람의 몫으로 남겨진다. 이 영화에 내면을 비추는 거울이 있고, 내가 무엇을 보았느냐가 실은 하야오가 아니라 내 자신의 모습일 수 있다는 거다.

글·**노바리**(김숙현)

미야자카 하야오의 짝패
히사이시 조

헤비조 선정 영화 _ [바람이 분다] **|** **아티스트 _** 히사이시 조

좋은 영화음악가는 영상이 얘기하는 바를 부가 설명해주는 것을 넘어 영상이 표현하지 못한 감성과 상상력을 자극할 수 있어야 한다. 잘 만들어진 영상은 대사나 음악이 없어도 내러티브를 알 수 있다. 그러나 이 내러티브가 영화의 전부는 아니다. 소리라는 또 하나의 표현 수단을 장착한 이래, 영화는 내러티브 이상의 감각과 감정을 관객에게 전달하고자 노력해왔다.

■ [웰컴 투 동막골] 음악도 담당

히사이시 조(Joe Hisaishi, 久石讓)는 이름만으로도 이미 많은 팬의 가슴을 설레게 만드는 이름이다. 한국 영화 [웰컴 투 동막골](2005)의 음악을 담당한 것으로도 잘 알려져 있지만, 무엇보다 일본 애니메이션의 대부 미야자키 하야오(Hayao Miyazaki, 宮崎駿)의 작품 대부분이 히사이시 조의 손을 거쳤기 때문이다. 하야오 감독의 공식 은퇴작인 [바

람이 분다](2013)는 물론 [바람계곡의 나우시카](1984), [천공의 성 라퓨타](1986), [이웃의 토토로](1988), [마녀 배달부 키키](1989), [붉은 돼지](1992), [모노노케 히메](1997), [센과 치히로의 행방불명](2001), [벼랑 위의 포뇨](2007) 등 하야오의 주요 극장판 애니메이션은 모두 히사이시 조의 음악과 함께 특유의 유려함과 신비함을 완성했다.

(물론 히사이시 조가 미야자키 하야오의 영화음악만 담당한 것은 아니다. 대표적으로 기타노 다케시(Takeshi Kitano, 北野武) 감독의 [소나티네](1993), [키즈리턴](1996), [하나비](1997), [기쿠지로의 여름](1999), [브라더](2000) 등의 음악 작업을 했다. 다케시 감독답지 않게 유쾌한 [기쿠지로의 여름]은 예외적이지만, 이들 작품을 관통하는 다케시 특유의 관조적이고 서늘한 정서와 이를 뒷받침하는 매끄러우면서 처연한 피아노 선율이 모두 히사이시 조의 손길이다. 하야오와 다케시 두 감독의 작품이 히사이시 조의 필모그래피의 대다수를 이루긴 하지만, 이 밖에도 [보더라인](2002)과 [훌라 걸스](2006)로 유명한 재일교포 이상일 감독의 [악인](2010)의 음악 작업이나 홍콩의 허안화(許鞍華) 감독의 [이모의 포스트모던 라이프](2006)까지 한중일의 다양한 스타일리시 감독과 작업을 진행해왔다.)

[웰컴 투 동막골]과 스튜디오 지브리의 작품들 사이에는 동화적인 감수성으로 인해 충분히 히사이시 조의 음악으로 연결된다. 하지만 기타노 다케시의 영화를 생각해보면, 사전 지식 없이는 도통 한 사람의 작업이라 생각하기 어려울 정도로 극명하게 다른 색깔의 음악을 만들어내기도 한다. 이는 히사이시 조가 일본 국립 음악 대학을 졸업하고 바로 광고음악계에 뛰어들었던 경력과도 연결된다. 짧은 호흡과 다양한 장르를 실험해볼 수 있는 광고음악을 하면서, 그는 월드뮤직에서 엔카까

지, 일본적인 리듬과 음계에서 전형적인 미국식 팝으로, 일본식 아이돌 J-pop에서 뉴에이지까지 종횡무진하며 다양한 장르를 읽어 냈다. 또 일본 국립 음악 대학에서의 정규 클래식 교육을 통해 오케스트라 작· 편곡도 잘 버무려낼 수 있는 능력을 갖추고 있었다.

광고 음악계에서 인정받으며 얻은 자신감을 바탕으로 1982년, 32세의 나이에 야심만만하게 발표한 솔로 연주 앨범 "Information"을 발표하지만, 큰 주목을 받지 못한다. 잠시 실의에 빠져 있던 그에게 찾아온 의뢰가 바로 스튜디오 지브리의 새 만화 [바람계곡의 나우시카]의 음악 작업이었다.

■ 악기 소리의 질감으로 시대를 아우르다

미야자키 하야오는 "다른 음악인을 찾지만 결국 히사이시 조에게로 귀결된다"고 한 인터뷰에서 밝힌 바 있다. [바람계곡의 나우시카], [천공의 성 라퓨타]의 음악 안에는 다양한 장르를 건드려온 히사이시 조의 20대가 그대로 반영되어 있다. 두 영화는 시·공간 배경은 물론, 등장인물의 국적까지 매우 모호하다. 음악도 유러피안 클래식을 떠올리게 하는 멜로디가 흐르다가 어느새 속도감 있는 현대 음악으로 변화한다. 오케스트라의 웅장함과 신시사이저를 이용한 당대의 혹은 미래적인 이미지의 악기 톤이 공존한다. 히사이시 조의 음악은 선율 뿐만 아니라 악기의 톤도 매우 중시하는 편이다. 악기 소리의 질감을 통해 그는 시대를 아우르는 소리를 만든다.

예를 들어 1988년에 공개된 [이웃의 토토로]는 1960년대 일본의 농촌을 배경으로 한 작품이었기 때문에 악기는 단출하고, 소리는 가능한

한 금속성을 제거했다. 또 이 작품에는 일본 전통 5음계가 사용된다. 유아적이고 장난기 넘치는 악상 안에 일본적 색채를 자연스럽게 집어넣은 것이다. 여기에 사용된 음악에는 2000년대 미야자키 하야오 영화에서 히사이시 조가 사용하는 음악적 모티브들이 여기저기 담겨 있다.

[마녀 배달부 키키]와 [붉은 돼지]는 일본의 근대가 시작된 곳이 어디인지 엿볼 수 있는 작품이다. 알 수 없는 유럽적 공간이 배경인 이 만화들이 의미하는 곳은 바로 네덜란드다. (일본인들이 처음 상상한 근대의 모습은 에도 시대에 네덜란드에서 유입된 학문(난학)에 바탕을 두고 있다. 이를 풀어내는 히사이시 조의 음악은 좀더 근대적이다. 재즈적인 화성을 바탕으로, 관악기와 현악기가 하나씩 더해지며 풀 오케스트라로 확장되는 시도는 결국 1930년대 유럽의 정서를 그대로 대변한다.) 나치 정권 아래에서도 미국식 스윙 재즈를 즐기던 이들을 그린 영화 [스윙 재즈(Swing Kids)] (1993)을 통해 확인할 수 있는 바와 같이, 1920~1930년대 유럽에 불어 닥친 재즈 붐은 엄청난 것이었다. 그리고 그 위력은 50년이 지난 후 일본에서 만들어진 애니메이션의 음악을 통해 좀더 동화적으로 구현된다. (물론, 재즈 특유의 당김음은 최대한 거세되고, 그 대신 풍성한 멜로디와 최소화된 리듬이 중심에 들어선다. 그 시대의 유럽을 동경하지만, 이 유럽은 일본인의 상상 속에서 만들어진 유럽인 셈이다.)

[바람이 분다] OST 역시 [붉은 돼지]나 [마녀 배달부 키키]의 음악적 정서를 확장하고 있다. 물론, 두 작품과 달리 지리적 배경은 분명히 일본이다. 그러나 영화의 내용을 떠나 음악이 그리는 곳은 일본이 아니라 유럽이다. 몇 개의 테마가 변주되는 방식을 취하고 있는데, 가장 많이 반복되는 부분은 '여로'와 '나호코'의 테마다. 두 곡은 클래식 기타로

연주되든, 오케스트라로 연주되든, 아코디언으로 연주되든 애써 일본의 정서로 귀결되지 않는다. 아코디언은 엔카에서도 자주 사용되는 악기지만, 이 영화에서 아코디언은 1920~1930년대 막연한 유럽(특히, 프랑스 상송과 재즈의 결합) 정서를 강화하는 장치로 사용된다.

일본인들이 표준어를 만들고, 유럽의 학문 용어를 번역한 신조어를 만들면서까지 유럽식 교육을 실시하며 꿈꿨던 탈아입구[주11](脫亞入歐)의 대상인 상상 속의 유럽, 그 유럽을 음악으로 구현하고 있는 것이다. 유러피언 클래식에 가까운 선율은 특히 쇼팽, 즉 19세기 낭만주의 음악에 가깝다. 그러나 절대로 바그너적인 방향으로 흐르지 않는다. 영화의 내용만큼이나 음악 역시 정치적으로 문제가 될 지점을 피해가는 느낌이다. 히사이시 조는 그냥 음악을 잘 만드는 음악가가 아니라 감독의 의중을 정확히 짚고 이를 음악으로 구현하는, 그래서 '히사이시 조로 귀결되게 만드는' 음악가인 것이다.

글·헤비조(조일동)

함장(권영준)의 곁다리 추천 영화

제2차 세계대전에 대한 이야기는 무수한 영화로 점철되어 있지만, 딱히 패자의 입장에서 쓰인 영화는 드물다. 그런 면에 비춰봤을 때, 우리의 거장 클린트 이스트우드는 감히 승전국 사람임에도 두 가지 시각에서 전쟁을 바라보는 영화를 동시에 내놓았다. 미국인의 입장에서 제2차 세계대전을 바라보는 [아버지의 깃발(Flags of our fathers)](2006)과 일본군의 입장에서 동일한 전쟁을 바라보는 [이오지마에서 온 편지(硫黄島からの手紙)](2006)를 통해 거장이 전 생에 걸쳐 통찰해온 전쟁에 대한 생각을 느껴볼 수 있다.

주 11 탈아입구(脫亜入欧(한자로 脫亞入歐)): '아시아를 벗어나 서구를 지향한다'는 뜻으로, 일본 사상가 후쿠자와 유키치가 개화기 일본이 나아갈 길을 제시한 것을 가리킨 말이다.

무비 찌라시

은둔형 외톨이, 엘사

어렵지 않게 지구 반대편 사람과 이야기할 수 있는 시대,
아무렇지도 않게 세상 끝에서 끝까지 소통할 수 있는 시대,
심드렁하게 누운 채로 화성 탐사선의 활약을 지켜보는 시대,
어째 사람들은 더 외로워졌다.
외로운 자들의 이야기, [겨울왕국]

짱가 선정 영화 _ [겨울왕국]

[겨울왕국]은 디즈니 애니매이션들의 전통뿐만 아니라 기존 주류 헐리웃 영화의 공식에도 많이 벗어난 영화다. 원래 주인공은 안나와 크리스토프(혹은 한스)이고, 엘사는 그 앞을 가로막는 악역이어야 하는데, 오히려 엘사가 주인공이 되어 버린 것부터 그렇다. 이미 전통적인 가치들이 많이 뭉개지고 희석되었기에 디즈니도 한 반 발자국쯤 고정관념에서 벗어나 본 거다. 그 결과는 좀 애매했다. 일단 비주얼은 훌륭했다. 근데 영화 자체의 구조에는 빈틈이 많았다. 특히 그 뜬금없는 반전이라니…. 초기에는 안데르센의 원작에 가까운 캐릭터들로 구성했다가 도중에 이를 뒤집는 과정에서 생긴 빈틈이었으리라. 그럼에도 불구하고 이 영화는 애니메이션 흥행사에 한 획을 그어 버렸다. 도대체 왜 그랬을까?

일단 이 영화가 남녀의 욕구 구도를 뒤집어엎은 건 분명하다. 주인공 '엘사'는 자기 능력을 감추면서까지 부모와 왕국 사람들에게 사랑받는 착한 여자가 되고자 노력해왔다. 즉 '사랑받고자 하는 욕구'에 충실했다. 그러다가 마침내 "그 착한 소녀는 갔어, 이젠 내 하고 싶은 대로 하며 혼자 사는 게 더 훨씬 더 좋아!"라고 선언하며 자기 능력을 시현해 멋진 얼음성을 지어 버린다. 이건 디즈니에서 할 수 있는 최고의 반란이다. 미국에서 이 영화의 열광자층은 바로 여자와 아이들이다.

하지만 단지 그것뿐만은 아니다. 일단 미국에서는 이 영화가 우리나라처럼 엄청난 존재가 아니라는 점부터 짚고 넘어가자. 박스오피스 집계에 따르면 이 영화는 미국 내에서는 역대 흥행 19위다. 이 영화보다 흥행이 잘 되었던 애니메이션으로는 [슈렉 2], [라이온킹], [토이스토리 3]가 있다. [헝거게임], [어벤져스]와 같은 영화가 이 영화보다 한참 상위에 올라 있다. 심지어 1993년의 [쥬라기공원] 이 영화보다 더 많은 돈을 벌

어들였다. 2013년을 대표하는 영화임은 분명하지만, 우리나라처럼 1천
만 명을 돌파한 두 번째 외국 영화로 역대 흥행 기록을 모두 갈아치울
정도의 흥행은 아닌 거다. 실제로 미국 이외의 국가 중에서 흥행 성적이
가장 좋은 나라가 우리나라와 일본이다. 즉, 이 영화는 특히 이 두 나라
관객들의 마음을 움직이는 무언가를 갖고 있다는 얘기다. 그게 뭘까?
나는 '은둔형 외톨이'의 심리라고 본다.

■ 엘사를 통해 보는 은둔형 외톨이의 심리학

그렇다. 이 영화의 주인공 '엘사'는 은둔형 외톨이다. 단지 일반적인
은둔형 외톨이들이 남자이고, 자기 방에 처박혀서 게임이나 피규어를
만들며 자기만의 세계에 숨어드는 것과는 달리, 엘사는 여자이며 집을
나가서는 초능력을 발휘해 웅장한 얼음성을 지어놓고 혼자 산다는 차이
가 있을 뿐, 나머지는 대동소이하다. 다른 은둔형 외톨이들과 마찬가지
로 엘사 역시 외부와의 소통을 차단하고 밖에서 자신을 찾아온 사람들
을 모두 내쳤으며, 심지어 폭력까지 휘두르지 않았던가. 박사 과정 시절
부터 컴퓨터 게임을 연구하다 보니 게임 중독 사례도 많이 접할 수 있
었다. 심각한 게임 중독 사례들은 대개 은둔형 외톨이 형태로 나타났
다. 그중 몇 명은 실제로 수년간 아예 집 밖으로 나간 적이 없어서 머리
를 깎지 못해 치렁치렁한 장발로 얼굴을 가리고 있었다. 그런데 이들 은
둔형 외톨이들의 이야기를 들어 보면 문제의 원인은 컴퓨터 게임이 아니
었다. 오랫동안 부모 혹은 세상과의 사이에 축적된 분노와 좌절이 그렇
게 표출된 것이었다. 실제로 엘사는 전형적인 은둔형 외톨이의 성장과
정을 그대로 따른다.

은둔형 외톨이 vs. 엘사의 성장 과정

❶ 존재의 부정: 은둔형 외톨이의 시작은 '존재의 부정'이다. 엘사의 부모는 늘 엘사에게 "초능력을 가진 네 본 모습을 남들에게 들키지 말라"고 명령했다. 물론 엘사의 부모는 엘사를 사랑했다. 그녀의 존재를 부정하지도 않았다. 단지 그녀의 초능력이 문제이며, 그녀의 능력이 세상에 받아들여지지 못할 것이라 단정했을 뿐이다. 하지만 엘사와 초능력은 떼려야 뗄 수 없는 관계. 초능력에 대한 부정은 결국 그녀의 존재 자체에 대한 부정이었다. 은둔형 외톨이의 부모들은 대개 부정적인 사람들이다. 부모 본인부터 자신의 신분을 비천하게 여기거나 자기 자식들이 자기와 닮은 행태를 할 때 (혹은 자기보다 못할 때) 극도의 알러지 반응을 보인다. 이를 통해 아이들은 '나는 옳지 않은 존재구나'라고 느끼게 된다.

❷ 적절한 도움 없이 요구만 받으며 성장: 은둔형 외톨이들은 적절한 도움 없이 요구만 받으며 자란다. 은둔형 외톨이 부모들의 공통점이 있다면, 자기도 못하는 걸 자식에게 요구한다는 점이다. 공부를 해본 적도 없는 부모들이 아이를 온갖 학원에 등록시키고 공부를 잘하라고 요구하는 식이다. 이러니 실질적인 도움은커녕 아이가 공부를 조금이라도 잘하게 될수록 부모와 소통이 단절된다. 어릴 적부터 아이들은 부모는 말이 통하지 않는 존재라 여기게 되는 거다. 엘사도 그랬다. 엘사의 부모는 엘사에게 초능력을 제어하라고 요구했다. 하지만 방법은 알려주지 못했다. 왜냐하면 부모는 그런 능력을 가진 적이 없었으니까 말이다. 부모가 할 수 있는 건 그 능력이 위험하다며 겁을 주는 것뿐이었다. 결국 엘사는 자기 능력에 대한 두려움만 키웠고, 그 결과 엘사는 능력을 제어할 수 있는 도움을 얻지 못한 채 능력을 제어해야 한다는 의무감에 시달렸다.

❸ 실패와 좌절 축적: 실패와 좌절이 축적된다. 아이가 공부를 잘하면 방에서 은둔을 해도 걱정을 하지 않는다. 은둔형 외톨이로 진단받기 위해서는 '공부도 못하면서 방에 처박혀 있어야' 한다. 즉, 이들은 부모가 시키는 대로 다 했는데

본인의 능력 부족 혹은 다른 이유로 결국 실패한 사람들이었다. 엘사의 인생도 끝없는 실패와 좌절의 연속이었다. 그녀는 계속 자기 능력을 숨기려고만 했지만, 그 노력은 언제나 실패했다. 그동안 엘사는 뭐든 포기하기만 했다. 동생과의 놀이는 물론이고, 친구와의 우정, 사랑, 심지어 부모의 장례식에도 참석하지 못했다. 전부 자신의 능력을 통제할 수 있게 된 이후로 미룬 것이다. 그 결과 그녀의 삶은 공허하기만 했다. 좌절이 유발하는 핵심 정서는 분노다. 문제는 좌절의 원인이 자기 자신이라는 점이다. 분노가 자기 자신을 향할 때 우울증이 된다. 즉, 실패가 쌓일수록 그녀는 자기 자신에게 분노하고 그 결과 우울해졌다. 대개의 은둔형 외톨이들도 우울증이 심각한 상태였다.

❹ **사소한 방아쇠:** 어떤 사소한 방아쇠가 있다. 아슬아슬한 불균형 상태가 붕괴되기 위해선 언제나 계기가 될 사건이 필요하다. 그 사건 자체는 클 수도, 매우 사소할 수도 있다. 은둔형 외톨이들이 본격적인 자폐 생활에 들어간 계기도 사소한 것에서 비롯되었다. 선생님이 던진 말 한마디, 엄마와의 언쟁, 친구 간의 다툼 등이다. 이런 사건들은 그동안 축적된 좌절과 분노의 역사를 터트리는 방아쇠일 뿐, 그 자체가 핵심 원인은 아니다. 엘사에겐 여왕 즉위식의 실패가 바로 그 방아쇠였다. 그런 면에서 'Let it Go'는 '이젠 다 놓아버렸다', '젠장 될대로 되라'라는 슬픈 자포자기의 선언이다. 이 노래를 작곡한 로페즈 부부는 이 노래에 담긴 마음을 이렇게 묘사했다.

"만약, 누군가 평생 완벽해지려고 노력했고 다른 사람의 기대에 부응하려고 했는데 그만 어떤 이상한 실수를 해서 모든 사람이 그에게 등을 돌린다면 어떤 기분일까? 그리고 '내가 모든 걸 놓아 버린다면, 나는 나 자신을 빛나게 할 수 있고 내가 원하는 걸 할 수 있어'와 같은 편안한 순간이 찾아온다면?"

이전에도 은둔형 외톨이를 묘사한 영화가 있었다. [와치맨] 말이다. 이 영화 속의 '닥터 맨하탄'은 전형적인 남자 은둔형 외톨이다. 다크서클

이 진한 눈매, 무표정한 얼굴, 특히 그가 홀로 달에 가서 건설하는 정교한 톱니바퀴의 성은 [겨울왕국]의 엘사가 만드는 얼음성과 비슷하다. 하지만 지나치게 냉정하고 복잡해서 이해불가였던 닥터 맨하탄의 세계와 달리 엘사의 성은 멋지고 아름답다. 지금까지 영화에서 은둔형 외톨이를 이렇게 멋지게 묘사해준 경우가 과연 있었던가. 그것도 디즈니 영화에서 말이다.

이런 은둔형 외톨이의 경험은 정도의 차이만 있을 뿐, 누구나 공유하고 있다. 대부분의 사람들은 남들에게 인정받지 못할 것 같은 자신의 특별한 면을 숨기는 데 익숙하다. 은둔형 외톨이는 아니더라도 각자의 방식으로 은둔할 때가 있다. 낚시를 간다거나, 올빼미처럼 밤에 활동한다거나, 혼자 트래킹을 하거나, 게임에 빠지거나…. 그런 경험은 모두 '외롭다'는 느낌과 동시에 '자유롭다'는 느낌을 준다. 엘사도 그렇다. 그녀 스스로 고백하듯 그녀는 지금 외롭지만 지금처럼 자유로웠던 적도 없다. 은둔형 외톨이를 이렇게 멋지게 그려 냈기에 많은 이들이 공감할 수 있었던 것이 아닐까.

■ 은둔형 외톨이의 사례: 일베 정신 분석

우선 일베는 동질적 집단이 아님을 분명히 해두자. 다른 모든 커뮤니티와 마찬가지로 일베 역시 별의별 인간이 다 모여 있는 곳이다. 추정컨대, 부자도 있고 나와 같은 학삐리도 있을 것이다. 따라서 나는 (다른 모든 커뮤니티와 마찬가지로) 일베의 일부 행태로 그 전체를 평가하는 것 자체가 부적절하다고 본다. 예전에 동성애자들은 성적으로 문란하다는 편견이 있었다. 실제로는 동성애자의 성 행동 양상이 이성애자와 크게 다르지 않다. 그런데 그런 편견이 성립된 이유는 (보수 종교인들의 공격도 있었지만) 대다수의 동성애자들은 자기 성적 취향을 숨기는 얌전한 사람들이라서 눈에 띄지 않았던 반면, 일부의 참을 수 없는 극단주의자들이 눈에 많이 띄었기 때문이기도 하다. 일베도 마찬가지다. 눈에 띄는 애들이 좀 지랄맞은 거다. 그래서 여기서 말하는 일베의 특징은 일베 전체가 아니라 일베라는 집단에서 제일 목소리가 큰 구성원들의 특징을 말한다.

그 특징은 간단하다. 이들은 욕구불만이 많은 젊은 남자들이라는 거다. 그럼 어떤 욕구가 불만일까? 식욕은 아니다. 남자들은 먹는 거 자체엔 큰 욕심 없다. 배만 채우면 된다. 그럼 수면욕? 수면은 충분히 하고 있을 것으로 보인다. 문제는 바로 '관계에 대한 욕구'이다. 이 친구들에겐 이게 매우 결핍되어 있다. 욕구는 큰데 충족할 방법이 없는 거다. 그래서 좌절을 하고, 그 좌절감을 남에 대한 공격으로 돌린다. '내가 이 꼴인 것은 노무현, 김대중 때문이다', '전라도 때문이다', '북한 때문이다' 식이다. 또 다른 욕구로는 권력욕을 들 수 있다. 이것 역시 이들에게 제일 결핍된 것이다. 이들 대부분은 최소한의 사회적 인정도 받지 못하고 자라난 것으로 보인다. 요약하면 이들은 성욕과 관계 욕구 그리고 권력욕에 굶주린 남자들인 거다.

■ '사랑받아야 한다는 요구'에 시달리는 일그러진 사회

한 가지 흥미로운 건 일베에서 [겨울왕국]에 대한 호응이 기대 이상이었다는 점이다. 미국에서는 여자와 아이들이 열광하던 콘텐츠에 가장 꼴통 마초에 가까운 애들이 흥분하다니 이게 어찌된 일일까? 그런데

이 친구들이 흥분하는 형태가 특이하다. 이들은 엘사를 박근혜 대통령과 동일시하고 있다. 앞서 말한 것처럼 내 보기엔 엘사는 은둔형 외톨이다. 객관적으로 엘사와 박 대통령의 공통점이라고는 최고 권력자 독신여성이라는 것뿐이고, 나머지는 전혀 맞지 않는다. 예를 들어 박 대통령의 동생들과 안나는 비교할 수조차 없다. 외모를 말하는 게 아니다. 관계에 담긴 신뢰의 수준이 다르고, 헌신의 수준도 다르다. 안나는 엘사를 위해 자기 목숨을 포기할 수 있지만, 과연 박 대통령의 동생들이 그럴까? 오히려 정반대의 가능성이 더 높아 보인다. 그럼 결론은 하나다. 일베 유저들에겐 박근혜 대통령이 엘사 같은 은둔형 외톨이로 보인다는 얘기다. 오해 마시라. 내가 그렇게 본다는 얘기는 저~얼대 아니다!

박 대통령이 은둔형 외톨이가 아닌데(난 아니라고 분명히 말했다) 일베들이 그렇게 보는 이유는 뭘까? 한 가지 추정할 수 있는 건 일베에도 은둔형 외톨이 성향을 가진 사람이 많을 기라는 점이다. 즉, 그네들 본인이 자신을 엘사와 동일시할 가능성이 높다는 거다. 그 동일시가 자기들이 선호하는 실존 인물로 전이된 것이 아닐까 추정할 수 있다.

결론은 이렇다. 이 영화가 한국과 일본에서 대박을 터트린 것은 이 두 나라에서는 단지 여자와 아이들뿐만 아니라 평범한 남자들조차도 '사랑받아야 한다는 요구'에 시달리며 잠재적인 은둔형 외톨이로 키워지고 있기 때문이라는 거다. 그러니 이건 결코 뿌듯한 일이 아니다. 지금 우리 사회가 얼마나 찌그러들고 있는지를 보여주는 한 가지 예일 뿐이다.

글·쨩가(장근영)

무비 찌라시

마블에 대항하는
저스티스 리그

배트맨과 아이언맨,

슈퍼맨과 헐크,

블랙 위도우와 캣 우먼,

마블과 DC의 라이벌들….

[어벤져스] 세계관이 분기마다 극장을 휩쓸고 있는 지금,

DC 코믹스의 대응은?

DJ한 선정 영화 _ [저스티스 리그], [저스티스 리그: 워(war)]

2014년 11월 시점에서 아직 개봉되지 않은 [어벤져스 2]는 일부 장면을 서울에서 찍은 것 때문에 화제가 되었다. 서울을 알린다, 한국을 알린다는 미명하에 서울시에서도 촬영에 적극 협조했다고 한다. 하지만 그 의도와는 무관하게 헐리웃 블록버스터에 나오는 도시는 뉴욕이든 베이징이든 파리든 가리지 않고 전폭적으로 작살나기 일쑤이니 서울이라고 해서 별반 다를 것 같진 않다.

마블 코믹스는 [어벤져스] 외에도 자사 코믹스의 영화화 계획을 착실하게 진행 중이다. 2018년까지 [아이언맨], [캡틴 아메리카], [토르], [닥터 스트레인지] 등의 프랜차이즈 영화가 쏟아져 나올 예정이다.

여기에 비해 DC 코믹스는 많이 밀리는 모양새다.

사실 1990년대 초반에 DC 코믹스는 대형 영화사인 타임워너에 흡수, 합병됐다. 배트맨 시리즈를 비롯한 DC 코믹스의 영화 대부분이 타임워너에서 제작된 것은 바로 그 때문이었다. 하지만 DC 코믹스의 영화는 배트맨, 슈퍼맨 외에는 모두 신통찮은 흥행 성적을 올렸다. 특히 DC 코믹스에서 배트맨에 필적하는 인기를 자랑하는 슈퍼히어로, 그린 랜턴의 영화판의 흥행은 그야말로 처참할 지경이어서 속편을 예고한 쿠키 영상을 무색하게 만들어 버렸다. 그나마 위안이 되는 것은 슈퍼맨 리메이크 영화 [맨 오브 스틸]이 히트를 치면서 속편 제작에 돌입했다는 사실이다. 그런데 2016년 개봉 예정인 속편의 제목은 [배트맨 대 슈퍼맨]이다. 이 소식을 들은 팬들 사이에서는 이게 [저스티스 리그] 영화화에 앞선 물밑 작업이라는 추측이 나돌기 시작했다. 얼마 후 타임 워너에서는 [배트맨 대 슈퍼맨]의 부제가 'Dawn of Justice'라고 밝히면서 DC 코믹스의 영화 라인업을 발표했다. 그리고 거기엔 [저스티스 리그]가 당당히 포함되어 있었다.

■ 슈퍼특공대 [저스티스 리그]

[저스티스 리그]는 DC 코믹스의 어벤져스라고 할 수 있다. 혹시 어렸을 적에 TV에서 슈퍼맨, 배트맨, 로빈, 아쿠아맨, 원더우먼이 한 팀으로 활약하는 [슈퍼특공대] 애니메이션을 기억하시는지? 이를 기억한다면 당신의 나이는 최소 30대 후반이 틀림없다.

[슈퍼특공대]의 원제는 슈퍼 프렌즈(Super Friends). DC 코믹스의 슈퍼히어로팀인 [저스티스 리그 오브 아메리카(Justic league of america)]를 원안으로 한 애니메이션이었다. [저스티스 리그 오브 아메리카]는 1960년에 처음 등장했는데, 슈퍼맨과 배트맨을 비롯한 유명 히어로가 한 팀을 이뤄 싸운다는 아이디어는 당연히 독자들의 열광적인 호응을 불러 일으켰다.

일약 잘 나가게 된 DC 코믹스 대표는 마블 코믹스의 전신이라 할 수 있는 타임리 코믹스의 마틴 굿맨과 골프를 치던 중 [저스티스 리그]가 대히트를 쳤다는 얘기를 자랑삼아 늘어놨다. 마틴 굿맨은 그런 얘기를 듣고 부러워하고만 있을 사람이 아니었다. 출판사로 돌아온 그는 즉시 "우리도 하나 만들자!"라고 외치면서 [저스티스 리그] 대항마 만들기에 나섰고, 그 막중한 일을 떠맡은 것은 잭 커비와 스탠 리 콤비였다. 그리고 그들은 1961년에 팀 히어로물인 [판타스틱 포]를 만들었고, 1963년에 드디어 마블 코믹스의 히어로가 총 출동하는 [어벤져스]를 내놓는다.

말하자면 [어벤져스]는 [저스티스 리그]의 아류작이라 할 수 있는데, 지금은 아류작이 훨씬 더 잘 나가고 있으니 참으로 아이러니한 일이 아닐 수 없다.

그런데 DC 코믹스에서 [저스티스 리그]의 영화화를 발표하기 이전,

TV에서는 이미 [저스티스 리그]의 냄새가 짙게 풍기고 있었다. 예를 들어 〈스몰빌〉 TV 시리즈에선 슈퍼맨 만화의 친구와 악역은 물론, 아쿠아맨과 플래시, 그린 애로우 등이 출연하기도 했다. 그리고 최근 방영되어 국내에서도 많은 인기를 모으고 있는 〈애로우〉는 그린 애로우를 주인공으로 하는 스몰빌 스타일의 드라마인데, 시즌 2에서는 DC의 또다른 슈퍼히어로인 플래시가 깜짝 출연을 하며 인기를 끌었다. 물론 그 출연은 스핀오프격 TV 시리즈인 〈플래시〉의 홍보를 위해서였지만 말이다.

사실 〈플래시〉의 TV 시리즈는 이번이 처음이 아니다. 이미 1990년에 TV 시리즈가 만들어졌는데, 우리나라에선 MBC가 수입해 〈형사 플래시〉라는 제목으로 방영하기도 했다. 당시 DC 코믹스 내부에서는 이 시리즈에 대해서 '매우 성공적인 TV 시리즈'라는 평가를 내렸지만, 안타깝게도 높은 제작비와 시청률 문제로 인해 시즌 1을 끝으로 종료되었다. 마지막 에피소드인 〈트릭스터〉에선 루크 스카이워커, 마크 해밀이 악당 트릭스터 역으로 출연하기도 했지만, 시청률을 끌어올리는 데는 별 도움이 되지 않았던 모양이다. 하긴 똥배를 내밀고 악당 노릇 하는 우주전쟁의 영웅을 보는 게 시청자들에겐 꽤나 곤욕스러운 일이었으리라.

■ [저스티스 리그] TV 애니메이션은 성공적

[저스티스 리그] 자체를 TV 시리즈로 만들려는 시도가 아예 없었던 것은 아니다. 실제로 1997년에 CBS에서 파일럿 필름을 제작한 바 있는데, 이건 방영조차 하지 못했다. 왜 그런지는 유튜브를 검색해보면 금방 알 수 있을 것이다. 이걸 1997년에 만들었다는 사실이 믿기지 않을 정도로 싸구려 티를 풀풀 풍기는데, 이걸 보고 있노라면 1987년에 만들어

진 [캡틴 파워(1987년에 방영한 미국의 SF TV시리즈)]가 대작으로 느껴질 정도다.

그러나 [저스티스 리그] 애니메이션은 꽤 성공적이었다. 여기서 말하는 애니메이션은 앞서 언급한 [슈퍼 특공대]가 아니라, 2001년부터 2004년에 걸쳐 방영된 [저스티스 리그] TV 시리즈다. 감독은 다름 아닌 브루스 팀이다.

브루스 팀에 대해 잘 모르는 사람도 있을 것이다. 하지만 1990년대 [배트맨] TV 애니메이션은 기억하는 사람이 많을 것이다. 팀 버튼의 영화판을 연상시키는 음산한 고딕풍의 배경과 직선적인 캐릭터 디자인, 진지한 스토리라인은 많은 애니메이션 팬들의 지지를 얻었다. 그중에서도 미스터 프리즈의 이야기를 비극적으로 그려낸 [Heart of ice] 에피소드는 에미상을 수상하기도 했다.

바로 그 애니메이션 시리즈의 캐릭터 디자이너 겸 애니메이터 겸 서브 프로듀서가 브루스 팀이었다. 그는 [배트맨] 애니메이션 이후 속편격이라 할 수 있는 [배트맨 비욘드], [슈퍼맨] 애니메이션 시리즈 제작에 참여하며 DC 코믹스의 세계관에 지대한 영향을 주었다. 실제로 조커의 사이드킥인 '할리 퀸'은 [배트맨] 애니메이션 시리즈에서 처음으로 등장한 캐릭터였는데, TV에서의 인기를 등에 업고 코믹스로 역수입되어 지금은 아예 독립 시리즈까지 나오는 고정 캐릭터로 자리를 굳혔다.

그래서인지 보통 DC 코믹스의 세계관은 DC 유니버스라고 하는데, 브루스 팀이 만든 DC 코믹스의 세계관은 아예 팀버스(Timmverse)라고 하여 구분될 정도다. 물론 애니메이션의 세계관은 한꺼번에 다 뭉뚱그려 'DC Animated Universe'라고 불리기도 하지만 말이다.

그리고 브루스 팀의 [저스티스 리그] TV 애니메이션의 메인 히어로로는 슈퍼맨, 배트맨, 원더우먼, 플래시, 마샨 맨헌터, 그린 랜턴, 호크걸 등이다. 당연히 조커, 렉스 루터, 데드샷, 스타 사파이어, 아쿠아맨 등 DC 코믹스의 유명 악당과 히어로들도 아낌없이 얼굴을 들이민다. 이 시리즈만 총 52편이고, 속편격인 [저스티스 리그 언리미티드]가 2006년까지 총 36편이 제작되었으니 그 인기가 꽤 높았음을 짐작할 수 있다.

여담이지만, 마벨 코믹스에선 닉 퓨어리 국장이 지휘하는 쉴드의 공중부양 전함이 어벤져스의 사령부 역할을 하는데 저스티스 리그 애니에선 배트맨이 띄운 인공위성 '워치 타워(Watch Tower)'가 사령부 역할을 한다. 원래 코믹스에선 워치 타워가 달에 있었지만, 그보다는 정지 궤도에 있는 게 지구의 동태를 살피기엔 훨씬 더 좋을 거 같다는 생각이 든다.

■ 비디오 전용 애니메이션으로도 나와

높은 시청률과 인기를 등에 없고 [저스티스 리그]는 OVA[주12]로도 나왔다. 2008년 [저스티스 리그: 뉴 프론티어(new frontier)], 2010년 [저스티스 리그: 크라이시스 온 투 어쓰(crisis on two earth)], 2012년 [저스티스 리그: 둠(Doom)] 등이 차례로 발매되었는데, 이 모두 브루스 팀이 제작에 참여했다.

이 중에서도 [뉴 프론티어]는 매우 특이한 작품이다. 여기엔 한국 전쟁과 베트남 전쟁을 거치면서 일종의 정신 붕괴 상태에 빠진 히어로들이 대거 등장한다. 이를테면 그린 랜턴 할 조단은 한국 전쟁에서 전투

주 12 비디오 전용 애니메이션. 일본에서는 주로 'OVA(Original Video Animation)'라고 하지만, 미국에선 'direct-to-video'라고 한다.

기를 타고 공중전을 벌이다가 피격을 당해 긴급 탈출을 한다. 그러다가 우연히 만난 북한군 병사를 격투 끝에 죽이고, 그 때문에 PTSD(Post Traumatic Stress Disorder: 외상 후 스트레스 장애)에 걸려 입원한다. 원더우먼은 베트남 전쟁에서 자신이 잡은 포로들을 재판도 없이 그대로 모두 죽여버리는 짓거리를 서슴지 않는 등 당황스러운 상황이 속출한다. 게다가 일부러 구닥다리 냄새를 풍기려 했는지, 아니면 제작비가 없었던 건지, 한 세대 전의 것처럼 보이는 작화도 낯설기 그지 없다.

이에 비하면 [크라이시스 온 투 어씨]는 양반이다. [크라이시스 온 투 어씨]는 현재의 지구와 평행 차원에 있는 다른 지구를 오가는 이야기다. 재미있는 건 평행 차원의 지구에선 현재 지구의 히어로들이 악당이 되어 전 세계를 지배하고 있다는 설정이다. 슈퍼맨의 능력을 지닌 울트라맨, 배트맨과 흡사한 기믹을 지닌 아울맨, 캡틴 마블 샤잠에 해당하는 캡틴 슈퍼라는 악당들이 [크라임 신디케이트]라는 슈퍼 빌런팀을 결성해 지구를 석권한 것이다. 그리고 이들에 맞서 싸우는 슈퍼히어로들의 리더는 다름 아닌 렉스 루터다. 슈퍼맨 시리즈의 최대 악역이 여기선 정의의 히어로인 것이다.

렉스 루터는 크라임 신디케이트와의 싸움 끝에 모든 동료를 잃고 단신으로 탈출해 현재의 지구로 온다. 그는 저스티스 리그 멤버들에게 도움을 청하고, 슈퍼맨과 배트맨 등은 렉스 루터가 정의의 사도라는 사실을 못 미더워하면서도 그를 따라 평행 세계의 지구로 가서 크라임 신디케이트와 결전을 벌인다는 스토리다.

이 애니메이션의 최대 볼거리는 역시 액션이다. 슈퍼맨 대 울트라맨, 배트맨 대 아울맨, 샤잠 대 캡틴 슈퍼 등 엇비슷한 능력을 가진 히어로와 빌런들이 벌이는 격투 신은 꽤 흥미진진하다.

그리고 [저스티스 리그 둠]은 아예 처음부터 끝까지 액션으로 도배를 하고 있다. 지구를 아예 멸망시키고 새로운 세계를 건설하려는 악당 반달 새비지는 자신의 계획에 방해가 될 저스티스 리그 멤버를 하나둘씩 처리해 나간다. 놀랍게도 처리 계획을 세운 사람은 바로 배트맨이었다. 배트맨은 만에 하나, 저스티스 리그 멤버들이 폭주하면 세계에 위협이 될지도 모른다고 생각해 모든 슈퍼히어로에 대응하는 맞춤형 제거 플랜을 세워뒀던 것이다. 그런데 반달 새비지가 그 계획을 빼내 슈퍼맨, 그린랜턴, 플래시, 원더우먼은 물론, 배트맨까지 제거하는 데 성공한 것이다.

하지만 슈퍼히어로라는 직함은 폼이 아니다. 저스티스 리그 멤버들은 배트맨을 필두로 하나둘씩 함정에서 빠져나오는데 성공하고 막판에는 모두 힘을 모아 반달 새비지 일당과 호쾌한 일전을 벌여 마침내 승리를 거두게 된다.

이 밖에 2009년에 나온 [슈퍼맨/배트맨, 공공의 적(Superman/Batman: Pulbic Enemies)]도 저스티스 리그 세계관에 해당하는 애니메이션이다. 특히 이 애니메이션에서 눈여겨봐야 할 것은 DC 코믹스와 마블 코믹스를 통틀어 최강의 가슴을 자랑하는 여성 히로인 파워걸이다. 그녀의 등장만으로도 이 애니메이션에는 감히 별 다섯 개 만점 기준으로 별 여섯 개를 줘도 무방하리라.

■ [저스티스 리그: 워(War)]

그런데 2011년, DC 코믹스 세계관이 리부트를 했다. 이때 슈퍼맨 코스튬이 변경되면서 드디어 팬티를 안쪽으로 입게 됐다. 의외로 미국 현지 팬들의 반응은 나쁘지 않은 모양이다. ('드디어 슈퍼맨이 팬티를 제대로 입는 법을 알게 됐구나!'라고 좋아하는 사람들도 있었다고 하는데, 진위 여부는 알 수 없다.)

그리고 리부팅된 세계관에 맞춰 새 OVA도 나왔다. 그 제목은 [저스티스 리그: 워(war)]. 앞의 [저스티스 리그] 애니메이션과는 달리 이 작품엔 브루스 팀이 일절 관여하지 않았다. 그 때문일까, 이 작품은 이전의 [저스티스 리그] 애니메이션과는 전혀 다른 냄새를 풍긴다.

일단 리부트된 세계관에 맞춰 히어로들의 코스튬이 변경된 것은 물론, 캐릭터들도 조금씩 바뀌었다. 예를 들어 샤잠은 빌리 뱃슨이란 꼬마가 "샤잠!"이라고 외치면 번개를 맞아 샤잠으로 변신한다는 설정을 갖고 있다. 이 설정은 그대로 놔둔 대신 빌리 뱃슨을 성격 더러운 불량아로 바꿔 버렸다. 애니메이션에서 빌리 뱃슨은 사이보그가 되는 빅터 스톤이 미식축구를 하는 경기장에 몰래 들어가 경기를 관람하기도 하고, 스톤의 유니폼을 훔치기도 하는 등 싹수 노란 꼬마다운 짓거리를 얄짤없이 하고 다닌다.

그리고 원더우먼은 삼척 장검을 들고 다니면서 조금이라도 눈에 거슬리는 게 있으면 휘둘러대는 꼴페 마초녀로 변신을 했다. (애니메이션 초반부에선 사람들이 원더우먼더러 당장 꺼지라고 시위를 하는 장면이 나올 정도다. 1970년대 린다 카터의 원더우먼에 익숙해진 사람들한텐 컬쳐 쇼크나 다름없달까. 그나마 안구 테러가 아닌 게 다행이다.)

그린 랜턴 할 조단은 스파이더맨처럼 방정맞은 떠벌이가 됐다. 그 덕분에 원래 떠벌이였던 플래시와 캐릭터가 겹치는 불상사가 일어나 버렸다. 그나마 다행스러운 점은 배트맨이 여전히 근엄하다는 사실이다.

스토리 자체는 별 거 없다. 배트맨, 슈퍼맨, 그린 랜턴, 샤잠, 원더우먼, 플래시, 사이보그 등이 별 거 아닌 이유로 서로 투닥투닥거리다가 외계 침략자 다크 사이드의 침공에 맞서 함께 힘을 모아 싸우게 된다는 단순명료한 얘기다. 덤으로 우리나라 사람들은 잘 모르는 슈퍼히어로인 사이보그의 탄생 비화가 나오기도 한다.

막판에는 슈퍼히어로 일곱 명이 합심해서 다크사이드를 두들겨 패서 포탈로 쫓아내 버리는데, 어찌나 험악하게 두들겨 패는지 순간적으로 다크사이드가 불쌍해지기까지 한다. (방학기 선생님의 〈바람의 파이터〉에선 미국인들은 싸울 때 항상 1대 1로 싸우는 사나이들이라고 했는데, 그때의 미국인들은 모두 어디로 갔는지 종적이 묘연하다.)

그리고 엔딩에선 슈퍼맨과 원더우먼이 연애질을 시작하려 들고, 스티브 트레버(오리지날 원더우먼 시리즈에서 원더우먼의 파트너 역)이 쓸쓸한 모습으로 사라지는 등 옛날 시리즈와는 확실히 선을 긋는 모습을 보여주기도 한다. 스탭 롤이 올라간 직후의 쿠키 영상에선 오션 마스터(아쿠아맨의 악역)가 등장해 속편을 예고하기도 하지만, 아직까지도 속편은 나오지 않고 있다. (사실 별 기대도 안 된다. 왜냐하면 이전의 저스티스 리그 OVA도 스토리라인이 이어진 적은 단 한 번도 없었으니까.)

그럼에도 불구하고 [저스티스 리그: 워]는 앞으로 나올 저스티스 리그 영화의 방향을 엿볼 수 있는 애니메이션이다. 앞으로 나올 영화를 기대하며 예습삼아 보기에는 딱 좋은 애니메이션인 셈이다. 브루스 팀이 빠졌다는 사실이 아쉽긴 하지만 어쩔 수 없는 노릇이다. 새 술은 새 부대에 담아야 하는 법이니까.

글·DJ한(한동진)

캡틴 아메리카의 스케일을
결정지은 음악

헤비조 선정 영화 _ [캡틴 아메리카: 윈터 솔져] **I 아티스트** _ 마빈 게이, 헨리 잭맨

[캡틴 아메리카: 윈터 솔져](2014)는 뻔한 히어로 영화지만, 플롯부터 한계를 넘어 보려는 노력이 묻어있다. 물론, 내용에 대한 아무런 사전 정보가 없었음에도 누군가 새로운 인물이 등장하여 몇 마디만 나누면 저 인물이 어떻게 될 것인지 예측할 수 있고, 예측 그대로 행동하는 전형성의 틀을 완전히 깨진 못했다. 개인의 자유가 중요한 것은 분명하다. 절대 물러 설 수 없는 부분이다. 공공의 자유와 안전을 위한다는 명목으로 개인의 삶까지 침해한다면, 그 자유와 그 안전이 도대체 어떤 것인지 성찰해볼 필요가 있다. 영화의 내용은 만화적 상상이지만, 안전을 위한다는 명목하에 현대 사회에서 벌어지는 수많은 감시 장치를 생각해 보면, 현실과 상관없는 허구라고 웃어 넘길 얘기는 아닌 것 같다. 여러 모로 영화는 9·11 테러 이후 미국, 아니 전 세계에서 벌어지고 있는 '안전'과 '자유' 관련 이슈에 대해 마블의 시네마틱 우주관적인 방식으로 비판을 가하고 있다.

■ 마빈 게이의 'Trouble man'

나에게 영화에서 가장 흥미로운 지점은 팔콘(안소니 마키 분)과의 첫 만남에서 캡틴 아메리카(크리스 에반스 분)가 반드시 해야 할 목록에 마빈 게이의 'Trouble man'을 적어 넣는 장면이다. 밴드 너바나의 이름이 이미 목록에 적혀 있다. 해동된 이후 지난 50여 년 사이의 문화를 배워가는 모습이랄까? 캡틴 아메리카가 적어 놓은 리스트는 서비스 차원에서 상영하는 나라에 맞게 조금씩 버전이 다르다고 하니 관심 있는 분들은 찾아보기 바란다. 마빈 게이의 'Trouble man'은 1972년 동명의 영화 주제가이기도 하다. 1970년대 초반 흑인의, 흑인에 의한, 흑인을 위한, 흑인 영화를 표방하는 영화들이 쏟아져 나오는데, [샤프트](1971), [슈퍼 플라이](1972), [트러블 맨](1972) 등이 대표작이다. 이들 영화는 아이작 헤이스, 커티스 메이필드 등 소울 음악 슈퍼스타들이 음악을 맡은 것도 특징이다. 앨범 "What's Going On"(1971)으로 섹시함을 넘어 정치적 문제까지 건드리기 시작한 마빈 게이에게 [트러블 맨]의 영화음악을 맡긴 건 정말 신의 한 수였다. 이 노래는 영화 속에서 캡틴 아메리카가 깨어날 때 팔콘이 병실에 틀어놓은 곡이기도 하다.

또 하나의 삽입곡은 퓨리가 캡틴 아메리카의 집에 틀어놓은 곡이다. 해리 제임스 앤 히스 오케스트라의 곡인데, 'It's Been a Long, Long Time'이다. 해리 제임스는 당대의 빅 밴드 재즈의 선두주자 중 한 명이었는데 초창기 프랭크 시나트라가 그의 밴드에서 노래하며 실력을 쌓기도 했다. 물론 시나트라라는 이름이 미국적이지 않다는 이유로 이탈리아적인 느낌을 지운 다른 이름을 제안했다가 사이가 틀어지기도 했지만. 'It's Been a Long, Long Time'은 1945년 발표된 제2차 세계대전의 종전을 기뻐하는 노래다. 퓨리가 나이 많은 히어로라서, 캡틴 아메리카가 옛날 사람이라서 빅 밴드 재즈를 튼 게 아니다. 현실 속 전쟁은 끝나지 않았음을 방증하는 복선이다.

■ 핸리 잭맨이 영화음악 맡아

두 곡의 삽입곡과 [캡틴 아메리카 1]에서부터 이어지는 [캡틴 아메리카]의 테마를 제외한 영화 속 음악은 모두 헨리 잭맨(Henry Jackman)이 맡았다. 캡틴 아메리카의 테마도 핵심이 되는 멜로디를 제외하면 헨리 잭맨이 새롭게 편곡한 버전이다. 헨리 잭맨이라는 이름에 친숙하지 않은 독자가 많을 거다. 자신의 이름을 걸고 영화 작업을 하기 시작한 지 그리 오래되지 않았다. 영국 출신으로 옥스포드 대학교에서 클래식 음악을 전공했고, 1990년대 중반부터 영국 팝 신에서 활동을 시작했다. 엘튼 존, 마이크 올드필드 등의 거장 작품에서 프로그래밍과 편곡을 했고, 가수 실(Seal)에게 곡을 주기도 했다. 2006년 헐리우드로 건너와 영화음악 일을 시작했는데, 그를 기용한 이가 바로 한스 짐머다. 처음 잭맨은 한스 짐머가 음악을 맡았던 [다크 나이트] 시리즈, [쿵푸 팬더] 시리즈, [다빈치 코드](2006), [캐리비언의 해적] 시리즈 등에서 편곡과 프로그래밍, 서브 작곡가로 활동했다. 한스 짐머가 음악을 맡았던 영화의 TV판 스핀 오프 시리즈 등의 작품에 자신의 이름을 걸고 음악 작업을 시작해서 영화 [링컨: 뱀파이어 헌터](2010), [G. I. Joe 2](2013), [엑스맨: 퍼스트클래스](2011), [킥 애스] 시리즈 등으로 활동 영역을 넓히고 있다.

그 덕분에 [캡틴 아메리카: 윈터 솔져] 역시 멘토인 한스 짐머가 이룩한 대형 오케스트라와 큰 멜로디, 앰비언트 사운드를 힘 있게 밀어붙이는 스타일로 채워져 있다. 그러나 마이크 올드필드의 음악에 참여했던 이력이 보여주는 것처럼 새로운 소리, 특히 일렉트로니카 사운드를 오케스트라와 버무리는 데도 능하다. SF를 표방하는, 혹은 히어로 영화 대부분이 그렇지만, 현재 이 장르에서 일렉트로니카와 앰비언트 계열의 소리를 빼고 말하긴 어려운 실정이다.

영화에서 가장 긴박감 넘치는 장면에 흐르는 'Fury'를 들어보라. 영화 전반을 지배하는 스코어의 분위기는 한스 짐머의 영향이 느껴지는 앰비언트와 타악기를 강화한 오케스트라 연주지만, 이 곡만큼은 헨리 잭맨이 한스 짐머와 다른 세대의 젊은 음악가임을 확인시켜주는 철저한 일렉트로니카 사운드로 도배되어 있다. 진짜 악기를 연주해서는 만들 수 없는 질감의 소리를 통해 긴장감을 배가시키고, 훨씬 미래적인 뉘앙스를 만드는 앰비언트와 일렉트로니카는 분명 현재 가장 핫하고 매력적인 음악 장르임에 틀림없다. 그런데 갑자기 이런 생각도 든다. 신시사이저가 1980년대엔 미래적인 느낌을 자아내는 최신 악기였는데, 시간이 지난 지금 들어보면 1980년대 음악임을 확인시켜주는 당대의 소리였을 뿐이지 않던가. 훗날 일렉트로니카와 앰비언트 역시 2010년대 영화라는 사실을 확인시켜주는 천편일률적인 징표가 되지 않을까.

글·헤비조(조일동)

함장(권영준)의 곁다리 추천 영화

DC 코믹스의 히어로 중 개인적으로 가장 매력 있는 캐릭터는 역시 키아누 리브스가 연기한 [콘스탄틴(Constantine)](2005)이다. 원작 만화와 싱크로율은 그리 높지 않지만, 매트릭스 네오와는 사뭇 다른 이미지의 담배 피는 연기와 함께 수트 입은 히어로의 길쭉하면서도 거침없는 액션은 통쾌함을 안겨준다. 속편을 목빠지게 기다렸지만 아쉽게도 TV 시리즈로 원작 만화에 더욱 가까운 캐릭터가 리부팅되어 안타깝다.

Theme 5

방화

[명량] 1,700만 명, [변호인] 1,000만 명 시대라 외화보다 방화의 선호도가 월등할 것 같지만 아직은 아니다. 그래도 믿고 볼 수 있는 방화가 많아져서 딴지영진공도 덩달아 할 말이 많아졌다.
꿈보다 해몽이라고 영화보다 더 재미난 딴지영진공 수다, 방화는 더 실감난다.

무비 찌라시

역사는 지난 일이 아니라
닥쳐올 일에 대한 기록이다

카(E. H. carr)의 "역사란 승자가 쓰는 희곡이다"라는 말을
굳이 빌리지 않더라도, 플라톤의 "권력자들은 말을 지어내
세상을 지배한다"라는 말을 인용하지 않더라도,
조지 오웰 삼촌의 "과거의 지배자가 미래를
지배하며, 현재의 지배자가 과거를 지배한다"라고 외치지 않더라도,
21세기, 한국. 우리의 왜곡되어 가고 있는
역사를 영화 [관상]은 어떻게 설명하고 있을까?

관상 좀
봐 주세요...

헐랭이 선정 영화 _ [관상]

영화 [관상](2013, 감독 한재림)은 김종서와 수양대군으로 대표되는 조선 초기 두 권력집단의 쟁투를 소재로 한 영화다. 플롯과 스토리는 많은 역사책에 기술된 내용과 크게 다를 바 없고, 다만 허구의 인물이 화자로 나와서 극의 전개를 이끌어간다. 이 작품은 예상 외로 흥행에 성공하여 관객 수가 900만 명을 넘었다. 이 영화를 대하면서 흥미로웠던 점은 정작 영화 자체가 아니라 젊은 관객들의 반응이었는데, 많은 이들이 영화의 소재가 되는 사건과 배경을 아예 처음 접했기 때문에 영화의 결말을 매우 긴장감 있게 관람할 수 있었다는 것이다. 이런 점이 오히려 흥행에 도움이 되었다고 했지만, 그보다는 우리네 역사교육의 현실이 걱정되는 대목이다.

어쨌든 실제로 수양대군은 소위 '성공한 쿠데타'를 통해 김종서 세력을 제압(다 죽이고)하고 후에 세조가 된다. '태정태세문단세~'의 그 세조 말이다. 그 당시 세종의 아들 문종, 문종의 아들 단종으로 이어지던 왕권이 다시 세종의 아들 수양으로 넘어가는 이 사건은 '계유정난'(1453년)이라 불리게 되고, 1455년에 수양은 세조로 즉위한다.

이 사건에 대해 많은 이들은 '왕위 찬탈(簒奪)'이라고 비난하지만, 반면에 '왕권 강화'를 위한 행위로 옹호하는 이들도 꽤 있다. 이 정난은 조선의 그 숱한 희한하고 괴상한 사건 중에서도 장희빈(장옥정)과 더불어 수많은 드라마와 영화로 물고 뜯고 씹고 되새김질까지 당하는 케케묵은 떡밥이기도 하다. 그런데 오히려 주목해야 할 것은 계유정난이라는 단일 사건이 아니라 그 이후 전개되었던 조선이라는 국가의 모습, 그리고 그것과 무섭도록 닮아 있는 우리의 현실이라고 하겠다. 리더인 세조와 심복 한명회, 그리고 그 아이들이 벌인 이 사건은 조선이라는 국가의 성격과 권력 메커니즘을 완전히 새로 세팅해 버린다. 이후 조선의 중·후기에 이르기까지 정치와 권력 그리고 집권층의 모습과 행태는 온전히 이 사건에 꽉 물려 있다고 해도 과언이 아니다.

■ 세조의 장자방 한명회와 압구정동

이쯤해서 한명회를 언급하지 않을 수 없다. 이 인물은 말하자면 조선의 '제갈량+조커+괴벨스'라고 할 수 있을 정도다. 그래서 세조는 그를 보고 요즘의 표현대로라면 "마이 프레셔스(precious) 장량(장자방)"이라고 불렀을 정도로 사랑하였다고 전해진다.

흥미를 위해 소소한 이야기 하나를 덧붙이자면, 압구정동(狎鷗亭洞)이라는 이름이 어디서 유래한 것일까? 한명회의 호가 압구정(狎鷗亭)인데, 송나라 재상 한기의 서재 명칭을 빌어다가 호를 지은 그가 자기 호를 딴 정자를 지었는데, 그게 압구정이고 그 압구정자가 세워진 데가 바로 지금의 서울 압구정동이다. 혹시 이런 사실 때문에 한명회라는 인물의 기운과 에너지가 요즘의 부유층에게까지 이어져 내려오는 건 아닐까. 그렇다면 현대건설이 굳이 이 동네에 아파트를 짓게 된 것도 바로 그런 이유 때문은 아니었을까. 서프라이즈~

그리고 영화 제목이 '관상'인데, 삼성재벌이 기업 초기부터 채용 및 인사에 관상을 적극 활용하였다고 전해진다. 다른 여러 재벌 기업들도 얼굴을 보고 사람을 썼다고 하는데 아마도 현대는 관상을 안 봤나 보다. 이명박 전 대통령을 채용한 걸로 봐서는 말이다.

본론으로 돌아가서, 한명회를 다룬 드라마와 영화가 꽤 많이 나와 있다. 1994년 이덕화 씨가 나온 KBS '한명회'가 있었고, 최근에는 앞서 언급한 〈공주의 남자〉, 그리고 2011년 SBS 〈뿌리깊은 나무〉에서도 세종 시대에 밀본에 속했던 한가놈으로 나온다. 왕도 아니었고, 장군도 아니었는데 후세에서 이리도 자주 다뤄지는 이 인물은 실제 조선 역사의 중심부에 떡하니 버티고 있다가 사후에도 계속 논란의 중심에 놓이게 된다. 영화 [관상]에서는 그저 한명회가 부귀영화를 누리다가 사후 부관참시 당한다고 나오는데, 사실 이렇게 짧게 표현하기가 미안할 정도로 그는 참으로 파란만장한 삶을 살았다. 세조의 사람이 되는 과정부터 엄청난 우여곡절이 있었고, 계유정난 당시에는 살생부를 직접 작성하고 현장에서 집행을 지휘했다. 그런데 잘 나가던 그가 세조 때 옥에 갇히게 된다. 이시애가 이간책으로 한명회와 신숙주가 반역에 연루됐다고 올린 글을 세조가 받아들여 옥살이를 시키자, 당시 한명회가 옥에 갇혔다는 소식을 들은 온 나라 사람들은 모두 이를 통쾌히 여겼다고 많은 역사책에 기록되어 있다. 그렇지만 한명회는 금세 옥에서 나와 예종 때 다시 등용된다. 왜냐하면 세조가 유언으로 그리하라고 시켰기 때문이다. 둘의 사랑이란 참 알다가도 모르겠다.

투서로 인해 옥에 들어갔던 한명회는 이후 오히려 이를 적극 활용하여 정적을 제거하는 데 활용한다. 대표적인 사례가 유명한 남이장군 사건이다. 남이섬의 그 남이장군 맞다. 세조의 지극한 사랑을 받았던 젊은 남이장군을 예종이 껄끄러워하자, 한명회가 총대를 매고 꿈에 역모의 기운을 보았다고 길길이 뛰며 궁에 병력을 증강시키더니 뜬금없이 남이장군을 역모의 주범으로 몰았다. 실제 역모의 근거는 없었고 그냥 예전에 남이장군이 썼던 글을 증거라고 들이댔을 뿐이다.

백두산 돌은 칼을 갈아 다 없애리라

두만강 물은 말을 먹여 없애니

남아 이십에 나라를 평정하지 못하면

후세에 누가 대장부라 일컬으리오

이게 반역의 증거라고 우겼다. 이 사건의 뒤켠에서는 유자광이 계속 공작을 했지만 사형을 강력히 주장한 건 한명회였고, 한 치의 주저함도 없이 그대로 죽인다. 그러고 보면 남이는 영화 [글래디에이터]의 막시무스와 비슷한 처지에 빠져 희생된 거라고 볼 수 있다. 이후로 한명회의 권력은 좀처럼 사그라들 줄 몰랐고, 성종 때는 제2의 전성기를 맞이하기도 한다. 자기 넷째 사위가 왕이 되었으니 좌의정, 영의정, 병조판서까지 다 해 먹는다. 그러다가 말년에 압구정 문제로 성종과 대립하다가 유배를 가지만, 가는 도중에 길거리에서 사면되어 그 자리에서 사저로 돌아가고 이후 나이가 들어 돌아가지만 이게 파란만장한 삶의 끝은 아니다. 폐비 윤씨 사건에 연루되어 연산군 때 시체가 끄집어내져 부관참시를 당하는데, 사실 이게 좀 그런게 사망은 1487년인데 부관참시는 1504년이다. 그런데 이것도 끝이 아니다. 중종반정 이후에 복권이 되어 다시 장사를 지내고 세조의 사당에 배향한다. 결국 두 사람은 죽어서도 다시 만나 서로를 의지하게 된다.

■ 계유정난과 연결된 여러 사화들

사건의 두 주역이 죽고 오랜 시간이 지난 뒤에도 계유정난의 위력은 전혀 사그라들지 않는다. 조선의 정치 지형에는 이미 왕족과 훈구 그리고 사림세력이 도저히 어쩌지 못할 정도로 깊이 아로새겨져 버렸기 때문이다. 왕족은 왕가 쪽, 훈구는 한명회로 대표되는 세력, 그리고 김종서로 대변되는 패퇴한 세력 쪽의 사육신과 생육신 등을 충신이자 선비로 기리며 지방에서 칩거하다가 후에 대거 중앙 정치로 올라오는 세력이 사림이다. 이들은 훗날 기호학파(畿湖學派), 영남학파(嶺南學派)로 나뉘고 붕당정치(朋黨政治)로 이어지는 계기가 되었으며, 결국엔 4대 사화가 벌어진다. 사화는 간단히 말해 선비들이 화를 당했다는 뜻이지만, 그보다는 훈구와 사림의 세력다툼에 왕이 끼거나 적극 가담한 사건들이라 할 수 있다. 무오(1498), 갑자(1504), 기묘(1519), 을사(1545)가 모두 계유정난과 한명회가 연관되거나 계기로 작용하여 주욱 이어지게 된다.

무오사화는 연산 즉위 후 폐비 윤씨 사건을 꼬투리로 사림에 몰리던 훈구가 사림을 친 사건인데, 여기에 유자광이 낀다. 갑자사화는 연산군이 훈구를 치는 사건이고, 기묘사화는 연산에 대한 훈구의 반격으로 즉위한 중종이 훈구를 견제하기 위해 사림을 등용하면서 급부상한 조광조를 훈구가 다시 후려치는 사건이다. 을사는 사림끼리의 싸움으로 외척들 간의 투쟁에서 사림들이 팀킬을 하게 되자, 그걸 기화로 지리멸렬했던 훈구가 다시 득세하고 외척들이 권력의 한 축으로 자리 잡는 계기가 된다. 그리고 이 흐름은 불행스럽게도 우리의 역사 속에서 사라지지 않고 현재까지 계속 이어지고 있다.

당시 사화를 만들어 내기 위해 동원한 기법들은 황당할 정도로 치졸했는데, 무오사화 때는 '조의제문'이 등장했다. 김종직의 사후에 그가 쓴 조의제문을 제자가 성종실록 사초에 적어 넣은 것을 유자광 등이 기어이 찾아내고 만다. 항우에게 살해당하여 물에 던져진 회왕, 즉 의제(義帝)를 기린다는 제문이었지만, 이 글을 쓴 의도가 세조의 왕위 찬탈을 비꼬기 위해 살해를 당하여 물에 던져진 단종과 비슷한 상황을 묘사함으로써 왕위의 정통성을 부정한 것이라고 우겨서 결국 김종직은 부관참시를 당하고 많은 문집이 소각되었으며, 그의 제자들이 모두 참화를 당하였다. 기묘사화 때는 '주초위왕' 사건이 벌어진다. 당시 훈구세력은 조광조 일파를 몰아내려고 하였지만 중종의 신임이 워낙 두터워 손을 쓸 수 없게 되자 훈구의 남곤, 심정 등이 음모를 꾸며 궁중의 희빈 홍씨와 내통, 궁의 후원 나뭇잎에 꿀물로 '주초위왕(走肖爲王)'이라는 네 글자를 쓴다. 그리고 벌레들이 글자 모양대로 나뭇잎을 파먹자 이를 갖고 조(趙)광조가 왕이 되려는 것을 암시하는 거라고 몰아 세웠다. 결국 조광조 일파는 급진적 정책에 대한 중종의 견제와 훈구 세력의 집요한 모략으로 숙청을 당하게 되는데, 그를 하옥하자 성균관 유생들이 조광조를 살려달라 들고 일어났고, 여기에 군중까지 합세하여 그 수가 수만 명이 넘었다고 전해진다.

■ 정적을 없애는 구태는 낯설지 않은 모습

지금까지의 얘기는 옛날 옛적 전기도 휴대폰도 인터넷도 없던 시절의 일들임에도 전혀 낯설지가 않다. 지금의 현실에서 벌어지는 일에서 등장인물과 소재가 다를 뿐, 모양과 내용은 전혀 달라지거나 나아지질 않았다. 그때나 지금이나 맘에 안 들거나 눈에 거슬리는 세력을 제거하기 위해서는 굳이 상대방이 어떤 행동을 하기를 기다리지도 않고, 그냥 만들어 낸다. 표적이 된 인물 또는 그 주변 사람들의 평소 말이나 글을 꼬투리로 잡아서 옛적에는 완력이나 무속을 들이댔고, 요즘은 동영상이나 녹취록을 흘리면서 언론을 동원하는 게 차이라면 차이겠다. 그리고는 그냥 세게 조진다. 남들의 시선이나 후환 따위는 신경 쓰지 않고 몰아붙인다. 옛적에는 아예 죽음까지 단숨에 몰아갔다. 굳이 그렇게까지 안 해도 될 것 같은데 죽을 때까지 세차게 몰아붙이는 이유는 나중의 화근을 제거하고 일단 죽고 나면 뭐 어쩔거냐는 현실적 계산이 깔려 있다.

반대파의 억압과 제거에 그들의 생각과 말과 의견을 꼬투리로 잡는 건 사실 권력의 반대편은 힘과 가용 자원이 없어서 실제 행동을 하지 못하기 때문이기도 하고, 아예 그런 힘과 자원을 모을 생각도 하지 못하도록 공포감을 심어주기 위해서이기도 하다. 그러다보니 근현대사에 있어서 인혁당, 민청학련, 동백림 사건 등 모두 이제는 무죄로 선고되거나 진실규명위에서 사과 결정을 내린 일들이 부지기수로 벌어졌고, 최근에는 노무현 전 대통령의 NLL 언급 건, 국정원 댓글 사건 등이 줄지어 벌어지고 있다.

이러한 모습은 사실 서양도 별반 다를 게 없긴 하다. 프랑스에서는 드레퓌스 사건이 있었다. 에밀 졸라의 '나는 고발한다'라는 유명한 공개편지도 있었던 그 사건은 [에밀 졸라의 생애](1937)라는 영화에도 나오는데, 아무 근거도 없이 다만 조작된 증거를 갖고 애꿏은 장교 한 명을 정치적 이해관계에 따라 스파이로 몰아가다 저항에 부딪히자 슬그머니 물을 타 버린 사건이다. 영화 [관상]은 그 자체로는 덧붙일 말이 별로 없다. 영화 속 배경의 시대에서 수백 년의 세월이 지났지만 우리네 권력과 정치의 모습은 아무것도 변한 게 없다는 답답함이 느껴지고, 그 연장선에서 조선 시대를 훌쩍 지나 우리가 민주주의를 꽤 오랜 세월 실행하였는데도 왜 변한 게 없을까를 생각하게 하는 영화다.

글·헐랭이(이규훈)

음악 과잉이 영화를 살린
[관상]

헤비조 선정 영화 _ [관상] **I 아티스트 _** 이병우

영화 [관상]을 두고 여기저기서 음악 과잉이라는 지적이 많다. 개인적으로 이병우 음악감독이 [관상]이라는 영화 안에 음악을 이토록 많이 포진시킨 것은 당연하면서도 어쩔 수 없는 선택이었다고 본다. 이 영화의 플롯은 놀라울 정도로 번뜩이는 아이디어에 바탕을 두고 있다. 사극 단골 소재인 단종과 세조의 관계를 관상이라는 측면에서 살펴본다. 거기에 관상이 가진 운명론적 접근을 거슬러보고자 하는 주인공의 노력이라니 재기와 날카로움이 번뜩인다.

기대에 부풀어 영화 [관상]을 보고 난 기분은 때깔 엄청 좋은 24부작 TV 드라마를 추석 연휴에 2시간으로 압축해서 감상한, 딱 그런 느낌이었다. TV 드라마를 무시하는 발언이 아니다. 연속극은 긴 시간을 두고 주기적으로 방영하며 시청자를 끌고 가는 장르다. 드라마는 큰 이야기를 작은 사건과 사건을 둘러싼 에피소드로 나누고, 매번 다음 장면이 기다려지는 적당한 순간에 끊는 구성을 취하게 마련이다. 그런데 이

런 다양한 사건과 긴 호흡의 드라마를 압축하면 어떻게 되겠는가? 영화 [관상]은 2시간 가까이 사건을 나열하기 바쁘다. 한명회의 이야기로 시작과 끝을 맺는 액자 속 구성을 취하고 있지만, 액자 안팎을 오가는 게 아니라 그냥 액자 속 얘기의 나열, 다시 말하면 그냥 압축판 TV 드라마처럼 사건 나열에 바쁘다. 문제는 앞에 던져놓은 수많은 인물의 떡밥을 TV 드라마라면 긴 시간 동안 하나씩 풀겠지만, 이 2시간짜리 영화는 떡밥은 떡밥, 얘기는 얘기대로 따로 나가고 봉합이 제대로 이뤄지지 못한다.

그나마 송강호의 연기 덕분에 이 뭉텅뭉텅 이가 빠진 얘기가 겨우 수습되는 모양새다. 수양대군도, 김종서도, 조정석이 맡은 처남도, 김혜수가 맡은 연홍도, 단종도 관객이 인물과 교감하며 일치, 대립을 느끼기보다 그냥 흘러가는 인물로 멍하니 보게 된다. 화면은 예쁘고 강렬한데, 그게 등장인물과 융합되지 못한다. 이 영화의 결말이 어찌될 것인지 우리 모두 잘 알고 있다. 관객의 감정이 실리지 못하면 결말이 뻔한 이 영화는 힘이 빠질 수밖에…. 영화적 장치가 관객과 영화 속 이야기를 묶어두지 못하니, 음악을 통해서라도 관객의 감정을 이끌어내야만 하는 것이다. 이병우는 이러한 면에서 확실히 재주꾼이다. 많은 사람들이 [왕의 남자](2005) OST가 연상된다고 하는데, 바로 그것을 노렸다고 본다.

■ 긴박감 넘치는 음률로 영상의 맥락 이끌어

이병우 음악감독은 [마더](2009)나 [스캔들 – 조선남녀상열지사] (2003)처럼 자신이 작업했던 유명한 전작들에 사용했던 악기와 선율을 조금씩 차용하며 그 정서를 십분 이용한다. 이건 스스로 자가복제했다는 의미가 아니다. 그 대신 과거 곡들이 갖고 있는 감성을 빌려왔다고 보는 게 맞다. 한재림 감독은 감정선을 건드리는 슬로 모션과 클로즈업을 자주 쓴다. 그리고 그때마다 음악이 강렬하다. 진짜 수양대군(이정재 분)의 첫 등장에서 슬로 모션과 타악기를 사용해 분위기를 환기시키는 장면이나 관상 본 값을 치른 수양과 내경의 무너지는 심정을 일체의 타악기를 뺀 현악과 마이너 음조로만 그리는 대목을 보라. 그런데 이러한 음악이 없었더라면, 목석같이 튀어나와 툭툭 자기 역할만 하고 떠나는 연기자들의 관객과 어우러지지 못하는(그런데 정말 열심히 하는) 그 연기에 관객은 진심으로 몰입하기 애매했을 것이라 확신한다.

이병우 음악감독은 영화의 시작부터 그가 참여한 다른 작품에 비해 긴박감 넘치는 음률을 자주 구사한다. 당연하다. 영상의 맥락이 이끌지 못하는 관객의 감정을 음악을 통해서라도 이끌었어야 했기 때문이다. 음악이 등장한다고 관객의 감정선이 그대로 따라서 흔들릴 수 있는 것일까? 유러피언 클래식의 멜로디와 그에 따른 감정적 반응을 하는 문화적 형식에 전혀 노출되지 않았던 사람이라면 이병우 음악감독의 음악에 따른 반응이 우리와 같을 리 없다. 음악은 철저하게 문화적으로 조직된 소리고, 그 소리에 감정이 움직이는 것 역시 철저하게 훈련된 결과다. 이병우는 색감과 때깔만 좋은 이 영화에 감정을 넣기 위해 전작들에 사용했던 문화적으로 학습된 음악적 감정을 소환한 셈이다. 만일 과도하다고 지적이 많은 이병우의 음악을 걷어내고 같은 영화를 보게 된다면, 관객은 자신이 느꼈던 긴장감의 상당 부분을 느끼지 못할 것이다. 어쩌면 영화 상영 시간에 비해 하고 싶은 얘기가 너무 많다거나, 시간 안에 매끄럽게 풀지 못한 게 선명하게 드러나고, 그로 인해 툭툭 튀는 껄끄러움을 참지 못했을 수도 있다.

영화의 메인 테마 안에 이 영화가 품은 복선과 모든 스토리의 오르내림이 모두 들어 있다. 수양대군을 막을 수 있을 듯하다가 끝내 그렇게 흘러가는…. 이미 역사를 통해 우리 모두가 다 아는 그 얘기를 아슬아슬하게 느끼도록 영상보다 음악이 그렇게 고군분투하고 있다.

글·헤비조(조일동)

함장(권영준)의 곁다리 추천 영화

[관상]을 보다가 민주주의의 꽃이라는 선거를 떠올리게 되었는데, 선거를 소재로 삼은 영화 중 재미난 설정의 이야기가 있다. 케빈 코스트너 주연의 [스윙 보트(Swing Vote)](2008)라는 영화는 선거 시스템의 오류로 미국 차기 대통령을 뽑는 상황에서 주인공의 한 표가 당선을 결정짓게 된다는 이야기다. 정치권에서 정말 말 그대로 이 '한 표'를 얻기 위해 고군분투하는 모습과 더불어 어떤 선택이 우리의 미래를 결정짓게 될지 뒤돌아보게 만드는 즐거운 영화라 하겠다.

무비 찌라시

[변호인],
그리고 2014년

국가란 곧 국민이다.
권력은 곧 '국민의 힘'을 뜻한다.
몇몇의 정치세력이 휘두를 수 있는 것이 아니다.
영화를 보고 눈물이 멈추지 않는 이유는
비단 그 영화가 좋은 영화이기 때문만은 아니다.

연기를 너무
잘해서
탈이야...

제 8 회
런던 영화제

안버디 선정 영화 _ [변호인]

목 구멍이 포도청이라고 오늘 아침에서야 찾아 뵈었다.

살면서 40줄 넘으니 영웅도, 스승도 없더라. 내가 스승이고 영웅이며 신이다. 그래서 외롭다. 그래도 맘 한구석에 한둘은 있다. 내가 믿고 존경하는 삶과 그 삶을 살았던 인간. 오늘 한 인간에 대해 이야기를 봤고 다시금 펑펑 울었다. 졸라 멋있어서….

시바 내가 그렇게 살고 싶었고, 지금도 그렇게 살 자신이 없는 삶. 옆 좌석 관객에게 민폐 안 끼치려고 정말 주먹을 입에 물고 영화를 봤다. 부끄럽고 창피하고 고맙고 미안하고…. 정말 단어 그대로 만감이 교차했다.

먼저 이 영화를 만든 양우석 감독과 스텝들에게 끝없이 감사드린다. 또 송강호와 모든 출연진에게도 감사한다. 이 영화에 돈을 댄 제작 관련자들과 배급사와 극장과 팝콘 파는 분들에게도 감사한다.

본 '우언(우원)'은 앞에서 언급했듯이 스스로에게 신이라서 타르꼽 아저씨나 고다르 형 좋아 미치는 하야오 할배나 테리 길리엄 아저씨도 알로 본다. 그래서 그들 영화를 평도 하고 때론 무시도 한다. 평점도 준다. 근데 내가 평점을 감히 매기지 못하는 이가 한사람 있다. 켄 로치다. 그런데 오늘 우린 켄 로치 삼촌의 영화가 부럽지 않은 한국말 영화를 한편 만났다.

■ 변호인에 대해 세 가지로 정리하면

오늘은 길게 가지 말자. 이 영화는 간단히 세 가지로 정리한다. 나중에 한번 제대로 뽀사줄게.

첫째, 영화 자체에 대해 논해보자. 양우석 감독의 필모그래피를 보라. 딱 하나다. 졸라 걱정했다. 영화 초반 약간의 어색함 외에 어떻게 이런 정교하고 꼼꼼한 영화를 군더더기 없이 찍어 냈는지 신기할 정도였다. 위대한 한국 영화 스태프에게 경의를 표한다. 촬영, 편집, 음악, 각본 모두 최고급이다. 우스울 거다. 한국의 고급 평론가들이 늘 이런 목적이 분명한 영화를 대할 때 하는 뻔한 평론이 눈에 선하다. 영화 흐름의 경직성, 목적의 불순함, 담론의 천박함, 이야기의 장황함 등…. 그 죠다들은 켄 로치의 빵과 장미가 TV 드라마의 어색함을 담고 있다고 시부렁거리는 것들이다. 그들에겐 정신이 없다고 단언한다. 영화는 기계나 화학물질이 아니라는 예술적 정신을 놓고 이야기할 만하다. 더 변명할 가치가 없다.

둘째, 영화 자체의 어색함을 완벽히 커버해주는 연기에 대해 논하지 않을 수 없다. 한국말로 하는 우리 영화는 우리 국어를 쓰지 않는 다른 모든 이에게 한계를 가진다. 따라서 한국어 영화는 적어도 우리 것이다. 미안하게도 이 영화의 연기의 진실됨을 우리 국어를 쓰는 사람들 외에는 100% 전달 못 할 거다. 그럼 어떤가. 지금 우리의 이야길하고 있는데….

1 곽도원: 아버님이 학살당했다고 말한다. 해방 후 한국 근대사 20년을 한 단어로 압축한 명대사다. 그리고 곽도원 씨 이걸 툭 던졌다. 예술은 이런 거다.

2 송영창: 지난 몇 년간 속죄하는 기분으로 영화 활동을 하고 있는 이 분에게 오늘 100가지 벌 중 한 가지는 감형해준다.

3 조민기: 그 살벌한 눈빛이 언제나 안타까웠다. 그가 가진 눈빛을 살려줄 제대로 된 악역, 설득력 있는 악역을 만나본 적이 없다. 그만큼 타고난

배우다. 본 우원, 오늘 처음으로 그가 진짜 악역다운 악역을 만나고 그는 따로 맞출 필요 없는, 따로 고민할 필요 없는 몸과 눈빛에 딱 맞는 역을 연기했다. 반가웠다.

4 류수영: 난 류수영이 데뷔도 하기 전 어떤 쇼 프로에서 처음 봤다. 대학생 동아리에서 차력을 하던…. 아마 현실의 그는 생긴 거와 달리 [색즉시공]의 임창정이었을 것이다. 그런데 난 그를 보고 언젠가 다시 만들고 싶었던 허영만의 〈비트〉를 떠올렸다. 진짜 〈비트〉의 민은 정우성 같이 폼만 잡는 민이 아니다. 원작 속의 민은 어리버리하고 무식하고 정직하다. 난 그에게서 진짜 민을 봤고, 그가 지난 10여 년간 그냥 소비되고 사용된 평범한 배우 류수영을 아쉬워했다. 물론 내가 돈 없음도 아쉬웠다. 그는 오늘 세상에서 아니 적어도 대한민국에서 가장 멋진 장사꾼을 이야기했다. 임시완 군과 더불어 아직 어리고 계획도 많을텐데, 이런 용기를 내준 것에 대해 정말 감사드린다.

5 송강호, 오달수, 김영애, 정원중: 모든 배우들에게도 감사한다. [어머니 당신의 아들]에 나오신 김지영 씨 이후 이렇게 감사한 배우들은 처음이다.

마지막으로 이 영화를 보신 관객과 앞으로 보실 관객들, 그리고 절대 보지 않겠다고 다짐하실 여러분들에게 감사드린다. 특히, 이 영화를 보지 않겠다고 하시는 분들의 철학과 신념을 존중한다. 다만, 그분들이 말씀하시듯 이런 목적적·정치적 영화에 대한 순수한 거부 의식이 일관성 있게 유지될 것이라 믿어 의심치 않는다. "너의 생각에 동의하지 않지만, 말할 권리를 위해 싸우겠다"라고 말한 에블린 베아트리스 홀(Evelyn Beatrice Hall)처럼 여러분들이 이런 정신이 깃든 현대의 진정한 시민들이라고 믿는다.

이 순간에도 수많은 진실은 지나가고, 누구도 절대적으로 객관적 판단을 완벽하게 내릴 수 없다. 다만 우린 노력한다. 그 노력의 결정체가 [변호인]이다. 우리가 우리를 변호해줄 사람을 완전히 상실할 때 우리는 혹독한 숙명과 우연에 시달리게 될 거다.

영화 마지막에 다른 겁 많던 변호인들이 변호인을 지켜주기라도 했기에 우리는 진짜 시민의 변호인을 좀 더 길게 만날수 있었고, 잠시나마 건방 떨고 신 나게 떠들 수 있었다. 이제 그 시민의 변호인의 떠나버린 오늘 우린 좀 더 많은 똑똑하신 변호인들이 용기를 갖고 우릴 좀 변호해 주시길 희망해본다. 제발….

글·안버디

영화 [변호인] 속 음악

헤비조 선정 영화 _ [변호인] l 아티스트 _ 조영욱

　[변호인](2013)은 아주 분명한 영화다. 영화 막판에 이르러 다소 감정이 과도해지긴 하지만, 그마저도 전체 흐름에서 생각해보면, 상업영화라면 당연히 등장할 만한 클라이맥스다. 그만큼 영화는 상업영화의 공식을 충분히 따르고 있다. 양우석 감독은 드라마의 스토리 자체가 이미 알 사람은 다 아는 1981년 부림사건을 소재로 했기 때문에 단순한 사건 나열로는 영화적 재미를 만들 수 없다고 판단한 것으로 보인다. 따라서 감정을 건드리는 한 방을 위해 극적인 장면을 쌓아가고, 정점에서 페이소스를 던지는 방식으로 플롯을 구성했다.

　양우석 감독은 원재료가 가진 극적인 흐름을 믿고 영상을 맡겨 버렸다. 클라이맥스와 마지막의 피고 송우석의 법정 장면을 빼면 영화의 스토리는 담담하다. 그리고 음악은 바로 그 스토리를 뒷받침하는 수준으로 사용된다. 음악이 알아서 인물이나 사건을 설명하지 않는다. 오히려 새로운 인물이 등장하면, 처음엔 담담히 그 인물을 그린 영상을 지켜본다. 그러다 이 새로운 등장인물에 의해 어떤 사건이 시작되면 음악이 서서히 그 사건의 분위기를 더해주는 식이다.

■ 나서지 않는 미덕으로 영상을 따라가는 음악

음악감독은 조영욱으로 [접속](1997), [해피엔드](1999), [공동경비구역 JSA](2000), [신세계](2012) 등 다양한 한국 영화의 음악을 작업해온 베테랑이다. 그러나 이번에 그는 철저하게 영상을 따르는 음악을 만들었다. 현악을 통해 감정선을 건드리고, 타악기를 통해 긴장을 고조시킨다. 너무나 전형적이어서 음악 자체가 귀에 남는 자기 영역을 만들지 않는다. 이는 음악감독이 노골적으로 연출한 것이리라. 그렇다고 이 음악이 [그래비티](2013)나 [컨저링](2013)처럼 숨어서 오히려 자기 존재를 드러내는 성격을 갖고 있는 것도 아니다.

그런데 건조하게 영상을 묵묵히 뒷받침하던 음악이 감정선을 빵 터뜨리는 법정 싸움부터 달라진다. 가만히 들어보면 법정 내부의 장면에선 음악이 그다지 크게 드러나지 않는다. 법정 장면 사이에 등장하는 의외의 사건이나 한 법정 장면이 끝날 즈음에만 음악이 전면에 나선다. 짧지만 강한 인상을 심어주며 감정선을 압축적으로 강화시켜야 하는 역할을 음악이 맡은 것이다. 물론 법정 밖에서 송우석과 누구든 일대일로 대화하는 장면에는 음악을 배제하면서 내용 진행에 주목하도록 하고 있다.

[변호인]은 매우 돌직구적인, 전통적인 의미의 상업영화의 형식을 그대로 따르고 있고, 음악도 마찬가지다. 최근에 음악이 과잉인 영화들을 많이 만난다. 그 과잉이 영상의 부족함을 채우기 위한 경우도 있고, 영상으로 담을 수 없는 독특한 시대적 또는 특수한 정서를 불러일으키기

위한 경우도 있다. 이러한 음악의 과잉을 비난할 생각은 없다. 어떻게든 한 편의 영화를 최대한 매끈하게 완성시키기 위한 노력이니 말이다. 그런 의미에서 [변호인]의 음악 역시 영화의 완성도를 높이기 위해 영상보다 한 템포 늦은, 그래서 관객의 다 아는 스토리에 대한 정서적 공감과 픽션으로 만들면서 생긴 의외성 모두에 대한 관객의 호기심을 유발시키는 역할을 묵묵히 수행하고 있다. 나서지 않아서 생기는 미덕이리라.

글·헤비조(조일동)

함장(권영준)의 곁다리 추천 영화

[어 퓨 굿맨(A Few Good Men)](1992)을 비롯해서 법정 영화로 유명한 것은 많지만, 저마다 특색이 있다. 일본영화 [그래도 내가 하지 않았어(それでもボクはやってない)](2007)는 억울한 누명에 대한 개인의 투쟁을, [레인메이커(The Rainmaker)](1997)는 거대 자본 권력에 항거하는 열혈 변호사를, [필라델피아(Philadelphia)](1993)에서는 동성애에 대한 편견과 차별을 소재로 하여 저마다 잔잔한 또는 깊은 감동을 주고 있다. 그러나 영화 [변호인]처럼 통쾌한 승리가 없는 법정 영화가 이렇게 많은 사랑을 받은 이유는 결국 우리 스스로 지켜내지 못한 역사가 있기 때문일 것이다.

무비 찌라시

그럴듯함으로 찾아본
한국 영화의 총기 고증

영화와 정치는 사람의 눈을 속인다는 점에서 비슷하다.
얼핏보면 그럴싸하지만 공기가 없는 우주에서
너풀거리는 망토처럼 민주화를 부르짖으며 언론을
장악하고 민심의 입을 막는 정치의 눈속임.
영화야 웃고 넘기면 그만이지만, 정치는 우리의 현실이 된다.

짱가 선정 영화 _ [용의자], [의형제], [아저씨], [공동경비구역 JSA], [태극기 휘날리며], [쉬리], [베를린], [고지전]

'개연성', 논리학에선 '수량적으로 측정할 수 있는, 어떤 일이 일어날 가능성'이라는데 간단히 '그럴듯함'이라고 보면 되는 이 요소는 영화에서 참으로 중요한 거다. 개연성에 어긋난 사건이나 대사, 소품 하나가 영화에의 몰입을 확 깨 버리기 때문이다. 예를 들어, 조선 시대를 배경으로 하는 정통사극 출연자가 서클렌즈를 끼고 나온다거나 점잖은 배역을 맡은 인물이 통신어체를 사용하면 관객들은 산통이 깨진다. 아무리 내용이 훌륭하고 연기가 좋더라도 그 몇 가지 개연성 부족 때문에 전체가 망가지는 거다. 이는 액션영화 속에 등장하는 주요 소품인 총기류에서도 마찬가지다. 그래서 이번에는 영화 [용의자]를 빌미로 우리나라 영화 속 총기 고증에 대해 살펴보자.

■ 제이슨 본 시리즈 한국판 [용의자]

일단, 영화 [용의자]는 매우 잘 만든 액션 영화임을 짚고 넘어가자. 정확히는 '제이슨 본드' 시리즈를 한국적으로 잘 벤치마킹한 영화라고 하겠다. 심지어 전체 구성은 [베를린]보다 더 낫다고 생각한다. 물론 따지고 보면 개연성 부족 요소는 있다. 예를 들어, 무슨 연구소인지 모르겠지만 게놈(genome: 유전체. 유전자(gene)+염색체(chromosome)의 합성어) 지도만 보고 몇 시간만에 그게 뭔지 알아내는 거(실제로는 일주일 이상 걸린다더라). 민 대령의 조수도 그렇다. 걔는 지금까지 본 어떤 수사관보다도 뛰어나다. 한두 시간만에 백지 상태에서 사건의 진상을 싹 알아내 버리지 않던가. 물론 가장 말이 안 되는 건 주인공 동철(공유)이다. 막판으로 갈수록 그는 인간이 아니라 사이보그에 가까운 존재가 된다. 하지만 뭐 액션 영화에서 그 정도의 설정은 거슬리지만 않으면 넘어가는 거 아니던가. 헐리웃 영화들도 따지고 보면 말이 안 되는 것 투성이 아니더냐. 그래도 남는 문제는 밀덕의 관점에서 총기 고증이 좀 아쉽다는 점이다.

이 영화에서는 국정원에서 동철(공유)을 범인으로 몰면서 공유가 간첩들이 많이 쓰는 '월터 P99'를 썼다고 발표한다. 이 총은 영화 [베를린]에서 표종성(하정우)이 쓰는 걸로도 나오는데, 다른 영화에서는 참 보기 힘든 총이다. 무엇보다도 지금까지 알려진 북한 간첩들은 그 총을 쓴 적이 없다. 브라우닝 하이파워, 베이비 브라우닝, 하다못해 'CZ75'도 쓸 수 있지만 월터 P99는 아니다. 월터를 사용하는 대표적인 스파이는 007 제임스 본드다. 그나마 그 제임스 본드도 요즘은 P99가 아니라 고색창연한 PPK를 쓰고 있다.

또 하나는 마지막 저격 장면에서 저격총들 사이에 MP5K가 등장한다는 거다. 이 총은 단축형 기관단총으로 근접 전용이다. 권총탄이라서 애초에 위력이 약한 데다 총열이 짧아 그 약한 위력조차 멀리 가지 못한다. 옆 빌딩 옥상에서 건너편 빌딩의 두터운 창문을 뚫고 목표를 맞춰야 하는 그 상황에는 전혀 안 어울리는 총이다. 굳이 따지자면 표적을 겨냥하고 있을 물건이 아니라 저격수 호위용이다. 표적은 딱 하나인데 저격수를 호위할 필요가 있었을까.

나머지 총들은 그럭저럭이다. 예를 들어, 걸핏하면 베레타 M92F가 등장하는데. 국군의 제식 자동권총은 'K5'이고 국내 특수부대나 특정은 예전부터 베레타보다 독일 HK사의 'P7'를 쓰다가 최근엔 'USP', 이스라엘제 '제리코' 같은 총을 더 많이 쓴다지만, 베레타 M92F는 미군 제식 권총이고, 여기저기 많이 보급된 권총이라 무난한 선택이다.

말 나온 김에 지금까지 총기를 등장시킨 한국영화들 중에서 총기 고증 베스트(Best)와 워스트(Worst)를 선정해보겠다. 물론 내 기준이다. 게다가 내가 안 본 영화, 기억 안 나는 영화는 제외했다. 이 순위가 마음에 안 드시는 분들은(많으리라 추정한다) 본인이 직접 쓰시면 되겠다.

■ 총기 고증 영화 베스트 4

1 1위는 [의형제]다. 여기서 간첩은 'CZ75'라는 체코제 권총을 사용한다. 실제로 북한의 군용 제식 권총인 백두산 권총은 CZ75의 카피다. 이 총은 총기 마니아들 사이에서도 명품으로 인정받는 숨은 걸작이다. 알려진 바로는 김정일이 총기 마니아라서 소화기 쪽에는 욕심을 좀 부렸다고 한다. 어쨌든 그런 면에서 간첩이 이 총을 쓰는 건 무난한 선택이다. 물론 지금까지 언론을 통해 알려진 바에 따르면 실제 간첩들은 '베이비 브라우닝'이라는 초소형 소음권총을 쓰거나 '스콜피온'이라는 위력 약한 기관단총을 쓴다지만, 이런 총들은 덩치가 너무 크거나 혹은 위력이 너무 약하다. 따라서 영화 속에서와 같은 접근 전용으로는 CZ75가 적절한 선택이다. 이 영화에 대해서는 총기 자체보다는 총격전 묘사가 실감난다는 점에서 점수를 더 주고 싶다. 영화 초반의 아파트 비상 계단에서 벌어지는 총격전 장면은 정말 총알이 날아다니는 느낌을 준다. 게다가 총성이 울려도 '어느 집 가스가 터졌나?' 하는 태도로 무심한 아파트의 주민들 묘사도 매우 현실적이다.

2 2위는 [아저씨]다. 무엇보다 두 사수의 총기 선택과 총기의 사용이 적확하다는 점에서 높은 점수를 줄 수 있다. 자세히 살펴보자면 악당 쪽 킬러 '람로완'은 독일 HK사의 'USP'를, 주인공 차태식(원빈)은 오스트리아제 '글록19'를 사용한다. 둘 다 플라스틱(폴리머) 프레임을 사용해서 무

게가 가볍고, 장탄수도 15발 다연발탄창을 사용한다는 점에서도 비슷하다. 또 이 둘은 현재 총기 시장에서 가장 많이 풀린 물건이기도 하다. 원빈이 친구한테 '콜트나 토카레프 말고 10핀 이상 들어가는' 권총을 달라고 하는데 현재 시점에서 그 기준에 딱 맞는다. 뻔하디 뻔한 베레타 M92F를 선택하지 않았다는 점에서 영화적으로 좋은 선택이고, 실제로도 베레타는 글록19에 비하면 크고 무겁다는 점에서 적절한 선택이다(사실은 글록19조차도 원빈이 입었던 것 같이 몸에 딱맞는 정장 속에 숨겼다간 금방 티가 나지만, 그건 뭐 영화니까 넘어가자). 총만 적절한 게 아니라 이 총들이 등장하는 장면도 매우 적절하다. 처음 킬러에 의해 권총이 등장하는 장면을 보자. 총에는 소음기가 달려 있다. 그 상황에서 굳이 총을 쏴야 한다면 최선의 방법이다. 그리고 이 장면은 차태식도 총 좀 쏴본 애라는 복선의 역할도 한다(he didn't flinch!). 그 다음에 등장한 총은 칼만 들고 싸우던 차태식을 좌절시킨다. 주인공 역시 총을 들어야 하는 조건을 만드는 거다. 그렇게 해서 차태식의 손에 쥐어진 글록은 3단계로 등장한다. 첫 단계에서는 총성만 들리고, 그 다음에는 섬광이 보이고, 마지막에 사수의 모습이 드러나는 거다. 이를 통해 주인공에 걸맞은 무게가 부여된다. 그리고 이 둘이 만나 벌어지는 화끈한 총격전에 이르기까지… 모든 면에서 한국 액션 영화에서 총을 사용할 때 따라야 하는 전범을 만들었다고 할 수 있다.

❸ 3위는 [공동경비구역 JSA]다. 이 영화에서 이병헌은 베레타를, 송강호는 Cz75를 쓴다. 적절한 선택이다. 앞서 말했듯이 베레타는 미군 제식 권총이고, 이병헌은 미군 장비를 쓰는 JSA다. 송강호 역시 북한 제식권총인 백두산을 써야 하므로 역시 적절하다. 특이한 건, 한국 영화 중에서는

드물게 장탄수 트릭을 중요한 장치로 사용한다는 점이다. 이영애 수사관이 사건의 진상을 밝혀내면서 탄창에 남은 총알 숫자가 삽탄 방식에 따라 달라질 수 있다는 점을 지적한다. 그러니까 만약 이병헌이 밀덕(밀리터리 덕후)들이 말하는 컴뱃 로드, 즉 탄창에 탄 꽉 채운 다음에 약실에 한 발을 추가로 장전하는 방식으로 장전을 하면 탄창 용량이 15발이라도 실제로는 16발을 발사할 수 있다는 거다. 그러면 탄창에는 실제 쏜 탄수보다 1발이 더 남게 되므로 총격 현장의 진상이 왜곡되었을 수도 있다는 얘기다. 이런 가능성을 영화의 미스터리 요소로 사용했다는 자체는 참신하다. 문제는 과연 일반 사병이 자기 맘대로 약실에 추가 한 발을 넣을 수 있겠느냐는 점이다. 어떤 군대나 가장 엄격한 게 탄약 관리고, 총기를 불출할 때는 탄수도 모두 적어놓고 가져갈 텐데, 제 아무리 고참이라고 해도 제멋대로 한 발 더 넣고 그게 기록에도 안 남는 식의 일이 가능할까? 게다가 자동 권총은 탄창 스프링이 맛이 가면 작동 불량날 수 있어서 실전을 전제하지 않은 평시라면 탄창 용량이 15발이라도 15발을 꽉 채우지 않고 13발 정도만 채운다. 실제 GOP에서는 소총도 그렇게 운용한다. 고로 이 트릭은 뭔가 탁상에서 창안한 것 같은 냄새가 풍긴다. 영화에서도 잠깐 던져졌다가 "어? 아니었네" 정도로 회수되는 떡밥이었다.

4 4위는 [태극기 휘날리며]다. 사실 이 영화는 여러 가지로 고증에 힘을 많이 쓴 작품이다. 군장도 전쟁 초기의 어설픈 군장에서 후기로 갈수록 자리 잡혀가는 추세를 보여주고, 병사들의 자세도 전쟁이 계속될수록 처음엔 어버버하다가 나중엔 점점 전문가가 되어가는 과정을 보여준다. 물론 총들도 고증에 충실하다. 이는 총기 전문가가 영화 전체 제작 과정에

참여했기 때문이다. 헐리웃에서는 데일 다이 같은 퇴역 군인이 이런 일을 전문으로 하는데, 우리나라도 총을 쓰는 영화에서는 전문가의 고증을 받아 만들어주면 좋겠다. 정 예산이 부족하다면 내가 교통비만 받고 아주 싸게, 성실히 해드릴 수 있다. 이런 덕목들에도 불구하고 이 영화가 4위인 이유는 단 하나, 전쟁영화임에도 총 자체가 큰 비중을 차지하지 않기 때문이다. 사실 이 영화의 주제는 태극기도 아니었다. 강제규 감독의 특기인지는 모르겠는데 영화 [쉬리]에도 물고기 쉬리는 안 나오고 키싱구라미만 나왔듯, 이 영화에서도 정작 태극기 휘날리는 장면은 없다. 영화 전체의 주제는 "태극기 따위는 엿이나 먹으라고 해, 가족이 최고다"이고 말이다.

■ 총기 고증 영화 워스트 3

1 1위는 [쉬리]다. 우리나라에서 실총프롭(프롭건(Prop Gun))을 제대로 쓴 거의 최초의 영화라 하겠다. [진짜사나이]도 있지만 이건 판타지고, 진지한 액션물로는 최초일 거다(참고로 박정희 때 전쟁 영화들은 프롭이 아니라 아예 실총으로 실탄을 사격하며 배우들이 목숨 걸고 찍었다는데, 참으로 대단하지만 그건 고증이 대단하다고 말할 게 아니라 영화배우들의 인권침해 사례로 써야 할 일이다). 바로 최초이기 때문에 총기 고증 면에서는 참 아쉬움이 많은 영화다. 예를 들어, 그 대단하다는 저격수 이방희(김윤진)는 육안으로 훤히 보이는 거리에서 HK의 PSG-1 저격총을 쓴다. 이방희의 실력이라면 그 거리에선 권총을 써도 된다. 게다가 간첩이 퐁폼 권총의 대표작 '데저트이글'을 쓴다. 데저트이글, 그중에서도 50구경 매그넘 모델은 완전 장탄 시 무게가 2kg에 육박하는 거추장스런 물건이다. 그뿐만 아니라 장탄수도 적고, 탄약은 비싸며, 구하기도 어렵

다. 물론 이 영화에서는 357 구경의 비교적 합리적인 버전을 썼지만, 이 역시 부적절하다. 요컨대 이건 실전이 아니라 사격장에서나 어울리는 물건이다. 오죽하면 데저트이글의 별명이 '가장 평화를 사랑하는 총'일까. 이 총은 주로 사격장에 가서 종이 표적을 쏘는 데 쓴다는 거다. 게다가 이 영화에서는 간첩이든 요원이든 모두 권총은 베레타, 기관단총은 HK MP5를 쓴다(간첩 중 하나는 '우지' 기관단총을 쓰기도 한다). 마지막에는 심지어 오스트리아제 '슈타이어 AUG'도 등장한다. 이건 감독이 총을 고를 때 우리나라 상황에서 그럴 듯한 총을 고른 게 아니라 이전에 봤던 외국 액션 영화들에 등장했던 총들을 그대로 따라 했기 때문이다. 예를 들어, 데저트이글과 슈타이어 AUG는 영화 [니키타]에 등장해서 깊은 인상을 줬고, 베레타와 MP5는 [다이하드]를 비롯한 헐리웃 액션 영화 단골이다. 어쨌든 최초로 본격 시가전을 벌인다는 것만으로 의미를 둘 수 있는 영화다.

2 2위는 [베를린]이다. 나는 어떤 영화든 (허세 가득한 갱의 손이 아니라) 전문가의 손에 '데저트 이글'을 쥐어주는 순간, 그 영화의 총기 고증은 맛이 갔다고 본다. 류승완과 정두홍의 훌륭한 액션 설계에도 불구하고 오로지 류승범이 데저트이글을 들고 나온다는 이유만으로 이 영화의 총기 고증은 워스트다. 그래도 한석규가 쓰는 총은 살펴볼 필요가 있다. 그는 가장 무난한 '글록17'을 쓰는데, 마지막 오두막 총격전에서는 트렁크에서 뭘 꺼내더니 권총과 합체를 시켜 기관단총처럼 만든다. 이것도 실제 있는 것으로 이스라엘의 '로니'(Roni)라는 회사에서 만드는 '권총 카빈 변형 키트'다. 권총이 휴대성과 민첩성은 좋지만 정확도나 연사력이 부족하다는 단점을 이렇게 커버하려는 거다. 똑같은 권총이라도 개머리판과 조

준경을 달아주는 것만으로 정확도가 높아진다. 영화에서는 이런 기능이 꽤 적절하게 인용된다. 헐리웃 영화에서도 이런 키트는 거의 등장하지 않았다는 점에서 참신성에 높은 점수를 줄 수 있겠다. '데저트이글'만 안 썼더라면 베스트에 들어갈 수도 있는 영화다.

3 3위는 [고지전]이다. 이 영화는 다 좋은데 저격전에서 무리를 했다. 아무 총에나 스코프를 단다고 해서 저격할 수 있는 게 아니다. 영점 조정을 하지 않은 스코프는 그냥 시야 좁은 망원경일 뿐이다. 게다가 당시 스코프는 그렇게 쉽게 떼었다 붙였다 할 수도 없다. 그랬다간 영점이 틀어져서 있으나 마나하게 된다. 김옥빈이 연기한 북한 저격수 '2초'도 논란이었다. 사람이 총알에 맞아 쓰러진 후 2초가 지난 뒤에 총성이 울리려면 저격수는 1km 밖에서 쐈어야 한다. 그런데 1km 저격은 최신형 저격총으로도 드문 일인데, 제2차 세계대전 때 물건인 소련제 '모신 나강' 소총으로 그게 되느냐는 게 논란의 원인이었다. 그러나 영화 속의 인물은 실재했던 북한의 전설적인 저격수 차상률을 모델로 했다니 그럴 수도 있다고 치고 넘어간다. 실제로 제2차 세계대전 중 대부분의 저격은 육안으로도 가능한 범위인 100~300m 거리에서 이뤄졌다고 한다.

글·짱가(장근영)

매그넘 44의 긴장감
[더티 해리]

헤비조 선정 영화 _ [더티 해리] | **아티스트** _ 랄로 시프린

1969년 우드 스탁, 같은 해 롤링 스톤즈의 캘리포니아 앨몬트 공연 중 벌어진 살인. 1970년대의 개막과 함께 베트남 전쟁에 대한 반전운동으로 폭발했던 플라워 제너레이션은 차가운 역풍을 맞는다. 역풍 속에서 가장 탄력을 얻은 건 007 시리즈가 아니라 형사 캘러한(클린트 이스트우드 분)이었다.

냉전은 베트남 전쟁을 만들었고, 이 무의미한 전쟁은 미국 안팎으로 반전과 평화의 목소리를 불러일으켰다. 반전운동 최전선에 있던 히피는 1969년의 몇 가지 우발적인 사건들 속에서 단숨에 불안하고 위험한 인물들로 바뀌었다.

미국 내부의 히피와 히피이즘에 젖은 상황주의자는 위험한 범죄자로 변할 가능성을 지닌 인물이 되었고, 이들을 깡그리 날려 버리는 형사 캘러한의 등장과 함께 보수주의는 다시 여론의 지지를 받는다.

■ 5편까지 나온 [더티해리]

클린트 이스트우드가 보수주의자라는 사실은 잘 알려져 있다. 그런데 아이러니하게도 그에게 유명세를 안겨준 [황야의 무법자] 시리즈를 만들어 낸 세르지오 레오네 감독은 [원스 어폰 어 타임 인 아메리카] 다음 작품으로 러시아 혁명을 다시 조망하고자 했던 좌파였다. 세르지오 레오네 감독과 결별한 이스트우드가 "저, 사실 좌빨 아녜요"라고 외치는 듯한 작품이 바로 [더티 해리] 시리즈다. 이 시리즈에서 주인공 캘러한은 '매그넘 44'를 사용하는 비정한 경찰이다. 범인을 잡는 것 못지않게 바지에 튄 얼룩이 못마땅한, 항상 옷만큼은 깔끔하게 차려 입어야 직성이 풀리는 인물이다.

1971년은 형사 혹은 탐정물에 일대 혁명이 일어난 해다. 상황주의자에 가까운 살인범을 죽여서라도 검거하는 잔인한 형사가 등장했다. 범인을 잡는 것을 제외한 일상에서 선악이 모호한 형사의 원형은 스티브 맥퀸의 [블리트(Bullitt)](1968)에서 이미 완성됐다. 그러나 더티 해리가 쓰는 총은 권총 중 가장 살벌하다고 알려진 '매그넘 44'다. 급이 다르다.

1971년의 또 다른 혁명은 [샤프트]의 개봉이다. 이 영화는 흑인 탐정이 주인공인 새로운 액션 영화다. 잔인하고 비정하기로는 더티 해리가 으뜸이지만, 샤프트는 007 못지않은 여성 편력과 정력까지 자랑한다. 이 영화는 백인 관객의 눈치를 보지 않는 흑인 액션 영웅의 탄생을 예고한다. [샤프트]는 주연, 감독, 각본, 스텝 대부분이 흑인이었음에도 메이저 영화사가 자본을 투자한 최초의 블랙엑스플로이테이션 (Blacxploitation: 흑인(Black)+유행 영화(Exploitation)의 합성어. 흑인 배우들과 연출진이 흑인 관객을 겨냥하여 제작한 영화를 통칭한다) 작품이다. 주인공 샤프트(리처드 라운트리 분)는 은색이 빛나는 '니켈 콜트 디텍티브 38 스페셜'이라는 긴 이름의 총을 사용한다. 이 영화는 아이작 헤이스(Issac Hayes) 형님의 울끈불끈한 음악으로도 기억된다.

현대판 존 웨인, 정의로운 보안관의 현대판에 가깝게 그려지던 헐리우드 영화 속 형사는 1971년을 기점으로 완전히 새로운 방향으로 나아간다. 그중 하나가 지독하게 범인을 잡는 형사 더티 해리다. 더티 해리는 '피스 마크'를 벨트에 새긴 악당을 잡기 위해 시민들이 활보하는 대로 한복판에서 매그넘 44를 꺼내든다(영화에선 그냥 똘아이로 나오지만, 범인의 이해할 수 없는 행위들은 [파이트 클럽](1999)이나 [12 몽키즈](1995), 박찬욱 감독의 [3인조](1997)와 같은 영화에 나오는 상황주의자들이 그 어떤 것도 세상에 변화를 줄 수 없을 때 선택하는 테러인지도 모른다). 까라면 까는 거지 괜히 말만 많고, 심지어 어깃장 놓는 저 젊은 히피들을 40대가 된 이스트우드가 신나게 패대는 거다.

영화 [더티 해리]는 엄청난 관객을 불러 모았다. 무엇보다 통쾌하니까. 그리고 스스로를 건전한 보수라고 믿고 있던 수많은 미국인의 속을 후련하게 해준다. 그 덕분에 이 시리즈는 5편이나 더 이어진다.

■ **[미션 임파서블] 테마의 랄로 시프린 음악**

영화의 스코어는 랄로 시프린(Lalo Schifrin)이 맡았다. 그 유명한 [미션 임파서블]의 테마가 랄로 시프린의 대표작이다. 1932년 아르헨티나 부에노스 아이레스에서 태어난 그는 무려 6번이나 아카데미 음악상 후보에 올랐고, 그래미에서는 21번 후보가 되어 4번이나 수상했다. 말 그대로 살아 있는 전설이자, 탱고와 재즈 사이를 오가는 세계적인 재즈

피아니스트이기도 하다. 1957년부터 2014년까지 쉼 없이 활동하고 있는 정열의 주인공이기도 하다. TV 시리즈 〈미션 임파서블〉, 〈쿵푸〉, 〈글리터〉 등의 테마 음악을 맡았고, 영화음악은 셀 수 없을 정도다. 대표작만 꼽아도 앞서 언급한 [스티브 맥퀸의 블리트], [더티 해리] 시리즈, [THX 1138](1971), [용쟁호투](1973), [아미타빌의 저주](1979), [머니 토크](1997), [러시 아워] 시리즈, [탱고](1998) 등을 들 수 있다. 100편이 넘는 작품의 음악을 맡았다. 자신의 재즈 오케스트라와 낸 솔로 앨범도 20장을 훌쩍 넘으니, 이 분의 머릿속이 궁금할 따름이다. 오케스트라의 단원이었던 아버지 덕분에 6살 무렵부터 클래식 수련을 했고, 아스트라 피아졸라 같은 탱고 대가와 20살 무렵부터 함께 활동하기 시작했으며, 프랑스 유학 시절엔 '볼레로'로 유명한 모리스 라벨에게 인상주의 음악에 대해 사사를 받았다. 흥미롭게도 부에노스 아이레스 대학 시절엔 법과 사회학을 전공했다.

이러한 배경 덕에 시프린의 음악은 매우 다양한 요소를 아무렇지 않게 끌어다 쓴다. 미국시장에서 팔리는 음악을 만들기 위해 미국 팝 음악의 흐름도 꿰고 있었다. 자신이 작업한 영화에 한두 곡씩 제공한 주제가(가사가 있는)는 당대 유행하는 주류 팝의 성향을 그대로 보여준다.

더티 해리를 위해 만든 음악은 재즈를 바탕으로 1970년대 초반 새롭게 조명받기 시작한 훵크(Funk: 소울 음악에서 발전한 장르. 흑인 음악) 음악을 받아들인 과감한 시도를 담고 있다. 라틴 퍼커션으로 분위기를 조성하면, 관악기들이 '뿜뿜대며' 힘을 실어준다. 그러면 슬그머니 전기 베이스가 튀어나와 흐름의 전반을 휘어잡으며 엄청난 그루브를 뽑아낸다. [미션 임파서블]이든 [더티 해리]든 전기 베이스의 단순하지만 반복되는 그루브는 긴장감을 고조시키는 역할을 하고 있다. 여기에 바이올린과 첼로가 현악기 특유의 떨림으로 분위기를 살려낸다. OST 안에는 당대의 드러머로 통하던 멜 루이스(Mel Lewis)와 래리 벙커(Larry Bunker)처럼 재즈계의 명연주자와 1970년대 중반 이후 최고의 색소폰 주자가 된 탐 스캇(Tom Scott) 등이 참여하고 있다. 색소폰 솔로가 영화의 장면들과 어우러지면서 멋진 합을 이룬다. 액션 영화인데, 재즈 색소폰 솔로라니 이상하게 들릴 수도 있다. 이는 영화를 보면 이해할 수 있는데, 짧은 즉흥연주로 드럼 필인이 시도되고, 색소폰의 격정적인 솔로가 펼쳐지는 동안 영화 속 긴장감은 더욱 고조된다. 재즈의 즉흥성을 언제 어디로 튈지 모르는 총격 액션과 엮어낸 랄로 시프린의 탁월한 음악 감각이 영화 여기저기서 빛난다.

글·헤비조(조일동)

함장(권영준)의 곁다리 추천 영화

고증 얘기를 하면서 영화 [라이언 일병 구하기(Saving Private Ryan)](1998)를 언급하지 않을 수 없지만, 결국 이 영화를 찍은 후 스필버그와 톰 행크스가 합심하여 미국 유선 방송 채널 HBO를 통해 만들어 낸 드라마 〈밴드 오브 브라더스(Band of Brother)〉(2001)를 꼽지 않을 수 없다. 최대한 고증을 거친 설정과 함께 뛰어난 구성, 전쟁의 참혹함까지 거대한 이야기로 만들어 낸 이 드라마는 개인적으로 전쟁영화사의 위대한 업적 중의 하나라고 생각한다. 또 이 시기와 맞물려 〈Medal of Honor〉, 〈Call of Duty〉 등과 같은 전쟁 FPS 게임의 대중화에도 영향을 주었다고 생각한다.

무비 찌라시

괴물이 된 세월호, [괴물]

괴물이 나타나자 강두는 딸의 손을 잡고 뛰었다.
그러나 그 아이는 딸, 현서가 아니었다.
사망자인데 사망하지 않았다는 그의 말을 국가는 듣지 않았다.

괴물을 잡은 건 남일이의 화염병과 남주의 화살이었다.
영화 속 괴물은 정체불명의 폐기물에서 나왔지만,
현실의 괴물은 국가 시스템에서 나왔다.

그럴껄 선정 영화 _ [괴물]

[괴물]은 2006년작이다. 8년이 지난 이 영화는 우리에게 아직도 수많은 이야기를 곱씹게 하고 있다. 한강공원에서 컨테이너 매점을 하고 있는 강두, 대학에서 운동권에 있다가 변변한 직업 없이 세월만 보내고 있는 남일, 뛰어난 양궁선수지만 마지막 화살을 제대로 못쏘는 남주, 그리고 강두의 딸, 현서… 이들은 정말 별 볼 일 없는 소시민의 전형이다. 어느 날, 과거 미군부대의 화학 폐기물로 인해 정체불명의 생명체로 자라난 괴물이 나타나고, 한강공원은 아수라장이 된다. 수많은 인명 피해가 나기 시작하고 강두의 딸, 현서가 괴물에게 잡혀간다. 국가는 있지도 않은 바이러스로 국민을 기만하고 무차별적인 화학가스를 살포할 준비를 한다. 더 웃긴 건 이 지시를 국가가 하지 않고 미국이 한다는 점이다. 이러한 설정은 소름 끼치도록 지금의 현실과 맞닿아 있다.

■ [괴물]과 세월호가 오버랩되는 장면

노후 선박 수입 규제 완화로 재앙을 수입하게 만들고, 무리한 증·개축을 허용한 지난 정부는 화학 폐기물을 함부로 던져 재앙의 씨앗을 만드는 영화의 내용과 다르지 않고, 체계적인 대피 시스템도 교육받지 못한 세월호 승무원들의 모습은 영화 속 분향소에서 주먹구구식으로 일을 진행하는 김뢰하와 놀랍도록 똑같다. 자본주의 사회에서 기업의 목적이 이윤추구라는 측면에서 백 번 양보해보자. 용서는 못하지만 이해는 어떻게든 해보자. 자본주의의 이기심이 이 사건을 만들었으니 엄벌하고 끝내는 걸로 이 사건이 마무리되면 될까? 안 된다. 이 세월호 사건은 현재 대한민국 국가 시스템의 치부를 고스란히 드러내고 있다.

[괴물]에서 사망한 분들의 합동 분향소 장면을 생각해보자.

자괴감과 슬픔에 빠져 있는 분들 사이로 고위 인사가 방문을 하자 모든 경호와 경비 업무는 그 고위 인사의 안전하고 신속한 분향을 위해 가족의 슬픔이나 위로 따위는 안중에도 없이 밀쳐낸다. 영화에서 나온 똑같은 장면이 8년이 지난 진도에서도 벌어졌다.

　대통령이 오자 자신을 목사라고 속이고 유족 대표를 맡겠다고 한 인물은 대통령 뒤에서 가장 크게 박수를 치고 있었으며, 그 의전을 위해 정작 실종자 수색은 제대로 이루어지지도 못했다. 각 도와 부처들은 통일된 대책회의 한 번 제대로 하지 못하고, 혼선만 키웠다. 거기에 진도까지 내려와 기념 촬영을 한 해수부 장관, 잘못된 유언비어는 엄벌에 처하겠다고 으름장을 놓았지만, 정작 유언비어를 만들도록 조장한 정부, 유가족의 울분을 달래주지는 못할 망정 빨갱이들을 종북좌파로 포장하려는 국회의원과 진도에서 청와대로 걸어가려는 유가족들을 막는 경찰, 집안 교육을 어떻게 받았는지 미개한 국민이라고 대놓고 외치는 서울 시장 후보의 아들까지… 여당만 그랬을까? 아니다. 야당도 똑같았다. 책상에서 큰소리만 치거나 입으로만 대책을 마련했을 뿐, 온갖 삽질은 다했다.

　이러니 유족들이 분개하지 않을 수가 없는 거다.

　다시 영화 속 현서의 휴대폰 메시지를 본 강두에게 돌아가보자. 아무도 그의 말을 믿지 않는다. 최소한의 성의를 갖고 그의 말을 듣거나 그의 휴대폰을 조사만 했어도 현서는 살았을지도 모른다. 그러나 관계자들은 그의 말을 전혀 믿지 않는다. 오히려 미친 놈 취급을 한다. 심지어 있지도 않은 바이러스를 찾아내려고 무리한 수술까지 감행한다. 무섭지만 이와 같은 일이 진도에서도 벌어졌다. 유족들을 위한다는 말은 하지만 그들과 진심으로 소통하려고 노력하는 사람은 어디에도 없었다. 전능하신 대통령님 이하 공무원 나리들께서 미개한 국민들을 위해 체계적인 보고 체계를 확립하고, 납득할 만한 자료를 제공하고, 신중하고 정확한 실종자 및 사망자 발표를 하고, 투명하게 일을 진행했다면 유족들이 지금처럼 미개한 국민이 되어 청와대로 항의 방문을 가려고 했을까?

■ 우리 사회의 괴물은 단지 세월호뿐일까?

영화 [괴물]에서의 괴물은 어떤 존재인가? 사람 몇 명 잡아먹은 그 괴물이 진짜 괴물이라고 말할 수 있을까? 도덕적 거리낌 없이 화학물질을 방류해 버리는 사람들, 국민을 위해 사용해야 할 권력을 자신들의 안위를 위해 사용하는 권력자들, 항구적인 기득권을 쥐기 위해 끊임없이 분열과 적을 만들어 내는 사회 시스템⋯. 영화 [괴물]에서 나오는 괴물은 보이지 않는 괴물이 만들어 낸 허상일 수도 있고, 영문 제목처럼 단지 호스트일 수도 있다.

400여 명의 인명피해를 입힌 세월호는 과연 어떨까? 단지 선장과 선박직 직원, 복지부동하는 대통령이 그렇게 강조하는 몇몇 사람들만의 책임일까? 기득권을 위해 선박 규제 완화와 무리한 증축을 눈감은 지도층, 다음 선거를 위해 기념 촬영에 목메는 정치권, 이와 같은 사태에도 이념의 날을 들이대며 말 안 들으면 빨갱이 취급을 하는 국회의원⋯. 그런 괴물들이 없어져야 이러한 일이 다시 생기지 않는다. 우리가 없애야 할 괴물은 바로 이들이다.

글·**그럴껄**(차양현)

'한강 찬가'와 '잡히지 않는 손' [괴물]

헤비조 선정 영화 _ [괴물] I **아티스트** _ 이병우

영화 [괴물](2006)은 비극이지만, 유머를 잃지 않는다. 그리고 결국 가족은 새롭게 구성되고, 다시 살아간다. 그러나 현실의 비극은 웃음이 머물 여유가 없다. 현실 속의 가족은 한강을 지키며 그렇게 다시 살아갈 수 없다. 물론 남은 사람은 어떻게든 살아갈 것이다. 그러나 그 삶이 '다시' 평온해질 것이라는 기대는 그리 쉽게 생기지 않는다.

[괴물]이 잊혀지지 않는 영화가 된 까닭은 CG로 만든 꽤 그럴듯한 괴물이 등장해서가 아니다. 이야기는 거칠지만 우리 현실의 여러 조각이 더해지고 겹쳐져서 만들어진 내용이기 때문에 한국에서 나서 자란 평범한 사람이라면 '공감'할 수밖에 없었기 때문이다. 그런데 이 '공감'이 모든 사람에게 가능한 것은 아닌 모양이다. 2014년 4월 이후, 우리는 영화 [괴물]보다 훨씬 간명하게 실체가 드러나는, 그래서 훨씬 더 공분하게 되는 인재(人災)를 두고 서로 전혀 다른 반응과 행동을 보이는 사람들을 마주하고 있다.

작금의 사태를 맞아 우리는 이 문제를 어디에서부터 어떻게 풀어 나가야 할 것인지 이성적인 토론을 통해 최선의 해결책과 방지책을 만드는 것이 필요하다. 그런데 토론 자체가 불가한 상황이다. 토론은 시스템이 구축된 위에서나 가능한 것이기 때문이다. 명령체계가 아니라 업무 시스템이 구축되었을 때 토론의 결과가 힘을 얻는다. 토론이 의미를 가지려면, 이 토론에서 쏟아진 얘기들이 버려지지 않는다는 확신을 줄 수 있는 시스템이 뒷받침되어야 한다. 시스템이 없는 주먹구구식 진행에서는 힘 있는 자의 목소리만 남을 뿐이다. 그리고 주먹구구식 실천을 하는 이들의 눈에 토론은 아무것도 생산하지 못하는 '나쁜' 짓거리에 지나지 않는다. [괴물] 속 강두(송강호 분) 가족이 행동에 나설 수밖에 없는 까닭은 괴물이 나타나 가족이 피해를 입어도 자신의 의견(토론이 시작되는 첫 단계)이 전달될 시스템이 없었기 때문이다.

■ 이병우의 '외로운 질주', '한강 찬가'

음악감독 이병우는 '외로운 질주'라는 곡을 통해 암담한 상황을 이렇듯 표현한다. 탱고와 트로트(뽕짝)가 뒤섞인 느낌의 노래다. 영화 [괴물]의 주제가격인 '한강 찬가'도 마찬가지다. 이병우는 힘 없고, 능력 없는 서민들의 음악, 재즈를 꿀꺽하고, 록을 삼키고, 디스코를 잡아먹은 뽕짝을 살짝 비틀어 사용한다. 당대의 엘리트 음악, 센 척하는 자들의 음악을 모두 집어삼켜온 그 뽕짝의 남세스러운 힘…. 이병우는 그 지점을 계속 건드린다. 그 남세스러운 음악을 좋아하는 사람들이 무조건 옳다는 게 아니다. 하지만 최소한 그 남세스러운 음악에 편안함을 느끼던 그들은 자신의 음악이나 성향, 취향, 생각을 남들에게 강요하지 않는다.

힘 있는 자에게 휘둘릴지언정 말이다. 휘둘리면서도 그를 당연시하는 것도 문제겠지만….

막스 베버는 관료제를 주장한 것으로 알려져 있지만, 관료제를 옹호하지도 않았다. 관료가 정치를 하게 되면 관료 편의주의가 어떤 결과를 초래할 것인지 알기 때문이다. 베버는 관료제라는 시스템을 부정하진 않는다. 그러나 그 시스템만 남는 것은 문제라고 생각했다. 지금 우리는 마치 관료만 남고 시스템은 없는 가장 극단적인 상황에 몰려 있는 느낌이다. 배가 침몰하고 있는데 우왕좌왕하는 까닭은 시스템은 없고, 면피할 궁리만 하는 관료만 있기 때문이다. [괴물]에는 'Yellow Agent'라는 노래가 흐르는 장면이 있다. 강두의 뇌를 조사하려는 노란 방호복을 입은 요원들이 등장하는 장면에 나오는 노래다. 첼로로 만든 긴박감이 담긴 연주다. 재미있는 건 이 긴박감이 '삑-'하는 버튼 소리와 함께 무너지듯 사라진다는 것이다. 관료가 어떤 존재인지 음악으로 그대로 표현된다.

그런데 눈이 소복하게 내리던 날 한강을 지키며 그렇게 살아가던 강두 가족은 어떻게 되었을까? 한강에는 이제 더 이상 작은 매점이 존재하지 않는다. 서울시에서는 불법 노점상을 정비한다면서, 노점상인들에게 1989년부터 컨테이너 간이매점을 공급했다. 이 간이매점을 2005년 이명박 시장 시절 "스타벅스와 같은 고품격 카페와 편의점이 합쳐진 형태"로 고급화한다면서 공개입찰 형태로 바꾸었다. 이제 더 이상 영화 속 삽입곡 제목이기도 한 '눈오는 매점'은 한강에 없다. 그들은 아마 더 척박한 가장자리로 밀려났을 거다.

영화 [괴물]의 대표곡은 '한강찬가'지만 이즈음의 현실은 다른 노래를 생각나게 한다. 현서(고아성 분)의 손을 잡고 있는 줄 알았지만 현서는 이미 괴물에게 잡혀갔다. 망연자실한 강두의 표정, 그러나 자신도 살기 위해 현서가 끌려가는 반대편으로 뛰어야 하는 강두. 바로 그 장면에 '잡히지 않는 손'이라는 곡이 흐른다. 우리는 언제까지 잡히지 않는 손을 안타까워하며 살아야 하는 걸까?

글·헤비조(조일동)

함장(권영준)**의 곁다리 추천 영화**

세월호 참사가 발생했을 때, 우리는 과연 녹음을 해야 하는지를 놓고 심각하게 고민했다. 이 무능한 정부와 구조 시스템 앞에서 힘 없이 나뒹굴어야 하는 우리가 안쓰러웠다. 영화 [괴물]이 우리가 살아가는 현실의 정부를 그렸다면, 미국 드라마 〈웨스트윙(The West Wing)〉(1999~2006)은 우리가 바라는 이상의 정부를 그렸다. 물론 미국이니까 가능한 이야기지만 우리도 상식이 통하는 정부를 10년이나 가졌던 경험이 있다. 있을 법한 현안들을 갖고 이상적인 정부를 그리고자 한 드라마이지만, 이런 현실 속에서 더욱 갈망하게 되는 정부이기도 하다.

무비 찌라시

대한민국 방화 걸(乞)작선 1.
[천사몽]과 [맨데이트]

실제 화성에 위성을 보내는 돈보다 화성에 가는
영화를 만드는 돈이 더 많이 드는 세상.
1984의 빅브라더보다 무서운 빅시스터가 인터넷까지 지켜보고 있는
대한민국에서는 크게 이상하지도 않다.

세상만 이상하게 돌아가는 건 아니다.
우리 주위에도
이해할 수 없는 일이
많이 일어난다.
여기서 다룰 걸작들도
세상만큼이나
이해하기 어렵다.

유튜브에서
천사몽을 봤더니
매일 밤 천사가
나타나고 정신이....

쯧쯧...
그럴때는 이걸
한번 보세요.

평온이
찾아올
거예요.

거의없다 선정 영화 _ [천사몽], [맨데이트]

아, 정말 오랜 시간이 걸렸다. 기획을 하고 나서도 '내가 미친놈이 아닌가' 혹은 '내가 사람들이 떠받들어주니까 잠깐 정신이 나가서 나 스스로에게 해서는 안 될 짓을 해 버린 게 아닌가', '지금이라도 취소할까?' 한참을 고민해야 했던 특집의 시간이 돌아왔다. 나의 고난의 끝. 골고다 언덕의 마지막 계단. 한국 영화 걸작 7선 되시겠다. 설마 오늘 처음 영진공을 듣고 "아, 한국 영화 진짜 걸작 7선이구나~" 하시는 분들이 없기 바란다.

이 '걸'이라는 글자는 '뛰어날 걸(傑)'자가 아니라 '빌 걸(乞)'자다. 영화를 찍고 난 다음에 관계자들에게 빌어서 먹고 살아야 하는 처지에 빠진 사람들이 아주 많다. 역시 명작은 그냥 나오는 게 아니다. 수많은 사람들의 이런 아름다운 자기희생과 가산탕진, 패가망신 등을 재물로 바쳐야만 위대한 명작이 태어나는 법이다. 이런 분들의 노고를 생각한다면 가만히 앉아서 편하게 영화 보는 나의 희생 따위는 그냥 새발의 피일 뿐이다. 경건한 마음으로 앉아서 수많은 영화들을 봤다. 성스러운 감상의 순간이 폭풍처럼 지나가고, 지금 나는 약을 복용하고 있다.

그러니까, 이 챕터는 약을 빨고 쓴 것이다. 미친놈이 쓴 거나 마찬가지니까 진지하게 읽지 마시길 바란다. 이 걸작선에 들어가야 마땅한 영화들이 너무 많아서, 장르별로 나눠 진행하겠다. 지면 관계상 영화 7편을 한 번에 다 소개할 수 없기 때문에 되는 대로 끊어서 진행하겠다. 누구 맘대로? 내 맘대로.

■ 판타지 액션 장르

첫 번째 장르는 판타지 액션이다. 제작비도 많이 들어가고 찍기도 어려운 장르다. 영화 시장 자체가 미국이나 중국만큼 크지 않은 다음에야 웬만큼 대박이 나지 않으면 손해볼 공산이 큰 장르이다 보니 이 장르에 뛰어드는 용자 감독들도 그렇게 많지 않았고, 우리나라에서 판타지 장르 영화는 그다지 많지 않았던 게 사실이다. 그래도 선구자들은 있었는데 1990년대 [쉬리] 이후 한국 영화 시장이 폭발적으로 성장하면서 전보다 투자자('투자자'라고 쓰고 '눈먼 돈'이라고 읽는다)를 찾기가 쉬워졌던 1990년대와 2000년대 초반에 특히 SF, 판타지 영화들이 많이 개봉했다. 그 전에도 [은행나무 침대]와 같은 영화들이 있었다. [쉬리] 이후에는 우리 심 거장님의 SF를 가장한 판타지 영화 [용가리], 김희선이 주연으로 나왔던 [자귀모](자살한 귀신들의 모임이다), 김희선과 송승헌이 나왔던 [카라] 등이 있다. 이 영화는 시간여행을 빌미로 했지만, 사실은 두 주인공의 미모를 중점적으로 다룬 영화다. 극장 수익보다 영화 포스터랑 엽서, 편지지 판매 수익이 더 많았다는 전설의 영화다. 2000년에는 [단적비연수]라는 영화가 개봉했는데, 이건 그냥 배경만 판타지였다. 역시 시간여행을 다뤘던 [동감]이라는 영화가 있었는데, 이것도 사실은 판타지의 형식을 갖다 쓴 멜로물에 가깝다. 정통 판타지의 영역에서 개봉한 영화들은 그다지 많지 않다. 2001년에 개봉한 [화산고], 2002년 [알유레디], 2003년 [성냥팔이 소녀의 재림], 2003년 [내추럴 시티], 2005년 [무극], 2006년 [중천] 정도가 독창적인 세계관을 가진 정통 판타지의 영역에 든 영화들이 아니었나 싶다.

판타지 액션 장르 3걸 중 [평화의 시대]

판타지 액션 장르 3걸을 꼽으라면 고수들에게만 재미있게 보인다는 투명 망토같은 영화 [성냥팔이 소녀의 재림]과 관객들에게 '너 준비됐냐?'라고 외쳤지만 정작 지들은 하나도 준비가 되지 않았던 영화 [알유레디], 그리고 [평화의 시대]를 뽑을 수 있다.

[평화의 시대]가 어떤 영화냐고? 이건 영화라기보다 30분짜리 영상물에 가깝다. 2000년에 무려 유학파 감독(일본의 영화 아카데미 1기 수료생이다)인 로렌스 리 감독이 당시 최고의 아이돌이었던 HOT 다섯 명을 주인공으로 만든 30분짜리 영상물이다. 굳이 이 영화를 3걸에 넣은 이유는, 2000년 당시 아직 헐리우드에서도 잘 시도되지 않던 풀 3D 영상을 무려 75억 원이라는 엄청난 돈을 들여 시도한 한일 합작영화라서도 아니고, 당시 디지털 상영관도 몇 군데 없었던 척박한 한국 땅에서 만들어지는 바람에 제대로 상영조차 못 해보고 간판을 내려야 했던 비운의 작품이라서도 아니다. 이 영화의 내용은 남자 가수 다섯 명이 나와서 축구를 하는 이야기다. 물론 당시에 이 다섯 명이 모두 군 미필자들이었지만…. 남자들이 축구하는 영화라서 관객은 거의 전부 여자였다는 전무후무한 기록을 세운 영화이기 때문이다. 게다가 영화 말미에 주제곡이 흘러나오는 순간에는 관객들이 일어서서 떼창을 했다는 그런 환상적인 전설로 남아 있는 영화다. 이 영화가 판타지였다기보다 이 영화로 인해 일어났던 일들이 판타지의 영역이다. 로렌스 리 감독은 아무도 모르게 개명을 하고 도망을 다닌다는 이야기도 있고, 이수만이 고용한 킬러가 찾아다니고 있다는 말도 있고, 벌써 죽었다는 말도 있다. 뭐 어쨌든….

■ **판타지 액션 걸작 [천사몽]**

기라성 같은 판타지 영화 3걸 따위는 비교조차 거부하는 한국 판타지 영화의 걸작이 있다. 아무리 짱개집 철가방이 기관총을 난사해도,

주인공들이 아무 이유 없이 테마파크 속으로 빨려들어가도, 포스터에 '에쵸티! 강타다!'라는 아스트랄한 문구가 걸려 있어도 이 영화를 당해낼 수는 없다. 이 영화는 바로 박희준 감독, 각본의 영화 [천사몽]이다.

아, 이 영화를 어떻게 소개해야 할지 참으로 난감하다. 영화 제목처럼 다 보고 나면 한 편의 길고 긴(아주 기분 나쁜) 꿈을 꾼 것 같기도 하고, 뭔가 안드로메다에 있는 은하철도 999에서 삶은 달걀과 사이다를 먹은 기분 같기도 하고…. 참고로 이 영화는 지금 유튜브에서 영화 전편을 감상할 수 있다. 어떤 기분인지 궁금하신 분들은 직접 보시기 바란다. 나 혼자 죽을 순 없다. 다같이 죽자.

이 영화는 박희준 감독이 [구운몽]에서 영감을 얻어 만든 것이라고 한다. 박희준 감독은 원래 영구아트무비 소속으로, [용개뤼]의 시나리오를 쓰신 분이다. 거장 심형래 감독의 휘하에 있었으니 호랑이가 개새끼를 낳을 리 없다고 이 분의 발자취를 좇아가다 보면 거장의 포스가 풍겨 나온다. [용개뤼] 시나리오를 쓸 때에도 심 거장님과 의견 충돌이 잦았다고 한다. 심 거장님께서는 좀더 온가족이 볼 수 있는 가족용, 혹은 아동용 영화를 만들어 최대한 본전을 뽑으려고 하셨고(역시 거장은 대중성까지 생각하게 마련이니까) 박희준 감독은 성인 취향을 원했다고 한다. 굳이 비교하자면 심 거장님이 스티븐 스필버그라면 박희준 감독은 [할로윈]을 만들었던 존 카펜터 감독이랄까? (죄송하다. 아시다시피 난 지금 약을 빤 상태라서…. 두 거장이 머리를 맞대고 만들어 낸 영화가 [용개뤼]니까 뭐 두 분 중에 누가 더 옳은 생각을 갖고 있었는지, 혹은 둘 다 틀렸었는지는 여러분의 판단에 맡기겠다)

박희준 감독 데뷔작 [천사몽]

[용개뤼] 개봉 이후 빚더미에서 빠져나온…. 아, 아니지, 심 거장의 휘하에서 독립한 박희준 감독이 본인이 직접 집필한 성인용 시나리오로 처음 만들어 낸 데뷔작이 바로 [천사몽]이다. 이 영화는 '실로 시대를 앞서 간 걸작이다'라고 평할 수 있는데, 공복에 물 한잔을 섭취하고 영화를 보다 보면 [스타워즈], [해리포터], [인셉션]이 생각난다. 한마디로 '차후에 헐리우드에서 만들어 낼 판타지 영화들의 원형을 몽땅 넣고 전주 비빔밥처럼 비벼 버린 영화다'라고 촌평할 수 있겠다. 그것도 2001년에! 놀랍지 않은가!

이 영화는 무려 8년이라는 제작 기간과 무려 38억 원의 순 제작비, 한중합작, 당시 아시아에서 먹어주던 홍콩영화의 간판 스타 여명을 주인공으로 기용하고 거기에 이나영까지 합세한 화려한 출연진을 자랑한다. 이와 더불어 당시로서는 흔치 않게 대량의 CG를 사용한 영화인데, 무려 CG가 들어간 장면이 250컷, 1시간 가까운 시간 동안 CG를 사용한 기록을 세운 영화이기도 한다. 스티븐 스필버그가 쥬라기 공원에 넣은 CG의 양이 약 15분 분량이라는 걸 생각해보시라.

확인해보고 싶지 않은가? 유튜브에서 [천사몽]을 쳐보시라!

간단하게 영화의 설정과 스토리를 짚어보겠다. 내용을 읽어보면 왜 스타워즈가 생각나고, 해리포터가 생각나고, 인셉션이 생각나는지 이해가 갈 것이다. 이해가 가지 않으면? 유튜브에서 '천사몽'을 치라고!

주인공 여명은 한국말을 마치 중국말처럼 구사하는 형사다. 조선족 범죄자들만 체포하는 형사일까? 아니면 범죄자들을 답답하게 만들어서 제풀에 지치게 하는 역할을 맡은 형사일까? 암튼 선우라는 이름을 가진 이 형사는 밤마다 어떤 여자가 나오는 꿈을 꾸는데, 이 여자가 이 나영이 아니라 박은혜다. 박은혜는 왕조현을 닮은 미녀배우인데, 꿈에서 뭔가 이 사람이 원하는 행동을 하지 않았나 보다. 만약 그랬으면 이 영화가 천사몽이 아니라 천사몽정이 됐겠지. 암튼 매일 꿈에서 만나는 이 여자를 그리워하던 차에 이 여자가 실존인물이라는 사실을 알게 된다. 세계적 물리학자인 장배송 박사(뤽베송이 아니고)의 딸인 남홍이라는 여자인데, 이 여자는 자기 아버지가 만들어 낸 시간 이동 장치에 스스로 실험체로 나섰다가 자기의 전생으로 빨려들어가서 길을 잃어버렸다. 마치 [인셉션]에 나오는 림보처럼…. 그래서 이 세계적 물리학자께서 마침 여명을 찾아와 말한다. 자기 딸하고 너하고 뇌파가 일치하니까 니가 가서 내 딸 좀 구해 올래?라고…. 여기서 놀라운 물리학적 이론을 이야기하는데 이 박사가 만들어 낸 기계가 CS32인가 1004란다. 그런데, 이 장치를 이용하면 전생공간으로 들어갈 수 있단다. 그리고 두 사람의 뇌파가 일치하면 같은 전생공간으로 갈 수 있는데, 두 사람의 뇌파는 66.6기가바이트(분명히 "바이트"라고 말한다)였다고 한다. 맙소사. 주인공의 뇌 용량이 이것밖에 안되다니? HD 야동 열 편도 안 들어갈 용량이다. 이 자식은 외로워서 어떻게 살지? 아! 이건 저장 공간이 아니라 뇌파지?

우리 같은 범인들은 이런 어려운 얘기를 못 알아듣는다. 주인공의 뇌 용량도 부족한 판에 이걸 알아들을 리가 없지만…. 자, 그냥 그렇다고 하자. 왜 이런 장비를 만들어서 고작 한다는 짓이 전생탐험인지…. 뭐, 그런 건 무시하도록 하자. 안 그러면 나처럼 약을 먹게 된다.

딜문은 카스트로라는 신분제 사회

어쨌든 이 주인공은 마치 대전엑스포의 우주관과 매우 흡사하게 생긴 연구실에서 이상한 헬멧을 쓰고 66.6기가바이트의 뇌파로 전생공간으로 빨려들어가게 되는데, 전생 공간 이름이 '딜문'이다. 왜 '딜문'인가 했더니, 여명이 '질문'을 '딜문'으로 발음했기 때문이다. 믿거나 말거나⋯. 이 '딜문'이라는 공간은 당시의 CG로 만들어 낸 아주 환상적인 공간이다. 미래 세계의 노가다판 같은 느낌이랄까? 그런데 기억해야 할 건 여기가 후생이 아니라 전생이라는 거다. 머릿속에 떠오르는 딜문, 아니 질문들은 그냥 넣어두시라. 그냥 그런 거니까.

이 세계 사람들은 마치 해리포터에 나오는 퀴디치 같은 구기 종목을 보면서 열광한다. 이 스포츠 이름이 파워격구다. 격구라는 스포츠는 원래 페르시아에서 만들어져서 인도, 당나라를 통해 고구려, 신라로 전래된 종목이다. 마상격구, 지상격구말고 파워격구도 있다. 여러분 상식으로 알아두시고⋯. 이 딜문은 신분제 사회다. 신분제도의 이름은 카스트로, 카스트 제도가 아니고 카스트로다. 암튼 그렇다. 여기서 주인공은 선우가 아니라 딘이다. 그리고 주인공이 밤마다 꿈에서 보던 남홍이라는 여자는 로제공주다. 둘이 신분제도 때문에 이루어질 수 없는 사랑을 하는데 이 내용은 영화가 전개되지 않고 두 사람이 등장하는 즉시 알 수 있다. 왜냐하면 이 영화는 판타지 영화지만 철저하게 한국식 판타지를 추구하기 때문이다. 등장인물이 등장하면 그 등장인물의 이름과 앞으로 이 인물이 어떻게 될 것인지를 미리 자막으로 띄워준다. 실로 놀라운 시도라고 할 수 있다. 예를 들면 이런 식이다. 여명이 화면에 잡혔다. 화면이 잠시 정지하고 자막이 이렇게 뜬다.

"딘. 하급 신분의 무사로 로제공주와 이루어질수 없는 사랑을 한다."

2001년에 먼 미래 한국사회 풍자

놀랍지 않은가? 이 영화는 인물이 등장하는 즉시 그 인물이 어떻게 행동할지 미리 알려준다. 성질 급한 한국 사람들은 이 영화 초반 20분만 보면 스토리를 전부 알 수 있고, 그 뒤로는 볼 필요가 없는 거다.

그 뒤로도 이야기 자체는 크게 흥미를 끌 만한 구석이 없다. 일단 앞에서 자막으로 다 깔아주니까 궁금하지도 않고. 근데 내가 이 영화를 시대의 걸작으로 뽑지 않을 수 없는 진짜 이유가 있다. 이 딜문이라는 공간은 놀랍게도 지금 우리 사회를 풍자하고 있다. 2001년에 이미 당시로서는 먼 미래의 한국사회를 풍자하고 있는 것이다.

먼저, 딜문은 신분제 사회다. 등장인물들의 이름은 딘, 로제, 쇼쇼, 샤닐, 마쿠타 등이다. 다시 말해서 한글과 영어를 섞어 사용하는 신분제 사회인데, 신분이 높은 사람일수록 꼭 우리나라에서 쓰는 콩글리시처럼 영어(라고 생각되는) 단어들을 어설프게 섞어 쓴다.

주인공은 어떤가? 이 친구는 일단 뇌 용량이 아주 작은 데다(메가바이트 단위는 아니지만) 요상스러울 정도로 강가를 좋아한다. 맨날 강가에서 삽질이 아니라 칼질을 연습하는데, 아마도 강가에서 연습하면 정신 집중이 잘되는 모양이다. 강이 없으면 없는 강을 파서라도 꼭 거기서 칼질 연습을 할 것만 같다.

주인공이 목숨 걸고 지켜주는 여주인공은 어떤가. 공주는 공주인데 아빠가 왕이 아니라 장군이다. 그것도 바로 위 종족인 팍스투 종족과의 전쟁에서 혁혁한 공을 세운 장군이다. 이쯤 되면 뭔가 슬슬 느낌이 오시리라 믿는다. 그리고 결정적으로…. 이 공주라는 사람은 팍스투 종족이 쳐들어와서 자기 백성들이 죽어자빠지는데 연애질을 하느라 나타나질 않는다! 일곱 시간…. 그만 하겠다. 아시다시피 전 지금 약을 빨면서 글을 쓰고 있다. 미친놈이나 마찬가지라는 말씀이다. 공주님은 용서하시기 바란다.

■ **종교영화 걸작 [맨데이트]**

　다음 장르는 바로 종교영화다. 이 장르 또한 한국에선 판타지영화 이상으로 흔치 않은 장르다. 예전으로 거슬러 올라가면 [아재아재 바라아재]나 [만다라] 같은 영화들을 꼽을 수 있지만 너무 오래 되어 버린 영화이고…. 최근에는 [울지마 톤즈]나 [소명] 같은 다큐멘터리 영화들이 있었는데, 이 역시 우리가 흔하게 보는 장르는 아니었다.

　장르를 나누면서 느낀 건데, 진정한 종교영화란 뭘까? 특정 종교의 교리를 설파한다거나 특정 종교가 모시고 있는 신화적 인물에 대한 이야기를 하는 것이 종교영화일까?

　나는 이 부분에서 조금 다르게 접근해봤다. 진정한 종교영화란 바로 해당 종교에서 자본이 출자되는 영화다!

　[벤허]나 [십계] 같은 성서 스펙터클 영화들은 기독교의 교리 위에서 만들어진 영화들이긴 하지만 이 영화들이 흥행에 성공한다고 하더라도 돈을 버는 건 영화사들이지 기독교가 아니다. 물론 신도가 늘어난다거나 하는 부가적인 수입은 있겠지만…. 아, 신도가 늘어나는 걸 수입이라고 표현하다니. 약 빨아서 그렇다. 신도분들은 이해해주시기 바란다. [패션 오브 크라이스트]를 보면서 한국 개신교 신자들이 울음을 터트리고 방

언을 뱉어내도 돈은 엉뚱한 멜 깁슨이 벌었다. 혹시 또 [패션 오브 크라이스트] 방영 특집 헌금 행사 같은 게 있었을지도 모르지만…. 고로, 이런 영화들은 제대로 된 종교영화라고 할 수 없다. 진정한 종교영화는 해당 종교에서 자본이 출자되는 영화다! 나님은 감히 이렇게 주장한다. 아님 말고…. 그런 의미에서 한국 종교영화의 걸작은 뭘까?

바로 [맨데이트](2008)이다. 신이 주신 임무. 캬아~

이 영화의 제작사는 '메가픽처스 JC'라는 회사다. 인터넷 검색을 해봐도 지금은 망해서 아무것도 안 나오는 이 회사의 자금줄은 바로 국민일보였다. 국민일보 사주는 바로 순복음교회를 비롯한 보수 기독교 교회들이다. 교회들이 출자해서 나온 돈이니까. 아마도 신자들의 헌금은 절대로 아닐 거고! 아마도 우리 가난한 목사님들께서 있는 돈 없는 돈 긁어모아 만든 영화라고 보면 되겠지? 이런 게 진정한 종교영화지.

이 영화의 감독은 역시 또 박희준 감독이다. 이러다가 오늘 박희준 거장 특집되겠어? 암튼, 예언서와도 같은 판타지 영화의 걸작 천사몽을 만들어 내서 '이 분이 혹시 신내림을 받은 것이 아닌가?' 하는 의문을 품게 했던 박희준 감독은 2001년에 천사몽을 감독하고 난 후에 기독교에 투신하게 되고 또 한 분의 영향을 받게 된다. 지금은 아주 조용하게 지내고 계시는 조용기 목사님이다. 아마도 이 두 분이 좀 코드가 맞았던 모양인데, 심 거장님 앞에서도 고집을 꺾을 줄 몰랐던 박희준 감독은 여의도순복음 교회에서 조용기 목사님의 설교를 듣고 큰 깨달음을 얻게 되었다고 한다. 그리고 성경을 몇 번씩 독파해가며, 그리고 조용기 목사님과의 대화를 통해 성적, 아니! 영적 충만함과 영화적인 영감을 얻었다고 한다(같은 남자니까 아마도 매독.. 으악! 죄송하다. 약 빨아서 그렇다).

신이 주신 임무?

그리고 교회 자본을 끌어다가 또 하나의 걸작을 만들게 되는데, 그게 바로 [맨데이트]다. 이 영화 부제가 무려 신이 주신 임무! 이 신이 기독교의 하나님인지, 조용기 목사인지는 잘 모르겠지만…. 어쨌든 박희준 감독은 이 영화의 완성을 신이 주신 임무로 생각하고 완성했을 것이 분명하다. 나는 순복음교회를 안 나가서 잘 모르지만….

아, 그런데 교회 자본을 끌어다 썼다는 이야기는 순전히 추측이니 오해 마시길 바란다. 메가픽처스 JC의 JC가 지저스 크라이스트의 줄임말이고, 이 영화사가 국민일보에서 자금을 댔던 회사인 것까지는 팩트지만 나머지는 확인되지 않은 정보들이다. 그냥 그러려니 하고 넘어가자.

천사몽으로 무려 38억 원이라는 엄청난 액수를 순 제작비로 써버린 박희준 감독이지만, 이번에는 그렇게 제작비를 펑펑 쓰지 못했다. 당연하지. 우리나라 교회들이 좀 가난한가? 성전 하나 짓고 나면 남는 돈이 얼마나 된다고. 그래서인지, 박희준 감독은 이 영화를 처절할 정도의 절약정신으로 찍어 냈다. 어디선가 들려오는 말에 의하면 이 영화의 촬영은 딱 15회 촬영분으로 끝났다고 하는데, 피와 같은 교회 자금을 단 한 푼이라도 허투루 쓰지 않으려는 감독의 노력이 실로 돋보인다 하겠다. 뽀뽀뽀도 1회에 15회 이상은 촬영하지 않을까?

박 감독이 제작비를 절감하기 위해 영화에서 아예 통으로 들어내 버린 것들을 살펴보자.

1 조명: 이 영화는 놀랍게도 인공 조명을 거의 사용하지 않았다. 영화 초반에 살인범(실은 악령에 씌인 사람이지만)이 촛불을 잔뜩 켜놓고 살인을 저지르는 장면이 있는데, 그 촛불만으로 조명을 써 버리는가 하면 도저히

촛불조차 있을 상황이 아니다 싶으면 어둠 그대로를 그냥 찍어 버린다. 그 덕분에 우리는 이 영화에서 렘브란트 못지 않은 극사실주의 결투신을 목도할 수 있는데 주인공과 악령의 결투신에선 그냥 어둠 속에서 뭔가 움직이는 것만 보인다. 원래 극사실주의가 그렇다. 어두우면 보이면 안 되는 거지.

2 촬영 장소 이동: [살인의 추억]을 찍을 때 봉준호 감독은 멋진 그림을 찾기 위해 전국 팔도를 떠돌았다고 하지만, 박 감독은 그런 짓거리로 신성한 교회 자금을 길에 뿌리지 않았다. 이 영화의 배경이 되는 곳은 '화곡리'라는 작은 마을인데, 그마저도 모두 활용하지 않는 알뜰함을 보여준다. 화곡리의 논두렁, 화곡리의 폐가, 화곡리의 비닐하우스 몇 동, 그리고 화곡리의 동네 시장이 이 영화의 배경 전부다.

3 CG: 퇴마 액션 영화를 찍으면서 놀랍게도 CG를 전혀 사용하지 않았다. 사용한 특수 효과라고는 필름을 떼었다가 붙이는 합성 정도랄까? 천사몽을 찍으면서 CG라는 게 얼마나 돈이 많이 들어가는지 깨달은 박 감독은 이번엔 아예 영화 전편에서 CG를 빼 버린다. 그러고도 퇴마 액션 영화를 만들다니. 실로 놀라운 감독적 역량이 아닌가? 당연히 아니지. 시발.

그 덕분에 전체적으로 영화의 때깔은 2008년도에 만들어진 영화라고는 쉽사리 믿기 힘든 때깔을 유지하고 있다. 아마도 박희준 감독이 몇 번씩 독파했다는 성경이 구약선서였던 것이 분명하다.

믿음에 충실한 신도들이 이 영화를 본다면 당장 달려가서 영화 제작 헌금을 하고 싶은 마음이 마구 마구 들었으리라. 이 영화의 때깔은

1980년대 방화 수준이라고 보시면 딱 맞다. 지글거리는 화면의 질감은 마치 타란티노와 로드리게스가 만든 그라인드 하우스의 영화들에서 보이는 그것과 같다. 특수 효과의 수준은 어느 평론가가 딱 단순 명쾌하게 결론을 내렸다. "우뢰매에게조차 미안해서 비교를 못 하겠다. 요즘 결혼식장에서 찍어주는 결혼식 비디오에 들어 있는 특수 효과 수준이다." 이 영화평론가는 아마도 사탄의 저주를 받은 게 분명한다. 영화의 수준을 특수 효과와 화면 때깔로 이야기하다니.

[맨데이트]에 숨어 있는 기독교적 메시지

[맨데이트]에는 우리가 미처 알지 못한 코드들이 숨어 있다. 괜히 걸작으로 뽑은 게 아니라니까. 한국적 기독교의 메시지들이 넘치는 영화 [맨데이트]에 숨어 있는 한국적 기독교의 메시지들을 한번 찾아보자.

1 첫째, 이 영화에 등장하는 것은 기독교의 악령이다. 안티 크라이스트라고 할 수 있는데, 사람의 몸을 자유롭게 옮겨다니며 갖은 악행을 저지른다. 그런데 이 악령이 씌인 사람에게 바로 신체적인 변화가 나타나는데, 입 속과 이빨이 빨개진다는 것이다. 빨개지면 그 놈은 악마인 것이다! 주인공도 이걸 갖고 악마를 구분한다. 저 새끼가 빨간색이면 그 놈은 악마인 거다. 이 얼마나 한국적 기독교스러운 발상인가? 색깔로서 피아 식별을 하다니….

2 둘째, 이 영화에 등장하는 여주인공은 원래 무녀 집안 출신이다. 어머니처럼 자기도 신내림을 받게 될까봐 목사님의 도움으로 신내림을 피하는데, 이 여주인공을 포기하지 못한 신(토속 신앙의 신이다)이 밤마다 꿈에

서 이 여주인공을 괴롭힌다. 그런데 이 신도 입 속이 **빨갛다**. 즉, **빨간** 인간 = **빨갱이** = 악마 = 토속 신앙인 것이다. 역시 한국적 기독교의 강렬한 가르침되시겠다. 이쯤되면 현아는 지옥의 창녀.

③ 셋째, 이 영화 전편을 통틀어 어느 사건과도 관계가 없고, 어느 등장인물과도 관계가 없는 귀신 하나가 등장하는데, 이 또한 평범한 사람들은 그저 맥거핀이겠거니 하고 생각하기 쉬울 정도로 혹 지나가 버리지만 조금만 생각해보면 이 장면 또한 깊은 뜻을 감추고 있다는 것을 알게 된다. 여차저차해서 경찰서로 들어가던 주인공. 갑자기 나무 위에서 여자 귀신을 하나 발견한다. 뚱뚱하고 못 생긴 여자 귀신인데, 이 귀신은 유혹하는 듯한 몸짓을 하며 주인공에게 손짓을 한다. 마치 나무 위로 날 보러 올라오라는 듯이…. 퍽큐를 날리는 주인공. 그리고 이 여자귀신은 사라져 버린다. 이 여자 귀신의 정체가 도대체 뭘까? 깊이 생각해봤지만 딱히 떠오르는 게 없는 가운데, '그냥 필름이 남아서 찍었나' 하고 포기해 버릴 때쯤, 나는 갑자기 떠오른 생각에 무릎을 칠 수밖에 없었다. 놀랍게도 감독은 이 장면을 통해 우리 조용기 목사님의 결백을 주장하고 있었다.

다시 귀신 장면으로 돌아가서 이 귀신을 자세히 살펴보자. 이 귀신은 나무 위에 올라가 있다. 그리고 매우 뚱뚱하다. 비만인 거지. 또, 어떻게 보더라도 처녀는 아니다. 부인이다. 즉,

나무 위에
비만한
부인이 있는 것이다.

캬~ 이 놀라운 글자 맞추기를 보라. 성경에 숨어 있다는 수많은 상징과 암호들이 떠오르지 않는가? 더욱이 이 나무 위의 비만한 부인의 행동을 보면, 주인공을 유혹하는듯 하지만 실패하고 사라져 버린다. 즉, 나무 위의 비만한 부인(타자치기 힘드니까 그냥 줄여서 '나비부인'이라고 하자. 어디선가 들어봤다면 그건 다 기분 탓이다)은 처음부터 허상이었던 것이다. 나비부인은 귀신이다. 실제로 존재하지 않는다! 그러니까 책도 잊어 버려. 그런 건 없었던 거야. 이 장면의 존재 하나만으로도 [맨데이트]는 한국의 보수 기독교인들에게 우리 큰 목사님의 결백을 대놓고 주장하는 걸작의 반열에 들기에 부족함이 없는 것이다. 〈파리의 나비부인〉 같은 불온서적은 아예 처음부터 존재하지도 않았던 것이고!

두 번째 걸작, 한국 보수 기독교의 〈다빈치코드〉와도 같은 영화, [맨데이트]까지 왔다.

나는 약기운 떨어졌으니 약 먹으러 가겠다. 피스!

글·거의없다(백재욱)

함장(권영준)의 곁다리 추천 영화

망작 영화에 추천영화를 쓴다는 건 정말 곤욕스러운 일인데, 엑소시즘 영화치고 크게 명작인 것도 없으니 적당히 명작을 골라보도록 한다. 윌리엄 프리드킨 감독의 [엑소시스트 (The Exorcist)](1973)는 엑소시즘 영화의 새로운 장을 열었고, 그 뒤로 논의되는 가십으로 교황청에서 엑소시즘을 인정하니 못 하니 하는 이야기들과 신부는 퇴마를 할 수 있는데 왜 목사는 못하는가와 같은 쓸데없는 이야기를 만들어 내는 데 중요한 역할을 해왔다.

Theme 6

로코

로코, 즉 로맨틱 코미디(romantic comedy)는 남녀 주인 공이 썸을 타다가 밀당을 거쳐 커플이 되었다가 이별을 겪기도 하지만 결국에는 서로의 사랑을 확인한다는, 끈적 대지 않고 코믹 상큼 발랄한 연애 스토리의 영화들을 말한다.

[동갑내기 과외하기], [세렌디피티], [내 아내의 모든 것]을 보면서 울다 웃어본 경험이 있다면 딴지영진공이 짚어주는 핵심에 절대 공감할 것이다.

무비 찌라시

연애의 목적,
그리고 심리

세상의 모든 현상에는 이유가 있다.
연애를 하지 못하는 당신의 이유를 영화는 말해주고 있다.

짱가 선정 영화 _ [내 아내의 모든 것], [프리티우먼]

연애는 인간의 본성이자 운명이다. 우리 모두는 누군가와는 연애를 하도록 태어났다. 하지만 각자의 연애는 서로 다르다. 시대마다 다르고, 문화권마다 다르며, 개개인의 사연에 따라서도 다르다. 이와 마찬가지로 대략적으로 남자와 여자에게서도 다르다. 여기서 여자가 연애할 때 어떤지는 말하기 어렵다. 난 여자가 아니니까. 게다가 연애 전반에 대해 썰을 풀만큼 연애 경력이 많지도 않다. 그래서 연애할 때의 남자 심리를 분석해보겠다. 초보자 입장에서 말이다.

■ 연애할 때 남자의 심리 상태

연애할 때 남자의 심리 상태가 어떠하냐고? [연애 소설] 속 지환(차태현)과 [내 아내의 모든 것]에 등장하는 성기(류승룡)을 보면 된다. [연애 소설]의 지환은 우연히 마음에 꽂힌 여자 앞에서 아무 말도 하지 못하다가 뒤늦게 자전거를 타고 쫓아가서 어설픈 고백을 하고, 그게 받아들여지지 않자, 시계로 얼굴을 가린 채 모든 것을 잊고 다시 시작해주길 바란다는 메시지를 보낸다. 손발이 오그라들도록 닭살스럽지만 나 같이 내성적이고 소심한 공부벌레들에겐 상당히 공감가는 모습이기도 하다. 그런데 그 겁 많고 조심스럽던 이 남자, 극장에서 자기 여자 친구 옆 자리에 다리를 올려놓은 건달에게 발을 치워달라고 요구한다. 물론 속으로는 덜덜 떨면서 말이지. 그 이전에는 한 번도 그런 일을 해본 적이 없었을 인간이 처음으로 용기를 낸 거다. 그리고 나중에 혼자 샤워를 하면서 자신에게 뿌듯해한다. 이렇게 바뀌는 것이 연애할 때의 남자다.

[내 아내의 모든 것]에 등장하는 성기는 바로 이런 모습의 극대화 버전이다. 요점은 이렇다. 연애할 때 남자는 시인이 되고, 영웅이 되며, 철

학자와 박애주의자가 된다는 거다. [말죽거리 잔혹사]에서 내성적이던 권상우는 학교 일진들과 옥상에서 결투를 벌이고, [프리티우먼]에서 냉혹한 인수 합병기였던 리처드 기어는 갑자기 가치 있는 물건을 만드는 사업을 시작하기로 결정하고는 맨발로 잔디를 걸어보는데, 이게 모두 연애 때문이다.

원래 남자들은 그렇게 키워지지 않았다. 남자들의 관계는 목표 달성을 위한 계약 관계다. 이런 관계에서 신의·성실의 의무는 목표 달성까지만 유효하면 된다. 당연히 상대방의 속마음에 대해 별로 관심이 없고, 서로 깊이 알려고도 하지 않는다, 그저 처음에 악수하거나 함께 술을 마시면서 적이 아니라는 것만 확인하면 된다. 그런데 이렇게 남의 내면에 대해 무관심하면 자신의 내면에 대해서도 무감각해진다. 토니 스타크에 대해서 쓴 것처럼…. 그래서 남자들은 감정을 이해하거나 잘 묘사하거나 감정을 교류하는 분야에서 초보자다. 그러던 남자가 연애를 하면서 일시적으로 변화한다. 연애할 때 내성적인 남자는 외향적이 되고, 외향적이던 남자는 내성적이 된다. 왜냐하면 연애는 자기 성찰과 상대와의 소통을 모두 필요로 하는데, 자기성찰을 위해선 자신의 마음속 깊은 곳을 들여다보는 내성 능력이 필요해지고, 소통을 하기 위해선 마음속의 감정과 생각을 상대에게 드러내는 외향성이 필요하기 때문이다.

영화 속의 성기는 바로 그런 양성성을 발휘하는 남자의 모습이라 할 수 있다. 예를 들어, 닭살 돋는 대사들 "(나를 못 찾으면) 미아보호소에 가 있어요. 당신은 애기니까!" 이런 대패질이 필요한 대사를 거리낌 없이 내뱉으려면 용기와 자신감이 필요하다. 그 자신감은 자신의 감정에 대한 확신과 상대방에 대한 믿음을 기반으로 한다. 그래서 닭살 대사는 주변 사람들에겐 닭살인데 둘 사이에선 서로의 신뢰를 보여주는 증거다. 문제는 이런 변화가 일시적인 현상으로 끝난다는 점이다. 여자들은 연애할 때 그렇게 멋있고 자상하던 남자가 결혼하더니 촌스럽고 무뚝뚝한 모습으로 변했다고 하는데, 그건 오해다. 사실 남자는 원래 촌스럽고 무뚝뚝했지만, 연애 때문에 잠깐 변신을 했던 거다. 즉, 공주가 키스를 해준 개구리가 왕자가 되는 건 동화 속 얘기만이 아니라고 하겠다(단지 그 왕자는 조만간 다시 개구리가 된다는 점이 문제지만).

■ 남자가 그녀를 통해 변화될 것으로 기대되는 한

[내 아내의 모든 것]에 등장하는 두현(이선균)도 그런 남자였지 않던가. 한때는 그도 로맨틱하고 용감했다. 일본의 지진 현장에서 처음 만난 정인에게 "저기요, 이런 미인을 만난 것도 영광인데, 제가 밥 한 번 살게요"라고 던지는 것 자체가 두현에겐 대단한 일이었다. 그렇지만 목표를 달성한 뒤에는 이런 변화가 끝나고 원상태로 복귀한다. 이제 두현의 목표는 다른 것들이다. 예를 들어, '직장에서 성공하기' 같은 것으로 교체된다. 이제 아내를 비롯한 삶의 나머지 요소들은 그저 그 목표 달성에 필요하거나 방해가 되는 조건들일 뿐이다. 하지만 정인은 그런 무뚝뚝하고 촌스러운 남자랑 결혼한 게 아니라 연애할 때의 균형 잡힌 그와 결혼했다. 그래서 결혼 후에도 두현에게 그런 모습을 기대하며 행동하는데, 두현이 받아주지 않으니까 갈수록 그 행동의 강도가 높아진다.

영화 속에서 정인이 이런 말을 한다 "침묵에 길들여지는 건 너무 무서운 일이에요. 하지만 전 계속 말할 거예요. 제 자신이 누구인지 잊지 않을 거예요." 이건 두현이 변하더라도 자신은 변하지 않겠다는 뜻이다.

이런 마음은 정인이 두현에게 던졌던 "나는 예뻤고, 당신은 멋졌고, 우린 아름다웠잖아. 나, 아직 예뻐?"에서도 드러난다. 성기가 "나는 네 아내를 그냥 원래 대로의 여자로 대해줬을 뿐이야"라는 말도 같은 맥락이다. 두현도 성기와 정인의 관계가 진전되는 것을 보며 뒤늦게 정인의 심정을 이해하게 된다. "니가 항상 투덜대는 게 외로워서 그런 거였더라고. 내가 외로우니깐 그렇더라고."

결론은 남자가 그녀를 통해 변화할 것이라 기대하는 한, 그리고 그 변화가 그에게 반가운 한 그에게 연애는 끝나지 않는다는 거다.

글·짱가(장근영)

[내 아내의 모든 것]과
영화음악

거의없다 선정 영화 _ [내 아내의 모든 것], [이보다 더 좋을 순 없다] **I 아티스트 _** 민규동 감독, 정성희

사랑에 빠진 남자의 심리를 가장 드라마틱하게 그려 낸, 심리학적인 측면에서도 아주 흥미로운 영화이기도 하지만 그 밖에도 이 영화는 특히 남자 입장에서 '현실적으로' 매우 쓸 만한 영화이기도 하다. 배워다 써 먹을 텍스트들이 도처에 널려 있는 영화니까. 외로운 남성분들은 이 영화 좀 보시고 많이 배웠으면 좋겠다.

처음 이 영화 포스터를 보고 나서 이런 의문을 품으셨던 분들이 아주 많으실 거다.

아니, 카사노바역을 왜 저런 사람이 하고 있어? 별로 잘 생기지도 않은 얼굴에 수염은 왜 저렇게 길렀으며, 별로 키도 안 크고 배 퉁퉁하고 완전 아저씨 같은 배우가 나와서 전설의 카사노바역을 하고 있네? 이게 완전 영화 말아먹겠다고 작정하고 만드는 거지. 심지어 그 때는 류승룡은 지금처럼 충무로에서 잘 나가는 대세 배우도 아니었다.

현실에서 류승룡은 어떤가? 유명세를 뺀 이 사람의 외모는 아무리

좋게 봐줘도 꽃미남하고는 거리가 멀고 그냥 남자답게 멋있게 생긴 외모(그것도 좋게 봐줬을 때). 딱 거기서 끝이다.

■ 외모보다는 작업 스킬

영화의 설정에서도 마찬가지로 장성기를 꽃미남으로 묘사하는 무리수를 던지진 않은데, 주인공 두현이 장성기를 보고 처음 하는 말이 바로 그걸 증명한다.

"전설의 카사노바라면서요? 왜 그런지는 잘 모르겠지만…"

그렇다면 그냥 그런 외모를 가진 장성기가 여자들에게 그렇게 사랑을 받게 만드는 이유는 무엇일까? 그 철벽 같은 독설녀 임수정까지 흔들리게 만드는 마력의 정체는? 솔로남들에게 이 영화를 강추하는 이유는, 마음에 드는 이성이 있는데 어떻게 접근해야 하는지를 이 영화가 아주 교과서적으로 보여주고 있기 때문이다. 남성들의 영원불멸의 난제인, '도대체 여자가 원하는 것은 무엇인가?'라는 것에 대해서도 어느 정도는 해답을 알려주고 있고…. 어차피 남자는 연애할 때 변하게 마련이다. 변하려면 확실하게 변해서 목표를 쟁취해야지. 그 다음에 다시 본 모습으로 돌아가서 여성에게 배신당한 기분을 느끼게 하더라도 그건 다음 문제고, 일단은 눈앞의 목표를 위해 돌진하는 것이 남자다운 것이 아니겠는가?(아니면 말고…) 이 영화에 등장하는 장성기의 작업 스킬을 보면서 하나하나 배워보도록 하자.

[내 아내~] 장성기의 작업 스킬

❶ 기본 중의 기본, 상대방에 대한 정보 입수

🔽

아내를 유혹해달라고 말하는 두현에게 장성기가 처음으로 요구하는 것은 그녀에 대한 모든 것을 적어 오라고 말하는 것이다. 기초 자료로 활용하기 위해서다. 다시 말해 이건 기본 중에 기본이라는 말. 누구나 장성기처럼 손톱에 반달을 보고 변비까지 알아맞추는 초능력을 발휘할 수는 없고, 사실 그럴 필요도 없다. 마음에 드는 이성이 있다면 그냥 가서 물어보시라. 중요한 정보를 그녀가 알아서 줄줄 말해줄테니. 그리고 아무리 문학에 관심이 없더라도 알랭 드 보통 정도는 알아두자.

❷ 뻔히 예상 가능한 짓을 절대 하지 말라

농구의 신, 마이클 조던이 말했다. "나는 수비수들이 예상하는 대로 움직인 적이 한 번도 없다." 영화 속 장성기의 행동이 바로 그렇다. 뻔히 예상이 가능한 짓을 절대로 하지 않는다. 뭔가 말하려다가 갑자기 나가 버리고, 칭찬을 할 때도 정색하지 않고 대수롭지 않게 슬쩍슬쩍 던지다가 갑자기 사랑고백을 하는가 싶더니 노래 가사라고 한 발 훅 빼 버린다.

영화 속에서 임수정이 소녀처럼 설레이는 표정을 딱 세 번 보여주는데, 영화를 보신 분은 알리라. 지진 속에서 이선균이 고백했을 때, 회전목마에 올라탄 그녀에게 장성기가 벼락 같이 달려들어 샹송 가사를 읊어댈 때, 그리고 돌아서서 간 줄 알았던 장성기가 갑자기 달려들어서 안아 버릴 때….

❸ 상대방을 아주 중요하고 대단하게 말하라

[이보다 더 좋을 순 없다]에서 잭 니콜슨이 길이길이 남을 명대사를 하나 날려준다.

"당신은 내가 더 좋은 남자가 되고 싶게 만들었어요"라고…. 제발 아무 말이라도 좋으니까 듣기 좋은 말 한마디만 해보라고 하던 헬렌 헌트는 이 고백에 홀랑 넘어간다.

장성기는 어땠나? 임수정을 데려다가 그녀가 라디오 방송으로 마구 씹던 고깃집 간판이 방송 이후로 바뀐 걸 보여준다. 양떼 목장도 마찬가지다. 당신이 무려 세상을 변화시켰다고 말해주는 것이다.

사랑고백은? 샌드 아트로 잔재주를 부리긴 하지만, 핵심은 간단하다.

당신이 나를 긍정적인 변화로 이끌었소. 스스로를 쓸모 없고 사랑받지 못하는 사람이라고 생각하는 임수정에게 당신은 아주 중요하고 대단한 사람이라고 말해주는 거다.

④ 화룡점정, 여운을 남겨라

이거야말로 작업의 화룡점정. 여운을 남기는 거다. 작업은 절정에 달했고 일은 다 벌어진 상황.

사랑 고백까지 해 버렸고, 임수정은 흔들려 버렸고, 밤은 늦었고, 집은 비었고. 길 건너편에선 남편이 지켜보는 가운데 영화가 사랑과 전쟁 삘의 촌스러운 막장 치정극으로 넘어가기 딱 한 발 전에서 장성기는 전설의 카사노바다운 신의 한수를 날린다. 물러나는 거다. 다만 그냥 물러나지는 않는데 조용히 노래를 읊조리면서 자신의 뒷모습을 절대 잊을 수 없게 만들어 버린다. 이때 장성기가 부르는 노래가 바로 들국화의 '매일 그대와'다. 노래 실력은 형편없지만 선곡은 기가 막혔다. 전설의 카사노바가 함락 직전의 여자를 눈앞에 두고 자기가 원하는 것은 매일매일 그대와 함께하는 것이라면서 물러난다니. 이 장면이야 말로 장성기가 스스로 진지하고도 대책 없이 사랑에 빠져 버렸다는 것을 인정하는 장면이라고 볼 수 있다. 노래는 같이 노래방에 가서 불러주는 게 아니라 이렇게 불러줘야 먹어주는 거다.

■ 민규동 감독 작사, 박성희 씨가 노래한 샹송 같은 노래

드디어 음악 이야기.

사실 영화 전편을 통해 가장 기억에 남는 '매일 그대와'는 이 영화의 정규 OST에는 실려 있지 않다. 뭐, 보나마나 저작권 문제 때문이리라. 그 대신 정규 앨범에는 영화 곳곳, 적재적소에서 귀를 간지럽히던 음악들이 실려 있다 – 간지럽힌다는 표현이 아주 적절한 것이, 이 영화는 정말 대사가 많고 명료하다. 주인공들이 다 할 말이 많은 사람들인 데다 자기 상태를 주절주절 말로 다 떠들어대기 때문에 음악이 영화 속에서 많은 기능을 하고 있지 않고, 그냥 배경에 머무는 소품 느낌이 강하다. – 원래는 발매 계획도 없었다고 하는데, 영화가 장기 흥행에 접어들고 나서야 관객들의 요청으로 정규 OST 앨범이 나오게 된다.

이 영화의 사운드트랙은 대부분 소품이고, 아주 경제적으로 활용되고 있다. 실제로 샹송처럼 들리는 노래들도 오리지널 프랑스산 샹송이 아니라 샹송처럼 들리게 만들어 낸 노래들이라고 한다. 임수정과 이선균이 함께 틀어놓고 춤을 추던 장면에서 들려오는 '샹송' 같은 노래는 사실 이 영화의 감독인 민규동 감독이 작사했다. 민규동 감독이 프랑스 제8대학 영화학과에서 석사를 취득했다고 하니, 아마도 프랑스말을 잘하는 모양이다. 노래를 부른 사람은 놀랍게도 '비비드'라는 걸그룹의 리더 박성희 씨라고 하는데, 이 분이 또 대학에서 프랑스어를 전공했다고 한다. 이 노래는 실제로 개그콘서트에서 정 여사의 등장 음악으로 쓰이기도 해서 많은 분들에게 익숙한 음악일 거다. 한번 들어보시라.

글·**거의없다**(백재욱)

함장(권영준)의 곁다리 추천 영화

영화 제목에 연애라는 단어가 들어간 영화만 해도 수십 편이 넘는다. 그 중에서 각자 저마다의 연애학 개론을 가지고 '사랑은 이런 거야' 떠벌려도 모든 유행가 가사가 마치 내 이야기처럼 들리듯이 각자 저마다의 추억을 비추어 영화를 음미한다. 이런 상황에서 딱히 추천할 영화는 한 편 밖에 없다. 개봉하고 10년이 넘게 지났음에도 매년 크리스마스에 빠짐 없이 와인한잔 들이키며 보는 영화가 있다. 바로 워킹타이틀이 제작한 [러브 액츄얼리(Love Actually)](2003). 서로의 인연에게 성심성의를 다 하자.

무비 찌라시

로맨틱 코미디의
끝판 대장들

한반도에서 연애꽃을 피우지 못한 사람은
엠파이어 스테이트 빌딩에 200번 올라가도
시애틀 궤도전차에 500번 올라타도
노팅힐 헌책방에서 천 권의 책을 사도
연애할 턱, 없다.
그래서 필요한 것이 연애영화다.

거의없다 선정 영화 _ [세렌디피티], [어느 날 밤에 생긴 일], [해리가 샐리를 만났을 때], [프렌드 위드 베네핏],
[당신이 잠든 사이에], [프로포즈], [귀여운 여인(프리티우먼)], [내 남자친구의 결혼식],
[50번째 첫키스]

로코, 즉 로맨틱 코미디라고 하면, 아주 단순하게 로맨스와 코미디에서 장르적 특성들을 가져다가 섞어서 만든 서브 장르라고 할 수 있다.

위키피디아(Wikipedia)는 로맨틱 코미디를 '두 주인공이 처음 만난 뒤 여러 가지 곤경에 처하거나 대립을 겪고는 결국 다시 합치게 된다는 이야기'라고 정의하고 있다. 대부분의 로맨틱 코미디들은 관계의 중요함에 대한 내용을 담는다. 그렇다. 관계의 중요함. 로맨틱 코미디는 결국 관계에 대한 판타지다. 남자들이 즐겨찾는 야동이 섹스에 대한 환상을 일정 부분 해소해준다면 로맨틱 코미디는 사람과 사람 사이의 관계에 대한 환상이라고 할 수 있다. 우리나라 드라마들에서는 특히 잘난 남자 엮어서 맨몸으로 성공하는 여자의 입신양명에 대한 판타지가 절대적으로 많기는 하지만…. 야동에서 보아 오던 너그러운(!) 여인들이 현실 세계에서도 존재할 거라는 착각을 했다간 환상적인 그 밤을 현실에서 이룩하는 건 고사하고 뺨 얻어맞고 고소당할 확률이 더 높은 것처럼, 로맨틱 코미디도 너무 많이 시청하게 되면 실제 연애에 악영향을 준다는 연구 결과가 있다. 2009년에 영국에서 이런 연구가 실제로 있었다고 하는데…. 로맨틱 코미디를 즐겨 찾는 사람들은 그렇지 않은 사람들보다 운명적인 사랑을 믿는 빈도수가 훨씬 높으며, 따라서 실제 관계에서도 현실적이지 못한 기대를 하는 경우가 많다고 한다.

실험 방법이 좀 어이가 없다. 100명의 대학생에게는 [세렌디피티(serendipity)]를 보게 하고, 다른 100명의 학생들에게는 데이비드 린치의 영화를 보게 했다고 한다. 당연히 [세렌디피티]를 보고 나온 학생들이 데이비드 린치의 영화를 보고 나온 학생들보다 더 운명적인 사랑을 믿는다고 대답했다고 한다(참고로 [세렌디피티]는 운명적인 사랑이 존재한다

는 게 영화 전편의 주제인 영화이고, 데이비드 린치의 영화는…. 그건 알아서 찾아보시라)

근데 이따위 실험을 하는 이유는 뭐고, 이 결과는 무엇을 이야기하고 있는 건지 잘 모르겠다. 이런 식이라면 호러영화 좋아하는 나는 집 냉장고에 잘린 사람 머리 몇 개쯤은 소장하고 있어야 한다(혹시나 해서 열어봤지만) 우리 집 냉장고엔 물이랑 김치밖에 없다. [영웅본색] 보고 자란 우리들이 지금 전부 쌍권총 들고 마약장사를 하진 않는 것처럼 말이다.

■ 로코의 기원은 헐리우드 스크루볼 코미디

영화 속에서 로맨틱 코미디의 기원을 찾으려면 1930년대 헐리우드의 스크루볼 코미디까지 거슬러 올라가야 한다. 다른 계급에 속해 있는 남녀가 끊임없이 이빨을 털어가면서 알콩달콩 치고받다가 결국 사랑하게 된다는 내용인데, 무성영화 시대의 버스터 키튼이나 찰리 채플린의 시대가 끝나고 유성영화의 시대로 접어들면서 본격적으로 헐리우드에선 스크루볼 코미디의 전성기가 시작되었다. 그 당시엔 영화에서 사람의 목소리가 난다는 것 자체가 혁신이었을 테니까, 주인공들이 끊임없이 수다를 떨어대는 이 장르가 빠르게 대중화된 것은 자연스러운 현상이라고 할 수 있다. 하지만 우리가 이 당시의 영화들을 이야기할 건 아니니까…. 그냥 '로맨틱 코미디의 원조는 1930년대 헐리우드의 스크루볼 코미디다' 정도만 알고 있으면 어디서 아는 척하는 데는 좋을 것이다. 아, 아는 티 내려면 영화 제목 하나 정도는 나와야지? 프랭크 카프라의 [어느 날 밤에 생긴 일]을 소개한다. 1934년작이고 백만장자의 딸과 평범한 신문기자가 이리저리 하다가 사랑을 이룬다는 내용이다. 다수의 영화학자들이 이 영화를 헐리우드 스크루볼 코미디의 시작이라고 보고 있으니까 어디 가서 그렇게 우기면서 아는 척해도 된다. 아마 당신하고 이야기하려는 사람들이 점점 줄어들 거다.

역사 공부는 이쯤해서 접어두기로 하자. 로맨틱 코미디는 가볍기 짝이 없는 장르이고, 그냥 보면서 즐기는 게 원래 목적인 영화들이라, 이 영화들 속에서 시대적 근심이나 깊은 통찰 따위는 전혀 찾아볼 필요가 없다. 그저 웃고 즐기면서 함께 행복해지면 되는 거다.

요즘 세상이 또 얼마나 판타지스러운 세상인가 말이다. 어린 시절, 만화나 반공 교육시간에나 들었던 간첩들의 존재가 몇십 년이 지난 지금, 롯데리아에서 반국가 단체를 만들고, 내란 음모를 꾸미기도 한다는 사실도 알아 버렸다(그 사람 많고 시끄러운 롯데리아에서 내란 음모를 꾸미다니, 간첩다운 치밀한 역발상이다. 그나저나 장소 제공한 롯데그룹도 포괄적으로 보면 종북 단체? 아니 종북 단체가 서울의 랜드마크를 건설했다니, 이거 정말 큰일이다). 심지어는 애국보수단체의 수장인 듣보 변 선생에게 고기값을 요구하는 고깃집 사장님도 실은 숨어 있던 종북 빨갱이였다는 놀라운 사실도 알아 버렸다. 이렇게 판타지 같은 세상에서 우리가 꿈꾸던 영화 같은 사랑도 실재하지 말라는 법은 없겠지. 암담해도 희망을 품고 살아야 하는 것 아니겠나.

많은 분들이 행복하게 보고 즐기실 수 있는 로코 몇 편을 선정함에 있어 몇 가지 기준에 따라 선정되었음을 먼저 알려드린다.

딴지영진공 로코 선정 기준 3

❶ 선천적으로 잘나빠진 로맨스는 제외:

돈이 졸라 많다거나, 미친 듯이 잘 생기고 이쁘다거나, 드물게 천재 물리학자라 거나 등 아예 태생 자체가 급이 다른 애들이 나와서 연애하는 영화는 철저하게 제외했다. 안 그래도 외로운데 열등감까지 느낄 일 없으니까. 뭔가 의심의 눈초 리가 느껴지는데? 맞다. 내가 그렇지 못해서 잘난 것들이 연애하면서 행복해하 는 건 나에게 위로는커녕 열만 받게 만든다.

예) 백만장자의 첫사랑, 프리티 우먼

❷ 로맨틱 코미디라고 해놓고 다른 장르로 휙 빠져나가는 영화들 제외:

개그를 남발하는데 전혀 웃기지 않는다거나, 갑자기 장르가 바뀌는 등 갑자기 뒤통수치는 영화들을 제외했다. 인생의 의미, 가족의 소중함 이딴 건 다른 특집 에서 찾아보시길….

예) 어바웃 타임

❸ 고백의 클리셰주13 되어 버린 장면들을 품고 있는 영화들 제외:

여자한테 고백할 때 제발 스케치북 좀 넘기지 마시라. 옆에서 보고 있는 사람까 지 오글거려 미쳐버릴 것 같다. 사람 많은데서 공개적으로 하지도 말고. 음식에 반지 넣어주는 짓도 이제 그만! 이런 것들 이미 안 먹힌 지 꽤 오래 됐다.

예) 러브 액츄얼리

주 13 클리셰(Cliché): 원래는 인쇄 용어(프랑스어)였다고 한다. 나중에 조판을 갈아 끼우기 쉽게 미리 만들어놓은 글자판을 '클리셰'라고 불렀다고 하는데, 그게 영화판으로 넘어오면서 처음 나왔을 때에는 독창적이었던 장면들이 시간이 흐르면서 일정한 효과를 내기 위해 반복되는, 혹은 그냥 의미 없이 습관 적으로 끼워넣는 장면들을 말한다.

■ 현대적·대중적 로코의 기원 [When 해리 meet 샐리]

첫 번째 영화는 '현대적', '대중적'이라는 두 단어가 들어가는 로맨틱 코미디의 A to Z이자, 로맨틱 코미디를 말할 때 절대로 빼 놓을 수 없는 작품은 바로 [해리가 샐리를 만났을 때](1989)이다.

사실 로맨틱 코미디라는 장르는 남녀 간의 결투극이다. 남녀라는 존재가 영화 내내 끊임없이 치고받아야 이야기가 되는 것이지. 전투의 기록들이 치열하고 처절할수록, 혹은 밀당이 쫄깃쫄깃하게 계속될수록 옆에서 보는 우리도 재미있고 걔들이 눈맞는 과정도 더 재미나고 그러는 거다. (그러려면 두 사람의 정치·사회적인 위치가 어느 정도 같아야 한다. 그래야 공정한 싸움이 되겠지?) 우리나라 영화들 중에서 제대로 된 로맨틱 코미디를 선정할 수 없는 수많은 이유 중 하나는 바로 이 때문이다. 남녀가 동등한 입장에서 존재하는 영화가 별로 없는 것이다. 그런 의미에서 이 영화에 나오는 두 명의 남녀는 처음부터 끝까지 동등한 위치에 존재한다. 키 마저도 비슷한 두 사람이 꼿꼿이 서서 서로를 바라보는 영화 포스터에서부터 그런 느낌이 풀풀 풍긴다. '남녀가 친구로 지내는 것이 가능한가'라는, 이미 한참 전에 결론 난 명제를 갖고 치고받는 두 사람의 이야기는 빌리 크리스탈의 뻔뻔하고 유들유들한 말빨과 맥 라이언의 사랑스러운 미소가 완벽하게 대칭을 이루며 흥미진진하게 이어진다. (오래된 영화라서 재미없을 것 같다는 생각은 금물.) [시애틀의 잠 못 이루는 밤]과 [유브 갓 메일]의 감독 노라 에프론이 시나리오 작가였던 시절, 이를 악물고 써낸 이 이야기는 장장 12년에 걸친 남녀의 이야기 속에 현대 로맨틱 코미디가 끊임없이 되풀이하는 수많은 이야기들의 원형을 제공했고, 또 날카롭게 되묻는다. IT는 하루가 다르게 발전하지만 남녀 사이의 이야기들은 유사 이래 지금까지 크게 달라진 것이 없지 않은가? 극중에서 두 사람이 밤새도록 통화하는 커다란 전화기가 아이폰으로 바뀐 것 말고는 그때나 지금이나 크게 달라진 것도 없다.

■ 로코의 4대 퀸 ❶ – 맥라이언

눈부시게 아름다운 맥 라이언의 진정한 리즈 시절 모습을 볼 수 있고 빌리 크리스탈이 얼마나 매력적으로 수다를 떨어대는 배우인지도 직접 확인할 수 있다. 이 아저씨가 아카데미 시상식에서 자꾸 사회를 보는 게 운이 좋아서가 아니라는 것도….

아무리 그래도 도저히 옛날 영화는 못 보겠다고 하시는 분은 비슷한 류의 최근작을 보기 바란다. 저스틴 팀버레이크와 밀라 쿠니스가 멋진 호흡을 보여줬던 [프렌드 위드 베네핏(Friends With Benefits)](2011)이라는 영화 말이다. 이 영화의 주제는 한 발짝 더 나아가서 '쿨하게 섹스까지 하면서 친구로 지낼 수 있을까?'다. 물론 답은 "없다"지만…(하긴 그냥 친구로 지내면 로맨틱 코미디라고 할 수 없겠다).

대충 비슷한 류의 영화이긴 하지만 웬만하면 [해리가 샐리를 만났을 때]를 추천한다. 노라 에프런의 날카로운 말빨에도 한참 못 미치거니와, 남녀 배우 두 사람의 매력이 너무 차이가 난다. 저스틴 팀버레이크와 밀라 쿠니스도 매력적인 배우들인 건 맞지만…. 쿠니스 언니가 아무리 화장발이 좋아도 전성기 때의 맥 라이언하고 다이다이 붙을 순 없지.

■ 로코의 4대 퀸 ❷ – 산드라 블록

[당신이 잠든 사이에](1995). 아마 로맨틱 코미디의 여주인공이 이런

꼬라지로 등장하는 영화는 흔치 않은 수준을 넘어서 전무후무하지 않을까 싶다. 이 영화에서 산드라 블록은 빵모자(비니 모자가 아니다. 그냥 빵모자다)를 덮어쓰고 자기 아버지가 입다가 헌옷 수거함에 버린 듯한 커다란 코트를 입고 화면에 등장한다. 좋게 말하면 소탈한 모습이고 나쁘게 말하면 서울역에서 어제까지 숙식을 해결하고 아침에 기어나온 노숙자의 모습이다. 그 이유는 주인공이 가족도 없고, 애인도 없고, 꿈꿀 만한 미래도 없이 그냥 하루하루 외롭게 살아가는 게 전부인 여자이기 때문이다. 4대 퀸 중 가장 소박하고 평범한 역할이 잘 어울리는 산드라 블록에게 최적화된 역이라고도 할 수 있겠다.

'로맨틱 코미디는 관계에 대한 판타지'라는 말은 이 영화에 가장 정확하게 들어맞는다. 관계를 맺을 만한 사람이 아무도 없던 주인공이 어떤 남자를 만나고, 그 남자의 가족들을 만나고, 그리고 종국에는 그 관계들 속에서 자신의 진짜 사랑을 발견하는 이야기이니까 말이다.

사실 이 영화는 말도 안 되는 유치한 설정들도 너무 많고, 문제가 해결되는 방식도 우연의 일치와 사건·사고들로 대충 마무리된다는 느낌을 지울 수 없다. 게다가 악의를 갖고 등장하는 인물이 한 명도 없을 정도로 착하고 동화적인 이야기인데, 이상하게 거부감이 들지 않는다.

주인공을 포함한 영화의 등장인물들이 왠지 우리 동네에도 있을 것만 같이 친숙한 사람들이라서 감정이입이 쉽기도 하거니와, 기본적으로 인간에 대한 애정과 선의가 이 영화 전체를 따뜻하게 덮고 있기 때문이기도 하다. 그리고 우리 모두는 해피엔딩을 원하므로 거기까지 가는 길이 너무 황당하거나 말도 안돼서 이건 마치 놀림을 당하는 것 같아 기분이 나빠지거나 하는 일만 없다면, 다른 사람이 행복해지는 걸 덮어놓고 싫어하는 사람이 어디 있겠는가. 그런 사람 여기 한 명 있다고? 뻥치지 마시라.

헐리웃 영화판에서 20년 가까이 주연 자리를 꿰차고 있는 산드라 블록의 매력이 가장 잘 살아난 영화이기도 한다. 산드라 블록은 4대 퀸 중에 가장 외모가 떨어지는 편이지만, 자기자신을 아주 영리하게 변화시킬 줄 아는 배우다. 이와 더불어 이 사람은 예쁜 척을 할 필요가 없다. 원래 예쁘지 않으니까. 사랑스러운 미소가 세월의 직격탄을 맞은 후로는 배우로서의 커리어가 함께 쪼그라들어 버린 맥 라이언과는 다르다. 이 언니는 다양한 장르(특히 잘된 것들은 거의 노골적인 코미디 영화들이지만)에 출연하면서 천천히 자신의 영업 환경을 넓혀 왔다. 이제 지천명을 바라보는 2013년엔 [그래비티]라는 영화를 혼자 끌고 나가면서, 삶의 단면으로서 인생 전체를 보여줄 수 있는 배우로 성장했음을 만천하에 알리기도 했고…. 그리고 자꾸 외모가 떨어진다고들 말하는데 사실 전 세계에서 제일 잘난 인간들이 모이는 헐리웃에서나 그렇다는 거다.

최근작 중 비슷한 류의 영화를 꼽으라면, 남녀의 권력관계가 완전히 역전된 [프로포즈](2009)를 꼽을 수 있다. 이 영화에도 산드라 블록 누님이 등장한다. 40대 중반의 나이에도 아주 매력적인 모습을 보여주시는데, 함께 연기했던 12살 연하인 라이언 레이놀즈가 슬슬 커리어 하락세에 접어들었는데도 블록 누님은 여전히 그대로다. 정말 대단한 배우다.

■ 로코의 4대 퀸 ❸ – 줄리아 로버츠

로맨틱 코미디 하면 또 빼놓을 수 없는 배우가 있다. 개구리 같은 큰 입이 매력적인 줄리아 로버츠. 사실 줄리아 로버츠의 출세작은 게리 마샬의 [귀여운 여인(Pretty Woman)](1990)이지만, 위의 1번 법칙에 제대로 위배되는 데다 지겹도록 반복되는 까칠한 재벌남 캐릭터의 원죄를 지고 있는 영화라서 앙심을 품고 제외했다. 모두 잘 알고 있는 [노팅힐](1999) 또한 같은 이유로 제외했다. 그 대신 더 멋진 영화가 있다. P. J. 호건의 [내 남자친구의 결혼식](1997)이다. 1993년에 덴젤 워싱턴과 함께 출연한 [펠리칸 브리프] 이후로 다양한 작품에서 다양한 연기를 시도했지만, 몽땅 실패하고 내리막길을 걷던 줄리아 로버츠를 구해준 동아줄 같은 영화이기도 하다. 국내에서는 그저 줄리아 로버츠가 등장하는 흔한 로맨틱 코미디들 중 하나라고 과소평가받는 영화이기도 한데, 이는 심각한 오해다. 줄리아 로버츠가 등장하는 모든 로맨틱 코미디를 통틀어 가장 뛰어난 영화가 정확한 표현이다.

[귀여운 여인(Pretty Woman)]에서 세상에서 가장 사랑스럽고 순진하고 착하고, 심지어 순결한(이게 말이 되냐!!!) 창녀로 등장했던 줄리아 로버츠가 이 영화에서는 로맨틱 코미디 사상 제일 재수 없고 정 떨어지는 주인공으로 등장한다. '내 것인 듯, 내 것 아닌, 내 것 같은데 이러니 저러니 해도 결국은 내 것'이라고 생각하던 남자가 막상 다른 여자 만나서 결혼한다니까 질투와 시샘에 몸이 달아서 훼방을 놓는 역이다. 하려면 잘하기라도 하던가…. 온갖 찌질하고 못된 짓을 해대는데 어설프게 하는 바람에 몽땅 실패하는 역이다. 줄리아 로버츠는 이 영화에서 그저 큰 입 벌리고 시원하게 웃기만 했던 로맨틱 코미디에서의 모습을 그냥 박살내 버린다. 사랑스런 여주인공 역할은 당시 떠오르던 카메론 디아즈에게 양보하면서…. 배우로서의 커리어가 끝날지도 모르는 막판까지 몰린 그녀의 발버둥이었는지, 아니면 그냥 본성이 쿨한지는 모르겠지

만, 자기 판을 남에게 양보하는 일이 쉽지 않았을 텐데, 결과적으로 정말 훌륭한 결정이었다. 그 덕분에 이 영화는 아주 오랫동안 기억되는 로맨틱 코미디의 명작으로 남게 되었으니까 말이다.

비슷한 류의 영화로는 [내 여자 친구의 결혼식(Brides-maids)](2011)을 꼽을 수 있겠다.

원제는 'Bridesmaids'이다. 신부 들러리들. 영어는 안 하려고 했는데 번역이 너무 촌스러워서…. 이 영화도 역시 베스트프렌드가 결혼한다는 소식을 들은 노처녀 이야기다. 그 대신 여기선 그 베스트프렌드가 여자다. 내 남자를 빼앗긴다는 위기감이 아니라 내 인생은 이렇게 처참하고 괴로운데, 내 베프는 좋은 남자 덜컥 물어서 시집 간다는 사실을 알고 난 후 배가 아파 견딜 수 없는 여자의 이야기다. 밀리기 싫고, 뒤처지기 싫고, 나보다 니가 잘났다는 사실을 인정하는 게 견딜 수 없는 여자들의 심리를 잘 그려 낸 영화다. 너무 망해서 아시는 분이 별로 없는데, 특히나 서른 되기 전에 결혼하는 걸 무슨 인생의 목표처럼 삼고 계시다가 좌절하신 분은 한번쯤 보시길 바란다. 표현이 매우 직설적이고 노골적인 영화니까 영혼에 상처를 받을 수는 있지만, 확실한 사실 하나는 배울 수 있다. 남에게 사랑받는 사람이 되고 싶으면 먼저 자기 자신부터 사랑할 줄 알아야 한다는 거다. 이 영화에는 크리스틴 위그와 개인적으로 정말 좋아하는 로즈 번이 나온다.

■ 로코의 4대 퀸 ❹ – 앤디 맥도웰

4대 퀸 중에 마지막은 앤디 맥도웰이다. 근데 사실 이 분은 별로 내 타입이 아닌 데다(그게 무슨 상관이겠냐마는) 인상적인 로맨틱 코미디에 등장한 적이 별로 없다.

[섹스, 거짓말, 그리고 비디오테잎]을 꼽을 수는 없으므로 비중은 작더라도 여주인공으로 등장한 영화 중에 로맨틱 코미디의 명작을 하나 소개할까 한다. 1993년작, 해롤드 레미스 감독의 [사랑의 블랙홀]이다. 이 영화는 로맨틱 코미디라는 장르 위에 SF적인 요소를 얹어서 만든 한 인간의 개과천선 스토리다. 물론 재수 없는 인간은 앤디 맥도웰이 아니라 빌 머레이다. 하루가 반복된다는 간단한 설정으로 뽑아낼 수 있는 모든 이야기를 뽑아내는 재주도 재주고, 이걸 제대로 살려내며 요소요소마다 웃음짓지 않고는 견딜 수 없게 만드는 빌 머레이의 원맨쇼를 감상할 수 있다. 모두 접어놓더라도 정말 웃기고 재미있는 영화니까 별로 웃을 일 없으신 분은 꼭 한 번 보시길 권한다. 앤디 맥도웰은 좀 심하게 말하면 그냥 등장에서 예쁘게 웃는 게 다이고, 로맨틱보다 코미디 쪽에 무게중심이 좀 더 많이 실려 있는 영화이긴 하다. 하루하루 충실하게 살아간다는 뻔하디 뻔한 결론으로 끝난다고 해서 영화가 재미없으란 법은 없다. 비슷한 내용을 다루고 있는 최근작이라면 차세대 로맨틱 코미디 퀸으로 입지를 굳힌 드류 베리모어의 [50번째 첫키스]를 꼽겠다. 이 영화에는 정말 정말 내 타입(역시 별로 큰 상관은 없지만)인 드류 베리모어가 사랑스럽게 나오는데, 역시 같은 상황이 반복되면서 일어나는 일을 그리고 있다. 이 영화도 아무 생각 없이 그냥 보면 된다. 함께 행복해질 수 있는 영화니까 말이다.

■ 보는 사람을 행복하게 만든다

로맨틱 코미디의 영화적인 기능은 단순 명쾌하다. 보는 사람을 행복하게 만드는 것이다. 우리가 세상을 살아가는 것에는 여러 가지 이유가 있겠지만(내가 아는 사람 중에는 여자 친구를 만들기 위해 사는 사람도 있고, 덕후질을 하기 위해 사는 사람도 있고, 매달 신작 포르노를 보기 위해 사는 사람도 있다. 누군지는 말 안하겠지만…) 결국은 행복하기 위해서다.

채플린이 말했듯이 인생이란 가까이서 보면 비극이지만, 멀리서 바라보면 희극이니까 말이다. 결국 우리 인생도 커다란 희극을 만들기 위해 작은 비극들은 채워 넣는 것이겠지. 채플린의 말을 이 따위 아전인수 격으로 해석해도 될른지는 모르겠지만, 아마 그 양반이 화를 내진 않을 거다. 이미 죽었으니까…. 로맨틱 코미디에 나오는 인물들은 결국 영화 배우들이다. 당연히 당신보다 잘 생기고 예쁠 것이다. 그들 입에서 나오는 대사들은 재치 있고 매력이 넘칠 것이다. 왜냐하면 일급 시나리오 작가들이 달려들어 오랜 시간 고민해서 짜낸 대사들일 테니까.

당신의 현실이 로맨틱 코미디보다 더 신나고 재미있는 일들로 가득 찰 확률은 높지 않다. 당신이 더럽게 돈이 많거나 허벌나게 예쁘고 잘 생겼거나, 아니면 정말 잘난 인간일 경우를 생각해서 "없다"라고 이야기하진 않겠지만, 아마 당신도 나도 그런 극적인 해피엔딩은 일어나지 않을거다. 아무리 현실적이어도 로멘틱 코미디는 '판타지'니까 말이다.

그래도 기운 내기 바란다. 영화의 상영 시간은 제 아무리 길어봤자 3시간이고, 당신이 혼자 찍고 편집해서 만들어갈 인생의 상영 시간은 아직도 무지무지하게 많이 남아 있다.

글·거의없다(백재욱)

삶에 대한 로코의 성찰
[어바웃 타임]

헤비조 추천 영화 _ [어바웃 타임] | **아티스트** _ 엘비스 코스텔로, 벤 폴즈, 폴 부캐넌, 큐어,
에이미 와인하우스, 타투, 닉 케이브 앤 배드 시즈

[어바웃 타임](2013)은 로맨틱 코미디라고 하지만 단순히 알콩달콩한 사랑 얘기가 아니다. 그래서 다행이다. 나는 안드로메다 상상기에 가까운 비현실적인 로맨틱 코미디를 매우 싫어하기 때문이다. 솔직히 타임 슬립물도 별로 좋아하지 않는다. 현재가 불만족스럽다면 과거가 아니라 어떻게든 현재를 바꿔야 한다고 믿는 입장이기 때문이다.

과거로 돌아가서 무엇을 바꾸고 이를 통해 현재를 바꾼다는 건 불가능하기 때문에 아예 생각조차 하지 않는 편이다. 그런데 [어바웃 타임]을 보면서 저런 과거라면 한 번 돌아가보고 싶어졌다. 분명 나도 우리 아버지가 그려주던 그림을 보며 즐거워하던 시절이 있었는데, 돌아가실 때는 뭔가 틀어진 상태였기 때문이다. 간 이식 수술을 해드리긴 했지만, 그것과 감정의 골은 좀 달랐던 기억이 났다.

■ 리차드 커티스 감독의 영화들 주제가 파워

그런 일상의 피곤함에 맺힌 매듭들을 풀지 못한 채 흘러가는 현실을 다시 보게 한다는 의미에서 이 영화는 훌륭했다. 영화 안에 흐르던 음악들도 그런 점에서 환상 궁합이었다. 하긴 리차드 커티스(Richard Curtis) 감독이 각본과 기획을 한 [노팅힐](1999)이나 감독까지 한 [러브 액츄얼리](2003)도 영상의 내용과 찰떡궁합의 노래들이 적절한 타이밍에 흘러나왔다.

특히, 주제가의 파워는 매번 엄청났다. 엘비스 코스텔로(Elvis Costello)의 'She'가 [노팅힐]에서 얼마나 아름답게 들렸는지, 'All you need is Love'가 [러브 액츄얼리]의 그 많은 사연들을 어떻게 한 방에 정리했는지 떠올려보라. 이번에도 그랬다.

이번에는 대표 주제가 이외에도 잊을 수 없는 노래가 너무 많다. 벤 폴즈(Ben Folds), 폴 부캐넌(Paul Buchanan, The Blue Nile이라는 무드 만점 밴드의 보컬), 큐어(The Cure), 에이미 와인하우스(Amy Winehouse), 심지어 섹시하기 이를 데 없는 러시안 미녀 댄싱 듀오 타투(t.A.T.u.), 그리고 닉 케이브 앤 배드 시즈(Nick Cave & the Bad Seeds)까지 어마어마한 아티스트들의 음악이 영화 내내 흘러나온다.

특히 아빠역을 한 빌 나이의 마지막과 함께 닉 케이브의 목소리로 'Into My Arms'가 흘러나올 때는 나도 모르게 눈시울이 뜨거워졌다. [러브 액츄얼리]의 약쟁이 모습과 노래의 주인공 닉 케이브의 음침함이 자꾸 떠올라, 위트와 사랑 넘치는 은퇴 교수인 아빠가 어색해 보이기도 한다는 안타까움이 있긴 했지만….

■ 잘 만들어진 로코 영화 주제가들

리차드 커티스 감독의 영화뿐만 아니라 대체로 잘 만들어졌다고 알려진 로맨틱 코미디 영화는 영화 제목만 떠올려도 겹쳐지는 주제가가 있다. [해리가 샐리를 만났을 때](1989)에는 해리 코닉 주니어(Harry Connick Jr.)가 "나는 토마토, 너는 포테이토"를 외쳐대는 'Let's Call the Whole Thing Off'가 있고, [시애틀의 잠 못 이루는 밤](1993)에는 셀린 디옹(Celine Dion)과 클라이브 그리핀(Clive Griffine)이 리메이크한 'When I Fall in Love'가 있다. 어느새 이것도 로맨틱 코미디 영화의 공식이 된 모양이다. 가만히 보면, 창작곡보다는 기존의 곡, 그래서 익숙한 노래가 영화의 내용을 단박에 연결시켜주는 주제가다. [어바웃 타임]도 이와 같은 공식에서 크게 벗어나지 않는다. 나에게 가장 큰 울림을 준 곡은 'Into My Arms'였지만, 영화에서 주제가로 내세운, 라디오에서도 흘러나오는 주제가는 따로 있다. 많은 관객들이 이 노래를 기억하시고 있을 거다. 영화 속에서 두 가지 버전으로 등장하는 'How Long Will I Love You'다. '내가 당신을 사랑할 시간이 얼마나 있을까요?'라고 묻고 있는 이 노래는 영화의 내용과도 잘 맞아떨어진다.

'How Long Will I Love You' 역시 이 영화를 위해 만들어진 곡은 아니다. 1990년 스코틀랜드 출신 포크 록 밴드 워터보이스(the Waterboys)가 4번째 앨범 "Room to Roam"에 수록된 노래다. 소박하지만 귀에 남는 멜로디는 당시에도 주목을 받은 바 있다. 그래서 "Room to Roam" 앨범의 첫 싱글로 발매되었고, 영국, 프랑스, 독일, 아일랜드 등에서 차트 상위권까지 진출한 바 있다. 영화 [어바웃 타임]에 등장하는 버전은 2012년 영국의 싱어송라이터이자 배우이기도 한 엘리 굴딩

(Ellie Goulding)이 두 번째 앨범 "Halcyon"에 수록했던 것이다. 차분하면서도 신비스러운 목소리가 돋보이는 트랙이다. 영화 후반부에 등장한다. 하지만 더 많은 분들이 기억하는 건 남녀 주인공의 사랑이 무르익어가며 지하철 역 모습이 반복될 때 흘러나오는 길거리 악사들의 버전일 것이다.

■ 길거리 악사로 등장한 존 보든

길거리 악사로 등장한 이는 존 보든(Jon Boden)이다. 기타, 만돌린, 피들(바이올린)을 연주하는 세 명의 길거리 악사는 존 보든, 샘 스위니(Sam Sweeney), 벤 콜맨(Ben Coleman)이다. 존 보든은 1977년 미국 시카고에서 태어났지만, 어린 시절 영국 윈체스터로 이주해 영국인으로 성장한 가수다. 그래서 그의 음악에는 영국 포크 특유의 서정성이 깃들어 있다. 미국의 포크가 우디 거스리(Woody Guthrie)의 음악처럼 블루스와 엮이며 어딘가 왁자지껄한 느낌을 준다면, 영국 포크는 음계나 분위기가 좀 더 차분하면서 맑다. 존 보든은 2010년부터 1년간 〈A Folk Song A Day〉라는 개인 프로젝트를 진행하여 유명세를 얻기도 했다. 하루에 포크 노래 한 곡씩을 녹음하여 한 달에 한 장, 일 년에 12장의 CD를 발표하는 놀라운 기획이었다. 물론 영국의 전통적인 포크 넘버들이긴 했지만, 300곡 넘게, 그것도 전 곡을 새롭게 편곡하여 녹음한다는 것은 시도 자체로도 만만치 않은 작업이다. 이러한 기록을 보유한 포크 싱어이기에 2010년 BBC가 선정한 올해의 포크 가수로 꼽히기도 했다. 그렇더라도 존 보든이 세계적인 유명세를 얻고 있는 슈퍼스타는 아니다.

만돌린과 피들이 만드는 촌스러운 듯 담백함이 오히려 멋스럽게 느껴지는 이 연주는 활활 빛나는 사랑도, 초인적인 능력의 사랑도 아닌, 하루하루가 소중한 삶과 사랑에 대해 설파하는 영화의 분위기와 적절히 맞아떨어진다. 딱 이 노래만큼 소박하지만 미소짓게 되는 영화, 그리고 음악이다.

글·헤비조(조일동)

함장(권영준)의 곁다리 추천 영화

로맨틱 코미디물의 일관적인 모습 중 하나는 바로 '현재를 즐겨라'다. 미래는 불투명하고, 과거는 우울하다면 현재의 행복한 부분을 찾아내어 그 부분을 부각시키는 것이 우리가 살아가는 중요한 의미라고 생각한다. 그런데 뜬금없이 남자들의 바람기 때문에 연애가 망한다는 이야기의 영화가 튀어나온다. 바로 애슐리 주드와 휴 잭맨 주연의 [썸 원 라이크 유(Someone Like You)](2001)이다. 이 영화의 '한물간 암소 이론'이 얼마나 많은 여성의 관심을 받았는지 직접 확인해보시라.

무비 짜라시

SNL과 영화는
어떤 관계가 있을까?

맥쿼리, 4대강, 부실 원전은 욕심을 먹고 자랐다.
영화 [변호인], [괴물], [넘버 3]는 송강호의 저력을 먹고 자랐다.
그렇다면 미국 코미디 영화는 무엇을 먹고 자랐을까?

혈랭이 선정 영화 _ [월터의 상상은 현실이 된다], [블루스 브라더스], [웨인즈 월드], [콘헤드], [맥그루버]

영화 [월터의 상상은 현실이 된다](2013, 벤 스틸러)의 원제는 〈The Secret Life of Walter Mitty〉이고, 원작은 제임스 서버의 1939년작 엽편(葉片)소설(단편소설 보다도 짧은 소설)이다. 1949년에 이미 한 번 영화화됐던 이 영화의 제목을 직역하면 '월터 미티의 이중생활' 정도가 되겠지만, 뭐 어쨌든 월터의 상상이 현실이 되긴 하니 개봉 제목도 그럭저럭 괜찮다고 하겠다.

묵묵히 일만 열심히 하면서 가끔 자신이 원하는 자신의 모습을 상상으로 즐기는 평범남 월터에게 어느 날 갑자기 시련이 닥쳐와 어려운 집안 형편에 여자 친구도 없고, 소심한 그를 중대 업무 실수에 따른 해고로 내몬다. 그러나 바로 그 순간부터 월터는 평소에 상상만 하던 일들을 직접 행동으로 옮기게 된다.

■ 한국의 개콘에 해당하는 미 SNL

과연 이 쟁쟁한 코미디 배우들이 함께 갖고 있는 공통점은 무엇일까? 그것은 바로 이들이 미국의 유명한 코미디쇼 SNL 출신이라는 것이다. SNL은 '토요일밤 라이브(Saturday Night Live)'의 줄임말로 미국의 개그콘서트쯤 되는데, 사실 개그콘서트는 SNL이 만들어 정착시킨 포맷을 가져온 것이다. 미국 드라마를 좋아한다면 아론 소킨의 저주받은 명작 〈Studio 60 on The Sunset Strip〉을 떠올려도 좋다. 이 미드는 SNL을 있는 그대로 소재로 삼은 드라마다.

SNL의 시작은 1975년 10월 11일. 그때부터 지금까지 NBC에서 줄곧 방영하고 있고, 2014년 가을에 40번째 시즌을 진행 중이다. 올해 일흔 살인 론 마이클스가 처음부터 줄곧 프로듀서를 맡고 있는데, 호빵맨을 닮은 이 아저씨는 심심할 때면 한 번씩 SNL에 출연하기도 한다. SNL은 대본이 있는 코미디쇼이고, 생방송으로 진행한다. 미국의 시트콤은 스튜디오에서 관객들을 앞에 놓고 녹화를 하는 게 일반적인데 SNL은 이 형식으로 라이브를 하는 것이다. 라이브라고는 하지만 사전에 대본을 준비하고 리허설을 하는 것은 똑같다. SNL의 방송 화면을 보면 출연진들의 시선이 대부분 카메라에서 살짝 벗어나 있는 걸 발견할 수 있다. 이건 그들이 무대 앞에 놓여진 대본을 읽느라 그런 것이다. 이런 라이브 대본 읽기와 관련된 유명한 에피소드가 있다. 영화 [Man on the Moon](1999, 밀로스 포먼)으로도 잘 알려진 앤디 카우프먼이 생전에 'Fridays'라는 SNL 비슷한 프로그램에 고정 멤버로 출연했을 때의 일이다. 어느 날 연기를 하던 도중에 갑자기 대본을 읽지 않자 동료 출연자가 화를 내며 화면 밖으로 나가 대본을 들고 와서 읽으라고 들이민 적이 있었다. 그때까지 대부분의 미국 시청자들은 코미디언들이 애드립으로 연기를 하는 줄 알고 있었는데, 이 소동으로 인해 그게 아니라는 걸 알게 되면서 세간에 큰 화제가 된 것이다.

미국의 대중문화에서는 전통적으로 아무 대본이나 원고 없이 그 자리에서 온갖 독설과 풍자를 쏟아내는 스탠딩 코미디와 임프롬투라는 사전 맞춤 없이 나와서 그때그때 주어지는 상황에 따라 웃음을 만들어 내는, 〈무한도전〉에서 자주 하는 상황극 형식의 즉흥 코미디가 대세였다. 이런 흐름을 바꾼 것이 SNL인데, 연기자와 작가의 역할을 분담하고 미리 원고와 대본을 준비하여 호흡을 맞추는 작업을 거쳐 개인의 능력보다 팀플레이를 통해 큰 웃음을 전달하는 형식을 만들고 정착시킨 것이다. 그리고 짧은 에피소드(미국에서는 'skit'이라 하고, 우리는 '코너'라고 부르는) 여러 개를 이어감으로써 다양한 주제와 소재 그리고 풍자를 빠르고 축약적으로 전달하여 대중들의 커다란 인기와 호응을 얻었다. 그리고 그렇게 이 프로그램은 40년의 세월이 지난 지금까지도 변함없이 큰 지지를 받으며 미국 문화의 여러 분야에 깊고 지대한 영향을 주고 있다.

■ 미 코미디 영화의 젖줄, SNL 관련 영화 계보

본론으로 돌아가서, 영화 [블루스 브라더스], [웨인즈 월드], [콘헤드], [맥그루버]의 공통점은 무엇일까? SNL에서 인기를 끌었던 코너를 영화로 만든 것이다. 이 중에서 [웨인즈 월드](1992)를 강추하는 바인데, 이 영화의 주연은 바로 [오스틴 파워]와 [슈렉] 시리즈로 유명한 마이크 마이어스이다. 영화는 별 내용 없이 그냥 20대 청년 둘이서 해적 방송, 요즘으로 치면 팟캐스트를 하면서 재미있게 노는 얘기다. 의외로 흥행이 엄청 잘돼서 [웨인즈 월드 2]도 나와 있고, 특히 사운드트랙이 주옥같다. 이 영화의 사운드트랙과 관련된 일화로 1976년에 빌보드차트에서 9등을 했던 퀸(Queen)의 '보히미안 랩소디'가 1992년에 뜬금없이 2등을 하는 일이 벌어졌는데, 이는 이 영화에 삽입된 노래를 듣고 사람들이 다시 이 싱글을 마구 사대는 바람에 벌어진 사건이었다.

이런 사례가 이전에도 있었다. 데미 무어와 패트릭 스웨이지가 주연하여 대박친 영화 [고스트](사랑과 영혼, 1990)의 주제곡 – '떳떳한 형제들(Righteous Brothers)'의 'Unchained Melody' – 은 1965년에 차트 4위에 올랐던 곡인데, 이 영화 덕분에 무려 25년 후에 다시 차트 13위까지 오르고 영국에서는 1등까지 하는 일이 벌어졌다.

노래 얘기를 하나 더 하자면, 앞서 언급한 영화 [월터의 상상은 현실이 된다]에서는 주인공 월터가 데이트 서비스 관리자랑 통화하면서 노래를 부르는 장면이 나온다. 이 노래는 1979년에 나온 루퍼트 홈즈의 'Escape'(부제: 피냐콜라다 송)이다. 영화에서는 마치 이 노래가 멀어졌던 커플이 재결합하는 아름다운 사랑의 노래인 것처럼 나오는데, 실은 무척이나 막장 드라마스러운 내용의 노래다.

어떤 사내가 신문에 부인 몰래 개인 광고를 내는데, "빗속을 걷기 좋아하는 숙녀분, 피냐콜라다를 좋아하는 여자분, 나처럼 머리가 반쯤 빈 그대라면 나와주세요, 오말리 바(Bar)로 나와주세요"라는 내용이다. 그리고 그날 그 시간 그 자리에 사내가 나갔을 때 정말로 한 여자가 나오는데 그 사람은 다름 아닌 자기 마누라! 그런 상황이면 둘이 대판 싸워야 정상일텐데 노래에서는, "이것도 우리의 인연"이라며 키득거리고는 "역시 천생연분인가봐"라고 하면서 함께 여행을 떠난다. 이 노래는 [슈렉 4](2010)에서도 들을 수 있고, 다른 여러 영화에서도 접할 수 있다.

■ SNL 출신 주·조연급 배우들

보통 코미디언이 영화에 진출하면 대개 웃기는 조연 정도겠거니 하게 마련인데, SNL 출신들은 코미디영화 이외에도 정극에 주·조연으로 출연하여 상도 받고 연출, 감독, 제작자 등으로 많이 진출해 있다. 대표인물을 소개하면, 다음과 같다.

1 빌 머레이: 대표적인 SNL 출신 영화인으로, 대박 히트작 [고스트 버스터즈](1984)는 수많은 패러디와 광고가 쏟아져 나왔던 작품이므로 안 보신 분들은 꼭 보길 권한다. 그리고 숨은 명작 [사랑도 통역이 되나요?(Lost In Translation)](2003)는 우리에게 스칼렛 요한슨이라는 여

신을 처음 만나게 해준 작품으로, 빌 머레이를 오스카 남우주연상 후보에 올려준 작품이다. 이 밖에도 [사랑의 블랙홀](1993), [좀비랜드](2009), [브로큰 플라워](2005) 등 화려한 필모그래피를 가진 정상급 배우다.

2 스티브 마틴: 극작가로도 유명하고 대표작으로는 [쓰리 아미고](1986), [나의 푸른 하늘] (1990), [신부의 아버지](1991), [핑크 팬더](2006)를 들 수 있는데, 미국의 인기에 비해 한국에서는 거의 무명에 가까운 배우다.

3 에디 머피: 워낙 유명한 배우라 대표작을 소개할 필요는 없겠고, 영화계에서 자리를 잡는 계기가 된 영화가 [에디 머피의 베벌리힐즈 캅](1984)이다. 이 영화는 사운드트랙으로도 유명한데, 그중 'Axel F'라는 곡은 가수 싸이의 '챔피언'이라는 곡에서 그대로 가져다 쓰기도 했다. 개인적으로 에디 머피의 최고 명작으로 꼽는 영화는 1983년에 나온 [에디 머피의 대역전(Trading Places)]이다. 20년 후에 닥쳐 올 선물 시장의 혼돈과 서브프라임 위기를 예견했다고도 할 수 있는 이 작품은 꼭 보길 바란다.

4 벤 스틸러 : 2001년 [줄랜더]를 통해 영화배우의 입지를 다지기 시작했는데, 이 영화는 무척 재밌다. 그리고 바로 다음 작품인 [로얄 테넌바움스](2001)도 볼 만하며, 이후에 이어지는 [피구의 제왕](2004), [박물관이 살아 있다](2006), [트로픽 썬더](2008) 등 그가 출연한 작품은 어떤 걸 봐도 망작이 없는 믿고 보는 코미디 배우 중 하나다.

5 마이크 마이어스: [웨인즈 월드](1992) 시리즈, [오스틴 파워](1997) 시리즈, [슈렉](2001) 시리즈 등 병맛에 특화된 최고의 코미디 배우 중 한 사람이다. 최근에는 [바스터즈: 거친 녀석들](2009)에 잠깐 출연하기도 했다.

6 티나 페이: SNL 출신 여성 연기자 중 가장 성공한 배우다. 미드 〈30 Rock〉의 제작자이자, 여주인공이자, 프로듀서다. 2004년 영화 [퀸카

로 살아남는 법](Mean Girls)의 각본을 쓰고 출연을 했으며 애니메이션 〈메가마인드〉에서 록샌의 목소리 연기를 했고, [브로큰 데이트](2010) 등에 출연하기도 한 다재다능한 배우다.

7 아담 샌들러: 로맨틱 코미디의 달인으로, 특히 찌질남의 순정 로맨스 연기가 아주 잘 어울린다. 역시 믿고 보는 평타 이상 보장 배우인데 추천작으로는 [해피 길모어](1996), [웨딩 싱어](1998), [빅 대디](1999), [첫 키스만 50번째](2004) 등을 들 수 있다.

8 로버트 다우니 주니어: [아이언맨](2008) 시리즈로 커다란 인기를 얻은 로다주도 실은 SNL 출신이다. 떴다가 가라앉았다가 안 떠올랐다가 갑자기 쑥 위로 올라온 헐리우드 롤러코스터 인생의 대표주자인 그를 오스카 남우주연상 후보에 오르게 해준 1992년의 [채플린]을 추천한다.

그밖에 소개할 배우들이 더 많이 있지만 이 정도만으로도 SNL 출신들이 오래 전부터 헐리우드에 미친 영향이 얼마나 큰지 짐작할 수 있으리라. 헐리우드 영화를 보다가 처음 본 듯한 배우인데 꽤나 능청스럽게 연기 잘하는 이를 발견하면 혹시 SNL 출신인지 확인해보시라, 은근히 많을 것이다. 그리고 미국 대중문화의 최신 트렌드와 이슈를 따라잡는 효과적인 방법을 찾고 있다면 어서 빨리 SNL을 시청하라고 권하는 바이다.

글·헐랭이(이규훈)

유령 잡으러 가자
[고스트 버스터즈]

헤비조 추천 영화 _ [고스트 버스터즈],   **| 아티스트** _ 앨머 번스타인, 레이 파커 주니어, 런 DMC,
[브루스 브라더스]   젠트릭스에이미 와인하우스, 타투, 닉 케이브
앤 배드 시즈

개인적으로 SNL이라는 이름과 등치되는 영화가 두 편이 있다. 그것은
바로 [브루스 브라더스](1980)와 [고스트 버스터즈](1984)다. SNL의 오리
지널 시리즈가 영화화된 [브루스 브라더스]는 한국 개봉 당시 큰 빛을 보
지 못했다. SNL이 한국에 전혀 알려져 있지 않은 데다 미국식 말장난 개
그를 제대로 번역하기도 쉽지 않았기 때문이다. 그에 비해 SNL 출신 배
우들이 대거 출연했던 [고스트 버스터즈]는 한국에서도 큰 인기를 얻었
다. 초등학생이던 내가 어머니를 졸라서 라이선스로 발매되었던 LP를 사
달라고 했을 정도이니, 한국서 이 영화가 얼마나 인기가 있었는지 짐작할
수 있을 것이다.

고스트 버스터즈는 처음 세 명으로 시작, 중간에 한 명을 더 채용하
면서 네 명이 된다. 그러면 네 명이 주인공인가? 아니다. 영화 속에서 진
정한 섹시 여신으로 등장하는 시고니 위버(다나 바렛 역)와 사랑에 빠지
게 되는 빌 머레이(피터 벵크스 박사 역)가 실질적인 원 톱 주인공에 가깝

다. 댄 애크로이드(레이몬드 스탠츠 박사 역)와 해롤드 래미스(이곤 스펭글러 박사 역)는 그냥 조연 느낌이다. 빌 머레이와 댄 애크로이드 모두 SNL을 통해 스타로 등극한 코미디언이다.

연출은 이반 라이트만 감독이 했는데, 각본은 영화에서 이곤 스펭글러 박사로 나오는 해롤드 래미스가 맡았다. 해롤드 래미스와 이반 라이트만 감독 그리고 빌 머레이의 인연은 1979년 작품 [미트볼]로 거슬러 올라간다. 1981년 [괴짜들의 병영 일지(Stripes)]까지 합을 맞춰왔던 세 사람은 1984년 [고스트 버스터즈]를 통해 대박을 치게 된다. 연출, 각본, 출연진까지 그대로 유지한 채, 1989년 [고스트 버스터즈 2]를 찍어 또 다시 대성공한 바 있다. 2011년부터 역시나 네 명의 유령 사냥꾼과 해롤드 래미스의 각본, 이반 라이트만 감독으로 [고스트 버스터즈 3]의 제작 소식이 들려왔지만, 해롤드 래미스의 사망으로 아직 불투명한 상태다.

■ 고스트 버스터즈 멤버들의 인연

고스트 버스터즈 멤버들의 인연은 이후에도 계속된다. 해롤드 래미스는 배우보다 각본과 감독으로 더욱 성공했는데, 예쁜 배우 앤디 맥도웰과 몇 편의 로맨티 코미디 영화도 만들었다. 그중에는 빌 머레이와 함께한 [사랑의 블래홀](1993)도 있다. 또 다른 SNL 출신의 재담꾼 빌리 크리스탈, 로버트 드니로와 함께 [애널라이즈 디스] 시리즈를 연출, 큰 성공을 거두기도 했다.

이렇게 화려한 멤버들이 모인 영화 [고스트 버스터즈]는 1984년이라는 시대를 생각해보면 코믹한 유령을 미니어처와 CG로 꽤 그럴듯하게 그려내고 있다. 지금 기준에서 보면 다소 뜬금없는 장면들도 많지만…. 당시엔 어린이 영화인 듯 보였지만, 내용을 가만히 뜯어보면 성인들이 공감할 부분도 많다. 1984년 여름 시즌의 블록버스터로 만들어진 영화이기 때문에 주연배우, 비주얼은 물론 음악에도 많은 공을 들였다. 영화의 오리지널 스코어는 미국이 낳은 최고의 작곡가 중 한 명으로 꼽히는 앨머 번스타인이 맡았다. 레너드 번스타인과 함께 투(two) 번스타인즈로 미국에서 유명하다. 나이도 비슷해서 실제로도 둘은 절친이었다고 한다. 레너드는 뉴욕 중심으로 활동하고, 번스타인 이스트, 엘머는 헐리우드 중심으로 활동했기 때문에 번스타인 웨스트라 불리기도 했다. 헝가리에서 이민 온 아버지를 둔 엘머는 자신의 성을 '번스틴'이라 불러주길 원했고, 우크라이나 출신 이민자 2세였던 레너드는 번스타인이라 불러주길 원했다고 한다. 두 음악가 모두 브로드웨이 뮤지컬 작곡가, 영화음악가, 클래식 음악가로 워낙 많은 활동을 했으므로 긴 설명은 필요 없을 것 같다.

■ 고스트 버스터즈의 음악

앨머 번스타인을 비롯한 미국 음악가들의 특징 중 하나는 백인 주류 음악가라 하더라도 흑인 음악, 특히 재즈에 정통하다는 거다. 이는 브로드웨이 뮤직컬 음악의 전신이라 할 틴 팬 앨리의 전통에서 기인한다. 번스타인만 봐도 [십계](1956)의 웅장함은 물론 [앵무새 죽이기](1962)의 따스함, [대탈주](1963)의 긴박감, [황야의 7인] 시리즈의 전형적인 서부 영화음악의 선율, [케이프 피어](1991)와 [갱스 오브 뉴욕](2002) 등 백인 취향의 공포와 멋스러움이 묻어나는 작품이 다수를 차지하고 있다. 그런데 그의 필모그래피 중에는 덴젤 워싱턴이 주연했던 스릴러로 정통 재즈의 향취가 짙게 묻어나던 [블루 데블](1995) 같은 작품도 있다. [고스트 버스

터즈]는 경쾌한 코미디이기 때문에 기본적으로 금관악기가 뿜뿜대는 빅
밴드와 로큰롤의 기운이 신 나게 넘실대는 음악을 제공하고 있다. 거기
에 다나, 즉 시고니 위버를 위해서는 단아하기 이를 데 없는 건반악기의
테마를, 또 그녀가 귀신이 들렸을 때는 섹시한 노래를, 악령의 마시멜로
가 등장할 때는 웃기는 공포를 오케스트라로 경쾌하게 풀어낸다.

영화에는 수많은 가수들의 명곡이 삽입되어 있다. 에어 서플라이가
'I Can't Wait Forever'라는 멋진 발라드를, 'Gloria'로 유명한 로라 브
래니건이 화끈한 디스코 'Hot Night'을, 현재도 각종 재즈와 로큰롤 페
스티벌 무대에서 활동을 이어가고 있는 버스 보이스의 'Cleaning Up
This Town'도 있다. 버스 보이스는 에디 머피와 함께 SNL에 출연하면
서 스타덤에 올랐고, 영화 [고스트 버스터즈]와 [48시간](1982)에 주제가
를 제공하며 전성기를 구가했다. 그리고 잊을 수 없는 "Who ya gonna
call? Ghost Busters!"의 후렴구의 주제가 'Ghostbusters'의 레이 파커
주니어가 있다.

■ 흥겨움과 신선함을 잃지 않는 주제가 'Ghostbusters'

레이 파커 주니어는 'Ghostbusters'로 1985년 2월 아카데미상 주제
가상 후보에 오르지만, [우먼 인 러브](1984)의 주제가였던 스티비 원더
의 'I Just Call to Say I Love You'에게 주제가상을 내주고 만다. 흥
미롭게도 레이 파커 주니어는 모타운의 신동 꼬마에서 최고의 싱어송
라이터로 자리매김하던 1970년대 초반의 스티비 원더 밴드에서 기타
리스트로 활동했다. 십대 시절부터 디트로이트 나이트 클럽신에서 천
재 기타리스트로 통했던 레이 파커 주니어는 귀에 착착 감기는 리듬 연

주가 끝내주는 연주자이자 작곡가다. 카펜터스에서 샤카 칸, 글래디스 나이트, 티나 터너, 허비 행콕, 장 뤽 폰티, 데이빗 포스터에 이르는 다양한 아티스트에게 그루브 넘치는 멋진 곡을 제공했다. 1970년대 말부터는 직접 노래도 부르기 시작했는데, 그의 경력 정점에 바로 이 노래 'Ghostbusters'가 있다.

3주간 빌보드 1위를 차지했을 뿐만 아니라 영국을 비롯한 여러 나라의 차트를 강타했다. 2008년 영국에서 싱글 차트 40위권까지 다시 진출하기도 하는 등 시간이 지나도 여전히 흥겨움을 잃지 않는 매력을 가진 노래다. 1989년 [고스트 버스터즈 2]에는 런 DMC가 이 곡을 힙합으로 리메이크하기도 했다. 동명의 게임과 TV 애니메이션 시리즈에도 레이 파커 주니어의 곡이 그대로 쓰였다. 개인적으로 영국 스래시 메탈 밴드 젠트릭스의 커버 버전도 흥미롭게 들었다. 이 밖에도 수많은 후배들이 이 곡을 다시 불렀고, 랩퍼인 더 게임도 이 곡을 샘플링한 바 있다. 영화는 어느새 30주년을 맞이했지만, 마시멜로 귀신 만큼이나 음악 역시 여전히 경쾌하고 신선하다.

글·헤비조(조일동)

함장(권영준)의 곁다리 추천 영화

아론 소킨이 만들어 낸 불운의 드라마 〈Studio 60 on the Sunset Strip〉(2006~2007)의 도입부는 강렬하다. 그 뒤 뉴스룸에서도 강렬한 도입부를 보여줘서 전매특허라 생각될 정도인데, 〈Studio 60〉의 도입부를 거치면 미디어에서 '네트워크' 이후 최고의 오프닝이었다고 언급되는 부분이 있다. 바로 영화 [네트워크(Network)](1976)에서 주인공이 시청률 때문에 못 해먹겠다고 시청자에게 솔직하게 털어놓는 장면이 그것이다. 1970년대 후반 명작 중 하나이자 저널리즘과 엔터테인먼트에 대해 다시금 생각하게 되는 영화이므로 기회가 된다면 꼭 봐두는 것이 좋다.

호러

이번에는 호러(horror), 공포영화되시겠다.

꼭 선혈이 낭자한 스플래터 무비나 하드 고어 무비만 무서울까? 아님 엑소시즘을 제대로 구현한 오컬트 무비나 살인을 마구 저지르는 슬래셔 무비? 호러 영화에 공포를 조장하는 클리셰들, 호러 무비의 계보 등 호러 영화를 보는 다양한 관점을 딴지영진공이 소개한다.

무비 찌라시

[컨저링],
공포가 선물하는 쾌감

이등병으로 되돌아가는 꿈,
아내에게 발각된 카드 영수증,
후쿠시마의 나머지 원전이 터지는 상상,
컨저링으로 알아보는 우리가 공포를 두려워하면서도
공포에 집착하는 이유

컨저링, 공포가 선물하는 쾌감

거의없다 선정 영화 _ [컨저링], [식스센스], [장화, 홍련], [이블데드]

내가 찬바람을 맞아가며 영진공 녹음실을 찾은 것은 글을 쓰는 지금으로부터 무려 1년하고도 2개월 전. 늦저녁 바람이 점점 차가워지는 10월의 어느 날이었다. 사실 호러영화 특집을 하기에 적당한 시기는 아니었는데…. 마침 그 시점에 때아닌 흥행을 해주고 있던 이 영화 덕분에 가능했다. 그것은 바로 [컨저링(The Conjuring)]이다.

사실 [컨저링]은 국내 개봉이 많이 늦은 영화다. 원래대로라면 그해 여름에 개봉을 했어야 했다. 그런데 다소 어이 없는 타이밍에 개봉을 하고 또 흥행을 하고 또 그 흥행 덕분에 나는 딴지영진공에서 첫 방송을 시작할 수 있었다.

왜 호러영화가 겨울에 개봉했을까? '그 이유는 간단하다. 개봉할 영화는 많고, 극장 수는 정해져 있었으니까'라고 말할 줄 알았을 거다. 하지만 이는 사실이 아니다. 모 그룹과 모 그룹이 극장용 영화 배급 시장을 몽땅 잡아먹고 있는 가운데 그해 여름을 완전히 접수한 영화 [설국열차] 덕분에 개봉이 미뤄진 거라고 우리는 전혀 조심스럽지 않게 추측할 수 있다.

수입사인 워너브라더스 코리아는 자체 시사회를 했는데 이게 생각보다 너무 재미있어서 대박 흥행을 노릴 수 있는 추석 시즌으로 개봉 시기를 옮겼다는 개드립을 날렸지만 이 말을 누가 믿겠는가? 개소리는 정장에 넥타이를 매고 나와서 해도 개소리일 뿐이다. 극장에서 개봉을 한 시점에 이미 어둠의 경로에서는 이 영화를 아주 손쉽게 찾아볼 수 있었다. 오히려 그 경로로 영화를 본 사람들 사이에서 입소문을 타는 바람에 극장 개봉을 하게 된 것이다. 어둠의 경로가 언제나 악영향만 주는 건 아닌가 보다.

■ 호러영화임에도 전 세계적인 흥행 대박

이유가 어쨌든 간에 [컨저링]은 호러영화 치고는 대박 흥행을 달성했다. [식스센스]가 세워놓은 국내 호러영화 흥행 기록을 14년 만에 와장창 박살내 버렸으니까 말이다. 그런데 [식스센스]는 1999년작이다. 그 시절 우리는 어둠의 경로 따위로 영화를 보는 일은 상상조차 하기 힘들었다. 하지만 [컨저링]은 이미 그것도 이미 어둠의 경로에 디빅(Divx) 파일이 공공연하게 돌아다니는 상황에서 그 기록을 깨버린 거다.

우리나라뿐만 아니라 이 영화는 전 세계적으로도 먹혔는데, 미국에서 개봉했을 당시 개봉 3일 만에 북미 흥행 수입만으로 이미 제작비를 회수했다. 전 세계적으로 3억 달러 가까이 벌어들였다. R 등급 호러영화라는 걸 감안한다면 굉장한 것이다. 갑자기 궁금증이 생긴다. 그럼 전 세계 호러영화 흥행 톱은? M. 나이트 샤말란의 [식스센스]다.

이 영화는 6억 7,000만 달러 정도를 벌어들였다. 하지만 이미 예전에 전 세계를 공포에 빠뜨린 영화가 있었다. 호러영화 흥행 수익 부동의 톱은 언제나 이 영화가 도맡아 차지한다. 바로 [엑소시스트]다.

4억 4,000만 달러 정도를 벌었지만 그때랑 지금이랑 시절이 다르지. 화폐가치를 따져보면 무려 17억 1,000만 달러다. 어마어마하게 벌어들인 거다. 아마 호러영화 흥행 기록으로 [엑소시스트]를 넘어서는 영화가 등장하는 것은 정말 쉽지 않을 거다.

잡설이 길었다. 다시 [컨저링] 이야기로 돌아가보자.

감독이 "관객들이 놀이공원처럼 공포를 즐길 수 있도록 만들겠다"라고 말한 것처럼 [컨저링]은 말 그대로 호러영화에서 써먹을 수 있는 장치들을 집대성하여 몽땅 써먹은 영화다.

■ 실화를 소재로

　일단 실화다. 미국에서는 굉장히 유명하다는 퇴마사 부부이자 엄청나게 많은 영화와 드라마의 소재가 되었던 에드·로레인 부부의 기록에서 모티브를 따왔다고 한다. 배경은 귀신들린 집(하우스 호러 장르이다. [폴터가이스트]로 시작해서 [더 헌팅], [13고스트], [이벤트 호라이즌] 등 주로 폐쇄된 공간 안에서 그 공간 자체가 공포스런 존재로 변하는 영화들이다. 가장 유명한 건 아무래도 [샤이닝]이다)이다. 이 집에 주인공 페론 가족이 새로 입주를 하는데 공포영화를 만들려고 작정한 것도 아니고 딸만 5명인 가족이니까 최적의 가족 구성원이라고 볼 수 있다. 비명소리도 어린애부터 처녀, 아줌마까지 주파수별로 나오니까 취향별로 들으실 수 있다.

　그 집에서 온갖 초자연적인 현상들이 벌어지는데, 동물들이 이유 없이 죽고, 벽장문이 열렸다가 닫히고, 누가 뒤에서 부르기도 하고, 자는데 다리를 잡아당기기도 하며, 박수 소리를 내고, 물건들이 혼자서 움직이는 등 무서운 일들이 마구 벌어진다. 근처엔 인가도 없는 외딴 집인데 이러면 무서워서 살겠는가? 그래서 가족들이 "못 살겠다"라며 외부에 도움을 요청하게 되는데, 바로 이 사람들이 에드·로레인 부부다. 그리고 이 모든 현상을 해결하기 위해서 등장하는 것이 바로 엑소시즘이다.

　실재했던 귀신들린 집에서 엑소시즘을 행하는 영화로 우리가 공포에 떨면서 보던 영화 속의 모습들을 모두 모아놓은 것 같지만, 그게 설정에서 멈추는 건 아니다. 이 영화는 호러영화에서 흔히 쓰이는 장면들, 즉 클리셰(Cliché)들도 엄청나게 모아다가 비벼 버렸는데 흡사 클리셰 지뢰밭이라고 할 만큼이나 밟는데마다 튀어나오는 수준이다.

　어쨌든 [컨저링]은 이 호러영화 클리셰들의 집대성이라고 불러도 좋을만큼 클리셰가 엄청나게 많이 등장한다. 좋게 말하면 고전적인 효과들을 썼다고 할 수도 있고, 나쁘게 말하면 새로운 시도를 하지 않은 진부한 공포영화라고 할 수 있다. 그런데 일단 이 클리셰를 쓰기만 하면 나쁜 건가? 이게 또 그렇지는 않다. 어떻게 써서 어떤 효과를 보느냐가 중요한거지 클리셰를 썼다고 해서 다 고리타분한 영화가 되는 건 아니니까 말이다.

■ [컨저링]에 사용된 호러 영화의 클리셰들

여자를 꼬실 때마다 꼭 새로운 멘트를 개발할 필요는 없다. 진부한 멘트를 날리더라도 적재적소에 써서 꼬시기만 하면 되는 거다. 그리고 이 영화의 감독인 제임스 완이 바보도 아니다. 그렇다고 해서 훌륭한 영화감독이라는 뜻은 아니다. 어쨌든 이 양반은 호러영화라는 장르를 폭넓게 이해하고 제대로 사용할 줄 아는 사람이다. [쏘우]도 그렇다(물론 돈을 버는 재주도 만만치 않다) 이 영화가 호러영화 장르 창고에서 가져다가 효과적으로 사용한 대표적인 클리셰 몇 개만 짚어보자면 다음과 같다.

1 아이는 알고 있다

새로운 집에 들어갔는데, 동물들이 죽어 나가고 시계가 멈추는 등 이상한 일들이 일어나는 가운데, 다섯 자매들 중에 가장 어린 아이가 아무도 없는 의자와 마주앉아 대화를 하고 있는 장면이 나온다. 다른 사람들한테는 보이거나 들리지 않는 귀신과 친해져서 친구처럼 대화를 하는 거다. 호러영화에서 흔히 사용하는 대표적인 클리셰라고 볼 수 있다. 원래 귀신은 제일 먼저 아이들 눈에 띈다. 이거 따라오는 클리셰가 또 있다. 지금 안 보여? 니 뒤에 있잖아!

이 클리셰를 이용하는 가장 유명한 영화는 스텐리 큐브릭의 [샤이닝]이다. 레드럼…. 기억하시겠지. 호러영화에서 이 클리셰를 사용하는 가장 큰 이유는 딱 하나다. 흔히 호러영화에서 아이들이라는 존재는 꼭 지켜야 하는 가치를 상징하게 마련이다.

엄마와 아빠의 사랑으로 낳은 게 아이이고, 가족이라는 구성원의 결과 자체를 상징하기도 한다. 그런데 지금 그게 위협받는다는 거다. 한마디로 아이들이 위험해지고 있는데 어른들은 그걸 '그냥 애들이 하는 짓이겠거니' 하면서 넘기게 되면 지켜보는 관객들의 불안감은 더 커지고, 영화는 무서워진다. 마지막에는 대부분 아이들이 위험에 처하게 되는데 [컨저링]과 여러모로 닮아 있는 [장화, 홍련]에서 어린아이는 등장하지 않지만 문근영의 사슴 같은 눈망울이 이를 대신한다.

[컨저링]에서 처음에 귀신의 존재를 느끼는 것은 아이의 몫이지만, 영매가 한 명 끼어들면서 이 역할을 대신한다. 그 덕분에 그냥 막연한 존재였던 귀신들의 존재가 자세하게 밝혀지면서 피부에 와 닿는 입체적인 존재로 확인되는데, 이 영화가 이때부터 버럭 무서워진다.

2 벽장문이 열리면, 뭔가가 시작된다

호러영화에서 벽장, 옷장, 붙박이장은 자주 쓰이는 도구다. 일단 보편적인 정서를 자극하기에 좋다. 방 안에 옷장 없는 사람은 없겠지? 원룸에 사는 사람도 옷장은 있게 마련이니까.

많은 호러영화에서 옷장은 현실 세계와 또 다른 세계를 연결하는 웜홀,

포털 같은 효과로 이용되는데, 단란한 가족들이 살아가는 이쪽 세계와 괴기스런 유령과 괴물들이 서식하고 있는 저쪽 세계를 서로 연결해주는 창이자, 문으로 자주 쓰인다. 토브 후퍼 감독의 클래식 호러 명작 [폴터가이스트]에서도 TV가 바로 이런 기능으로 작용한다.

국산 호러영화인 [장화, 홍련]에서는 비극의 단초가 되는 사건이 일어난 장소이자, 주인공인 임수정의 기억을 과거로 연결하는 장치로서 이용되기도 한다. 역시 [컨저링]에서도 이 옷장을 이용하여 여러 가지 호러 효과를 만들어 내는데, 그냥 답습하는 수준이 아니라 사용은 하되 재치 있게 살짝 살짝 비틀어 사용한다.

대표적인 장면이라고 하면(※ 영화가 개봉된 지 한참이라) 시선을 옷장 문으로 향하게 해 놓고 갑자기 귀신은 옷장의 위쪽에서 뛰어내리는 장면을 들 수 있다. 지금까진 한 번도 제대로 모습을 보여준 적이 없던 귀신을 무려 클로즈업까지 해가며 최초로 드러내는 장면이면서 장르영화의 클리셰를 역으로 이용하면서 관객들에게 심장마비를 선사하는 멋진 장면이다.

③ 상황은 급박한데 뭔가 어설프다

이것 역시 호러영화에서 쓰이는 아주 대표적인 클리셰이다. 상황은 아주 급박하게 돌아가는 가운데 악령과 맞서 싸워야 하는데, 우리 편이라는 사람들이 별로 믿음이 가는 사람들이 아닌 거다. 뭔가 하나씩 어설프고 결핍된 이런 상황을 맞게 되면 지켜보는 관객들은 더욱 불안감을 느끼게 된다.

오컬트 호러영화의 클래식이자 떼돈을 벌어들인 영화인 윌리엄 프리트킨의 [엑소시스트]를 예로 들어보자. 이 영화에 등장하는 사람들은 모두 하나같이 정상적인 상태가 아니다.

주인공인 데미안 카라스 신부는 믿음 자체가 별로 단단하질 못하고 어머니의 대한 죄책감을 품고 있으며 전직 권투선수였던 탓에 공격 성향까지 갖고 있다. 정서적으로도 문제가 있는 인간이다.

반대로 막스 폰 시도우가 연기한 랭카스터 신부는 너무 늙어 버렸다. 믿음은 단단하고 빈틈이 없을지 몰라도 육체가 너무 늙어 버려서 언제 죽을지 모르고 불안불안하다가 아니나 다를까 악령과 싸우다가 죽어 버리고 만다.

레건의 어머니인 크리스는 인기 여배우의 삶을 살고 있지만, 속은 매우 이기적이고 속물적인 여자다. 이런 인간들을 모아놓았으니 팀킬이나 안 하면 다행인 판인 거다. 무시무시한 악령에 맞서 싸우는데 [어벤져스]가 떼거지로 달려와도 모자랄 판에 이렇게 어딘가 모자라고, 나약하고 불안전하면서 치부를 품고 있는 인간들이 나설 수밖에 없는 상황이 벌어진다. 지켜보는 관객이 더 불안해한다. 그것이 바로 이 클리셰가 노리는 지점이다.

컨저링에서도 이 설정은 아주 유용하게 먹히는데, 주인공 퇴마사 부부들 중에 상대적으로 능력을 더 가진 쪽은 로레인 워렌이다. 이 분은 일종의 영매이면서 사이코메트러인데, 정신적인 능력은 매우 뛰어나지만 육체적인 능력은 약해 빠진 데다 영적인 능력을 사용하면 할수록 본인의 정신은 점점 피폐해지는 치명적인 약점을 갖고 있다.

부창부수라고 남편인 에드 워렌도 상황은 비슷한데, 육체적으로는 강인하지만 정식으로 바티칸에서 허가받아서 엑소시즘을 행할 수 있는 사람이 아니다. 한마디로 무허가 퇴마사란 얘기다.

이들이 고용한 인물들 역시 마찬가지인데 누구 하나 믿음직한 사람이 없다. 당시로서는 첨단 장비라고 할 수 있는 기계들을 잔뜩 가져다가 집안 곳곳에 설치하긴 했지만, 이것 역시 귀신을 기록하는 용도일 뿐, 막아주지는 못한다. [컨저링]에서 관객이 느끼는 공포감은 귀신의 존재이기도 하지만, 별로 믿음직스럽지 못한 주인공들에게서 느끼는 부분도 매우 크다. [장화, 홍련]도 이와 마찬가지다. 이야기를 풀어 나가는 주인공인 임수정은 허벌나게 예쁘긴 하지만 정신병자다. 아마 대한민국 건국 이래 가장 예쁜 정신병자라고 해도 과언이 아니다. 믿음직하지 못한 건 둘째치고 얘가 말하고 있는 게 어디서부터 사실인지조차 알 수가 없다.

■ 악령의 저주가 끝나고 해피엔딩

자, 그렇다면 컨저링의 엔딩에서 주인공들은 이런 불안한 상태를 어떻게 해결하고 극복할까? 이 지점이 바로 [컨저링]의 전 세계적인 흥행과 맞닿은 지점이라고 생각되는데, 참 오글거리는 이야기이지만 영화는 악령과 맞서 싸우는 무기로서 아주 보편적이고 생각하기 쉬운 답을 내놓고 있다. 가족의 사랑, 인간과 인간 사이의 선량한 유대, 믿음 등이다. 결국 '세상은 아름답고 모든 인간은 선량하므로 악령은 알아서 물러나리라' 하는 소박한 해피엔딩으로 영화를 마무리하고 있는 것이다.

그리고 실화라는 점에 장점이 있다. 공포스런 악령의 저주는 이미 죽거나 끝났다고 역사가 증명해주고 있는 것이다. 얼마나 마음이 편한가? 이렇게 뒷맛이 깔끔한 영화는 남에게 권하기도 쉽다.

장점이 또 있다. 컨저링은 사람들의 금기시하고 있는 걸 직접적으로 건드리는 장면이 없다. 내가 아는 사람 중에 덩치만 크고 매우 겁이 많은 사람이 있는데, 그 사람은 [이블데드]에서 연필로 복숭아뼈를 찌르는 장면을 그냥 그대로 비춰주는 걸 보고 엄청난 충격을 받았다고 한다. 그게 트라우마처럼 남아 그 뒤로도 연필만 보면 무서워 공부를 할 수 없었다고 한다. 뒷부분은 구라가 확실하다. [컨저링]에는 이처럼 우리가 머릿속에 그리고 있는 마지노선을 돌파하는 장면이 없다. 정서적으로 쇼크를 주는 장면이 없는 거다.

사실 호러영화 마니아들은 그 부분을 화끈하게 돌파해 버리는 맛으로 호러영화를 본다. 호러영화를 즐기지 않는 사람들은 그 맛 때문에 호러영화나 슬래셔 영화를 안 보게 되는데, [컨저링]은 슬쩍슬쩍 건드리거나 썰로 풀지, 그 부분을 직접 만들어서 쌩으로 보여주지 않는다. 즉, 무섭기는 하지만 견디기 힘든 장면이 없다는 것이다. 이것도 대중적인 흥행영화로서는 엄청난 장점으로 작용한다.

■ 호러영화 마니아들의 관심작 [이블데드]도

[컨저링]이 전 세계적으로 히트를 치면서 떼돈을 벌고 있는 사이, 호러영화 마니아들이라면 누구나 관심을 가질 수밖에 없는 영화가 미국에서 또 한 편 개봉했다. 바로 [이블데드]의 리부트 첫 편이다. 호러영화 팬이라면 절대로 모를 수가 없는 작품이다. 1981년 작 샘 레이미의 [이블데드]를 리메이크한 영화로, 원작의 감독인 샘 레이미가 제작과 각본에 참여하고 신인 감독인 페데 알바레즈가 만들었다. 샘 레이미는 이 시리즈 전체를 리부트시켜 [컨저링 3]까지 그대로 만들 예정이라고 한다. 새로운 [이블데드] 시리즈의 첫 작품이다.

잔인한 장면이 속출하는 [이블데드]

아무래도 원작이 스플래터 무비^{주14}의 효시이자, 누구나 인정하는 호러영화의 마스터피스이다 보니 신인 감독이 느꼈을 중압감은 대충 알 것 같다. 잘못 손댔다가는 원작 모욕이라고 줄창 욕만 들어먹을 테니까…. 그래서 시도한 방법은 완전 솔직한 돌직구다. 그 안에서 새로운 걸 시도해봐야 먹히지 않을 거라고 보고, 원작이 갖고 있던 설정을 조금 현대적인 감각으로 다듬는 수준으로 멈추고 그 효과만 몇 배로 부풀린 것이다. 그렇다면 몇 배로 부풀렸다는 그 효과란? 당연히 사지가 잘리고 피가 분수처럼 쏟아지는, 고어 무비^{주15}를 보는 듯한 강력한 신체 훼손이다. 원작도 유혈이 난무하는 영화였지만, 초 저예산으로 찍는 바람에 그 효과들은 어딘가 어설프고, 의도하진 않았지만 조금 코믹해 보이는 구석이 있었다(원작을 찍을 때 셈 레이미는 삶은 옥수수에 물감을 부어 동물의 내장으로 사용했다고 한다). 하지만 리메이크판은 그렇지 않다. 자본도 충분하고 특수 효과 또한 비약적으로 발전했기 때문이다. 보고 있으면 나까지 아파서 돌아 버릴 것 같은 엄청난 장면들이 속출한다. 주인공이 가시덤불에 갇혀서 가시덩굴에 의해 강간을 당하는 듯한 장면이라든지, 커터칼로 혀 자르기, 왼쪽 볼따구에 있는 살점 도려내기, 못 박는 총을 사람 얼굴에 대고 쏘아대기, 자기가 자기 팔 자르기 등…. 역시 대미를 장식하는 건 [이블데드]를 상징하는 전기톱 참수 장면이다. 그야말로 피가 비처럼 쏟아진다. 우우우!

이렇게 어마어마한 장면들이 많은 관계로 [이블데드]는 우리 정서하고는 안 맞는다는 이유로 극장 개봉 자체를 못하고 그냥 DVD로 직행했는데, 정서고 뭐고 간에 돈이 될 것 같으면 극장에 당연히 걸렸겠지만, 아시다시피 우리나라에선 이런 류의 영화는 흥행이 안 될 것이 불을 보듯 뻔하다. 마니아들만 환장을 하고 달려들 뿐이다.

주 14 **스플래터 무비(splatter movie):** 유혈 낭자한 영화, 잔혹 영화

주 15 **고어 무비(gore movie):** 일반적으로 '다량의 피'를 특징으로 하는 공포영화의 하위 장르

[이블데드]는 본토에서 흥행에 성공했다. 상업적으로도 성공했고, 관객들의 평도 좋은 편이다. 뭐 '새롭다', '엄청나다' 이런 반응까진 아니었지만 이 정도면 [이블데드]의 리메이크판으로서 손색이 없다는 정도의 반응은 얻어낸 걸로 봐서 페데 알바레즈 감독의 돌직구는 어느 정도 먹힌 모양이다. 그렇다면, 여기서 한 가지 의문이 생긴다. 아니, 왜 미국 애들, 넓게 보면 서양 애들은 이렇게 잔인한 영화를 환장해 가면서 볼까? 왜 이런 영화들을 이렇게 끊임없이 만들어 내고 소비할까? 애들은 전부 사이코패스라서 이런 걸 봐도 끔찍스럽지 않고 즐거운가?

물론 정확한 대답은 나도 모른다. 난 아직 미국에 가본 적도 없으니까 말이다. 하지만 '대충 뭐 이런 이유가 아닐까?' 정도로 짐작은 해볼 수 있을 것 같다. 어디서? 다음 장에서.

글·거의 없다(백재욱)

함장(권영준)의 곁다리 추천 영화

어렸을 때, 극장에서 처음 본 무서운 영화가 [빅 트러블(Big Trouble in Little China)](1986)이라는 커트 러셀 주연의 코미디 액션 영화였는데, 당시에 그 영화의 악역들 분장 덕분에 성인이 될 때까지 기억하고 있다. 극장에서 보다가 너무 무서워 극장 매점으로 도망쳤는데 때마침 명절이라 매점의 TV에서 [슈퍼맨 3(Superman III)](1983)를 하고 있었고, 영화가 끝날 때까지 [슈퍼맨 3]를 보면서 안도감을 느꼈다. 그 뒤로 [환타즘 2(Phantasm II)](1988)를 극장에서 한 번 더 본 뒤로, 성인이 될 때까지 내 인생에서 공포영화는 관심 밖이었다. 유소년기에 공포영화는 취향에 치명적일 수 있음을 유념하자.

음악이 아닌 음향으로
공포를 체험하다 [컨저링]

헤비조 선정 영화 _ [컨저링] ㅣ **아티스트** _ 조셉 비샤라

악령을 쫓아낸다는 의미를 지닌 제목부터 영화는 엑소시즘(exorcism)을 행하는 내용이 될 것임을 알려준다. [컨저링]은 제임스 완 감독이 호러 영화 장르에서 독보적인 존재가 되었음을 확인시켜주는 영화다. 개인적으로 토요일 심야 상영을 봤는데, 주변 연인들의 버터 오징어 냄새 속에서 혼자 보는 기분이 썩 유쾌하진 않았지만, 주변의 꺅꺅거리는 소리 덕분에 공포영화를 보는 쾌감은 더 컸다.

확실히 오컬트 영화[주16]는 슬래셔 계열의 영화들[주17]과 다른 결을 갖고 있다. 통쾌한 결말도 없고, 무지 찜찜한 데다 은근히 무섭고, 깜짝

주 16 오컬트 영화(occult movie): 오컬트(occult)는 '숨은, 신비스러운, 불가해한, 초자연적인, 마술적인'이라는 사전적인 의미를 갖는 단어로 오컬트 무비는 초자연적인 현상이나 악령, 악마 이야기를 바탕으로 한 일종의 심령 영화로 공포영화, SF 영화의 한 부류(출처: 영화사전).

주 17 슬래셔 영화(Slasher movie): 정체 모를 인물이 많은 살인을 저지르는 끔찍한 내용을 담은 영화(출처: 옥스포드 영한사전).

놀라지만 영화의 끝까지 꿉꿉하다. 이러한 오컬트의 성격을 잘 살리고 있음에도 영화 전반에는 아주 흥미로운 지점들이 다수 발견된다. 제임스 완 감독의 재기라고 할 수 있겠다.

■ 호러 음악의 대표 주자, 조셉 비샤라

가족들이 이사를 오는 와중에 라디오에서 흘러나오는 노래가 있다. 이 영화의 배경은 1971년이다. 딱 그때 즈음에 라디오에서 나올 만한 스타일의 곡이다. 곡 제목은 'Time of the Season'이고, 사랑할 계절이 왔다는 가사를 담은 노래다. 1968년 발표되었고, 1969년 미국에서 대히트를 하며 밴드를 세계적인 스타로 올려놓은, 그러니까 1971년이라는 영화 속 배경에 딱 맞는 노래다. 그런데 이 노래를 부른 밴드의 이름이 무엇인고 하니, 바로 좀비스(the Zombies)다. 이 노래가 흘러나오는 순간, 혼자 웃었다. 영화에는 집안에 틀어놓은 라디오에서 살짝 지직거리는 소리와 함께 당연하게 몇 곡의 노래가 흘러나오는데, 그중에는 좀비스와 함께, 데드 맨스 본즈(Dead Man's Bones)의 2009년 발표곡인 'In The Room Where You Sleep'도 있다. 감독은 라디오에서 흘러나오는 곡을 통해 영화 내용을 암시하고 있는 셈이다.

[컨저링]은 악령과 엑소시즘을 기반으로 하고 있지만, 그 밖에도 고전적인 호러 영화의 장치를 가져온다. 느닷없는 새들의 등장이나 악령이 깃든 인형처럼 말이다. 에드 워렌(패트릭 윌슨 분)이 보관 중인 악령이 씌운 물건들 중에는 헤비메탈 밴드 디오(Dio)의 1집 "Holy Diver"(1983) 커버에 등장하는 괴물 뮤레이만 그려놓은 그림도 있다. 영화가 끝나고 엔딩 크레딧에 특수 효과 담당자 이름 중에 Ozzy가 등장하기도

한다. 그 이름까지 확인하면서 든 생각은? 맞다. 이 영화는 공포영화와 공포의 이미지를 차용했던 대중예술의 여러 분야(헤비메탈, 공포영화, 공포만화 등)에 푹 빠져 있는 마니아 스태프들이 합심해서 만든 작품인 것이다. 그래서인지 모르지만, 오컬트 계열 영화의 원조라 할 영화 [엑소시스트]에서 테마 음악으로 쓰였던 마이크 올드필드(Mike Oldfield)의 'Tubular Bells'도 영화 중간에 슬쩍 등장한다.

그럼 이쯤해서 공포영화 마니아들이 모여 만든 영화 [컨저링]의 음악을 담당한 인물을 확인해보자. 조셉 비샤라(Joseph Bishara)라는 작곡가다. 공포영화 마니아가 아니면 익숙치 않은 이름일 것이다. 그가 음악 작업을 한 영화로는 [언어스드(Unearthed)](2007), [the Gravedancers](2006), [나이트 오브 데몬스(Night of Demons)] (2009), [11-11-11](2011), [다크 스카이스(Dark Skies)](2013), 그리고 제임스 완 감독의 [인시디어스(Insidious)] 시리즈와 [컨저링]을 꼽을 수 있다. 필모그래피만 들어도 감이 올 것이다. 조셉 비샤라는 2000년대 중반 이후 발표된 미국 호러 영화음악 한 가운데 위치하고 있다. 그는 늘씬한 청춘들이 등장하여 썰고 베면서도 섹시한 몸놀림으로 관객의 눈을 끄는 십대들의 슬래셔 무비는 아예 취급하지 않는다. 철저하게 악령, 초자연 현상을 그린 영화의 음악 작업에만 매달려온 확실한 스타일리스트다. 더 재미있는 건, 비샤라의 첫 영화음악 작업이 야곱의 아들 요셉, 즉 성경에 나오는 이야기를 현대적인 방식으로 다시 만든 영화 [Joseph's Gift](1998)라는 사실이다. 성경의 얘기를 현대적으로 풀어낸 영화로 경력을 시작한, 현재 가장 스타일리시한 호러 영화음악가라고 할 수 있다.

■ 사물의 소리를 재조합하고 볼륨을 극대화하는 방식

조셉 비샤라의 음악은 전통적인 의미의 작곡보다 거의 특수 효과를 통해 새로운 소리를 만들어 내는 소위 사운드 디자이너에 가깝다. 명확한 음계를 표현하는 악기 소리보다 진동, 쇳덩어리 부딪히는 소리, 평소에 귀담아 듣지 않으면 파악하기 힘든 작은 사물의 소리를 새롭게 재조합하고 볼륨을 극대화하는 방식으로 음악을 만들어 낸다. 이러한 방식의 음악 만들기 역시 현대 대중음악에서는 꽤 비중을 차지하는 작곡의 영역이기도 하다. 미디라는 새로운 장비와 일렉트로니카 및 인더스트리얼 장르의 발전이 만든 새로운 음악문화라 하겠다. 음악이라는 것이 수많은 소리 중에서 문화적으로 구성한 특별한 소리의 조합이라고 할 때, 이 장르는 존재 자체가 음악이 문화적 구성물임을 다시 한 번 확인시켜 준다. 이런 특별하고 공포스러운 소리로 새로운 음악 만들기에 관심을 기울이는 영화음악가인 비샤라가 음악을 담당한 영화에 대한 평가 중에는 "영화는 진짜 별로인데, 사운드가 완전 살벌하더라"는 반응이 눈에 띈다.

더 재미있는 사실은 사운드 디자인 계열의 일반적인 음악가들과 달리 비샤라는 완성된 영상 혹은 메이킹 필름을 보기 전에 음악 작업을 먼저 한다는 거다. 물론 음향효과팀이 영화에 등장하는 특정한 장면에 정확히 맞아 떨어지는 소리를 입히긴 한다. 그러나 이는 음향효과일 뿐이고, 비샤라는 각본만 보고 영상으로 구현될 분위기를 미리 감으로 잡고 큰 틀의 음악 작업을 하다는 것이다. 비샤라는 선율 중심의 전통적인 스코어에는 그다지 큰 흥미가 없어 보인다. 이번 영화에서 그나마 유일하게 선율다운 선율이 흐르는 스코어는 영화 마지막에 햇살이

비치며 온 가족이 행복해하는 장면에 흐르는 평온하고 아름다운 음악, 'Family Theme'인데, 이 곡은 심지어 마크 이샴(Mark Isham)이라는 다른 작곡가에게 맡겼다. 이는 마치 자신이 하고자 하는 음악은 처음부터 끝까지 공포, 그것도 초자연적이고 오컬트한 공포의 영역이라고 선언하는 것 같다.

■ 밧세바와 비샤라, 어딘지 닮은 이름

영화 [컨저링] 속 저주의 시작인 이름은 밧세바(Bathsheba)다. 자신의 자식을 죽이고 새벽 3시 7분에 자살한 바로 그 악령이다. 그런데 어딘가 비샤라의 이름과 좀 닮았다고 느껴지지 않는가? 음악을 담당한 조셉 비샤라가 직접 악령 역할로 출연한다. 참 악취미를 가진 스타일리스트 음악가라 아니할 수 없다. 그래서 비샤라에 대한 평가 중에는 실험적이고 창조적으로 물건이나 소리의 합성을 통해 악기처럼 사용하는 실험음악가의 면모를 높이 사는 부분도 많다. 고전적인 오컬트 영화에 대해 오마주를 보내는 모양새를 띤 영화인데, 음악은 동일 장르에 대한 이해를 바탕으로 공포를 일궈내는 소리에 대한 실험정신 혹은 장인정신으로 가득하다. 이건 마치 음악가가 혼신을 다해 "무섭지!"하는 프로젝트 같다. 제임스 완 감독과 조셉 비샤라 음악감독 두 사람이 열어갈 새로운 공포영화의 세계와 그 세계의 소리는 어떻게 진행될지 계속 기대해보자.

글·헤비조(조일동)

무비 찌라시

살인을 추억해야 할 이유는 없다

살인의 추억이 아니다. 살인의 홍수다.
연쇄살인이 일상이 되어가고 있는 시대
우리는 어떻게 이런 시대에 살게 된 것일까?

헐랭이 선정 영화 _ [카피캣], [세븐], [양들의 침묵]

살인은 흉악한 범죄다. 타인의 존재 자체를 강제로 소멸시키고 부정하는, 용납될 수도 용납되어서도 안 되는 행위이다. 하지만 요즘 미디어를 보면, 영화, 드라마, 심지어 뉴스에서조차 이러한 범죄가 끔직한 사건이라기보다는 차라리 역겹지만 흥미로운(표현이 귀에 거슬리시겠지만 이해하시길) 사고 정도로 다뤄지고 있다. 그리고 실제로 살인, 연쇄살인, 학살이 먼 외국이든, 가까운 옆 동네이든 너무 자주 일어나고 있다.

사소해 보이는 층간 소음 때문에 일어나기도 하고, 크지 않은 액수의 돈 때문에 일어나기도 하며 욕정 때문에 일어나기도 한다. 그리고 언제나 그러했듯 권력을 가지려 하거나 지키기 위해 대학살을 벌이기도 한다. 이렇다보니 영화, 드라마, 뉴스에서 다뤄질 때 평범한(?) 살인은 장사가 되질 않는다. 쇼킹한 사건, 징그러울 정도로 잔인한 사건, 엽기적인 사건, 상상할 수도 없이 가증스러운 사건 등이 대중의 관심을 끌고 광고료 수입과 흥행이 따라오는 것이다. 그래서 어떤 범죄자들은 미디어의 관심을 모으기 위해 일부러 잔인한 살인을 계획하고, 실행하는 악순환이 벌어지기도 한다.

홀리 헌터는 1994년 오스카에 [피아노]로 여우주연상, [더 펌]으로 여우조연상에 동시에 노미네이트되었고, 주연상을 수상한 배우다. 1987년 개봉작 [브로드캐스트 뉴스](1987)와 같은 해에 나온 니콜라스 케이지와 함께 주연을 맡은 [아리조나 유괴사건]은 영화 팬들 사이에서 걸작으로 꼽힌다. 개인적으로 추천하는 영화는 1989년의 [영혼은 그대 곁에(Always)]로, 스티븐 스필버그 감독 초기 작품 중 몇 안 되는 멜로물 중 하나인데, [사랑과 영혼]풍의 영화를 좋아한다면 꼭 보시길 바란다.

■ 카피캣의 섬뜩한 가사

홀리헌터가 나온 작품 중 1995년 개봉작 [카피캣]은 '모방범죄자'라는 뜻으로, 연쇄살인범과 여성심리학자의 이야기인데, 심리학자로는 시고니 위버가 나온다. 수사반장이 홀리 헌터인데 영화 속 범인이 경찰에게 메시지를 보내는 장면에서 나오는 노래가 있다. 폴리스의 1983년 앨범 "Synchronicity"에 수록된 'Murder by Numbers'라는 곡인데 "Every breath you take" 싱글의 B면으로 발매되었다가 나중에 앨범에 포함된 곡이다. 제목을 굳이 번역하자면 '초보자도 쉽게 할 수 있는 살인 가이드' 정도가 될 텐데, 노래 가사를 일단 한번 훑어보자.

Once that you've decided on a killing, First you make a stone of your heart, And if you find that your hands are still willing, Then you can turn a murder into art,
살인을 결심했다면, 일단 마음을 단단히 먹어. 그래도 몸이 굳거나 하지 않는다면, 살인을 예술로 승화시켜봐.

There really isn't any need for bloodshed, You just do it with a little more finesse, If you can slip a tablet into someone's coffee, Then it avoids an awful lot of mess,
피 칠갑을 만들 필요가 없어. 약간의 기술을 활용하면 돼. 커피에 약을 타거나 한다면, 난장판을 피할 수 있지.

It's murder by numbers, one, two, three, It's as easy to learn as your ABC, Murder by numbers, one, two, three, It's as easy to learn as your ABC.

순서대로 해보는 살인, ABC를 배우는 것만큼 쉬워. 순서대로 해보는 살인, ABC를 배우는 것만큼 쉽다네.

Now if you have a taste for this experience, And you're flushed with your very first success, Then you must try a twosome or a threesome, And you'll find your conscience bothers you much less.

첫 경험을 잘 해내면, 첫 성공의 기쁨이 온몸에 가득하게 될 거야. 그러면 반드시 둘, 셋을 해치워봐. 그럴 때마다 양심에 점점 덜 찔리게 된다니까.

가사 내용이 이런 노래가 라디오에 흘러 나오자 미국 기독교계에서는 난리가 났다. 당시 전국적으로 유명하고 자기 방송국도 갖고 있던 Jimmy Swaggart 목사가 이런 노래를 만들고 부른 놈들은 사탄이니 처단해야 된다고 방송에 나와 목줄에 핏대를 세웠다. 여담으로, 이 목사는 1988년에 매춘 스캔들로 자기가 세운 교단에서 쫓겨났고 그래서 미국의 빤쓰 목사 정도로 통하는데, 이 과정을 제대로 비판한 노래가 Frank Zappa의 'Beatles Medley'이니 한번 찾아서 들어보길 권한다.

이 노래를 얘기하는 이유는, 이 노래가 그저 평범한 노래로 받아들여지게 되는 시대의 배경을 살펴보자는 의미에서다. 이전에도 뉴 웨이브 음악의 대표 밴드인 Talking Heads의 1977년 데뷔 앨범에 'Psycho Killer'라는 곡이 있었는데, 사이코패스 살인범의 심리 상태를 으스스할 정도로 잘 표현한 곡이긴 해도 그냥 그게 전부였다. 그런데 'Murder By Numbers'는 맨 정신으로 분석력 있게 살인을 권유하는 내용이다.

■ 연쇄살인을 연구하게 된 시대의 영화들

시기로 보자면 서구 문화권, 특히 미국에서 1970년대 후반에서 1980년대로 넘어오는 때에 살인 특히나 연쇄살인은 더 이상 참극이나 차마 입에 담기조차 힘든 사건이 아니게 되었다. 이 시기에 집중적으로 연이어 연쇄살인, 사이코 살인이라는 행위가 하도 여러 군데서 자주 있다 보니 충격과 공포를 넘어 아예 극복해야 할 과제나 연구 대상이 되어 버린 것이다.

위키에 있는 자료에 따르면, 밝혀진 피해자만 138명이지만 400명 이상이 더 당했으리라 추정되는 콜롬비아 살해자가 리스트의 맨 위에 있고 미국에서 게리 릭웨이가 1982년에서 2000년까지, 테드 번디가 1974년에서 1978년까지, 존 웨인 게이시가 1972년에서 1978년, 랜디 스티븐 크라프트가 1971년에서 1983년, 제프리 다머가 1978년에서 1991년까지 참혹한 범죄를 저질렀다. 영국에는 데니스 닐슨이 1978년에서 1983년, 특이하게 의사가 직업을 악용하여 200명의 피해자를 살해한 해롤드 쉽먼이 1975년에서 1998년까지 그랬고, 한국에는 유영철, 지존파에 유전무죄, 무전유죄라는 유행어(?)를 남긴 지강헌이 있었다. 일당을 만들어 연쇄살인을 저지른 경우도 많았는데, 미국에서 1938년에 필라델피아 포이즌 링이라는 16명이 보험금을 노리고 100명이 넘는 살인을 저질렀고, 1970년에서 1973년까지 '캔디맨'으로 불리던 딘 콜과 두 명의 공범자들이 있었으며, 멕시코 헝가리 중국 이태리 오스트리아 등 세계 각지에서 이런 범죄가 계속 벌어졌다.

이런 사건들을 소재로 하여 영화도 많이 만들어졌는데, 실존했던 연쇄살인범을 소재로 만들어진 영화가 [썸머 오브 샘](1999), [헨리: 연쇄

살인자의 초상](1986) 등이 있고, 실제의 사례는 아니지만 [세븐](1995), [아메리칸 사이코](2000), [조디악](2007), [러블리 본즈](2009) 등이 있다. 이러다보니 사람들은 연쇄살인을 더 이상 먼 동네에서 전해 내려오는 실체 없는 무서운 얘기라고 느끼지 않게 되었고, 점점 덤덤하게 받아들이게 되었다. 무엇보다 중요한 변화는 더 이상 공권력을 믿지 않게 되었다는 것이다. 사람들은 차츰 잡힌 것보다 못 잡은 사건이 더 많고, 아예 밝혀지지도 않은 사건이 훨씬 많다고 의심하게 되었으며, 실제로도 그랬기 때문이다. 그래서 나와 내 가족은 내 스스로 지켜야 한다는 의식이 자리잡게 되었고, 그러다보니 아예 스스로 복수를 하는 일도 많아지게 되었다.

■ 월남전 시대 전쟁 살상 영화들

사실 이 시기에는 월남전쟁이 벌어지고 있었다. 조작 논란이 있는 통킹만 사건을 계기로 1964년 미국은 본격적으로 월남에 파병을 하고 1973년 철군 결의가 있을 때까지 모든 국력을 쏟아붓는다. [람보](1982)는 당시 미국과 미국인의 고민을 잘 보여주는 영화인데, 월남 참전군인 람보가 전쟁의 상처를 안고 고국에 돌아왔다가 예상치 못한 박대에 분개하여 미국 시민들을 상대로 전쟁을 벌인다는 내용이다. 예상을 훨씬 뛰어넘은 상업적 성공으로 인해 이후 제작된 세 편의 후속 시리즈는 전형적인 국뽕영화가 되어 버렸지만 원래 [람보]는 전쟁에 대한 회의로 가득찬 영화였다.

국가가 엄청난 상처를 남긴 전쟁을 치르고 소련과 냉전 상태에 있던 그 시기에 왜 이런 영화가 엄청난 성공을 거두었는지에 대한 답은 복잡하지 않다. 당시 미국인들이 영화의 내용과 메시지에 크게 공감했기 때문이다. 월남전의 상처에 신음하는 미국을 묘사한 영화로는 [디어 헌터] (1978)도 있다. 마이클 치미노 감독에 로버트 드 니로, 메릴 스트립, 크리스토퍼 워켄 등 쟁쟁한 명배우들이 등장하는 이 영화는 걸작이라는 평가에 걸맞은 영화이므로 꼭 보길 권한다.

월남전에서 전쟁영웅이라고 떠받들어지던 사람들은 어떻게 포장을 해도 결국엔 살인 기계였고, 영웅의 척도는 대개 얼마나 많은 적군을 죽였는가인데, 알고 보면 이들이 민간인들을 학살한 사례가 많이 밝혀져 있다.

영화 [플래툰]은 1986년에 나온 작품으로, 그때까지 금기시하던 사실, 즉 미군은 성인군자도 해방군도 아니며 생존을 위해 범죄도 서슴없이 저지를 수밖에 없었던 존재였다라는 걸 고백한다. 올리버 스톤 감독에 찰리 쉰, 윌렘 데포, 톰 베린저, 그리고 단역으로 쟈니 뎁이 나왔던 이 영화는 세간의 예상을 뒤엎고 1987년 아카데미상을 휩쓴다.

그때나 지금이나 세상은 그다지 변하지 않아서 최근에는 아프가니스탄, 이라크, 팔레스타인, 우크라이나 등지에서 전쟁이라지만 명분도 없고 실상은 학살에 가까운 행위를 아주 떳떳하게 선포하고 심지어 장려하거나 관람까지 하고 있다.

이전의 전쟁들은 그나마 지역의 독재자들이 선제공격으로 싸움을 건 것이라면 월남전, 아프가니스탄, 이라크 등은 자유 수호나 독재 종식 등과는 거리가 먼 이익 보전 또는 이익 창출을 위해 학살을 용인한 것이라고 보는 견해가 많은 것도 사실이다.

■ 탐정물

세상이 이렇다 보니 개인의 입장에서는 존재가 통째로 소멸당하는 살인사건이라 하더라도 더 이상은 뉴스거리가 아니게 되었고, 시민들도 그저 늘상 있는 사건·사고 정도로 인식하는 정도가 되었다. 그러니 대중의 관심을 좇아 돈을 벌어야 하는 영화나 드라마 산업도 시대의 그런 모습을 반영하게 된다. 예전에는 살인사건이라고 하면 셜록이나 에르퀼 포와로, 또는 제시카의 추리극장에 나오는 제시카 아줌마처럼 탐정물이 주류였다. 최근에는 미국 드라마 〈멘탈리스트〉가 이쪽 계보를 잇고 있긴 하다.

탐정물의 특징은 무대뽀, 즉 육감 수사에 있다. 증거도 없이 일단 deduction(추론)을 통해 범인을 정하고 몰아간다. 그러다 아니면 말고. 그리고 타깃을 옮겨 다시 시작, 뭐 이런 식이다. 그러다보니 주요 수사기법은 함정수사, 다른 말로 몰래카메라되겠다. 희한하게도 이런 상황에 놓이면 거의 모든 범인은 한 치의 주저함도 없이 자백한다. 〈소년탐정 김전일〉이나 〈코난〉에서의 고백은 황당하기까지 할 정도이다. 아마 그 시대에 범인들은 일단 지목을 당하게 되면 죄책감을 못 견딜 터이니 다 불고 말자라는 불문율이 있었나 보다.

자본주의가 세계 경제의 주도권을 잡고 개인주의가 날로 심화하면서 범죄도 더 큰 규모로 조직화, 흉포화되었고, 영화와 드라마도 모습을 바꾸게 된다.

■ 커다란 총에 기대는 시대

이젠 탐정이 아니라 커다란 총을 가진 경찰에 기대는 시대가 된 것이다. 기왕이면 더 큰 총을 휘두르는 형사를 선호하게 되고, 범인들도 추리로 잡아내봤자 냅다 총 쏘고 도망가 버린다. 이런 영화의 대부분에서는 범인이 누군지 처음부터 알려주지만, 보복이 무섭고 사법 시스템이 복잡하여 뻔히 눈 앞에 보면서도 안 잡는다. 그러니 법은 가볍게 무시하고 대놓고 쫓아가 대빵 큰 총으로 갈기는 형사가 각광을 받는다.

스미스 앤 웨손 29 매그넘 44구경 권총이 트레이드 마크인 [더티 해리](1971)가 커다란 인기를 끌었고, 클린트 이스트우드가 이 시리즈로 떴다. 그리고 멜 깁슨을 정상의 자리에 올려놓은 [리쎌 웨폰](1987)도 무대뽀 총질의 대명사이다. 독특한 콘셉트의 영화로는 무장 헬기가 등장하는 경찰영화 [블루 썬더](1983)가 있고, 홍콩영화로는 성룡 주연의 [폴리스 스토리](1985)가 있다. 이때까지만 해도 구도는 명확했다. 나쁜 놈 vs. 좋은 놈, 딱 이거였다.

그러다가 뭔가 많이 다른 게 하나 나오는데, 그것은 바로 [CSI: 라스베가스]이다. 원제가 〈CSI: Crime Scene Investigation〉이고 2000년에 시리즈가 시작돼서 2014년 현재 15 시즌이 방영 중이다. 시리즈 초기에 많은 인기를 얻었던 길 반장(길 그리섬)이 이 드라마에서 자주 입에 담는 표현이 있는데, 그건 바로 "우리는 과학자야"라는 말이다. 과학자라면 주어진 데이터를 기반으로 무수한 실험과 사유 과정을 통해 현상을 객관적으로 분석하고 재연해내는 사람인데, 그러다보니 이 드라마에서 살인은 분개의 원인이 아니라 분석할 대상이 되어 버린다. 그리고 사건에 대해 감정이입을 최대한 피하고, 피해자의 입장에 서려 하지 않으며 무고한 이의 죽음에 분노하는 걸 자제한다. 세상이 워낙 복잡다단해지다 보니 이제는 무대뽀 법 집행자보다 증거 제시자가 필요하게 된 것이다.

■ 지식인 식인 살인마 등장, [양들의 침묵]

1991년에는 무척 충격적이고 독특한 영화가 하나 나왔는데, 그건 바로 [양들의 침묵]이다. 전문직을 가진 버젓한 지식인이 식인 살인마로 나오는데 워낙 뛰어난 구성과 밀도를 갖고 있어서 20년의 세월이 지난 지금 다시 봐도 금세 몰입되는 영화다. 마지막 장면에서는 희대의 식인 살인마 한니발 렉터를 은근히 응원하게 되는 희한한 경험을 하게 해주는 영화이기도 하다. 앞서 언급한 길 그리섬도 알고 보면 [한니발] 시리즈와 연결되는데, 이 영화의 원작자인 토마스 해리스가 쓴 [양들의 침묵] 전편 [레드 드래곤]을 1986년에 영화로 만든 게 [맨헌터]이고, 여기에 주인공으로 나와 렉터를 체포한 이를 연기한 게 바로 길 반장, 그러니까 윌리엄 페터슨이다. 이 [맨헌터]는 2002년에 원제로 다시 영화화되었는데 최근에 나온 미국 드라마 [한니발]은 이 원작의 프리퀄쯤된다. [양들의 침묵]은 이후 [한니발](2001), [레드 드래곤](2002), [한니발 라이징](2007) 등 연작으로 이어져 제작되었다.

이렇게 아예 대놓고 살인자의 시점과 속내를 중심으로 하는 영화로는 1994년의 [레옹], 최근에 종영한 미국 드라마 [덱스터](2006~2013), 그리고 또 하나의 문제작으로 1994년에 나온 올리버 스톤 감독의 작품 [올리브 스톤의 킬러(Natural Born Killers)]가 있다. 연인인 두 주인공은 그저 심심풀이로 기분 전환과 열등감 극복을 위해 살인을 하는데, 이 과정에서 적극적으로 미디어를 활용한다. 그러자 이들을 따르는 팬들과 숭배자들이 생기게 된다는 내용의 영화인데, 요즘은 어떨지 몰라도 당시에는 정말 충격적인 영화였다. 그리고 지금의 쿠엔틴 타란티노를 있게 만들어 준 1992년 감독 데뷔작 [저수지의 개들]은 범죄자와 위장 경찰이 서로 죽고 죽이는 그런 영화인데, B급의 요소를 갖고도 생각지 못한 대박을 친 영화이다. 한 가지 웃겼던 건 국내에서의 당시 반응이 적나라한 범죄영화에 대한 우려가 아니라 마치 무슨 명작의 반열에 오른 작품 대하듯 호들갑이었는데, 총을 맞았을 때 실제 흘리는 피의 양과 번지는 형태를 똑같이 재현한 대단한 리얼리티라고 평론가들이 너도나도 칭찬해대던 기억이 난다.

탐정이나 형사가 악당을 때려잡는 이야기가 전부였던 살인 범죄 영화와 드라마가 지금에 와서는 엄청나게 다양하고 복잡한 형태들로 발전(?)하게 된 것이다. 참혹하고 끔찍한 범죄가 하도 자주 반복되니까 그게 대상화하고 그러다보니 범죄자의 심리를 경멸하는 것에서 벗어나 아예 그걸 이해하여 극복하자는 작품도 쏟아져 나오는 것이다. 세상이 각박해지고 개인의 삶이 더 개별화되는 데에 인터넷 등 기술의 발달이 더해지고 있으니 이런 흐름은 앞으로도 계속 이어질 것으로 보인다.

그럼 이쯤에서 개인적인 기준에 따라 살인 관련 영화와 드라마를 분류하고, 대표적인 작품을 추천하면서 글을 마무리하겠다.

살인 관련 영화와 드라마들

❶ 정통 수사극

- [세븐] (1995): 브래드 피트, 모건 프리먼, 기네스 팰트로 그리고 케빈 스페이시가 나오며, 감독은 데이비드 핀처다.
- [True Detective] (미국 드라마): 상남자 둘이 티격태격 우정을 나누는 버디무비이자 정통 형사물이다. 순정 마초 매튜 매커너히와 그냥 마초 우디 해럴슨이 나오는데, 매튜가 왜 아카데미를 탈 수 있었는지를 알 수 있게 해주는 작품이다.

- [The Wire] (미국 드라마): 생고생 로테크 경찰 수사극이다. 엄청나게 비효율적이고 소모적으로 수사를 하는데 그럴 수 밖에 없는 게 현실이고 그래서인지 아예 마약 자유 지역을 부르짖기도 하는 드라마다.

❷ 심리 분석극

- [카피캣]: 글 도입부에 소개하였다.
- [Wire in the blood] (영국 드라마): 심리학자의 살인범 분석물의 원형이라고 할 만한 드라마다. 미스터 빈 닮은 남자 주인공이 나오는데, 개인적으로 최고의 수사물 중 하나라고 생각한다.

❸ 수사는 과학이다

- [본 콜렉터] (1999): 이 작품을 통해 안젤리나 졸리가 주목을 받게 된다.
- [Bones] (미국 드라마): 쥬이 드샤넬 친언니인 에밀리가 주인공인 과학 수사 빙자 로맨스 코미디다.

❹ 독고다이(특공대)류

- [살인의 추억] (2003): 설명을 생략해도 될 작품이다.
- [추격자] (2007): 지금의 배우 하정우와 김윤석을 있게 해준 작품이다.
- [Thorn] (영국 드라마): 산드라 오가 출연하기도 했던 작품이다.
- [Luther] (영국 드라마): 이드리스 엘바가 주인공으로 나온다.

❺ 복수는 나의 것

- [복수는 나의 것] (2002): 박찬욱 식 복수극의 시작이다.
- [밀레니엄] 3부작 (스웨덴 드라마): '용의 문신을 한 소녀'로 시작하는 드라마로, 영화 [밀레니엄: 여자를 증오한 남자들] (2011)의 원작이다. 주인공을 연기한 배우 미카엘 니퀴비스트와 누미 라파세는 이 작품을 통해 이름이 알려져 헐리우드 대작에 연이어 출연하였다.

⑥ 스톡홀름 신드롬

- [원초적 본능](1992): 그 유명한 샤론 스톤의 다리 꼬기가 나오는 작품이다.
- [태양은 가득히](1960): 알랭 들롱의 출세작으로, 맷 데이먼 주연의 리메이크 작 〈리플리(The Talented Mr. Ripley)〉(1999)의 원작이다.
- [덱스터]: 연쇄 살인마를 연쇄 살인하는 경찰 공무원 이야기다.

⑦ 기타

- 영혼을 달래는 작품들: [식스 센스](1999), [콜드 케이스](미국 드라마)
- 코미디: [파고](1996), [그래서 난 도끼부인과 결혼했다](1993), [NCIS](미국 드라마)

⑧ 피 칠갑류(자세한 설명은 생략)

- [텍사스 전기톱 연쇄살인사건](2003), [쏘우](2004), [데드 캠프](2003), [호스텔](2005), 드라마 〈한니발〉(2013 ~)

'도대체 왜 살인이 엔터테인먼트가 되어 버린 걸까?', '왜 이런 세상이 당연시될까?'라는 의문이 무의미하고 식상하게 들릴 정도의 시절이다. 이런 현실을 근원적으로 개선하려면 무엇보다도 사회 안정이 선행되어야 할 것이다. 온갖 부정과 비리, 부패와 불합리, 범죄와 불법, 패륜과 반인권을 저지른 이들이 버젓이 권좌에 오르거나 처벌을 피해가는 현실 속에서는 상황이 나아지길 기대하기 힘들기 때문이다. 힘 있는 분들부터 법과 도덕을 지켜 부디 제대로 된 '비정상의 정상화'를 해주길 바라는 바다.

글·헐랭이(이규훈)

우아한 살인마의 시대
[양들의 침묵]

헤비조 선정 영화 _ [양들의 침묵] **| 아티스트 _** 하워드 쇼어

영화 [양들의 침묵]은 누가 봐도 스릴러-호러 영화다. 원작 소설을 읽어봐도 공포가 눈에 그려질 정도로 생생하고 잔인한 호러물이다. 조너선 드미 감독이 연출한 영화 역시 직접 잔인한 살인 장면을 보여주진 않지만, 은근히 핏빛을 풍기는 장면이 다수 등장한다. 그런데 개인적으로 영화 [양들이 침묵]은 매우 우아한 영화라는 이미지로 기억된다. 클라리스 스탈링 요원(조디 포스터 분)와 한니발 렉터 박사(앤소니 홉킨스 분) 사이의 대화 중심으로 영화가 전개되기 때문에 스릴러였다고 기억해도 뭔가 독특하게 남는다. 이 영화가 가진 독특하고 유려한 이미지를 만드는 데는 뮌헨 오케스트라가 연주한 웅장하면서도 긴장감 넘치고, 매혹적인 무게감을 자랑하는 음악도 한몫을 하고 있다.

■ 헐리우드에서 가장 바쁜 하워드 쇼어의 작품들

기존 스릴러 영화의 틀에 여러 모로 균열을 가하고 있는 [양들의 침

묵]에서 음악을 담당한 이는 하워드 쇼어(Howard Shore)다. 하워드 쇼어는 헐리우드에서 가장 바쁜 영화음악가 중 한 사람이자, 흔들리지 않는 거장의 자리에 오른 인물이기도 하다. 일반적으로 영화 속에서 영화음악이 차지하는 위치는 화면에 나선 배우, 그리고 이를 배치하는 감독처럼 전면에 자리하기보다 이들의 작업을 보조하는 곳에 놓여 있는 것으로 여겨진다. 그런 의미에서 보면, 하워드 쇼어는 숨은 듯 자신의 역할을 꾸준히 수행하는 음악을 만드는 데 매우 능한, 만점짜리 영화음악가라 할 수 있다.

잠시 하워드 쇼어가 작업한 작품을 살펴보자. 쇼어의 이름을 전혀 모르더라도 관객들에게 익숙한 영화가 다수 포진해 있다. 하워드 쇼어라는 영화음악가의 이름을 강하게 각인시켜준 것은 데이빗 크로넨버그 감독과의 오랜 공동 작업 때문이다. 캐나다 토론토 출신인 두 사람은 크로넨버그 감독의 첫 장편 영화인 1979년작 [브루드]부터 2012년의 [코스모폴리스]까지 함께했다. 유일하게 예외가 되는 작품이 1983년의 [데드 존]이다. [데드 존]은 팝 팬들에게 메탈리카와 오케스트라의 협연 앨범인 〈S & M〉(1999)에서 샌프란시스코 심포니 오케스트라의 지휘와 편곡을 맡아 널리 알려진 마이클 케이먼(Michael Kamen)이 음악을 담당했다. 이때 하워드 쇼어는 마틴 스콜세지 감독의 [특근(After Hours)] (1985)의 음악을 작업하고 있었다. 물론 [데드 존]과 비슷한 시기에 만들어진 [비디오드롬]이나 상업적으로도 크게 히트한 [더 플라이], [크래쉬] 같은 크로넨버그 감독의 1980~1990년대 전성기 작품 모두 두 사람이 함께 작업했다.

■ 원하는 소리를 정확하게 구현하는 것으로 유명

하워드 쇼어는 감독이 원하는 소리를 음악으로 정확하게 구현하는 것으로 유명하다. 그래서 쇼어와 작업을 한 감독 대다수가 한 편을 공동 작업한 이후에 몇 편씩 추가적으로 작업물을 늘리곤 한다. 마틴 스콜세지 감독도 [특근]을 시작으로 [에비에이터], [디파티드], [더 울프 오브 월 스트리트]까지 여러 편을 쇼어와 함께 작업했다. 아카데미 음악상 시상 결과에 관심을 기울이는 이들에게 하워드 쇼어의 이름은 피터 잭슨의 [반지의 제왕] 3부작의 음악감독으로 기억될 수 있겠다. [반지의 제왕] 시리즈에 이어 [호빗] 3부작도 역시 하워드 쇼어의 손을 거쳐 음악이 만들어지고 있다. 팀 버튼 감독이 [에드 우드]에서 대니 앨프먼 이외의 영화음악 파트너로 선택한 이도 하워드 쇼어였다. 데이빗 핀처 감독의 [세븐], [더 게임] 등의 음악도 쇼어의 손을 거쳐 탄생했다. 하워드 쇼어가 참여한 영화들은 특별히 아카데미가 좋아하는 작품들이 많다. 그래서 아카데미 수상작이 가장 많은 현역 음악가 중 한 명으로 통한다.

조너선 드미 감독 역시 [양들의 침묵] 다음 작품이었던 [필라델피아]까지 하워드 쇼어에게 음악을 맡긴 바 있다. 물론 영화 [필라델피아] 하면 "보스" 브루스 스프링스틴("Boss" Bruce Springsteen)이 부른 'Streets of Philadelphia'가 많은 분들의 뇌리에 남아 있겠지만 말이다. 하워드 쇼어는 한국의 수많은 유학파 재즈 아티스트들이 거쳐간 미국 보스턴의 버클리 음악 대학 출신이다. 1970년대 초반에는 퓨전 재즈 분야에서 활동한 바 있다. 퓨전 재즈라는 장르 자체가 워낙 여러 종류의 음악을 크로스 오버해서 만들어졌기 때문인지, 퓨전 재즈 연주자 출신의 하워드 쇼어 역시 다루는 음악의 폭이 매우 넓다. 1960년대 마일즈 데이비스(Miles Davis)가 이끌던 초창기 퓨전 재즈는 재즈와 록의 기괴한 만남 정도로 인식되었지만, 1970년대 중반 이후 전성기를 맞이하면서부터는 클래식과 월드 뮤직까지 모두 집어삼키는 거대한 괴물 같은 존재가 되었다. 하워드 쇼어의 음악이 딱 그렇다. 기본적으로 오케스트라 편곡을 중심에 두는 헐리우드 블록버스터 스코어의 어법을 따르지만, 록, 재즈, 월드 뮤직 등의 음악을 섞는 데 주저함이 없다.

■ 유러피안 클래식의 우아함

조너선 드미 감독이 [양들의 침묵]에서 원했던 것은 유러피안 클래식의 우아함이었다. 한니발 렉터 박사라는 캐릭터 자체가 은유적인 표현이 입에 밴 우아하고 지적인 인물이다. 한니발을 상대하는 심리 수사 담당관인 클라리스 스탈링 요원 역시 지적이고, 도전적이지만, 어딘가 유약한 여성이다. 그래서 음산한 스릴러지만, 우아하고 지적인 분위기를 자아낼 필요가 있었다. 인터뷰에 따르면 하워드 쇼어는 관객들이 음악의 존재를 눈치채지 못할 정도로 영화에 녹아든 음악을 만들고 싶었다고 한다. 이 얘기가 음악이 영화에 흐르지 않는다거나, 효과음처럼 음악이 쓰인다는 것은 아니다. 쇼어는 영화음악 스코어로는 흔치 않은 4, 5분대, 심지어 7분이 넘는 긴 곡들을 작곡했다. 불안과 유려함 사이를 오가는 두 주인공의 모습을 자연스럽게 표현하는 긴 호흡을 자랑하는 곡을 만든 것이다. 그리고 1990년 독일의 뮌헨에서 뮌헨 오케스트라와 함께 계속 리허설을 반복했다. 이는 컷의 속도를 따라가는 음악이 아니라 출연 배우의 감정에 따라가는 음악을 자연스럽게 만들기 위한 장치였다. 순간순간 신의 분위기를 짧고 극적으로 드러내는 소품이 아닌 전체 흐름을 지향하는 음악을 만든 것이다.

지하창고의 충격적인 장면이나, 피날레의 꺼림직한 뉘앙스는 바로 이러한 길게 호흡을 유지하는 느긋한 음악이 만들어 낸 감정선의 흐름에 기인한다. 심지어 영화의 피날레 스코어는 10년짜리 장기 떡밥을 던지는 음악이라고 할 수도 있다. 10년 뒤 리들리 스콧 감독과 한스 짐머의 음악으로 부활한 영화 [한니발]은 예고편에 하워드 쇼어의 음악을 부분적으로 삽입하면서 1991년작 [양들의 침묵]에 대한 오마주를 표한 바 있다. 단박에 귀에 남는 멜로디는 아니지만 유려하면서도 음산한 음악은 영화의 이미지를 슬그머니 움켜쥐고 있다. 영화와 따로 또 함께 들어보면 느낌이 새로운 영화음악이다.

글·헤비조(조일동)

함장(권영준)의 곁다리 추천 영화

우리 아버지께서는 사람 목숨을 파리 목숨처럼 여기는 나관중의 『삼국지』 같은 소설은 읽지 말라고 하셨다. 살인마 영화를 취미 삼아 보고 있는 아들이 되었다는 사실을 끝내 알지 못하고 돌아가셨지만, 잔혹한 킬러, 냉혹한 살인마의 이야기가 존재하는 이유는 결국 권선징악이라는 교훈보다는 아둥바둥 살아남는 게 얼마나 중요한 일인지 환기시키기 위한 장치라 느끼고 있다. 인도네시아 군부의 민간인 학살을 다룬 다큐멘터리 영화 [액트 오브 킬링(The Act of Killing)](2012)은 살인마보다 더 무서운 '반공주의자'들의 학살을 다루고 있다. 생각이 다르다고 죽이려 드는 승리자들…. 그들로부터 우리도 살아남아야 한다.

팟캐스트 딴지영진공을 들을 수 있는 다양한 방법

1 애플 제품(아이폰, 아이패드, 아이튠)일 경우 애플 팟캐스트 앱을 이용한다

1 한국과 미국에서는 각각 다음 주소를 이용한다

- 한국: https://itunes.apple.com/kr/podcast/
ttanjiyeongjingong/id691063955?mt=2
- 미국: https://itunes.apple.com/us/podcast/
ttanjiyeongjingong/id691063955?mt=2

2 애플스토어 ▶ 팟캐스트 ▶ 검색에서 '딴지영진공' 혹은 '딴지일보'를 검색한다

3 사운드 클라우드 앱으로도 들을 수 있다
아이튠즈에서(https://itunes.apple.com/kr/app/soundcloud/
id336353151?mt=8) 앱을 설치한 후 'ddanzi'로 검색한다.

2 안드로이드 유저의 경우도 사운드 클라우드 앱으로도 들을 수 있다

1 구글플레이(https://play.google.com/store/apps/
details?id=com.soundcloud.android)에서 앱을 설치한 후
ddanzi로 검색한다.

2 팟빵을 검색한 후 딴지영진공을 찾아 재생 버튼을 누른다.

3 PC에서 청취하려면 딴지일보 라디오 섹션을 이용한다

1 딴지일보 라디오 섹션(http://radio.ddanzi.com/index.php?mid=broadcast&categ
ory=1426848)에서 클릭하여 청취할 수 있다.

2 기타 딴지영진공을 청취할 수 있는 곳

- 사운드 클라우드 딴지: http://soundcloud.
com/ddanzi/
- 팟빵 딴지영진공: http://www.podbbang.
com/ch/6640
- Feed URL: http://old.ddanzi.com/
appstream/Movie.xml

Theme 8

번외편

번외(番外)편에서는 앞의 테마와는 다른 자유 주제를 다룬다.

꼭 기존 영화의 장르나 형식에 얽매여 구분할 필요가 없다는 인식에서 출발한다. 딴지영진공은 '병맛 무비'라는 새로운 장르를 창제했다. 여기에는 단순한 코미디가 아니라 엄격한 조건이 따른다. 파격과 엽기로 가득한 병맛 영화와 뮤지컬이나 콘서트를 스크린으로 옮긴 음악 영화, 그 진지한 선정 이유나 들어보자.

무비 찌라시

병맛 무비의 세계에
빠져보자

이래도 병신, 저래도 병신이면 차라리 웃기는 병신이 낫다.
병신력으로 대표되는 영화는?

헐랭이 선정 영화 _ [메리에겐 특별한 것이 있다], [내겐 너무 가벼운 그녀], [킹핀], [Me, Myself & Irene],
[Hangover], [Pineapple Express], [Jackass]

병맛 무비에 대해 이야기하기에 앞서 우선 '병맛'이 무엇인지에 대해 알아보자. 병맛은 "정확한 의미를 규정하기 어렵지만, 어떤 대상이 '맥락 없고, 형편없으며, 어이없음'을 뜻하는 신조어다. '병신 같은 맛'의 줄임말로 받아들여지고 있으며, 주로 대상에 대한 조롱의 의미를 내포하고 있다."라고 위키(2014년 11월 현재)에 나와 있다. 알아서 이해하시라.

이 글은 디시인사이드에서 처음 유래하였다고 알려진 이 인터넷 용어를 차용하였지만 '병맛'이라는 단어의 쓰임에 어떠한 비하의 의미도 담겨 있지 않음을 밝히는 바이다.

그럼 본론으로 들어가보자.

■ 병맛 무비의 조건

세상에는 많고 많은 종류의 영화들이 있다. 액션, 로맨스, 음모물, 풍자극, 버디무비, 환타지, 다큐멘터리 등…. 그리고 사람들에게는 저마다 좋아하는 장르와 취향의 영화가 따로 있게 마련이다. 그런데 좋아하는 장르는 달라도 영화를 보는 이유는 의외로 단순하다. 그건 바로 스트레스 풀기와 대리만족이다.

만 원 가까운 돈을 내고 두 시간 남짓의 시간을 할애하여 일부러 짜증 돋우기 위해 영화를 본다거나 열통 터지려고 극장을 찾는 이는 없을 것이다. 그렇다면 스트레스를 풀기에 가장 좋은 것은 무엇일까? 그건 바로 '웃음'이다. 그리고 가장 빠른 대리만족의 방식은 뭘까? 알고 보니 나도 꽤나 멀쩡한 사람이란 걸 남과의 비교를 통해 확인하는 거다. 그래서 거의 대부분의 경우에 몰래카메라는 무척이나 즐겁고 재미있는 법이다.

바로 이 지점에 병맛 무비 존재의 당위성이 있다. 왜냐하면 이 영화들은 일단 나를 웃게 해주고, 내 처지가 나아 보이게 만드는 특성이 있기 때문이다. 그리고 무엇보다 거기에서 뭘 찾거나 고민할 필요가 없다. 바꾸어 말하면 어떤 영화가 아무리 엽기와 파격으로 가득 차 있다고 하더라도 앞서 말한 조건을 만족하지 못한다면 그건 병맛 무비가 아닌 것이다.

좀 더 쉽게 설명하자면, 1기 〈무한도전〉(2005 ~)이 좋은 예다. 소와 줄다리기하기, 지하철과 경주하기, 목욕탕 물 퍼내기 등…. 여기에 무슨 감동이나 교훈 같은 것은 없다. 고달픈 삶에 한줄기 빛이나 가슴 찡한 공감대도 없다. 그건 우리가 할 일이 아니다. 우린 그저 웃겨 드릴 테니 실컷 웃으시고 기분 좋아지셨으면 다시 기운내서 하던 일 마저 하세요. 그냥 이게 '병맛의 조건'이다. 영화와 연예라는 것이 산업으로 자리 잡기 시작하던 초창기부터 사실 엔터테인먼트의 기본 목적은 이것이다. 그리고 그걸 극대화시킨 것의 한줄기를 '병맛 무비'라고 부르는 것이다.

■ 병맛 무비의 역사

병맛 무비의 역사를 살펴보자. 영화 역사 초창기에는 슬랩스틱 코미디가 있었고, 대공황 시기에는 B 무비가 있었다. 이 두 장르가 병맛 무비의 시조라도 해도 과언이 아니다. 이후 B 무비는 주로 호러, 고어, SF 등으로 흐름을 이어갔고, 슬랩스틱 쪽이 여기서 말하는 병맛의 의미에 충실한 방향으로 발전한 것이다.

최근에 나온 영화 [휴고](2011, 마틴 스코세지)에서 주로 오마주하고 있는 조루주 멜리에스의 작품 중 대표작인 [달세계 여행](1902)은 병맛 코드로 가득하다. 대포에 사람을 넣어서 달을 향해 쏘았더니 달이 그걸

맞고 얼굴을 찡그리는 그 장면, 그 신을 찍고 스태프들을 향해 "됐어, 완벽해"라고 외치며 흐뭇해하는 멜리에스의 얼굴에 번지는 미소를 상상해보라.

그리고 1994년 팀 버튼과 쟈니 뎁이 힘을 합쳐 만든 영화 [에드 우드]의 실존 인물 에드워드 데이비스 우드 주니어(Edward Davis Wood Jr.)가 1950년대 '절대 두 번 찍지 않고 다시 찍지 않는 기법'으로 만든 영화, 즉 B 무비들은 이후 저예산 공포 및 SF의 모범이 되기도 했다.

그런 시절을 거쳐 영화 작품들은 세월의 흐름 속에 대중의 단단한 지지를 받으면서 점점 예술이 되기도 했고, 현실 고발이 되기도 했으며, 거대한 돈벌이 수단이 되기도 했다. 그러자 영화에 먹물이 번져 심각한 삶의 무게를 영화로 다루기 시작했고, 그런 영화를 요구하는 관객들이 늘어났다. 그렇게 영화는 큰 돈을 들여 거대 관객을 끌어들여야만 하는 이익 창출 장치가 되고 말았고, 자연스럽게 슬랩스틱과 B 무비는 메인 스테이지에서 물러나야 했다. 그렇다고 해서 병맛 무비가 사라진 건 아니었다. 우리 평균 이하의 남정네와 여인네가 언제나 그렇듯 병맛 무비는 생명력이 질기다. 어떻게든 살아남아서 어디선가 재미있게 살고 있을 것이다. 너무 뒤로 가지 말고 일단 1980년대부터 살펴보면 1980년의 [에어 플레인], 1988년의 [총알 탄 사나이], 1989년의 [메이저리그], 1991년의 [못말리는 비행사] 등이 병맛 무비의 명줄을 이어가고 있었다. 그런데 마이너 중의 싱글 A 정도라고 불러도 좋을 정도로 거대한 메이저가 터지는 사건이 벌어진다.

1994년 [덤 앤 더머], [마스크], [에이스 벤추라]로 기세좋게 떠오르는 신인 짐 캐리와 [아라크노포비아], [게티스버그], [카이로의 붉은 장미]

로 탄탄한 실력을 인정받은 제프 다니엘스가 파렐리 브라더스의 작품에 나온 것이다. 그리고 이 영화는 전 세계적으로 대박에 대박을 친다. 오죽하면 요즘 아이들도 이 영화는 몰라도 '덤앤더머'[주 18] 라는 용어는 다 아는 지경이니 말이다. 그리고 이 영화는 2014년에 개봉 20주년을 기념하여 [덤앤더머 2]로 돌아오게 된다.

이 영화 이후 그 이전까지는 그저 우스꽝스러운 바보들의 행진쯤으로, 보지도 않고 저급 영화로 치부되던 병맛 무비에 대한 인식과 대접이 특히 우리 사회에서 많이 변화하게 된다.

그럼 이쯤에서 '병맛 무비'의 조건을 알아보자. 짧게 말해서 기발한 상상력, 즉 약을 빨면서 만든 황당 코미디라 할 수 있는 이 장르는 어설픈 코미디나 그저 그런 패러디물과는 구분되는 특징이 있어야 한다.

병맛 무비의 조건

병맛 무비의 타이틀을 갖기 위한 조건은 다음과 같다.

❶ 궁서체일 것 아무리 우스꽝스러운 뻘짓을 한다고 하더라도 누구보다 진지해야 한다. 일부러 하는 뻘짓이 아니라 정말 그럴 수밖에 없는 사정이 있어서 또는 주인공의 수준이 딱 그만큼이어서 그렇게 될 수밖에 없어야 한다.

❷ 유기농일 것 일부러 웃기지 말아야 한다. 대놓고 자빠지거나 뻔히 아닌 거 아는데 웃겨보겠다고 주작의 삑사리를 내면 안 된다. 즉, 영혼 없는 몸개그는 사절이다.

❸ 찌질하지 말 것 당당해야 한다. 정말 자기가 할 수 있는 최선을 다했는데 그게 웃겨야 한다. 다들 하나 이상씩 간직하고 있는 흑역사들이 있잖은가. 그런 거

주 18 덤앤더머(Dumb & Dumber): 바보와 바보 두 명이 쌍으로 바보짓을 할 때 '덤앤더머' 같다고 한다.

좋다. 다들 키득대지만 마음속 저 깊숙한 곳에서는 모두 개연성을 공감할 수 있는 그런 거 말이다.

❹ 남에게 피해주지 말 것 중요하다. 뻘짓이 남에게 해가 되면 안 된다. 설혹 당장은 피해가 되더라도 결국엔 모두에게 득이 되거나 한바탕 파안대소로 넘길 수 있도록 해야 한다.

❺ 감동의 물결이여, 찻잔 안의 폭풍처럼 몰아쳐라 맨날 뻘짓만 하면 뭐하며, 그게 진지해본들 무엇하랴. 감동이 있어야 한다. 주인공들의 행동을 보고 주변 사람들이 그 순수함에, 그 동심의 결정체에 자극받아 각성하도록 해주어야 한다. 그래야 비로소 병맛 무비가 완성된다.

사실 아무리 좋은 병맛 무비라 하더라도 보는 이에 따라서는 '뭘 이런 걸 돈 주고 보냐'라는 반응도 나오고, '이런 쓰레기 같은 영화는 다시 만들지 못하게 해야 한다'고 목청을 높이시는 분들도 있다. 그러니까 말하자면 초창기 무한도전이 별로이신 분들, 영화는 모름지기 블록버스터가 최고라는 분들은 다음에 추천하는 병맛 무비를 굳이 감상하지 않으셔도 좋다. 영화 때문에 서로 피곤해지는 건 그리 좋은 일이 아니니까.

■ 병맛 무비 추천: 파렐리 형제의 영화들

병맛 무비의 대가로 불리는 이들이 있다. 정극에 코엔 형제가 있다면 바보 영화, 찌질한 코미디 영화에는 파렐리 브라더스가 있다. 비주류 중에 마이너라고 할 수 있는 병맛 무비에 따뜻한 감성을 담아 줄기차게 만들어 온 이들. 그들이 만든 영화들에는 [메리에겐 특별한 것이 있다](1998), [내겐 너무 가벼운 그녀](2002), [킹핀](1996), [Me, Myself &

Irene](1999) 등이 있다. 놀랍게도 이 작품들 모두 재미있고 볼 만하다.

코엔 형제가 만든 병맛 무비의 제목은 [위대한 레보스키](1998)다. [반지의 제왕]으로 널리 알려진 피터 잭슨도 실은 병맛 무비의 대가라고 할 수 있는데, 추천작은 [데드 얼라이브](1992)이다. 그 밖의 추천작들로는 [오스틴 파워] 시리즈, [보랏 – 카자흐스탄 킹카의 미국 문화 빨아들이기](2006), [해롤드와 쿠마] 시리즈, [킥 애스] 시리즈 등을 들 수 있다.

TV 시리즈를 추천하자면 〈South Park〉, 〈Death Valley〉, 〈NTSF: SD:SUV::〉 등이 있다. NTSF 뭐시기는 'National Terrorism Strike Force: San Diego: Sport Utility Vehicle::'의 약자로 NCIS, CSI, SVU 등 유명 수사 드라마의 제목을 섞어 어거지로 패러디한 것이다. 고전을 원하시는 분들에게 추천하는 작품으로는 [미스터 빈]과 'Monty Python' 시리즈 등이 있다.

■ 수위별 병맛 무비 추천

그럼 이제 병맛 무비의 진수를 느낄 수 있는 작품을 수위별로 소개하면서 이 글을 마무리하자.

1 순한 맛: [Hangover](2009)는 꽃미남 배우 브래들리 쿠퍼가 나오는 병맛 무비 입문작이다. 친구의 결혼식을 맞아 라스베가스로 총각파티를 떠나는 세 친구들. 그리고 그곳에서는 참극이 벌어지는데…. 뒤집어지게 웃고 싶으면 보시라. 현재 [Hangover 3]까지 나와 있다.

2 중간 맛: [Pineapple Express](2008)는 [스파이더맨]의 제임스 프랑코와 세스 그린이 나오는 병맛 무비 중급작이다. 마약 조직과 한 판 사투를

벌이는 상찌질이 두 친구와 한 남자. 이 트리오의 활약은 한국계 바비 리의 찰진 국산 쌍욕과 어우러져 빛을 발하는데…. 병맛과 함께 국뽕까지 곁들여지는 감동적인 계몽영화다.

3 매운 맛, 종결자, 끝판 왕: [Jackass](2000 ~)는 [쟈니 녹스빌](이름이 낯설겠지만 [맨 인 블랙 2]에서 머리 두 개 달린 외계인으로 나왔다) 이 아이디어를 내서 스티브 오 등과 힘을 합쳐 만든, 더 이상의 설명이 필요 없는 엽기 병맛 즈질 돌아이 무비의 결정판이다. 영화로는 벌써 7편째 나와 있다. 절대 집에서는 따라 하지 말아야 할 영화의 표본이라 하겠다.

글·헐랭이(이규훈)

> **함장**(권영준)**의 곁다리 추천 영화**

이번 회에서 어지간한 병맛 영화는 모두 꼽았지만, 가장 즐겁게 병맛으로 웃긴 미국 드라마 하나가 빠진 것 같다. 그것은 바로 〈빅뱅이론(The Big Bang Theory)〉(2007~)이다. 셸던과 레너드, 페니, 라제시, 하워드까지 저마다 멋진(?) 캐릭터로 시종일관 낄낄거릴 수 있게 만드는 드라마로, 남녀노소 누구나 즐겁게 관람할 수 있다. 물론 어린이는 성인과 함께 관람해야겠지만, 이들이 보여주는 병맛의 시너지야말로 빅뱅(Big Bang)이라고 할 수 있다.

무비 찌라시

귀로 보는 영화,
눈감고 봐도 좋은 영화

국가가 아닌 개인의 영리를 목적으로 대통령이 된 사람,
행정부 수반이 아닌 바지사장의 목적으로 총리가 된 사람,
안보가 아닌 염탐의 목적으로 국정원장이 된 사람
전문 용어로 목불인견(目不忍見)이라고 한다.

눈뜨고는 못 보는 것은 비단 사람뿐만 아니다.
영화도 눈뜨고 못 볼 영화들이 있다.
말 같지도 않겠지만 말 같지도 않은 대한민국이니
못 이기는 척 한번 들어보는 건 어떨까?

헐랭이 선정 영화 _ [러브 액츄얼리], [레미제라블], [사운드 오브 뮤직], [겨울왕국]

영화를 일컬어 종합 예술이라고들 하지만 요즘은 종합 엔터테인먼트라 부르는 게 더 적합해 보인다. 사실 관객들은 사유를 필요로 하거나 공감을 요청하는 작품들보다는 주어진 관람 시간을 소소한 재미로 채워주는 영화들을 훨씬 더 선호한다. 예를 들어 타르코프스키와 마이클 베이 영화 중에서 고르라고 한다거나 [2001 스페이스 오디세이](1968)와 [아이언맨](2008) 중에서 고르라고 하면 어떤 것을 선택할지는 굳이 말할 필요가 없을 것이다. 이런 현실을 옳고 그름으로 따지는 것은 시간 낭비일 것이다. 만 원을 내고 두 시간가량 현실의 고달픔을 강렬하게 느끼려고 하거나 내 이웃의 아픔을 함께하고자 하거나 우리 사회의 짜증나는 모순들을 목도하려 할 사람이 얼마나 있겠으며, 그런 작품으로는 밥벌이도 힘들 것이다.

그래서 영화는 갈수록 더욱 강하게 엔터테인먼트의 성격을 추구하는데, 애초에 영화라는 게 '보는 즐거움'을 추구하는 데서 나온 것이므로 제대로 발전하는 것이라 해도 무리는 없겠다. 사람의 감각을 오감으로 분류할 때 영화는 일단 시각의 즐거움을 추구하는 매체다. 요즘에는 4D까지 나온 상황이지만, 영화의 시작은 무성이었고, 그 이후에 기술의 발달로 '듣는' 즐거움을 함께 추구할 수 있었다. 움직이는 그림에 청각이 더해졌을 때 전해지는 즐거움의 강도는 이루 말할 수 없을 만큼 클 것이다. 이런 과정에서 나오게 된 영화 용어가 사운드트랙인데, 이는 필름 한 구석에 소리를 담은 트랙을 마련한 뒤 거기에 후시 또는 동시로 소리를 담고 영사기로 열을 전달하면 소리가 재생이 되는 트랙을 일컫는 말이다. 요즘은 디지털 시대라서 필름이나 사운드트랙이라는 용어 자체가 사라질 처지에 놓여 있기는 하지만 말이다.

■ 뮤지컬을 스크린으로 옮긴 작품들

그림에 소리를 담을 수 있게 되자, 자연스럽게 영화에 음악이 들어가기 시작했다. 움직이는 그림이 원래 내던 소리를 들려주는 것을 넘어 현실에서는 없었을 배경음, 음악, 노래 등이 이미지 위에 겹쳐지게 된 것이다. 그리하여 영화의 세계에는 시각을 위한 작품만 아니라 청각을 위한 작품들도 많이 나오게 되었다. 주로 히트한 뮤지컬이나 유명 아티스트들의 콘서트를 카메라에 담은 작품들과 아예 뮤직비디오를 콘셉트로 하는 작품, FM 라디오처럼 달달한 사연을 배경 그림으로 깔고 거기에 노래를 왕창 뿌려놓은 작품들이다.

퍼뜩 떠오르는 영화로는 [러브 액츄얼리](2003), [레미제라블](2012), [사운드 오브 뮤직](1965) 그리고 최근의 [겨울왕국](2013) 등이 있는데, 차근차근 성격별로 나눠 살펴보도록 하자.

뮤지컬을 스크린으로 옮긴 작품은 일일이 셀 수 없을 만큼 많은데, 우리가 유명하다고 알고 있는 뮤지컬은 빠짐 없이 영화화되었다고 보면 된다. 또 성공한 영화가 뮤지컬로 만들어지는 경우도 많다. 가장 최근의 영화로는 [레미제라블(Les Misérables)]을 들 수 있다.

이 영화는 그냥 듣기만 하면 그다지 좋지 않다. 자베르의 경우에서 볼 수 있듯이 솔직히 아주 잘 부른 노래들이라고 얘기하기는 꺼려지기 때문이다. 음원을 사고자 한다면 영화말고 뮤지컬 캐스트 음원을 고르는 게 훨씬 현명한 선택이 될 것이다. 그 밖의 작품으로는 오드리 헵번이 출연했지만 노래는 다른 사람이 부른 [마이 페어 레이디](1964) 그리고 [사랑은 비를 타고(Singin' in the rain)](1952), 국내에서 인기가 높았던 [그리스](1978) 등이 있다. 이러한 정통 뮤지컬말고도 뮤지컬 〈록키 호러 쇼〉를 원작으로 만들어 컬트의 지위에까지 오른 영화 [록키 호러 픽처쇼](1975)와 컬트가 될 조짐이 보이는 [헤드윅](2001), 그리고 록 뮤지컬 영화로 [락 오브 에이지](2012)를 꼽을 수 있다.

■ [맘마미아]와 아바(ABBA)

뮤지컬 영화 중에 가장 잘 알려진 건 뭐니뭐니 해도 [사운드 오브 뮤직]과 [맘마미아](2008)라고 할 수 있다. 영화 [맘마미아]를 보면 메릴 스트립이 역시 사기 캐릭터였다는 걸 확인할 수 있다. 사운드트랙 CD를 사서 그것만 듣고 있어도 그냥 영화가 머릿속에서 상영되는 그런 작품이다. 그런데 음원을 살 때 주의해야 할 점은 같은 이름으로 영화 사운드트랙만 있는 게 아니라 뮤지컬 작품도 브로드웨이, 영국, 더 나아가 오리지널 캐스트, 다른 캐스트 버전 등 가짓수가 워낙 많으므로 마음에 드는 걸 잘 골라야 한다. 영화가 뮤지컬로 된 것으로는 잭 블랙 주연의 [스쿨 오브 락](2003)을 추천하고 미국 드라마로는 〈글리〉를 추천한다.

이쯤에서 메릴 스트립의 노래를 한 곡 추천한다. 원곡은 ABBA의 'The Winner Takes It All'인데, 이 노래가 실은 서로 부부였던 ABBA 멤버 중 아그네사와 뷔요른 커플이 이혼을 결심하던 때에 만들어졌다. 노래 가사에서 위너는 내가 사랑하는 남자의 마음을 차지한 여자를 말하고, 한 남자를 두 여자가 가질 순 없으니 제목대로 '승자독식'이다. 노래 중간에 'I don't wanna talk… Cause it makes me feel sad…'라는 구절에서 메릴의 호흡은 정말 최고다. 꼭 찾아 들어보길 권한다.

뮤지컬의 시초는 브레톨드 브레히트의 1928년 희곡 〈서푼짜리 오페라〉라는 게 정설인데, 이 작품은 영화 [아마데우스](1984)에서 평민들이 모여 즐기는 가극 장면과 비슷하다. 그럼 느낌에 소위 '시정잡배'들이 주인공인 이 작품에는 뮤지컬 역사상 최고의 히트곡 중 하나가 있는데, 제목이 'Mack The Knife'이다. 굉장히 흥겹고 어깨가 절로 들썩이는 곡인데, 내용은 엄청 살벌하다. 동네 무서운 형 맥키는 악명 높은 범죄자이고, 주로 칼을 사용하여 사람을 해친다고 하여 제목이 '칼잡이 맥키'다. 이 노래는 참으로 많은 유명 아티스트들이 다시 불렀는데, 그중에 개인적으로 베스트로 꼽는 넘버는 리사 스탠스필드 버전으로 1999년 영국영화 [스윙] 사운드트랙에서 들을 수 있다. 이 사운드트랙은 정작 영화보다 몇 배나 더 큰 성공을 거둔 바 있다. 사운드트랙을 구하기 힘들다면 유튜브에서 'swing lisa stansfield'를 검색해보기 바란다.

뮤지컬 〈맘마미아〉에 나오는 노래는 전부 ABBA의 곡인데, 이 작품 말고도 아바의 음악을 메인 테마로 하는 영화가 아주 많다. 우선 그들의 호주 순회 공연을 영화로 만든 1977년작 [아바: 더 무비]에서는 아그네사와 프리다가 여신이라 불리던 시절의 모습을 볼 수 있다. 그리고 토니 콜레트라는 배우를 우리에게 처음 소개해준 1994년 호주 영화 [뮤리엘의 웨딩]도 아바의 음악이 중요 포인트다. 같은 해 개봉한 호주 영화 [프리실라]에서도 ABBA의 음악이 나온다. 이 영화는 여장 남자가 주인공인데, 여기에 드랙 퀸으로 나오는 배우들이 원조 슈퍼맨에서 조드 장군으로 나온 테렌스 스탬프, 스미스 요원이자 가이 포크스의 환생인 휴고 위빙, 그리고 [LA 컨피덴셜]의 그 형사 가이 피어스가 환상의 삼인조를 이룬다. 안 보신 분은 꼭 감상하기를 권한다.

■ 비틀즈와 엘비스 프레슬리

영화로 가장 많이 만들어진 뮤지션이라면 역시 비틀즈이고, 다음으로는 엘비스 프레슬리를 들 수 있다. 비틀즈가 출연하고 제작한 영화들은 그 자체로 앨범으로 발매되었다. 비틀즈의 음악을 모티브나 주제로 하는 영화 중에서 귀로 보는 영화를 꼽자면, 일단 [아이 엠 샘(I am Sam)](2001)을 들 수 있는데, 숀 펜, 미셸 파이퍼, 그리고 다코타 패닝의 연기를 보는 재미만큼이나 수록된 비틀즈 노래 리메이크를 듣는 즐거움이 쏠쏠하다.

당대 최고의 스타들을 모두 동원해서 비틀즈 앨범을 통째로 리메이크해서 영화를 만들었는데도 완전히 망한 작품이 있는데, 그건 바로 1978년 영화 [Sgt. Pepper's Lonely Hearts Club Band]이다. 제목이 영어로 쓰니까 뭔가 있어 보이지만, 우리말로 하면 '페퍼 상사와 외로운 가슴들 악단'이다. 당시에 흑인 감독에게 사상 최고액의 제작비를 조달하여 비지스, 피터 프램튼, 에어로 스미스, 앨리스 쿠퍼, 어스 윈드 앤드 파이어라는 최고의 스타 뮤지션들이 나와 연기하고 노래했지만 쫄딱 망하고 말았다. 관객과 평론가가 합세하여 비난했는데, 물론 연기나 영화의 완성도는 그런 소리를 들어도 마땅하지만 사운드트랙은 꽤 좋다. 음원을 구입해도 실망하지 않을 것이다.

또 다른 비틀즈 음악 영화를 들자면, 최근에 나온 [어크로스 더 유니버스](2007)가 있는데 이, 영화 사운드트랙은 뭐랄까 그냥 비틀즈 노래를 배우들이 다시 부른 거 그 이상도 그 이하도 아니라고 본다. 개인적으로 이 영화를 아주 재미있게 봤지만 사운드트랙은 추천하기가 꺼려진다. 하지만 주저 없이 추천할 수 있는 곡이 하나 있는데, 캐롤 우즈와 티모시 T. 미첨이 다시 부른 'Let It Be'다. 오리지널이 워낙 뛰어나서 누가 다시 불러도 그 감흥을 따라잡기 매우 힘든 곡인데, 두 사람이 정말로 잘 불러줘서 노래가 시작하는 순간부터 요샛말로 심쿵하는 경험을 할 수 있을 것이다. 꼭 들어보기 바란다.

■ 콘서트와 뮤직 비디오를 영화로

레드 제플린이라는 밴드가 있다. 로버트 플랜트, 지미 페이지, 존 폴 존스, 존 본햄이 멤버로 헤비메탈이라는 쟝르를 개척하여 록의 역사 속에 거대한 위치를 차지하는 그룹이다. 이들의 1973년 뉴욕 메디스 스퀘어 가든 콘서트 실황을 영화로 만든 작품이 1976년 영화 [The Song Remains The Same]이다. 메탈을 좋아한다면 놓칠 수 없는 영화다. 아예 영화를 통째로 뮤직비디오로 만든 작품도 있다. 1979년 개봉작 [The Wall]이다. 'Another Brick In The Wall'이나 'Mother'라는 곡이 담긴 이 앨범은 영국 사회를 신랄하게 비판하고 그 속에서 무너져가는 개인의 모습을 노래하여 엄청난 반응을 얻었다. 당시로서는 충격적인 내용과 형식으로 인해 한국의 젊은이들에게 그야말로 문화 충격이자, 신선한 멘붕을 선사한 작품이다.

[The Wall]의 알란 파커 감독이 1991년에 선보인 'The Commitments'는 아일랜드 젊은이들이 소울과 리듬 앤드 블루스 음악(영화에서는 '더블린 소울'이라 부른다) 밴드를 만들고 활동하는 걸 줄거리로 하는 영화이다. 이 영화는 자체로도 좋은 작품이지만 대박으로 히트 친 건 사운드트랙이다. 오디션을 통해 그냥 노래 잘 부르는 무명 배우들을 뽑아서 만든 사운드트랙인데, 1집이 미국 빌보드 8위 UK 4위를 기록할

정도로 전 세계적인 히트를 기록했다. 그러자 다음 해에 부랴부랴 허접하다 싶은 2집을 발매했는데, 이것도 히트를 기록했다. 영화와 음반 모두 강력히 추천한다.

■ 재즈를 영화 속에: 클린트 이스트우드

재즈는 어렵고 낯설다고 하지만 중독성(?)이 매우 강한 음악이다. 그리고 생활 속에서 콧노래로 흥얼거리거나 배경 음악으로 많이 접하고 있음에도 그걸 재즈라고 생각하지 못하는 경우가 허다하다. 빅밴드, 스윙, 쿨재즈, 보사노바, 비밥 등 종류도 많아서 누구에게나 쉽고 친숙한 노래를 쉽게 찾아볼 수 있기도 하다. 우리가 잘 아는 감독 중에 재즈를 매우 좋아해서 [어둠 속에 벨이 울릴 때](1971)에서 DJ 역할을 연기하기도 하고, 재즈 뮤지션의 생애를 영화로 만들기도 했던 사람이 클린트 이스트우드이다. 1988년 개봉 영화 [버드]는 거장 색소폰 연주가인 찰리 버드 파커의 일대기를 영화화한 건데, 이 영화 사운드트랙은 초창기 녹음이 전부 모노 상태인 버드의 연주를 따로 따내 음반 제작 당시 최고의 재즈 뮤지션을 모아 다시 녹음한 음반이다. 재즈를 좋아하든, 아니든 꼭 들어봐야 할 앨범 중 하나다.

클린트 이스트우드의 재즈 사랑을 확인할 수 있는 또 하나의 영화는 [매디슨 카운티의 다리](1995)다. 동명의 베스트셀러 소설을 영화로 만들었는데, 소설의 성공에 비하면 많이 부족한 흥행 성적과 평가를 받았다. 하지만 사운드트랙은 매우 좋아서 재즈를 처음 접하는 이에게 추천하기에 딱 알맞다. 디나 워싱턴, 바바라 루이스의 노래가 하나씩 들어 있고, 무엇보다 흑인 재즈 가수 중에 감미로운 발라드의 1인자인 자니 하트먼의 히트곡들이 가득 수록되어 저녁 시간에 이 음반 틀어놓고 있으면 아주 편안하고 느긋하게 감상하다가 스르르 잠이 들 수 있을 정도다.

이쯤에서 귀로 보는, 눈감고 봐도 좋은 영화에 대한 소개를 줄이고자 한다. 소개한 작품들말고도 좋은 영화들이 무척 많지만, 그걸 한 번에 모두 다루는 건 무리이고, 다음에 기회가 또 있다면 이어가도록 하자. 그럼 그때까지 귀로 보는 영화 감상의 즐거움을 많이 맛보시기 바란다.

글·헐랭이(이규훈)

함장(권영준)의 곁다리 추천 영화

귀로 듣는 영화가 있다면 눈으로만 보는 영화도 있다. 물론 영화음악이 있기 때문에 그런 영화가 요즘 세상에 있긴 어렵지만, 장 뒤자르댕이 주인공으로 나오는 [아티스트(The Artist)](2011)는 21세기에 흑백 무성영화를 내놓은 미셀 아자나비슈스 감독의 대담함(?)을 보여준다. 아무런 대사 없이 표정과 몸짓으로 연기하는 배우들이 이루어내는 서사는 무척이나 흥미롭다. 이 영화를 보고 나서 장 뒤자르댕과 베레니스 베조의 매력에 빠져드는 것은 보너스다.